KB272777

형색과 소리

내일을여는지식 철학 9

형색과 소리

기독교세계관을 향한 **탈로고스중심주의적** 대안을 찾아서

김득룡 지음

KSi 한국학술정보㈜

머리말

바람소리 더 잘 들으려고 눈을 감는다
어둠 속을 더 잘 보려고 눈을 감는다

눈은 얼마나 많이 보아 버렸는가

사는 것에 대해 말하려다 눈을 감는다
사람인 것에 대하여 말하려다 눈을 감는다

눈은 얼마나 많이 잘못 보아 버렸는가
‘눈’

– 천양희

말은 말하는 이와 듣는 이를 전제한다는 점에서 처음부터 간주관적 영역을 창조한다. 아니, 말에 앞서 소리가 먼저 주변의 모든 것을 자신의 청각장聽覺場 내에 끌어들여 청종聽從케 하는 방식으로 이 간주관의 장을 형성한다. 그런데 말과 간주관적 삶 간의 이 연관성에 ‘진리’가 끼어드는 방식은 역설적이다. 성서에서는 태초에 ‘말씀’이 있었다고 전한다. 그런데 이 ‘말씀’을 청종하거나 이와 소통하는 언어적 삶은 분명히 우리의 일상적 간주관적 공적 삶과는 대비되는 사적 삶의 형식에 속할 수밖에 없지 않던가? 그리고 그런 삶을 사는 자는 분명히 자신들을 한데 묶고 있는 공적 삶의 쇠사슬을 끊고 동굴 밖으로 뛰쳐나간 철인과 같아서 스스로 ‘죽음의 사적 삶(to cease to be among others is to cease to exist)’에 던져진 자임에 틀림없다. 외양적으로 동안거冬安居를 지내기 위해 죽음 같은 ‘무문관無門館’에 드는 수도승의 모습이다. 그러나 그는 공적 삶을 피해 뛰쳐나간 곳에서야 진리를 듣는다. 진리는 구원의 충동을 이기지 못하여 다시 죽음의 길을 택하는 운명의 자식인가? 그는 자신이 들은 바 진리를 전파하기 위해 나시금 동굴 속 간주관적 삶의 터로 귀환한다. 무의미했던 땅으로 삶의 진리를 안고 회귀하는 이 행위는 가히 종교적 태도라 할 만하다. 이로써 그로 인한 우리의 간주관적 공적 삶은 비로소 진리를 잉태한 공동체적 몸이 된다. 필자는 소크라테스나 예수와 같은 이 진리의 내방자가 경험했던 삶을 병리적 사적 삶과 구별하여 '역동적 사적 삶' 또는 '제3의 사적 삶'이라 부르고자 한다. 그리하여 참된 상호주관적 삶은 시원적으로 이 역동적 사적 삶에서 연원할 뿐만 아니라 후자야말로 상호주관적 삶의 형이상학적 근원이 된다고 믿는다.

불행히도 현대사회는 말에 관련된 이 시원적 진리를 망각한 세대이다. 제Ⅰ부는 이 문제를 시각과 청각, 공간과 시간의 문제로 접근하기로 한다. 말에 문자가 보태어지면서 청각적 구술문화는 시각적 문자문화에 자리를 내주고, 모든 것을 시각화하고 공간화하는 과학이 등장하면서 청각과 시간의 논리는 설 자리를 잃고 말았다. 그 역사적 과정과 그 결과의 철학적 의미가 궁금해지지 않을 수 없다. 인간의 언어생활과 이로 인한 사고활동이나 문화는 근본적으로 구술적 단계로부터 출발하지 않을 수 없었을 터이다. 개체 발생적으로나 계통 발생적으로나, 이것은 모든 인간 정신활동의 연구에서 대전제로 삼지 않으면 안 될 것이다. 말이 있고서야 글이 있었을 것이기 때문이다. 그러나 저마다 특이한 역사적 과정을 거치는 중에 인류는 혹 시각 중심적 사유체계와 그에 관련된 세계를 집중적으로 더 발달시켜 온 사회가 있을 수 있기도 하고 혹 청각 중심적 사유체계와 그에 딸린 세계를 더욱 집중적으로 고수해 온 사회가 있을 수 있을 것이다. 줄리안 제인스는 '양원적 정신구조(bicameral mentality)'의 연구를 통해, 그리고 크리스토퍼 스미스 교수는 고대 그리스철학 내의 사상적 변천에 관한 연구를 통해 인류가 어떤 과정을 거쳐 청각적 사유를 버리고 시각 중심적 사유체계를 확립하게 되었는지를 설득력 있게 보여 주고 있다. 그리하여 본서의 제 I 부는 이 주장들을 출발점으로 하여 근원적으로 청각적이었던 삶의 멘탈리티에 발생한 시각적, 논리적 생활양식으로의 변이를 분석하고 이로 인해 사라져 간 청각적 진리의 회복을 꿈꾼다.

제1장은 서구적 합리성의 바람이 불어온 진원지, 고대 그리스철학에 대한 고고학적 탐사로 시작한다. 눈과 귀를 지니고 태어난 인류는 시각문화와 함께 동시에 청각문화를 이룰 것이라는 기대를 받고 있을 것임에도 고대 그리스 문화는 논리와 조형성에 경도된 시각문화의 전형으로 알려져 왔다. 그곳의 인류에게도 가능했을 청각적 문화는 어떤 경로를 거쳐 실종되었을까 하는 것이 본 장의 주된 관심이다. 이 문제를 그리스의 전통적인 두 신, 아폴로와 디오니소스의 이름으로 해부하며 분석해 보인 적이 있던 니체의 통찰을 실제로 소크라테스, 플라톤, 아리스토텔레스의 관련 저서들의 분석을 통해 검증함으로써 문제의 해답을 얻으려는 것이다. 제2장의 관심은 정지된 곳에 펼쳐지는 형색과 공간의 논리와 움직이는 중에 전개되는 시간과 소리의 논리에 머문다. 상호 반립적으로 보이는 양자의 관계는 문자성과 구술성의 언어 영역으로, '의식성'과 '양원성'(Bicamerality)의 정신 영역으로, 희랍문화와 히브리 문화와 같은 문화의 영역으로 이어진다. 이때 양 항의 어느 한쪽이 다른 한쪽을 침탈하거나 식민지화하는 일이 발생하게 되면 그것은 곧 인간에게 있어 인격의 파탄, 또는 문화의 병리를 의미하게 된다는 것이 본 연구의 가설이며, 이런 일을 철학의 이름으로, 또는 철학의 묵인하에 자행해 온, 그리하여 영성을 잃어버린, 교만의 현대문명을 비판하는 것이 본 장의 목적이다. 제3장은 그 제목 '상

형색과 소리

호주관성의 청각적 근원'이 말하고 있듯이, 청각성에 상호주관성의 근원이 있다는 것과 청각성의 진리를 상실한 현대는 상호주관성 또한 상실할 수밖에 없게 되었음을 밝히고 있다. 메를로퐁티의 이론에 근거하여 입론하는 레빈을 따라, 시각 중심적 과학과 테크놀로지에 담긴 에고(ego) 논리가 어떻게 청각적 사유와 '신체적 상호성(intercorporeality)' 속에 담긴 자아(self)의 본질과 상호주관성의 원리를 파괴하는지를 보이는 한편, 더 나아가 이 청각성의 세계로부터 상호주관성을 위한 형이상학의 가능성까지를 타진해 보는 것이 본 장의 목적이다. 제4장은 각각의 전공 영역에서 난센스로 치부되고 말 개념들이었던 '양원성(bicamerality)'과 '직관'을 논하고 있는 철학자 베르그송과 심리학자 줄리안 제인스를 다룬다. 전자는 '직관' 개념을 통해 약동과 지속으로서의 실재의 진리를 주장하는가 하면, 후자는 '양원적 정신체계'와 신(들)의 목소리를 듣는 환각적 체험들을 기술한다. 이러한 논의의 목적은(제2장에서 소개한 바와 같이) 역사와 문명에 대한 무비판적 체념적 수용으로 끝맺고 있는 줄리안 제인스의 가치중립적 결론에 대한 불만을 구성적으로 발전시키려는 데 있다. 필자는 시간성(지속)과 소리현상의 분석을 통해 도달한 앙리 베르그송의 '직관'과 이로부터 이어지는 '동태적 종교'와 '신비주의'에서 제인스의 '양원성'의 한계를 극복하는 하나의 대안을 보는 것이다.

제Ⅰ부에서 청각성과 시각성 간의 논의를 통해 암시했던 주제, 즉 삶의 간주관적 영역에 사적 영역을 대비시키는것을 집중적으로 다루는 일이 제Ⅱ부의 목적이다. 이 과정에서 위르겐 하버마스의 이론이 주제로 다뤄질 것이나 여기에서는 그가 해부한 바 있는 정치적 공론 영역에서의 공공성보다 그의 의사소통론에 함의된 상호주관성 일반이 관심의 대상이 될 것이다. 리오타르와 발터 벤야민 등의 언어이론은 하버마스의 의사소통적 합리성이 전제하는 언어관과 화해할 수 없는 언어이론을 제시하는 한편, 우리로 하여금 공적 합리적 영역으로 환원할 수 없는 사적 주관적 영역의 고유한 가치에 대한 깨달음을 얻게 한다. 또한 제Ⅰ부에서 소개된 제인스의 '양원적' 정신구조에 대한 분석과 함께 라캉의 무의식적 주관의 세계에 대한 분석 그리고 아렌트의 고대 폴리스적 삶에 대한 분석은 제Ⅱ부에서는 '사적 삶'의 실재를 분석하는 도구로 사용되며 이들은 하버마스의 이론이 지니고 있는 한계를 볼 수 있게 하는 중요한 실마리를 제공한다. 제인스가 말하는 우측두엽의 '양원성'의 언어나 벤야민이 말하는 '신의 언어'나 '사물언어' 등은 즉각적으로 간주관적인 인간의 언어로 소통되지 않는 무의식적 사적 영역의 언어권역에 내포될 수 있는 것들로 보인다. 병리적 사적 삶과 구분하여 필자가 '제3의 사적 언어'라 부르는 이들은 인간의 원형적 언어 영역에 대한 암시로 받아들여진다. 이런 맥락에서 필자는 하버마스가 '신' 개념과 관련하여 자아의 'I'적 계기를 논하는 것은 철저히 'Me'적 논리의 일반화를 위한 획일적 전용일 뿐 'I'가 암시하는 '제3의 사적 세계'를 보지 못하고 있음에 주목한다.[1] 그의 합리적 의사소통이론 속에는 제인스의 '양원성'이나 에브너의 '나(das Ich)'의 내부에서 벌어지는 살아 있는 역동적 상관관계로서의 진정한 사적 영역을 담아낼 공간이 확보되어 있지 않기 때문이다. 그러나 근원적 진리는 배타적 방식으로 오직 합리적인 공적 담론의 장만을 강조함으로써가 아니라 상기의 역동적인 사적 관계에 귀 기울임으로써 다가갈 수 있을 것이다.

---

1) 그러한 그에게도 미드의 'I'는 (인습후기적 자아정체성 형성단계에서) 보편적 기대규범을 가지는 '신'이나 미래의 청자들과 같은 비현실적 존재를 투사하고 있는 것이어서 '제3의 사적' 영역을 떠올리게 하는 면이 없지 않으나, 그럼에도 이때의 그의 '신' 개념은 소위 '보편적 기대규범'의 투사로서 상정될 뿐, 역동적 상관관계의 상대는 아니다.

 형색과 소리

실재는 시각과 청각, 공간과 시간의 양 항 중의 어느 한쪽에 의해 다른 쪽이 배제된 채로는 허위적 이데올로기에 빠지고 만다는 제Ⅰ부의 결론은 사적, 간주관적 영역의 관계에도 그대로 진리이다. 그리하여 '내 몸과 같이 사랑'해야 할 이웃과의 삶을 주문한 이는 이에 앞서 신神과 더불어 '몸과 맘과 영혼을 다해' 내밀한 관계를 맺는 삶을 요구한다. 제5장에서 8장에 이르는 제Ⅱ부의 상기 내용들은 다음 단계를 거쳐 이러한 주장들을 입론한다.

제Ⅱ부는 하버마스의 의사소통론을 소개하는 제5장으로부터 시작된다. 제5장은 하버마스의 의사소통이론을 원용하여 권위를 '의사소통적 행위'에 대한 '전략적 행위'로 규정하는 등, 권위가 가질 수 있는 병리를 비판하는 과정을 통해 하버마스의 의사소통이론을 소개하는 목적을 가지고 있다. 이때 하버마스의 의사소통이론은 이와 같은 병리적 권위 현상에 대한 분석적 도구로서뿐만 아니라 병리적 권위현상의 대안으로서의 가능성 또한 긍정적으로 검토되고 있다. 그럼에도 이것은 정치 영역에서의 가능한 대안일 수 있다는 것일 뿐, 하버마스의 의사소통이론 일반에 대한 필자의 조건 없는 지지를 의미하는 것은 아니다. 그의 합리성 일변도의 대안 제시와 반형이상학적 태도에 대한 비판은 다음 장에서 이루어질 것인바, 본 장에서는 하버마스의 이론에 대한 모든 비판은 보류되고 있다. 제6장은 하버마스의 의사소통론에 전제되어 있는 그의 언어관과 이에 맞서는 리오타르와 발터 벤야민의 언어관이 비교된다. 합리성에 근거한 하버마스의 언어이론은 '분쟁론'으로 대변되는 리오타르의 반론을 묵살해 버릴 수 없는 결정적인 문제점을 수반하고 있는바, 필자는 이러한 비판에 더하여, 그리고 이러한 비판의 선상에 서서, 하버마스는 자신이 거부한 형이상학에 관한 입장을 재정리함으로써만 번역의 문제를 제대로 다룰 수 있게 될 것이라는 것을 지적한다. 필자는 여기에서 리오타르기 안고 있는 상대주의의 위험에 빠지지 않는 동시에 하버마스가 놓치고 있는 '이성의 타자들'까지를 아우르는 포괄적인 언어관의 단초를 발터 벤야민의 언어이론에서, 특히 그의 번역이론에서 찾고 있다. 제7장은 하버마스가 사회심리학자 미드의 'I' / 'Me'론을 이용하여 자신의 '개체형성론(individu- ation)'을 전개하는 과정에서 어떻게 무의식적 요소와 자아의 사적 계기가 무시되는지, 그리고 그의 의사소통론에 의한 형이상학 극복과정이 내포하고 있는 문제점에 라캉의 정신분석론과 아렌트의 고대 그리스의 폴리스적 삶에 대한 연구가 어떤 통찰을 줄 수 있는지를 살핀다. 이어서 하버마스의 근본 관심인 탈형이상학론과 이에 대한 비판이 이어진다. 논쟁을 거듭해 온 헨리히(D. Henrich)와 하버마스 간의 공방을 추적하는 과정을 통해 하버마스의 의사소통이론은 상호주관성을 지향한다는 점에서 올바른 방향을 설정하고는 있으나, 헨리히가 지적하고 있는 바와 같이 삶 자체가 제기하는 궁극적 의미에 대하여 답을 주지 못하고 있는 한계점이 노정된다. 결론적 성격을 띠고 있는 8장의 주된 논지는 하버마스가 그의 의사소통적 행위이론에 의해 아렌트가 고대 그리스인들의 삶에서 발견하는 '명상적 삶(vita contemplativa)'과 에브너가 종교적 삶의 형식에서 발견하는 언어 초월적 - 주관적 영역 속의 사적 삶을 의사소통이라는 담론 형식으로 철저히 환원해 버린 점을 비판하는 것이다. 이 과정에서 필자는 하버마스가 외면하고 있는 상기의 영역을 소위 '사생활권'과 구별되는 '제3의 사적 영역'으로 규정하는 한편, 합리적 의사소통이론으로 환원되지 못할 이 인간 내면의 종교적 세계까지를 포괄하는 형이상학이 여전히 필요함을 주장한다. '행위적 삶(vita activa)'과 함께 '명상적 삶'이 공존하였던 고대 그리스인들의 삶이 그렇듯 간주관적 영역과 '사적 영역'의 삶은 공히 인간조건을 구

성하며, 이때 양자의 관계는 후자 즉 '제3의 사적 삶'이 지니고 있는 역동
적 구조를 통찰함으로써 그 근원적 상관관계가 드러난다. 신神 개념의 투
사로서의 'I'라는 정태적 개념의 사적 영역을 암시하는 하버마스의 의사소
통론은 '제3의 역동적 사적 삶'에 대한 통찰의 부재로 인해 간주관적 영
역과 사적 영역 간의 올바른 관계정립도 놓치고 있는 것이다.

본론의 논의를 시작하기에 앞서 사용되고 있는 용어에 대하여 분명히
해 둘 필요가 있어 보인다. 형색(形色, sight)과 소리(sound)는 외적 객체로
서 각각 시각과 청각의 대상이 된다. 이들은 각각 공간과 시간을 그 거처
로 삼는 점에서 근본적으로 성격을 달리한다. 그러나 이들이 언어에 적용
되어 문자성과 구술성으로 나타날 때는, 반드시 시각성의 논리를 따르는
자는 공간 위에 적히는 문자성(literacy)의 언어를 선호하리라는 일관된 원
리로 설명하기 어려운 문제가 일어난다. 예를 들어 소크라테스는 철저히
시각성에 근거한 이성적 변증논리의 대변인으로 등장했음에도 일생 동안
문자기록에 의한 의사소통이나 교육을 수행하지 않은 것으로 알려졌다.
그는 그의 제자들이었던 플라톤이나 아리스토텔레스와 달리 철저히 구술
성의 사람이었다. 또 하나 이에 잇대어 생각나는, 그러나 우리를 근본에
있어 난처하게 하는 대상이 있는바, 그것은 다름 아닌 빛(light)이다. 본서
의 모태라고도 할 수 있는 필자의 최초의 논문은 "빛과 소리"로 발표되었
다. 그러나 '빛'이라는 개념은 그저 소리의 카운터 파트로 '만홀히' 취급
될 대상이 아님을 발견하게 되었다. 빛은 우리의 시각과 형색을 가능케
하는 원천이라는 점에서 결코 이들과 떼어서 생각할 수 없는 대상임에도,
그리하여 공간과 연관되어 있음에도 실은 그것의 실체는 시간의 문제와
연관하여 한층 심오한 사색의 주제가 되고 있다. 빛은 물리학계에서 상대
적인 시간 개념에 마주하여 있는 영원 개념의 실제적 대상으로 지칭되기

도 한다. 지상에서의 몇 억 광년의 시간이 빛에 있어서는 정확히 0초, 즉 무시간無時間이 되고 만다는 물리학적 사실은 빛을 그저 시각과 형색 또는 공간의 동근원적 실재로 치부하고 말 수 없게 한다. 소크라테스가 예찬하는 태양은 빛에 있어서의 태양인가, 시각에 있어서의 태양인가? 이 질문에 대한 답은 제1장을 읽는 중에 드러나리라고 믿는다.

본서는 이제까지 각종 학회나 학회지에 필자가 발표하였던 글들 중에서 본서의 주제에 해당하는 것들을 모아 편집하는 방식으로 이루어졌다. 발표된 글 중에는 필자의 사상적 변화로 인해 이미 발표한 그대로 놔 둘 수 없는 것이거나, 동일한 이유 또는 기타의 이유로 인해 논리적 일관성에 심각한 문제를 노정하고 만 것들이 있어 이를 바로잡지 않으면 안 될 것들이 있었다. 그리하여 본서는 이들과 함께 필자의 기왕의 글들로는 다 하지 못한 생각들을 모아 다시 세상에 내놓지 않으면 안 될 절박한 이유에서 출간하게 된 것이다. 이러한 수정을 불가피하게 한 가장 큰 이유는 하버마스의 의사소통론에 조건 없는 동의를 보낼 수 없다는 뒤늦은 통찰이었다는 점을 밝혀 둔다.

부록은(제1장을 제외한) 제Ⅰ부를 영역한 것이다. 제1장은 영역하는 대신 제1장의 집필에 크게 영향을 준 스미스 교수의 논문 "From Acoustics to Optics"를 우리말로 번역해서 싣는다. 제Ⅰ부의 영역본을 교정해 준 Washington - Jefferson대학의 Professor Hanna Kim에게 감사한다.

원고를 꼼꼼히 읽고 교정해준 이철우 박사와 본서의 제목과 관련하여 좋은 의견을 주신 민혜란 선생과 류칠노 교수님 그리고 본서의 출판을 쾌히 허락해주신 한국학술정보(주) 사장님과 편집부 여러분께 감사를 드리며, 끝으로 본서가 추구하는 형이상학적 깊이를 미학적으로 형상화한 것으로 믿어지는 귀한 작품을 본서의 표지로 쓸 수 있게 허락해주신 최영근교수님께 깊은 감사를 드린다.

최교수님께서 직접 표지 도안까지 수고해주신 것에 대하여 거듭 감사드린다. 태초에 형색의 세계가 창조될 때 있었던 '울림'은 어떤 것이었을까? 그리고 그 울림은 어떤 메시지를 전하고 계셨을까?

이제까지 나의 힘이 되어준 아내와 두 딸에게 이 책을 바친다.

차 례

제Ⅰ부 실재와 청각성

제Ⅱ부 상호주관성의 형이상학: 하버마스를 넘어서

제 I 부

실재와 청각성

1. 머리말: 소리의 도취성과 상호주관성

인간이 눈과 귀, 시각과 청각을 지닌 채 태어나듯이, 인류는 시각문화와 함께 동시에 청각문화를 이룰 기대를 받고 있을 것임에 틀림없다. 전자에서 조형적 문화, 학문적 논리와 개별성의 세계가, 후자에서 비-조형적 문화, 예술적 도취와 상호주관성의 세계가 피어나게 되는 것이리라. 그러나 인류는 저마다 특정의 문화적 거주지를 형성하며 살아온 결과, 예컨대 그리스적 문화와 히브리적 문화의 방식으로 현저한 구별을 지으며 각기 상기한바, 전자와 후자의 길을 걸어온 것으로 보인다. 현대 서구 문명의 진원지로 일컬어지는 고대 그리스 문화를 조형적 문화의 전형으로 보는 세간의 인식이 틀리지 않은 것이라면 그곳의 인류에게도 가능했을 청각적 문화는 어떤 경로를 거쳐 실종되었는가를 묻지 않을 수 없게 된다. 이 문제를 그리스의 전통적인 두 신, 아폴로와 디오니소스의 이름으로 해부하며 분석해 보인 적이 있던 니체의 통찰은 이러한 의문에 설득력 있는 방향성을 제시하고 있는바, 본 연구는 소크라테스, 플라톤, 아리스토텔레스의 관련 저서들의 분석을 통해 이런 인식의 적실성을 검증함으로써 이를 상호주관성과 예술적 종교적 초월성 부재의 서구적 현대 과학 문명 비판을 위한 단초로 삼고자 한다.

소리는 태어나는 즉시 청각장聽覺場을 형성하고 장場 내의 모든 생명체를 지배해 버린다. 그들로 청종聽從케 한다. 그리하여 소리는 홀로 있지 않는다. 장내의 모든 이들과 더불어 '간주관의 장'을 형성하고는 급기야 그들을 도취의 장에로 초대한다. 이 자리는 이미 고요한 명상의 자리가 아니다. 명상의 자리나, 빈틈없는 논리의 자리와는 거리가 먼 동요動搖와 격동적 흐름의 자리요, 소란스러운 생명의 자리가 된다.

인간은 소리를 가지고 태어난다. 글이 있기 전에 말이 있었다. 아니 인간이 있기 전에 '말씀'이 있었다고 하지 않는가? 서양문화의 진원지 고대 그리스 그곳에도 이 소리의 문화는 있었을 것이고 소리의 형이상학이 없지 않았을 것이다. 그리하여 현대 과학적 서구문명의 병리적 근원을 철학적으로 규명해 보려는 관심을 근저에 지니고 있는 본 장에서는 조형적 논리를 따라 '이데인(Idein)'의 명사형 '이데아(Idea)' 사상을 낳은 서구문명의 진원지 고대 그리스 문화와 상기 청각적 형이상학과의 역사적 관계를 조명함으로써 과연 고대 그리스에 청각적 문화가 정착해 있었는가. 그리고 있었다면 그 후 어떤 과정을 거쳐 그곳에 광학의 문화가 둥지를 틀기 시작했으며 이 청각적 사유의 전복이 일어났는가를 추적하고자 한다. 니체는 젊은 시절의 역작을 통해 이 문제의 시원을 다루고 있다. 니체에 의하면 고대 그리스에는 (사티로스) 합창을 모태로 하는 비극이 아폴론적 충동과 디오니소스적 충동이라는 두 원시적 예술적 충동을 담아내고 있었으나, 소크라테스의 논리주의와 도덕주의가 고대 그리스 문화로부터 이 예술을 축출하는 과정에서 그리스 연극의 광학화가 일어났고 그리스 비극의 핵심적 요소였던 디오니소스적인 것이 비의적秘儀的 영역으로 축출되었다고 주장한다. 본 연구는 이러한 주장의 적실성을 확인하는 과정을 통해 상기의 목적을 수행하고자 한다. 이일을 위해 필자는 *국가론, 제7서한, 시학, 정치학* 등에 나타난 소크라테스, 플라톤, 아리스토텔레스의 사상을 분석하려 한다. 이 일을 위해 저자는 우선 *비극의 탄생*에서 니체가 상기의 주장을 어떻게 논증하고 있는지를 살펴보고자 한다. 왜냐하면 상기 그의 주장은 본 연구의 전체적 방향성과 일치하는 것이기도 하기 때문이다.

2. 니체의 통찰

1) 학문이 아니라 예술이다

한 체념의 심리학자에게 있어 학문은 단지 실낙원한 인간들의 노스탤지어이자 근대적 점복술[2]일 뿐이었듯이, 한 염세적 철학자에게 있어 그것은 단지 염세주의에 대한 공포에서 비롯한 도피요 거짓과 비겁과 교활의 소산일 뿐이었다.[3] 그리고 보면 불행히도 학문은 실제적인 차원에서도 실존의

---

2) Julian Jaynes, *The Origin of Consciousness in the Breakdown of the Bicameral Mind* (Boston, New York: Houghton Mifflin Co., 1976), p.446. 줄리안 제인스, *의식의 기원*, 김득룡·박주용 역(한길사, 2006). 이 주제에 대해서는 제2장 형색과 소리 그리고 제3장 제인스와 베르그송의 비교연구에서 상세히 소개될 것임.

3) 프리드리히 니체, *비극의 탄생*, 이진우 역(책세상, 2005), 11쪽.

차원에서도 인간들이 직면해 있는 근원적 문제에 대한 근본적 대안이 되지 못하는가 보다. 실존의 바탕에 놓인 불가사의들, '풍요에서 유래하는 실존의 가혹함'과 사악함, 고통과 두려움…. 프리드리히 니체는 이 불가사의들을 학문에 의해서는 인식될 수 없는 것들로 단정한다. 인류가 자랑해 온 낙천주의와 합리성과 민주주의의 승리[4]를 단지 '다가오는 노쇠와 생리적 피로의 징후'라고 생각한다. 이들은 근본적으로 학문 자체가 지니고 있는 문제이기 때문에 학문을 토대로 해서는 설명할 수 있는 것들이 아니라고 한다. 그에 의하면 이들은 오직 예술의 토대에서만 설명이 가능한 것들이다. 도덕의 이름으로 논리의 이름으로 억눌렸던 부정적인 것들과 추한 욕망들 그리고 아예 아직 이름조차 없었던 것들의 삶을 향한 열렬한 의지가 광기의 디오니소스적 합창으로 표출되었던바, 인간의 원형은 그리스 비극 무대에 나와 춤추던 반신반수半神半獸의 사티로스로나 상징될 수 있게 된다. 그리하여 니체가 27세 젊은 나이에 써 내려갔던 글을 스스로 자기비판하며 말했듯이, 인간들은 이들에 대해서도 '노래했어야 했다. 말하지 말고!'

니체는 일부 고대 그리스인들(예를 들어 소크라테스)이 학문지상주의에 빠져 존재를 이해할 수 있는 것(intelligible)으로, 그리고 정당한 것(justified)으로 만들어 보이는 일을 학문의 사명이라고 생각했다면 그것은 학문에 대한 '망상'일 뿐이라고 주장한다.[5] 인간들은 이 일을 해 나가다가 지식과 논리가 불충분한 것으로 드러날 때마다, 그리고 학문의 변두리에서 불가측하고 해명 불가한 무수한 한계들에 맞닥뜨릴 때마다 그저 몸서리칠 뿐이다. 이 비극을 체험할 때, 인간에겐 새로운 인식의 형태(니체에겐 이것이 예술에의 갈망이다)가 분출하여 해결을 도모해 왔다. 그리하여 인간

---

4) 같은 책, 10 - 16쪽.

5) 같은 책, 116 - 119쪽.

들은 (아폴론적) 미의 충동을 통해 공포의 신이 지배하는 질서를 환희의 신이 지배하는 질서로 바꾸어 나갔다. 실존의 보완으로서의 예술을 삶에 불러들인 것이다.[6]

2) 언어가 아니라 음악이다

니체는 이 문제를 언어와 음악의 관계를 통해 보다 심층적으로 다루는 과정에서 고대 그리스의 서정시를 떠올린다. 그에 의하면 서정시인은, 꿈이나 영상(image)에 대한 순수한 명상에만 침잠하며 그 속에서만 안락을 누리는 서사시인 또는 그와 '친척관계에 있는' 조각가들과는 달리, 그 자신이 영상이다. 그는 (디오니소스적) 음악가가 그렇듯이 바라볼 어떤 영상도 지니지 않는다. 영상세계는 서정적 수호신이 세계와의 신비한 합일을 위해 스스로 수행한 자기포기 상태로부터 자라나는 것이며, 서정시인은 자아의 모상으로서 또는 자신의 다양한 객관화로서의 영상세계를 가질 뿐이다. 서정시인은 자기의 근원적 고통을 시인의 비유 속에 상징적으로 표현하는 세계 수호신의 환영幻影으로서 존재하는 자이기 때문이다. 그리하여 서정시인은 그 자신이 이 근원적 고통의 반향이 된다. 그런고로 그가 말하는 '나'는 세계의 움직이는 중심점이요 사태의 영원한 근거이기도 하다.[7] 그런데 니체에 의하면 서정시인의 욕망과 의지의 주체로서의 이 '나'는 형상이나 개념을 통해 음악을 모방하게 된다. 니체에게 있어 '언어능력 전체가 음악의 모방이다.'[8] 그때 음악은 의지로 나타날 것이

---

6) 같은 책, 42쪽.

7) 같은 책, 52 – 53쪽.

분명하다. 왜냐하면 '음악의 현상을 형상 속에 표현하기 위해서 서정시인은 애정의 속삭임으로부터 광기의 노여움에 이르기까지 온갖 열정의 충동을 필요로 하기 때문이다.'[9] 그러나 여기에 문제가 발생한다. 음악은 의지일 수 없기 때문이다. 의지는 그 자체로는 미학적이지 않기 때문이다.[10] 더구나 서정시인이 음악을 (의지의) 형상들을 통해 해석하는 한(비록 서정시인이 아폴론적 비유로 음악을 말하는 동안은 시인 자신은 의지의 바다에서 벗어나 고요의 명상에 침잠한다 할지라도) 그는 '주위의 급박한 격동'을 놓치고 만다. 더욱 심각한 문제는 음악 자체가 그 '완전한 무제약성 때문에 형상과 개념을 **필요로** 하지 않고 그것이 곁에 있는 것을 오직 **참아내고 있을 뿐**'이라는 점이다.[11] 언어능력은 음악의 모방에서 온다. 그렇다. 모방일 뿐이다. 언어를 쓰는 서정시인은 단지 피상적으로만 음악에 접할 뿐인 것이다. 니체에 의하면 언어로는 근원적 일자 속의 모순과 고통의 상징적 표현인 음악을 충분히 담아낼 수 없다. 이런 연유로 초기 그리스 비극, 즉 비극의 원시 형태는 무대 없이 합창뿐이었다.[12]

3) 아폴로, 디오니소스 그리고 음악

리하르트 바그너의 음악에 심취하고 쇼펜하우어의 *의지와 표상으로서의 세계*에 기술된 음악의 형이상학에 매료되었던 니체는 특히 후자의

---

8) 같은 책, 59쪽.

9) 같은 책, 59 - 60쪽.

10) 같은 책, 60쪽.

11) 같은 책, 60쪽, 니체 자신의 강조.

12) 같은 책, 63쪽.

'정신을 계승하고 그의 명예를 위하여'[13] 그리스 신화를 사용한 자기 나름의 철학적 예술론을 재구성한다. 그에 의하면 그리스인들은 실존의 공포와 운명에 맞서 이들을 극복하고 살기 위해 신들을 창조했다. 그중에서도 니체의 관심을 끄는 두 신은 아폴로와 디오니소스이다. 이들은 각기 그리스인들의 두 상이한 예술적 충동인 '꿈의 충동'과 '도취의 충동'에 관련하며, 나아가 조형적 예술과 비조형적 음악예술에 조응한다. 모든 외적 조형과 내면적인 환상(가상)까지도 지배하는 빛의 신 아폴로는 조형력과 예언력의 신이자, 개별화의 원리[14]를 통해 고통 속에서도 고요한 정좌를 가능케 하고 지혜로운 한계와 절도節度의 설정을 통해 광포한 격정으로부터 평정을 가져오기도 하는 신이다. 다른 한편 '개별화의 원리가 깨어진' 곳, 즉 '주관적인 것이 완전한 자기 망각 속으로 사라진'[15] 곳에서 군중과 함께 **합창**하며 춤추며 자연으로부터 용솟음치는 황홀의 전율에 감전될 때 인간들은 디오니소스의 본질을 체험하고 있는 것이라고 한다. 니체에 의하면 이때엔 인간과 인간 사이만이 아니고 적대적으로 소외되고 억압되었던 자연마저 인간과 화해의 제전을 열며 인간을 향해 온순하게 다가온다. 이리하여 양자는, 어떤 특정 문화(예를 들면 도리스 양식)의 비밀스러운 종교적 의식儀式에서 불가피하게 음악에 관련된다 해도 그 양상은 여전히 각각 상이한 것으로 나타날 수밖에 없게 된다. 아폴론적 문화가 리듬에 관여한다 해도 이는 고작 해변의 파도 같은 규칙적 박자로서 아폴론적 조건을 그려 내기 위한 조형적 리듬(plastic rhythm)에 불과

---

13) 같은 책, 54쪽. 여기에서 니체는 자신이 서정시인과 철학적 예술에 관련된 문제를 해결했노라고 주장한다.

14) 개별화의 원리란 개개인은 자신을 구원할 가상을 만들고 이에 대해 명상해야 한다는 원리이다. 같은 책, 46쪽.

15) 같은 책, 33쪽.

할 뿐이다. 이곳에서는 '음악 일체의 성격을 완성하는 요소인 마음을 흔드는 음조의 힘, 멜로디의 통일적인 흐름, 그리고 절대로 비교할 수 없는 화음의 세계는 비非아폴론적인 것으로 여겨져 조심스럽게 배척'[16]당할 수밖에 없다. 이는 결코 디오니소스적인 주신찬가와 비견될 수 있는 것이 아니다. '가상假像과 절도節度의 인공제방'으로 둘러싸인 아폴론적 세계의 사람들에게 과도過度의 디오니소스적 축제 마당에서 들려오는 황홀한 '야만'의 소리들이 마법의 멜로디를 타고 흘러들어 올 때, 전자의 '가상 예술의 뮤즈들은 도취 속에서 진리를 말하는 예술 앞에서 창백해'[17]질 수밖에 없는 것이다. 니체는 이러한 자연의 이중적 충동(아폴로적인 것과 디오니소스적인 것)이 결합했던 흔적으로 민요를 꼽는다. 그러나 이것 역시 그 '토대이자 전제조건'[18]은 디오니소스적 조류여서(서사시와는 상이하게) 새로움과 다채로움 그리고 광적인 허둥거림과 급변과 불균형을 단절의 형식으로 분출해 내는 것이었다. 그래서 니체는 이것을 '음악적 세계의 거울'이라고 부른다. 이것은 자신에게 대응하는 꿈의 현상을 찾아 이를 문학형태로 표현하는 근원적 멜로디인 셈이다.[19] 그러니까 민요는 고작 멜로디가 스스로 낳은 문학인 것이다.

---

16) 같은 책, 39쪽.

17) 같은 책, 48쪽.

18) 같은 책, 57쪽.

19) 같은 책, 56 – 57쪽.

4) 연극과 사티로스 합창단

전술한 바와 같이 전승에 따르면 "원래 비극은 '합창'이었을 뿐, '연극'은 아니었다."[20]고 한다. 무대 위의 환영幻影의 주인공 디오니소스는 단지 존재하는 것으로 가정되고 있었을 뿐이었다. 전술한 바와 같이 원시 그리스 비극에는 존재의 공포와 불합리를 상징하며 사물의 본질을 노래하는, 구원 행위와도 같은, 사티로스 합창단이 있었을 뿐이었다.[21] 이것을 니체는 비극이 자신의 이상적 토대와 시적 자유를 현실로부터 보호하기 위해 쳐 놓은 '살아 있는 성곽'[22]이었고 연극 전체의 모태와 같은 것이었다고 주장한다. 이것이 없는 가공의 공중무대에 가공의 자연인 배우들을 세워 놓은 그리스 연극은 이 청각적 존재들 앞에서 빛을 잃고 만다. 햇빛 앞의 등불처럼, 음악 앞의 문화처럼….[23] (합창이 없는) 서사적 연극 자체로는 개체파괴와 근원자와의 합일 상태를 상징하는 사티로스 합창단의 진리를 잡아 낼 수 없다. 양자 간에는 '무한한 심연이 벌어져'[24] 있기 때문이다. 그러니까 사티로스 합창단이 가상적 환영이요 '꿈의 현상'인 연극의 형태로 나타난 그리스 비극은 '디오니소스적 인식과 효과가 아폴론적으로 구체화된 것이며' 청각적 서정적 합창단의 시각적 서사적 '객관화'[25]인 셈이다. 심층적 신적 상태에 대한 표층적 서술의 시도인 것이다. 그럼에도 본질적으로는 무대 위의 모든 행위와 장면들은 '환영'에 불과한

---

20) 같은 책, 74쪽.

21) 같은 책, 67쪽.

22) 같은 책, 64쪽.

23) 같은 책, 65쪽. 니체는 리하르트 바그너가 문명과 음악을 비교하여 한 말을 인용하고 있다.

24) 같은 책, 73쪽.

25) 같은 곳.

것이며 이들을 '생산'해 내는 '현실'은 바로 **합창**단이었다.[26] 이 합창단은
그들의 주인인 디오니소스와 **'함께 고통을 겪는 자'**이자 **'현자'**이로되 '그
스스로는 **행동하지 않는'** 혐오스러운 모습의, 그러나 세상과 자연의 심장
을 가진 자이다.[27] 발터 벤야민이 역사 개념을 설명하는 과정에서 등장시
킨 꼭두각시를 조정하는 체스 판 아래의 곱사등이 요정이요, 가시적으로
세계무대에 나타나 혁명을 주도하는 사적 유물론 배후에 자리 잡는 '신
학'과도 같은 것이었다.[28]

5) 음악성과 그의 도태

　니체에 의하면 음악은 서정시인에게서 아폴론적 형상을 빌려 자신의
본질을 알리려 애쓴다. 또한 '의지의 언어'인 음악은 비물질적 세계를 구
체화하며, 아폴론적 예술능력에 영향을 주어 상징과 비유의 형식으로 디
오니소스적 보편성을 명상하고 통찰하게 한다. 니체는 이것이 곧 비극적
신화로 나타나게 되는 것이라고 말한다.[29] 음악이 아폴론적 형상을 빌려
표현하려 하는 이 디오니소스적인 것은 개체 원칙의 배후에 있는 전능한
의지 즉 '현상의 피안에서 모든 파멸에도 불구하고 존재하는 영원한 생
명'[30]이다. 음악은 이 영원한 생명의 직접적 표현인 것이다. 그런고로 음

---

26) 같은 책, 74쪽.

27) 같은 곳. 니체 자신의 강조임.

28) Walter Benjamin, "Über den Begriff der Geschichte", *Gesammelte Schriften* (Frankfurt / M: Suhrkamp
　　Verlag, 1972), I 691을 참조할 것. 벤야민의 이 역사철학적 통찰에 대해서는 제6장에서 좀 더
　　다루겠다.

29) 니체, 같은 책, 126쪽.

30) 같은 책, 127쪽.

악의 정신은 개체 파멸의 즐거움을 이해하며 비극에서 "우리는 영원한 생명을 믿는다."라고 부르짖게 된다.

신화가 시인의 말로도 적절히 구현될 수 없었던 것은 신화가 음악에 의해 탄생된 탓일 게다. 당연하게도 고대 그리스에서 시인의 언어가 실패한 이 일을 음악이 해낸다. 신화적 계시에 이르려는 음악 정신의 투쟁은 드디어 '풍성한 만개滿開의 단계를 어렵게 쟁취한 이후 곧 꺾이고 만다. 그리고 그리스 예술의 표면으로부터 사라진다.'[31] 니체에 의하면 이 음악성의 실종은 초기 서정시부터 아티케 비극에 이르기까지 계속 강해지다가 갑자기 일어난 것이라고 한다.

이처럼 철저하게 음악을 기반으로 하는 것이었던 고대 그리스 예술은 소크라테스 철학을 기점으로 하여 갑작스럽게 그 음악적, 음향적 성격을 탈색하게 된다고 니체는 주장한다. 그에 의하면 소크라테스의 이론주의, 논리주의 도덕주의는 이러한 음악성을 예술로부터 쫓아내어 비의적秘儀的 종교 영역과 이와 유사한 성격의 문화 영역으로 숨어들게 하고 디오니소스적 요소들이 그리스 비극에서 사라지게 되는 현상을 가속화시킨 장본인이었다고 주장한다. 소크라테스 그는 그리스 문화의 고삐를 쥔 마부였다.[32] "아름답기 위해서는 모든 것이 이성적이어야 한다."는 미학적 소크라테스주의가 디오니소스적인 것에 대립하며 에우리피데스와 같은 소크라테스 추종자들을 통해서 세력을 펼쳐 나가기 시작했다. 소크라테스에게 비극예술은 "'분별력을 갖추지 못한' 사람, 즉 철학자가 아닌 사람들에게 호소"[33]할 뿐인 인과관계 부재의 '비합리적인' 것이었다. 그리하

---

31) 같은 책, 129쪽.

32) 같은 책, 115쪽.

33) 같은 책, 109쪽.

여 음악과 디오니소스적 신비에서 벗어난 '연극화된 서사시'[34]에서는 디오니소스적 무아경과 동시에 아폴론적 무감각적 냉담도 사라져 버리고 '아폴론적 명상 대신 – 차가운 역설적 사상이… 디오니소스적 무아경 대신 – 불같은 격정'[35]이 새로운 감동수단으로 등장하게 되고, 변증론에 의한 지식이 미덕이 되고 이러한 지식을 갖는 자는 죄에 빠지지 않게 되어 행복하게 된다는 변증론이 예술을 감시하면서 아폴론적인 것은 논리적 도식주의로, 디오니소스적인 것은 자연주의적 격정으로 변질되게 되었다는 것이다.[36] 인식의 만병통치력을 신봉하고 있는 소크라테스주의자들은 인간의 개념과 판단력 추리력 등을 사용한 변증법적 추론을 통해 윤리적 행위의 동정심이나 영웅심, 그리고 아폴론적 영혼의 고요에 이르기까지 교육해 낼 수 있다고 믿고 있었다. 이러한 낙관주의는 비극적인 것에 동정심을 갖게 할 리가 없음은 물론이다.

니체에 의하면 시각적 형이상학이 기저에 깔리면서 '음악의 가시적 상징화'였던 그리스 비극에서는, 좁은 의미의 '연극'이 시작되고 '신을 실제 인물로 보여 주고 또 환영으로 나타나는 현상을 그것을 둘러싼 후광과 함께 모두의 눈에 보이도록 묘사하게'[37] 되었다고 한다. 이와 함께 이미 소포클레스 무렵부터는 그리스 비극의 모태요 '비극과 비극적인 것 자체의 원인'[38]이었던 합창단 또한 소리의 영역에서 광학의 영역으로 모습을 나타내기 시작했다. 소포클레스는 '과감하게도 합창단을 등장인물(과)…

---

34) 같은 책, 98쪽.

35) 같은 책, 100쪽.

36) 같은 책, 111쪽.

37) 같은 책, 74 – 75쪽. 신의 형상화를 엄히 금하고 있는 히브리적 문화와 얼마나 대조적인 문화의 시작인가? 제2장 형색과 소리를 참고할 것

38) 같은 책, 112쪽.

배우로'[39] 나타나게 했던 것이다. 이로부터 연극에 서사적 낭독을 도입한 서창과 엔지니어 및 무대 디자이너로 된 무대조가 등장하고 니체의 말대로 그리스의 문화는 '오페라의 문화'가 되었다. 음악은 하인이 되고 가사가 주인이 되며 음악이 육체가 되고 가사가 영혼이 되었다.[40]

3. 소크라테스와 플라톤의 경우

1) *국가론*에 나타난 도덕주의

니체는 비극의 대표적 효과인 카타르시스를 도덕이나 병리학 등 미학 외적 영역을 근거로 들어 설명하려는 자들은 자신의 심미적 천성을 의심해 봐야 할 것이라고 일갈한다.[41] 그는 이러한 학문적 도덕적 기대를 갖고 객석에 앉아 있었던 '비평가'들을 대표하는 자가 소크라테스라고 비판한다. 니체의 이러한 비판을 뒷받침하는 대목들은 소크라테스의 예술에 관한 언급이 자주 등장하는 플라톤의 *국가론*에서 쉽게 만날 수 있게 된다. 디오니소스적 충동을 주도해 나가는 시인들에게 찬물을 끼얹는 소크라테스의 논거는 일차적으로 시민교육과 도덕주의에 근거한다. 올바름에 대한 대화 중에, 글라우콘이 신들의 계보를 만들어 내는 시인들은 인간들이 불의로 인해 이득을 얻지 못하도록 올바름을 택할 논거를 제시해야

---

39) 같은 곳.

40) 같은 책, 146쪽.

41) 같은 책, 164쪽.

함에도 그러기는커녕 불경한 이야기를 지어 내고 있으며, 인간들의 봉납물에 의해 마음이 동하는 신들의 불의한 모습을 그려 내고 있다고 주장한다. 이들은 올바름과는 정반대의 작업을 하는 자들이라고 비판하는 글라우콘에 대해 소크라테스는 '찬탄'하며 동의를 표한다.[42) 소크라테스에 의하면 우리가 신들에 대해 듣고 있는 유일한 출처가 되는 것은 관습과 법률인바, 국가를 올바른 형태로 이끌어 가야 할 수호자들은 이것에 대한 앎을 지니고 있어야 하고 이들에 막강한 영향을 주는 시인들 역시 마땅히 이것에 따라서 설화(신화)를 지어야 한다. 즉 시인들은 이 규범에 따라 '언제나 신을 신 그대로 묘사해야'[43) 되는 것이다. 예를 들면 크로노스와 우라노스 간의 싸움이나, 불구로 태어난 자식(Hephaistos)과 이를 버리는 비정한 모친(Hera)과 이에 보복하는 막가는 자식, 수를 써서 묶인 모친 헤라를 구출하는 디오니소스 이야기 따위와 같은 것을 지어내는 시인들은 비판받아 마땅하다. **디오니소스이야기**를 포함하여 서로 증오하는 신들의 이야기는 규범에 맞지 않는 것으로서 '증오하게 되는 것을 제일 부끄러운 일로'[44) 여겨야 할 수호자들에게 허용될 수 없는 것이 된다.

2) 비진리인 모방의 배제

수호자들은 모방물에 불과한 희극이나 비극에 관심을 가져서는 안 된다. 모방물 자체에 관심을 가져서는 안 되는 것이다. 그들은 '자유의 일꾼

---

42) 플라톤, 국가, 박종현 역(서광사, 1997), 139 – 143쪽(365e – 368a).

43) 같은 책, 171쪽(379b).

44) 같은 책, 169쪽(378c).

(구현자)(demiourgos eleutherias)들이어야만 (하고)… 이에 기여하는 것이 아닌 그 밖의 어떤 것에도 종사하지 않아야만 (하며)… 어떤 것도 모방해서는 아니' 되기 때문이다.[45] 수호자가 모방 작업에 관여해서는 안 될 보다 구체적인 이유는 진리론과 관련되어 있다. 소크라테스는 화가와 가죽 재단사와 말 타는 사람 간의 관계를 통해 설명한다. 고삐와 재갈을 만드는 가죽 재단사는 그것들이 어떻게 만들어져야 할지를 말 타는 이에게 묻기 전에는 알 수 없다. 화가는 더구나 이것에 대해 전혀 알지 못하는 자이다.[46] 소위 제3위의 진리에 관여할 뿐이다. 시각과 관련된 회화가 모방술일 뿐 진리와 동떨어져 있듯, 청각과 관련된 시작詩作 또한 마찬가지이다. 이처럼 '모방자는 자기가 모방하는 것들에 대해 언급할 가치가 있는 것은 아무것도 알지 못한다는 것, 이 모방은 일종의 놀이이지 진지한 것이 못 된다는 것'이다. 이처럼 '비극시에 관여하는 사람들이 이암보스 운율로 시를 짓건 또는 서사시 운율로 짓건 간에 모두가 최대한으로 모방적이라는 것'[47]을 잊어서는 아니 된다는 것이다.

그리스 문화에서 음악 자체를 경계하는 이유가 그것의 모방성 때문이라는 것은 전술한 바와 같다. 모든 소리들을 흉내 내는 음악이야말로 모방에 전념하는 행위임에 틀림없다. '우는 말이나 우는 황소, 시끄러운 소리를 내는 강물이나 굉음을 내는 바다나 천둥, 또는 이와 같은 유의 모든 것을' 모방하는 음악이야말로 '미친 짓'인 듯이 암시되고 있다.[48] 말하는

---

45) 같은 책, 206쪽(395c).
46) 같은 책, 625쪽.
47) 같은 책, 627쪽(602b).
48) 같은 책, 208쪽(397b).

자신이 마치 극중의 훌륭한 인물 자체이기라도 한 듯이 모방해서 말하는 것이 권장되는 비극은 이야기 진행보다는 모방에 더 많은 부분을 할애하며 그리하여 장조와 단조 리듬의 변화를 사용하며 말하게 된다. 그러나 소크라테스는 "온갖 것을 다 모방할 수 있는 사람이 우리의 이 나라에 와서 몸소 그런 자신과 자기의 작품을 보여 주고 싶어 한다면… (그에게) 그런 사람이 생기는 것이 합당하지도 않다고 말해 주고서는, 그에게 머리에서부터 향즙을 끼얹어 준 다음, 양모로 관까지 씌워서 다른 나라로 보내 버릴"[49] 것이라고 말한다. 인간은 오직 한 가지 선법으로 그리고 거의 같은 리듬으로만 이야기하는 것이 좋다는 것이다.[50] 이러한 주장의 근거는 "리듬과 선법이 말(노랫말)을 따르지, 말이 이것들을 따르지 않고 그 어법의 방식과 말은… 혼(마음, psyche)의 성격(성품, ethos)을 따른다"는 것이다. 결국 소크라테스에 의하면 "좋은 리듬은… 어리석음(anoia)을 좋게 부를 경우의 그런 것(단순함)이 아니라, 성격(성품, ethos)을 진정으로 잘(eu)… 훌륭하게 갖춰 갖게 된 사고(知的思考, dianoia)"일 뿐이다. 모방을 생명으로 하는 음악성보다 더 먼저 추구해야 할 것이 좋은 성품을 지닌 지적 사고인 것이다. 아니 후자를 위해 전자를 버려야 하는 것이다.

*국가론*은 음악에 관련하여 글라우콘의 말을 빌려 다음과 같은 극단적인 표현으로 마무리된다. "**듣기**를 좋아하는 사람들도 있는데, 이들은 지혜를 사랑하는 사람들 속에 포함시키기에는 아무래도 기이하기 그지없는 사람들로서 **논의**나 그런 유의 소일에는 자진해서 가 보려고 하는 일이 없으면서도, 마치 모든 합창가무(choros)를 듣기 위해 제 귀를 세놓기라도 한 사람들처럼, **디오니소스** 축제에는, 그게 도시에서 벌어지는 것이건 또

---

49) 같은 책, 211쪽(398a).
50) 같은 책, 210쪽(397).

시골에서 벌어지는 것이건 간에, 빠지지 않고 뛰어 돌아다니며 듣는” 사람들이다. 이들에 대한 소크라테스의 평가는 그들은 결코 지혜를 사랑하는 사람들이 아니다. 참된 철학자들만이 “진리(aletheia)를 **구경하기** 좋아하는 사람들”이다. 이들은 “아름다움(아름다운 것) 자체(auto to kalon)의 본성(physis)을 [알아]볼(idein) 수도 반길 수도 없”는 자들이라는 것이다.[51]

우리는 그리스 문화에서 청각성을 누르고 시각성이 주도권을 쥘 것임을 이미 소크라테스의 태양 개념에서 예견할 수 있다. *국가론*에 등장하는 소크라테스의 태양에 대한 개념은 전술한바, 음악성에 대한 그의 비하적 경계와 현저한 대조를 이룬다. 시각이든 청각이든 옳음 또는 아름다움 자체의 이데아에 비해 비진리임을 말하려 한다 할지라도 동일한 논의 구조 안에서도 시각적인 것과 청각적인 것에 대한 그의 개념은 근원적인 차별성을 배후에 깔고 나타낸다. 이를 여실히 입증하는 사례가 태양에 대한 소크라테스의 논의이다. 이 논의에서도 청각에 관한 언급이 등장하기는 하나 이것은 어디까지나 보는 감각과 보임의 관계를 설명하고 청각세계의 구조와 시각세계의 구조 간의 차이를 통해 후자의 우월성을 보이기 위해 쓰인 것일 뿐이다. 즉 청각에서는 듣고 들리는 관계 이외에 별도로 이를 가능케 하는 제3의 것이 필요하지 않으나, 시각에서는 ‘시각의 힘’과 “보이는 것의 힘” 이외에, 즉 시력과 대상의 색깔 이외에 제3의 것으로서의 빛이 없으면 아무것도 보이지 않게 된다는 점을 강조하고 이 귀한 것이 “하늘에 있는 신들” 중의 하나인 태양일 수밖에 없음을 강조한다. 그는 이어서 우리의 눈이 갖는 힘은 이 태양으로부터 “넘쳐흐르는 것을 받듯, 분배받아”[52] 갖게 됨으로써 생기는 것이기 때문에, 태양은 시각

---

51) 같은 책, 370－371쪽(475e－476b), 필자의 강조.
52) 같은 책, 436쪽(508b).

자체는 아니지만 시각의 원인이 된다고 말한다. 그러고는 곧바로 "그러니까 태양을 '좋음善'의 소산(소생)으로, 즉 '좋음'이 이것을 자기와 '유비類比 관계에 있는 것(analogon)'으로서 생기게 했다고 내가 말하고 있는 것"53)이라고 쓰고 있다.

3) *제7서한*에 나타난 문자비판

그러나 놀랍게도 *제7서한*에서의 플라톤은 시각적 세계의 한 전형인 문자에 의한 저술 행위에 대하여 강하게 부정적 견해를 밝힌다. 디오니시우스의 경우를 떠올리며, 철학을 할 수 있는 자질이 있는지를 검증하는 테스트에 관하여 언급하는 대목에서이다. 밝히 보일 수 있도록 써 놓음으로써 인류에 기여할 수 있다면 이보다 더 좋은 일이 있으랴만 철학적 지식의 고유한 전수과정이 그것을 허용하지 않는다는 것이다. 무엇보다도 이 최고의 지식은 변증법적 대화를 통해서만 이루어진다는 것이 그의 주장이다. 플라톤은 지식을 전달하는 수단으로 이름, 정의, 이미지를 들며 이들을 수단으로 지식이 전달된다고 설명한다. 원을 예로 들어 '원'이라는 이름과, 중심에서부터 동일한 거리의 둘레로 형성되는 고리 모양의 것이라는 정의와, 선반으로 깎든 그리든 원 자체의 없어지지 않는 본질적 상으로서의 이미지, 그리고 이들을 써서 모든 것들을 분류하는 올바른 견해로서의 지식에 관하여 말한 후 그는 참으로 존재하는 사물 자체, 즉 "제5"의 것으로서의 원에 대하여 언어는 언어 자체가 지니고 있는 한계로 인해 결코 이에 관해 언어에 의한 철학적 견해를 표현할 수 없다고 말한

---

53) 같은 곳.

다. 이름과 정의와 상 그리고 지식은 감각에 의해 논박하는 언어적 작업
들이어서 실재, 즉 본질을 알려고 하는 이들에게 언제나 당혹을 안겨 줄
뿐이라는 것이다.[54] 그리하여 이러한 4가지 도구의 결함에 대하여 알지
못한 채 언어적 방법으로 참존재에 접근하는 자들은 아무것도 알지 못한
채 끝나고 말 것이라는 것이다. 그리하여 이 참존재에 관한 철학적 최고
의 지식을 얻고자 하는 자들은 '악의를 갖지 않는 질문과 대답의 반복을'
의미하는 변증법적 과정을[55] 거치지 않으면 안 된다. 이러한 '오랜 기간
의 완벽한 지속적 탐구'를 거치는 중에 철학자는 "전광석화와 같이 문제
에 대한 이해에 점화되는"[56] 것이며, 이렇게 타인에 의해 점화된 최고의
지식은 일단 얻어지면 결코 꺼지지 않는 참된 지식이 된다고 말한다. 이
러한 일련의 과정은 결코 문자적 기록에 의해서 전달될 성질의 것이 아
니라는 것이 플라톤의 결론인 것이다.

　이상에서 본 바와 같이 문자와 관련하여 플라톤이 행한 비판은 한마디
로 긴 변증과정을 거쳐 도달될 최고의 삶을 얻는 비의적(esoterikos적) 방법
론에 관련된 것이다. 그것은 일차적으로는 정의적定義的 지식(definitional
knowledge)에 관련된 논증이기 때문에 문자로는 불가능한 일이라는 것이
며 공동적 수행에 의해 점화되는 그 지식의 비의적 성격 때문에 더욱 그
러하다는 것이다.[57] 그러나 이러한 시각적 문자와 관련한 플라톤의 비판
적 논증과정이 청각적 우월성을 논증하려는 의도로 쓰인 것으로는 보이

---

54) 플라톤, *제7 서한*, 24 – 29쪽.

55) 같은 책, 30쪽.

56) 같은 곳.

57) 이강서, "exoterika와 esoterika: 희랍철학의 두 통로", *범한철학* 제4집, 2001 가을. "플라톤의 언어
　　관", *서양고전학 연구* 13집, 1999. "플라톤의 *파이드로스* 편에서의 문자비판", *서양고전 연구* 제8
　　집, 1994. "플라톤의 *제7 서한*에서의 문자비판", *서양고전학 연구* 제11집, 1997. 등을 참조할 것.

지 않는다. 저자는 오히려 당시의 문화로부터 디오니소스적 요소를 축출한 소크라테스의 변증법적 논리성에 관한 니체의 주장을 입증하는 (철학 영역에서의) 극단적인 사례를 불 수 있을 뿐이다. 결단코 플라톤이 청각적 진리의 회복을 주장하고 있는 것은 아닌 것이다.

4. 아리스토텔레스의 경우

1) *시학*과 *정치학*에 나타난 청각성

시각성에 근거한 이념의 극치를 이루는 소크라테스의 태양론이나 플라톤의 *국가론*이 지배하는 문화적 풍토에서 니체가 감탄해 마지않던 디오니소스의 청각적 본능이 억압당했으리라는 주장은 설득력을 갖는다. 그러나 상기와 같은 선학들의 사상에 아랑곳하지 않고 강력하게 청각성의 가치를 들고 나서는 *시학*에 비친 아리스토텔레스의 모습은 놀라움이 아닐 수 없다. 이는 일견, 앞서 소개했던 소크라테스 이후의 그리스 미학사상 일반에 대해 니체가 행한 비판의 적실성마저 의심하게 하는 대목이기도 하다. 사라져 가는 청각적 가치를 되살리려는 아리스토텔레스는 고대 그리스에서 청각적 진리를 본 마지막 혁명아였는지도 모른다.

이처럼 청각성의 가치를 적극적으로 들고 나온 고대 그리스 철학자는 역시 아리스토텔레스이다. 아리스토텔레스는 표상에 의한 예술론으로 그의 *시학*을 시작한다. 그에 의하면 삶이 표상(present)하는 바를 재표상(또는 모방, represent)하는 것이 예술의 본령이며 이것은 다시 무엇을 수단으로 하느냐에 따라 여러 장르로 나타나는바, 시는 보격(운율)이라는 특별한 수단을 사용한다는 점에서 다른 예술형태와 구분된다고 한다. 심지어 과학 서적이든 의학 서적이든 보격을 사용하여 쓰인 한 그 저자는 '시인'이라 불려야 한다고 주장한다. 시를 규정하는 한 가지 결정적 요소가 청각성과 관련되어 있다고 주장하는 것이다. 그는 물론 장경(spectacular effect)을 노래 부르기(song - making)나 낭송(diction)과 함께 비극을 규정하는 요소로 들고 있다. 그러나 이때에도 "가장 중요한 것은 노래 부르기"이며 장경과 같은 시각적 효과는, 효과는 높을지 모르나 그것은 근본적으로 시와 예술과는 무관한 것이라고 단정한다.[58] 그가 청각적 요소들(노래 부르기와 낭송)을 표상 '수단'으로, 그리고 시각적 효과를 표상 '양식'으로 구분 지으며 비극의 6대 요소를 논하면서도 후자는 시인의 본령이 아니요 단지 의상담당자의 몫일 뿐이라고 말한다.[59] *정치학*에서 아리스토텔레스는 음악의 효과를 자못 심각하게까지 다루고 있다. 그는 음악을 교육에 포함시켜야 하는가의 문제를 다루면서 음악은 고통을 경감시켜 주는 쾌락과 긴장이완을 제공하는 오락(amusement) 및 연예(entertainment)에 기여하므로 젊은이들의 교육에 포함되어야 한다고 주장한다.[60] 더 나아가 음악은 인간을 열광케 하는 힘이 있어 인간의 영혼과 인격에 영향을 끼칠 뿐만 아니라 다른 감각들과 달리 도덕적 인격배양에까지 영향을 준다고 말

---

58) Aristotle, *The Poetics* (Cambridge, Massachusetts: Harvard University Press, 1965), p.29(1450b), 저자의 번역.

59) 시학의 영역자인 W. Hamilton Fyfe 교수에 의하면 아리스토텔레스의 제자들 사이에 전해지던 '비의적' 교리도 구술적 방법에 의해 이루어졌다고 한다. 같은 책, 58쪽. 이러한 방식은 이미 그의 스승이었던 플라톤 시절부터 관행으로 행해 왔었던 것으로 알려졌다. 이 점은 앞서 논한 바와 같다.

60) Aristotle, *Politics*, tr. H. Rackham, M. A.(Cambridge, Massachusetts: Harvard University Press, 1977), p.653(1339b).

한다. 이것은 여타의 감각들보다 좀 낮다고 할 수 있는 시각조차도 인격을 지시하는 데 그칠 뿐이지만, 음악만은 인격을 모방하기 때문이라는 것이다.[61] 인간은 음악의 리듬과 음조에 대하여 일종의 친화력(affinity)까지 가지고 있다고 주장한다. 그것이 바로 현자들이 인간의 영혼은 화음을 지니고 있다고 말하거나, 아예 인간의 영혼 자체가 화음이라고 말하는 까닭이라고 한다.[62]

2) 청각성의 퇴색

이 이외에도 *시학*에는 비극에서의 어투와 플루트에 의한 효과 등 청각적 효과의 중요성에 대한 통찰이 도처에서 언급되고 있다. 그러나 불행하게도 이 아리스토텔레스에게서조차도 이러한 것들은 사상(dianoia)과 '구성'이라고 하는 이성 작업 앞에 놓일 때에는 그 빛을 잃고 만다. 예를 들면 아리스토텔레스는 플루트는 교육에 도입되어서는 아니 된다고 주장하는데 왜냐하면 그것은 사람을 도덕화시키는 대신 흥분시키는 효과를 가지고 있으며 더 나아가 그것은 말의 사용을 불가능하게 하기 때문이라는 것이다.[63] 아리스토텔레스는 비극론을 펼치는 중에 난데없이 문자, 절節, 구句, 명사, 동사, 접속사 등에 관한 기초 문법을 논하는데 그것은 물론 시각적 문자들에 대한 관심 때문이 아니라 이들이 어투와 낭송의 기본 요소들이기 때문이었다. 그는 이 요소들에 대해 (입술, 이, 목 등에 의해)

---

61) 같은 책, 659쪽(1340b).

62) 같은 책, 661쪽(1340b).

63) 같은 책, 665쪽.

저항 받음 없이 나오는 소리들인가, 저항에 따라 나오는 소리들인가, 반모음인가, 묵음인가 등을 따지며 세세하게 논하고 있다. 그럼에도 이들 '발음되는 소리들'은 그 근본적인 '모방적 기능'으로서의 가치는 온데간데없이 처음부터 '의미 없는 소리'로 간주되고, 이리하여 '어떻게 들리는가'의 문제는 추론에 의해 얻어질 견해의 문제로 넘겨 버리고 만다.[64] 이리하여 아리스토텔레스에게 있어서는 어투나 낭송의 중요성도 사상에 복속되고 만다. 논박과 논증에 관여하며 로고스를 전달하는 사상(dianoia)은 그 안에 동정, 공포, 분노와 같은 감정까지 담을 수 있는 것이어서 어투의 내용조차 관장하는 것이다. 따라서 어투 자체에 대한 그의 논의도 실은 사상의 명료한 전달을 위한 것이었다.[65]

전술한 바와 같이 아리스토텔레스는 시작詩作의 근원을 모방 작업에서 찾고 있다. 그러나 이의 예증을 위해 그가 사용하고 있는 것은 전적으로 시각성에 근거한 유사성의 모방이다.[66] 그에 의하면 인간의 이 모방 작업을 유발시키는 원인은 시각적 유사성에 대한 시각적 확인이 주는 즐거움이다. 유사한 것들을 바라보는 것이 즐거운 이유는 유사한 것들을 바라볼 때 각각의 것이 어떤 것인지를 추론할 수 있기 때문이라는 것이다. 이 즐거움 자체가 결코 예술적 즐거움이라고 보기 어려울 것이다. 감각적 즐거움은 더욱 아니다. 이는 추론의 학습이 주는 인식적 즐거움임에 틀림없다.[67] 그러나 *시학*을 읽노라면 이 인식적 즐거움은 어느새 궁극적으로 명

---

64) Aristotle, *Poetics*, pp.75 – 79.

65) 이 문제에 관해서는 P. Christopher Smith, "From Acoustics to Optics: The Rise of the Metaphysical and Demise of the Melodic in Aristotle's Poetics", *The Sites of Vision* ed. David Michael Levin(Cambridge, Massachusetts: The MIT Press), pp.69 – 91과 본서의 부록을 참조할 것.

66) 그러나 전술한 바와 같이 아리스토텔레스는 이어지는 주장에서 비극에서의 시각적 효과는 예술과는 무관한 것이라고 했다.

67) *Poetics*, 13 – 14쪽(1448b).

상적 세계에서 얻어지는 즐거움으로 옮겨 간다. 이것은 궁극적으로 무감동의 명상자가 '보이는' 대로 '바라봄'으로써 일어나는 이론적 학습의 즐거움인 것이다. 사물이 어떻게 '보이는가'에 대한, 또는 사물의 형상(eidos)에 대한 이성적 이해에서 오는 즐거움인 것이다. 이 인식적, 형이상학적 개념은 그의 예술론에까지 확장되고 있어서 아리스토텔레스의 비극론이 염두에 두고 있는 카타르시스라는 것도 명상적 성격이 짙음을 보게 된다.[68] 예를 들면 전술한 바와 같이 플루트는 교육에서 사용이 금지된다. 그러나 그에게 이 청각적 도구가 의미를 가질 수 있다면 그것은 오직 '명상(theoria)이 학습의 효과(mathesis)보다 카타르시스의 효과를 거둘 수 있는 상황에서'이다. 즉 플루트가 명상에 이르는 도구로 사용되어 카타르시스를 가져오는 한 허용된다는 뜻일 것이다. 최종적 판단의 근거가 되는 이 명상적 카타르시스, 이는 근본적으로 청각적 세계에서 목소리에 참여함으로 획득되던 카타르시스와는 전혀 다른 종류의 카타르시스임에 틀림없다.[69] 이처럼 아리스토텔레스의 예술세계도 결국에는 시각적 기원에서 출발하여(감각으로서의 시각적 효과를 목적으로 하는 것은 아닐지라도) 조형적 논리를 따르는 명상적 세계의 논리로 귀결되고 있음을 알 수 있다.[70]

아리스토텔레스가 이처럼 비극에서 모든 감각적 효과와 함께 청각성을 폄하하는 근본적인 이유는 이들에 의한 효과는 구성에 의해 얻어지는 것보다 덜 예술적이라는 데 그 근거가 있다. 카타르시스를 창출하기 위한 공포와 동정 역시 이야기의 논리적 구성에 의해서 나와야 한다는 것이다.

---

68) *Politics*, 21 – 23쪽(1341a).

69) 같은 곳.

70) *Poetics*, 49쪽(1453b).

구성의 핵심은 사건의 개연성과 필연성을 뒷받침하는 이성적 추론이다. 그리하여 '구성이 잘되어 있는 경우 (우리는) 심지어 연극을 보지 않고도 발생하는 사건을 들으며 사건 발생의 결과로서의 공포와 동정으로 전율'할 수 있다.[71] 아리스토텔레스는 한 발 더 나아가 비극은, 서사시가 그렇듯이, 배우들의 행위 없이 읽는 것만으로도 그 질을 평가받을 수 있는 것이며, 행동에 의한 모방을 수행하는 연극은 서사시보다 저속하고 열등하다고 평한다.[72] 합창이나 연기가 없는 서사시가 교양 있는 사람들을 대상으로 하는 반면, 사티로스합창과 연기에 의해 (디오니소스적) 열정을 분출하는 비극은 하층 계급에게 호소력을 가지기 때문이라는 것이다.

이처럼 필연성에 근거한 논리적 구성과 명상의 세계라는 궁극적 가치 속에 청각적 가치를 묻어 버린 아리스토텔레스 역시 결국 시각적인 논리와 명상적 이념의 문화적 거주지에 매몰된 실패의 혁명아로 보인다. 선학들과 달리 청각성의 회복을 주장하며 들고 나섰던 혁명적 태도는 성공을 거두지 못한 채 스스로 종종 양가적 모순을 드러내며 역사 속으로 명멸하고 만다.[73] 이런 점에서 아리스토텔레스의 *시학*은 그 자체가 서양 사상사에서의 청각성과 시각성의 변천과정을 한 몸에 드러내고 있는 작품이라고 보아도 좋을 듯하다.

---

71) 같은 곳.

72) 같은 책, 115쪽(1462b).

73) 이 모순을 오히려 긍정적으로 보며 아리스토텔레스의 양가성을 명료하게 해부해 보인 Christopher Smith의 "From Acoustics to Optics"는 representation과 reenactment 용어를 사용하여 아리스토텔레스가 어떻게 청각성을 버리고 시각성의 세계로 회귀하였는가를 규명하고 있다. 본서의 부록에 이 논문의 한글 번역을 싣는다.

5. 맺는말

소크라테스는 니체가 말하는 디오니소스의 청각적 생명력을 근원으로 하는 예술영역 자체에 대한 자신의 철저한 인식의 결여가 가져올 결과를 가늠할 수 없었을는지도 모른다. 인생이 끝나 갈 무렵 감옥에 누운 소크라테스에게 꿈의 목소리는 계속적으로 '소크라테스여, 음악을 울려라 음악을!'이라고 속삭였음에도 "그는 생애 마지막 날까지 자신의 철학이 최고의 음악 예술이라는 생각으로 마음을 달래면서, 어떤 신이 자신에게 저 '비속하고 대중적인 음악'을 상기시키려 하나 보다 하면서 그것을 진지하게 믿지 않았다."[74] 니체는 이 시점의 소크라테스를 떠올리며 이렇게 상상한다. "저 폭군적 논리학자 소크라테스는 가끔 예술을 대하면서 공허감, 공백감과 아울러 반쯤은 자책감, 어쩌면 의무를 다하지 못했다는 자책감을 느꼈을 것이다. …그는 이렇게 스스로에게 물어야만 했을 것이다. 나에게 이해되지 않는 것이라고 비합리적인 것은 아니지 않을까? 논리학자를 추방해 버린 지혜의 왕국이 있지 않을까? 예술은 학문과 상관성이 있으며 혹 그것을 보완하는 것은 아닐까?"[75]

니체의 통찰대로 그리스철학은 소크라테스 이후 시각 중심적 논리성 때문에 불행히도 인간 일반에 천부적으로 주어졌던 청각적 진리에서 벗

---

74) 니체, 113쪽.

75) 같은 책, 113 – 114쪽. 소크라테스에 대한 이상과 같은 니체의 부정적 평가를 소크라테스의 삶에 그대로 적용하는 것은 그에게 공정하지 못할 것이다. 베르그송이 그에 대하여 내린 부분적으로 긍정적인 평가에서도 기술하고 있듯이 소크라테스는 그의 시각성에 근거한 변증적 논리성에 대한 확신에도 불구하고 일생 글을 남기지 않고 구술성의 진리와 '양원적 정신(bicamerality)'의 진리를 실천적으로 수행해 보인바, 그의 삶의 신비가 지닌 가치가 이로써 일방적으로 폄훼되어서는 안 될 것이다. 제4장을 참조할 것.

어나, 자신들의 주장을 전달하는 변증법적 과정에서 잠시 구술적 방법에 의존하는 수단을 원용하는 정도로 청각적 문화의 일단을 반영하는 데 그치고 만 것이다. 결국 아리스토텔레스는 소크라테스와 플라톤 이후 시각적 논리 일변도의 재표상(represent) 작업으로 흘러가는 당시의 비극을 보며 회의를 느낀 나머지 자신의 시학에서 비극의 본래적 청각성에 근거한 재공연(reenactment)을 회복시키려 했으나 그 역시 시대의 자식일 뿐이었다. 그 역시 자신의 비극론에 고매한 명상의 겉옷을 입혀 놓고 만 것이다. 아리스토텔레스의 이 불발의 통찰로 서구 예술에서의 청각적 회복은 영구히 잠들어 버린 것이다. 플라톤 자신이 당시 철학 활동이 대중을 상대로 한 문자 위주의 시민 교육으로 흐르고 있는 세태에 회의를 느끼고 소수 철학도들을 위한 비의적 모임에서 구술적 방식에 의한 철학 수업을 시도했었으나 이 역시 궁극적으로 명상을 위한, 아니 더욱 철저히 명상적 진리를 추구하기 위한 방도였을 뿐이었다. 이런 점에서 이는 대세에서 밀려나 디오니소스적 체험을 위한 비의적 종교집단의 은신과도 다른 것이었다. 비록 철학을 수행하는 형식에 있어서는 청각적 구술방식을 택했으나 이 구술적 변증을 통해서 그들이 목표로 하고 있는 것은 시각적 명상이었던 것이다. 아리스토텔레스의 *시학*도(특히 후자의 경우에 더욱) 청각적 요소를 인정하거나 연관성을 보이고 있음은 청각성의 시원적 진리성을 향한 내적 쏠림의 흔적을 드러낸 것으로 보인다. 그러나 이는 시각적 이론적 형이상학적으로 경도된 당시의 문화적 대세를 이길 만큼의 강한 의지나 통찰을 지니지는 못한 것이었다.

참고문헌

이강서, "exoterika와 esoterika: 희랍철학의 두 통로", *범한철학* 제4집, 2001 가을. "플라톤의 언어관", *서양고전학 연구* 13집, 1999. "플라톤의 *파이 드로스* 편에서의 문자비판", *서양고전 연구* 제8집, 1994. "플라톤의 *제 7서한*에서의 문자비판", *서양고전학 연구* 제11집, 1997.

프리드리히 니체, *비극의 탄생*, 이진우 역(책세상, 2005).

플라톤, *국가*, 박종현 역(서광사, 1997).

______, *Seventh Letter*, http://etext.library.adelaide.edu.au/mirror/classics.mit.edu/Plato/seventh_letter.html

Aristotle, *The Poetics*(Cambridge, Massachusetts: Harvard University Press, 1965).

Aristotle, *Politics*, tr. H. Rackham, M. A.(Cambridge, Massachusetts: Harvard University Press, 1977).

P. Christopher Smith, "From Acoustics to Optics: The Rise of the Metaphysical and Demise of the Melodic in Aristotle's Poetics" *The Sites of Vision* ed. David Michael Levin(Cambridge, Massachusetts: The MIT Press, 1999).

Julian Jaynes, *The Origin of Consciousness in the Breakdown of the Bicameral Mind* (Boston, New York: Houghton Mifflin Co., 1976) 줄리안 제인스, *의식 의 기원*, 김득룡·박주용 역(한길사, 2006).

Walter Benjamin, Üeber den Begriff der Geschichte, in *Gesammelte Schriften* (Frankfurt/M: Suhrkamp Verlag, 1972) Ⅰ 691.

1. 머리말

형색과 소리, 공간과 시간은 실재의 변증법적[77] 카테고리들이다. 전자는 정지된 **곳에** 살고 후자는 움직이는 **중에** 산다. 전자가 외향성을 지향하는 반면, 후자는 내향성을 지향한다. 그리하여 전자는 문자가 되어 석비石碑에 기록되고 후자는 말이 되어 심비心碑에 기록된다. 소리는 시간

─────────────

76) 처음 발표 당시의 원제목은 "빛과 소리"였다. 시각과 청각에 대비되는 각각의 감각 대상은 마땅히 형태와 색채를 지닌 사물이요 소리일 것이나, 우리의 눈은 바로 '빛을 만들어 내는 (sonnenhaft)' 기관이라는 괴테의 통찰을 따른 것이었다. 소크라테스 역시 청각 세계와 달리 시각의 세계에는 '태양'으로부터의 빛이 없이는 시각은 그 기능을 발휘하지 못하고 만다는 것을 지적하고 있다. 그러나 소크라테스가 '태양의 이데아'를 떠올릴 수밖에 없었던 바로 그 이유 때문에라도, '빛'은 존재를 암시하는 시간과 '소리'의 세계에 반립하는 공간적 대상 영역에 포함될 수 없다. 어느 광光물리학자의 말대로 빛은 그 속도에 있어 제로시간의 영역에 머물기 때문에 시간 밖 영원의 세계를 암시한다. 여러 모로 빛은 소리의 반립적 짝은 아닌 듯하다.

77) 여기에서의 '변증법'은 내용상 반드시 헤겔적 개념을 의미하지는 않는다. 오히려 필자는 아도르노나 벤야민 등이 사용하는 '부정변증법'의 원리를 좇고 있다. 이것의 내용은 이하의 논의를 통해 보다 분명해질 것이다.

속에서만 생명을 얻는다. 월터 옹(Walter Ong)의 표현대로, 우리는 시간의 정지상태를 상정할 수 있긴 하나, 소리에게 그것은 무無일 뿐이요 죽음 같은 침묵일 뿐이다. '소리는 그것이 막 사라져 갈 때만 존재하는 것이다.'[78] 이것이 시간과 함께하는 소리의 생존 방식이다. 그런고로 소리의 공간화는 소리의 죽음을 의미할 뿐이다. 양자의 관계는 언어에서는 문자성과 구술성의 관계로, 정신에 적용되면 '의식성'과 '양원성(Bicamerality)'[79]의 관계로, 문화에 적용되면 희랍문화와 히브리 문화의 관계로 그리고 실천적으로 말하면 인간과 신의 관계에까지 이어진다. 양 항은 인간의 역사와 문화에 상호 독립적으로 존재하며 영향을 끼치며 상호 반목하는[80] 두 개체적 원리들이다. 그런고로 양 항 중 어느 한쪽의 일반화나 전횡이나 한쪽이 다른 쪽을 침탈하거나 식민지화하는 일이 발생하게 되면 그것은 곧 인격의 파탄, 또는 문화의 병리를 의미하게 된다. 이것이 본 연구의 가설이다.

불행히도 이 시대는 공간화의 시대, 문자성의 시대, '의식'의 시대, 그리고 테크놀로지의 시대이다. 이는 구술성과 양원성과 영기성(aura)의 부재요, 분석이 있을 뿐 종합을 모르는 시대요, 고착이 있을 뿐 생명성이 없는 시대이며, 무엇보다도 영성을 잃어버린 교만의 문명이다. 인류는 이 모든 것을 철학의 이름으로, 철학의 묵인하에 진행시켜 왔다. 후 항에 관련된 것들은 언제나 철학의 외곽으로 쫓겨났다.[81] 서양철학사에서 확인할

---

78) 월터 옹, *구술 문화와 문자문화*, 이기우 등 역(문예출판사, 1995), 53쪽.

79) Julian Jaynes, *The Origin of Consciousness in the Breakdown of the Bicameral Mind* (Boston, New York: Houghton Mifflin Co, 1976).

80) 이는 형식논리학에서 쓰이는 '모순개념(contradictory)'과 같은 용어이나, 그 내용은 다르다. 전자에서는 반목하는 두 개념 중 한쪽이 부정되어야 다른 쪽이 성립되므로 양자는 양립할 수 없는 관계이다. 그러나 변증법적 논리학의 경우 상호 모순되는 두 개념들은 상호 규제적 이념으로서 양립 가능하며, 실재는 이 원리로만 설명된다. 자연과 역사는 그 한 예이다.

수 있는바, 소피스트와 결별하면서 전통적으로 말에 근거했던 수사학과도 결별함으로써 출발한 서양철학은 확실히 시각적 문자 쓰기에 의해 새로운 사고구조를 형성해 온 학문이다.82) 줄리안 제인스(Julian Jaynes)의 용어를 빌리자면 이는 실은 ‘의식’ 내부에 국한되어 있는, 그런고로 ‘의식’ 외부의 실재를 제거해 버린 의식철학이요 (문자)언어철학일 것이다. 우연히도 이 시대의 본질적인 병리적 결여를 지적해 온 측은 언제나 철학 외부의 학문들이었다. 월터 옹은 구술성의 부재를, 줄리안 제인스는 ‘양원성’의 상실을, 발터 벤야민(Walter Benjamin)은 영기성(aura)의 실종을,83) 그리고 페르디난드 에브너(Ferdinand Ebner)는 신의 부재를84) 지적하고 있다. 모두 철학자의 명단에는 등재되어 있지 않는 철학 변방의 목소리들이다. 필자는 이들과 함께 고고학적 탐사 길에 오르고자 한다.

이리하여 필자는 언제나 인류의 문명사와 문화사의 근거가 되어 각기 뚜렷이 구별되는 문화적 특징을 만들어 내는 형색과 소리, 시각과 청각을 준거 점으로 삼고 출발할 것이다. 우선 고대 그리스와 히브리의 언어문화들을 대비시키는 토를라이프 보만(Thorleif Boman)85)의 연구결과를 검토하는 일로부터 시작하고자 한다. 그는 눈과 빛의 언어문화이자 서양철학의 산실이었던 고대 그리스 언어문화와 이에 대비되는 귀와 소리의 언어

---

81) 철학 내부의 목소리로 남아 있는 것은 키르케고르 정도이다. 에브너도 이 점을 지적한 적이 있다. Ferdinand Ebner, *Das Wort und die Geistigen Realitäten: Pneumatologische Fragmente* (Verlag Friedrich Pustet, 1921). 대부분의 철학자들은 이를 ‘경험’ 외부, ‘언어’ 외곽의 일로 치부해 버렸다.

82) 같은 책, 167쪽. 물론 이 수사학적 전통은 그 후 르네상스 인문주의 등에서 그리고 최근의 의사소통론이나 화용론 등에서 다시 목소리를 내기도 했다. 국내에서 이것에 대한 논의는 강영안의 *근대지식 이념과 인문학*(철학, 1998)에서도 발견된다.

83) 노베르트 볼츠, 빌렘 반 라이엔, *발터 벤야민: 예술, 종교, 역사철학*, 김득룡 역(서광사, 2000).

84) Ferdinand Ebner, *Das Wort und die Geistigen Realitäten: Pneumatologische Fragmente* (Verlag Friedrich Pustet, 1921).

85) 토를라이프 보만, *히브리적 사유와 그리스적 사유의 비교*, 허혁 역(분도출판사, 1975).

문화이자 유대 종교적 신앙의 메카인 히브리의 언어문화를 비교 연구한
다. 그러나 보만은 양 문화가 대국적으로는 구분되면서도 종종 상호 유사
성을 보이고 있는 이유와, 형색과 소리 양자 간의 상호 관계를 밝혀내지
못한 채로 끝나고 만다. 본 장에서는 이 문제에 대한 해답을 제인스의 설
명과 옹과 벤야민의 주장에서 찾는 한편, 후자들이 지니고 있는 문제점들
을 지적하는 작업을 통해 실재의 왜곡과 이를 반영하는 현대의 서구기술
문명과 서양철학의 병리적 이데올로기를 진단하고자 한다.

2. 형색과 소리 그리고 두 문화

형색과 소리는 밖과 안을 지향한다. 그런가 하면, 공간과 시간의 꽤도
를 운행하며 동일한 운명의 뭇 정신현상에 관여한다. 통상적으로 형색과
소리는 대상계에 살고 시각과 청각은 주관에 사는 것으로 여겨진다. 그러
나 에브너에 의하면[86] 그 형색과 소리는 이미 우리의 눈과 귀에 있었다.
빛을 빛으로 만든 것은 눈이요, 소리를 소리로 만든 것은 귀였다. 눈에
닿기 전 그것은 단지 고체성을 지닌 물질적 에테르였을 뿐이었고, 귀에
닿기 전 그것은 고체성을 지닌 물질적 파동이었을 뿐이었다. 이를 에브너
(Ebner)는 괴테(Goethe)를 빌려, 눈에 이르러 에테르가 빛이 되고, 귀에 이
르러 공기 진동이 소리가 되었다면 눈은 아예 '태양 같은(sonnenhaft)' 것
이며, 귀는 '소리의 창조자'라고 말해 버린다.[87] 이로부터 예술이 가능해

---

86) 에브너는 칸트는 물론 모든 관념론자들을 비판하는 입장이면서도 이것만은 이렇게 주장한다.
　　에브너, 같은 책, 6장.

진다. 그런 의미에서 이들 두 감각은, 여전히 물질의 고체성에 머물러 있는 미각, 후각, 촉각과는 구별되는 상위의 감각들임에 틀림없다. 그중에서도 청각은 생각하면 할수록 경이로운 감각이다. 눈은 감거나 고개를 돌리면 되고, 혀나 손은 물체에서 떨어지면 되나 귀는 상황이 사뭇 다르다. 들리는 소리는 방향을 돌려도 귀를 막아도 어찌할 수가 없다. 가장 통제불가한 감각이다. 이 강압적 감각에 의미를 실어 들려오는 것이 있었으니 우리는 그것을 말[88]이라 한다. 이는 인간에게 있어 최고의 성취요 신의 은사다. 물리적 공기 진동이 소리경험에서 사라지듯 소리는 말의 경험에서 사라진다.[89] 경이의 말이 있을 뿐이다.

옹 역시 일단은 언어에서 청각성의 중요성을 강조한다. 아무리 쓰기와 인쇄문화가 지배적인 세계가 되었다 해도 그것이 언어인 한, 언어가 있는 한, 언어는 "직접적이든 간접적이든 본래 언어가 사는 장소인 소리의 세계에 결부되지 않고서는 의미를 지닐 수가 없다. 텍스트를 '읽는다'는 것은 음독이든 묵독이든 간에 그 텍스트를 음성으로 옮기는 일이다. …쓴다는 것은 목소리로서의 말의 성격 없이는 결코 성립하지 않는다."[90]는 것이다. 그럼에도 형색과 소리, 시각과 청각은 역사 속에서 각기 상이한 사유방식으로 언어와 관계를 맺어(그 언어에 기초한) 문화들을 시각적 문화와 청각적 문화로 갈라놓는다. 전형적인 예로 고대 그리스 문화와 히브리 문화를 들 수 있다. 주지하는바 후자는 본래 자음만으로 된 알파벳을 가

---

87) 에브너, 65쪽.

88) 근본적으로 '말'의 종교적 의미를 논하는 에브너에게 동의한다 할지라도, 언어의 근거를 오직 소리에서만, 따라서 발화된 말에서만 찾고 있는 점은 용인키 어렵다. 자세한 이유는 결론 부분에서 다루기로 한다.

89) 같은 책, 73쪽.

90) 옹, 17-8쪽.

진 언어이다. 유대인들은 그것에 적절한 모음들을 보충하며 자음들에 붙여 읽는다. 그런고로 히브리어는 시각적으로는 보이지 않는 요소를 전제로 하여 구성된 청각적 언어의 대표적 예라 할 만하다.[91] 이에 반해 고대 그리스인은 역사상 최초로 모음을 보이는 문자인 알파벳을 만든 민족으로 알려졌다. 말의 완전한 시각적 변용이 가능하게 되는 계기인 것이다. 물론 그들과 그 후의 서구문명은 이것이 가져오는 지적 발전을 누리게 되었다.[92]

토를라이프 보만은 그의 명저 *히브리적 사유와 그리스적 사유의 비교* (*Das hebräische Denken im Vergleich mit dem griechischen*)에서 이 점을 지적한 적이 있다. 본 연구의 주제와 관련된 것들을 골라 요약해 보자. 양 민족의 언어를 분석 매체로 삼고 있는 그의 연구에 의하면 고대 그리스인들의 미美는 대상의 외관을 묘사하는 데 열중하여 눈으로 보이게 사실적으로 표현되며, 감성적인 것이나 동적인 것들은 형상을 매개로 하여 모두 정신적인 것, 정지적인 것들로 바뀐다.[93] 반면, 히브리인들은 깊은 인상과 감명을 주는 대상들의 성품을 감관에 느끼도록 표현한다. 신도 감각적으로 다가오는 음향으로 표현되며, 다니엘서에 나오는 입상立像 역시 공간적 외양에 대한 관심보다 그 입상의 재료와 시간적 과정이 강조되어 있음을 볼 수 있다.[94] 전자가 가시성에 중점을 두고 공간을 중시하는 반면, 후자는 흐름과 율동과 느낌으로서의 동사적 시간을 중시한다. 전자에게 참존재는 영원히 정지해 있는 선 이데아이고 로고스 역시 '계산하다' '사

---

91) 같은 책, 139쪽.

92) 같은 책, 140쪽. 그러나 이들 양 언어가 배타적으로 시각이나 청각적 요소 한쪽에만 경도되어 구성된 것인지는 의문이다. 이에 대한 저자의 견해는 결론 부분에서 논하기로 한다.

93) 보만, 100 – 103쪽.

94) 같은 책, 90쪽.

유하다'를 의미하는 이성적인 것을 의미하는 것에 비해 후자에게 참존재는 행위와 구별되지 않는 말(dabarרבד)로서 역동성을 지닌 행언(行言, Tatwort)이라 번역될 만한 말이다.95) 전자는 정적 공간적 양적 기하학적 크기의 개념을 가지고 있으며 본질적이고 유일한 부동자에서 출발한다(헤라클레이토스의 만물유전론에서조차 유전 속의 영원한 조화의 법칙을 추구한다.).96) 반면, 후자는 동적 질적 크기의 개념이 있을 뿐이다. 예컨대 존재는 살아 움직이는 활동성을 의미하며 신의 존재(היה haya)는 그의 활동성과 능력으로 증명된다.97) 신의 이미지를 공간화하여 그리거나 조각하는 것을 철저히 금한다.98) 전자에게는 보이는 사물세계가 인식 수단이 되는 반면, 후자에 있어 사물은 단지 자료나 도구일 뿐이며 성품의 총체일 뿐이다. 예컨대 목재로 된 제단祭壇은 목재 자체일 뿐이며,99) 흙과 먼지로 만들어진 인간은 본질적으로 그것들과 동등하게 취급된다.100) 그리하여 전자가 현존하는 것들의 객관적 진리와 명증성을 추구하는 '논리적 사유'를 발전시킨 데 비해 후자는 삶과 도덕법칙에 대한 개인적 확신을 추구하는 '심리학적 이해'를 발전시켰다는 것이다. 그리스인들에게 시간 개념이 없는 것은 아니다. 그들은 천체의 위치에 의미를 부여함으로써 시간을

---

95) 같은 책, 68 - 79쪽.

96) 같은 책, 63쪽.

97) 같은 책, 55 - 57쪽. 물론 자아의 '활동성'에 대해 언급한 서양철학자들이 없는 바는 아니다. 예를 들면 독일 관념론자 셸링도, '절대자아'가 그 자신 자체로는 대상일 수 없으나 오직 자신에 대해서만 대상이 됨으로써 대상으로 되는 것인데, 이것이 가능해지는 것은 자신을 대상으로 만드는 자신의 본질, 즉 자아의 '활동성' 때문이라고 주장한다. 그러나 이러한 '활동성' 개념은 관념 안에서의 추상적 논리에 의한 것으로서 히브리인들이 실제 생활 속에서 절대자의 존재를 확인하는 체험으로서의 절대자의 '활동성'과는 전혀 다른 차원의 언설임은 물론이다.

98) 같은 책, 135쪽.

99) 같은 책, 43쪽.

100) 같은 책, 110쪽.

나타낸다. 반면에 히브리인들에게 시간은 천체의 기능 즉 태양의 형색과 열로 나타난다("예루살렘 성문은 태양이 열을 낼 때까지 열어서는 안 된다."(느헤미아 7:3)는 식이다.). 시간을 보는 양 문화의 결정적 차이는 전자는 공간우위의 생각으로 시간의 측정이나 온도, 기압의 측정을 공간화하고 시간을 공간적 표상으로 나타내고 3시상時相을 사용함으로써 과학적 목적에 기여했던 반면 히브리인에게 진정한 시간은 신체적 심리적 시간이어서 현실을 시간으로 체험할 뿐 아니라, 더 나아가 그들 언어의 동사에는 아예 시간을 표시하는 과거, 현재, 미래 등의 어형이 존재하지 않는다. 이는 '우리의 시간 파악에 의하면 무시간적으로 나타난다.'[101] 보만은 이렇게 결론짓는다. "히브리적인 사유와 그리스적인 사유는 여각적餘角的이다. 그리스인들은 현실을 존재로, 히브리인들은 현실을 운동으로 묘사한다. 그러나 현실은 양자, 말하자면 동시적으로 양자이며, 이것은 논리적으로는 불가능하지만 역시 옳다."[102] 이 '여각적'이며 '동시적으로 양자인' 관계란 무슨 관계인가?

보만의 이러한 평면적 비교연구는 한계에 부딪힐 수밖에 없었다. 그의 연구 속에는 종종 양 문화 간의 차별이 아닌 공통점들이 나타나고 그는 이를 설명하는 데 궁색함을 느끼는 것이 보인다. 그리스적 언어가 시각적 공간적 정적 사유를 하여 유럽적 사유의 기초가 된 반면 히브리적 언어는 청각적 시간적 동적 사유를 하여 동양적 사유의 기초가 되었다는 근본적인 입장의 차이에도 불구하고 보만은 양자 간의 어색한 화해를 모색한다. 예를 들면 영원한 정지로서의 존재를 말하건 영원한 움직임으로서의 존재를 말하건 양자 모두 존재가 참된 현실이라는 점에서 일치한다는

---

101) 같은 책, 280쪽.
102) 같은 책, 243쪽.

것이다.103) 내용규정이 이처럼 극단적으로 반목하는데 그 역동구조에 대한 해명이 없이 주제가 같다 하여 일치한다는 그 일치나 종합이 무슨 의미가 있는가? '종합'을 말했던104) 보만은 보유편으로 첨가한 후속 논문에서는 현대 서구 문명의 근거가 되었던 고대 그리스적 시간관이 진정한 시간개념을 그르쳤음을 인정한다. "우리 사유에서 공간을 시간 위에 두었기 때문에, 공간 표상들이 우리의 시간 표상들도 만들었고 부분적으로는 왜곡시켰다."105)는 것이다. 보만이 양자 간의 화해와 갈등 사이를 넘나들 수밖에 없었던 근본적인 이유는 그가 연구과제로 설정한 양 언어에 개재되어 있는 시간적 요소, 즉 각 언어문화에 역사적으로 발생한 구술성으로부터 문자성으로의 변화, 그리하여 역사 속의 특정 시기를 지나는 중에 양 언어 모두 문자문화의 영향을 받으며 그 영향권 안에서 생존 발전해 왔다는 점을 간과하고 있는 점이다. 이제 제인스와 옹의 연구를 통해서 이 문제를 좀 더 논해 보자.

3. 정신의 '양원兩院 구조'

　예일 대학의 심리학과 일원에서 프로이트의 뒤를 이어 철학의 전통적인 논제였던 '의식'에 대한 충격적인 재해석이 터져 나왔다. 줄리안 제인스의 3부작 *의식의 기원: 정신의 양원구조가 깨어질 때*(*The Origin of Consciousness*

---

103) 같은 책, 69쪽.

104) 같은 곳.

105) 같은 책, 280쪽.

*in the Breakdown of the Bicameral Mind)*가 그것이다. 그는 일상적으로 인정되어 왔던 의식에 대한 통념들을 거부한다. 의식은 학습에도 개념에도 사유에도 이성에도 필수적인 게 아니라고 주장한다. 제인스에 의하면 의식은 두뇌 피질의 발달에 따른 포유류의 역사 어딘가에 있어야만 했었던 것도, 데카르트가 말하는 송과선에 관련된 어떤 것도 아닌 것으로서, 인간의 언어발달에 뒤이어 늦게야 생겨난 것이다. 다시 말하면 듣는 언어가 보이는 언어로, 공간적 변형을 겪기 시작하면서 나타난 것이 의식이다.[106] 제인스에 의하면 이러한 의식은 몇 가지 특징들을 가지는데 '공간화' 작업이 그 대표적인 예이다. 그것은 시간을 공간화한다. 예를 들어 지난 1세기를 생각한다고 할 때 우리는 매 연말마다 텔레비전이나 신문들이 선정한 빅뉴스거리들을 보여 주듯이 한 해, 한 해, 일어났던 일들을 순차적으로, '아마도 좌로부터 우로, 늘어놓음으로써' 그것을 생각하게 될 것이다. 시간은 공간화되지 않고는 생각될 수 없고, 이러한 공간화 속에서 통시적 성격은 공시적 성격으로 변하게 된다는 것이다. 의식은 실제의 물리 세계에 없는 공간조차도 그 자신 내에 창조하여 소위 '은유적 정신공간(metaphorical mind – space)'을 확장하는 방식으로 새로운 관계들을 만들어 낸다.[107]

제인스는 이러한 의식은 학습이나 경험의 재생에 반드시 필요한 것이 아닐 뿐만 아니라, 바람직하지 못한 것이기도 하다고 주장한다.[108] 예를 들어 우리는 특정한 음악을 들려주며 맛있는 음식을 먹었다면, 그 다음에는 그 음악만을 들어도 더 많은 타액을 만들며 그 음악을 더 좋아하게 된다. 그러나 이 음악이 쾌감을 가져오는 신호라는 것을 우리는 의식하지

---

106) 제인스, 68쪽.
107) 같은 책, 60쪽.
108) 같은 책, 26쪽.

못한 채 배우고 있다. 만일 이 음악과 음식 간의 연관성을 사전에 미리 알았더라면 전자의 학습은 오히려 발생하지 않게 된다. 연주 중인 피아니스트나 무용수는 자신의 손가락들이나 몸을 의식하는 순간 연주를 망치게 될 것이다.[109] 이러한 생각 끝에 제인스는 의식 이전의 "의식 없는 문명이 가능하다."[110]는 결론에 당도한다. 그는 인류의 문명사와 고전들에 대한 연구를 통해 이러한 문명이 실재하였음을 증명하고 있다.

그들 고전 문명에는 의식을 대신하는 무엇인가가 있었음에 틀림없다. 제인스는 그것이, 정신의 양원구조(Bicamerality of Mind)였다고 주장한다. 형색과 소리는 인류의 언어 발달사에도 반목적 모습으로 개입한다. 말이 시작된 곳은 두말할 나위 없이 청각이다. 본질적으로 언어의 형성에 시각이 끼어들 여지란 없다. 그러나 이 청각에만 의지하던 구술문명은, 소리의 운명이 그렇듯이, 시간의 흐름과 함께 씻겨 흔적을 남기지 않는다. 이러한 문명의 자취를 더듬기 위해서는 어쩔 수 없이 청각적 언어문화와 시각적 언어문화의 과도기에 쓰인 기록에 의존할 수밖에 없다. 흥미롭게도, 보만의 상기 연구에 접하지 못한 듯함에도, 제인스 역시(고대 메소포타미아 문명과 함께) 고대 그리스의 일리아드와 히브리 민족의 구약성서 일부를 그 예로 택한다. 그에게 이들은 정신의 양원구조를 들여다볼 수 있는 창이다.

제인스는 이 초기에 기록된 언어에 나타나는 정신구조는 오늘날의 그것과 판이하게 다르다는 것을 밝혀낸다. 전자에는 의식의 특징인 설화화나 공간화가 나타나지 않으며 이들 특징은 후기의 기록물들에나 나타나

---

109) 이미 학습이 이루어진 후, 숙달되어 심취한 상태에서 자기표현 하는 연기자들의 연행에서는 있을 수 있는 일로 보이나, 초기 학습과정에서도 이러할지는 의문이다.

110) 같은 책, 47쪽.

고 있다는 것이다. 그리고 이러한 의식문화의 전형은 일리아드 이후의 그리스 문화라고 지적한다.[111] 무엇보다도 B.C. 1230년에서 B.C. 850년 사이에, 음송시인들(aoidoi)의 구전을 받아 적은 것들로 구성된 것으로 추정되는 일리아드에는 일반적으로 '정신'이니 '영혼'이니 '의지'니 하는 의식에 해당하는 말들이나 그런 개념들이 나타나지 않는다는 것이다. 모든 정신적인 것들은 동작이나 설렘을 의미하는 '투모스(thumos)', 또는 몸의 감각을 의미하는 '프레네스(phrenes)' 또는 본다는 뜻의 '누스(noos)'(나중에 nous로 철자했음) 등 구체적인 실체들로 언급될 뿐이다. 일리아드의 용사들은 그들의 피를 의미하는 '사이키(psyche)'를 땅에 쏟으며 죽는다.[112]

일리아드 당시 전사들의 기록에는 자신의 몸과 피와 호흡과 설레는 가슴이 있을지언정, 자신이 할 바를 지시할 자신의 의지나 정신이나 영혼 같은 것은 나타나지 않았다는 상기의 주장은 무엇을 말하려는 것인가? 그들에게는 자신의 의지를 대신하여 자신들에게 행동지시를 내리는 또 다른 무엇이 있었다는 것이다. 갑작스러운 사건 앞에서 판단을 내리지 못해 갈등을 경험하고 있는 전사들은 그의 의식이 채 작동하기 전에 그가 행동해야 할 바를 지시하는 소리를 듣는다. 그것은 청각적 환상 같은 것이었다. 대개의 경우 짧은 몇 마디로 된 그 말들은 천천히 말한다거나, 운율과 각운을 지니고 있거나, 때로는 심지어 외국어로 된 것이기도 한 독특한 특징들을 지니고 있었다. 이 말들의 내용은 충고와 명령과 위로였고, 때로는 조롱하는 말이기도 했다. 말이 들려오는 방향도 알 수 없는 채 예언력을 지니고 들려오는 이런 말들은(악한 것이든 선한 것이든) 영이었다. 이를 듣는 사람들은 신이나 천사 또는 악마 혹은 적 혹은 친척들

---

111) 같은 책, 82쪽.
112) 같은 책, 69-71쪽.

이 그 말의 발화자라고 믿게 된다. 늘 하던 방식대로 자신의 힘으로 해낼 수 없는 상황에 이르러 무언가 절대적인 도움을 절감할 때면 으레 그런 음성은 들려왔기 때문이다. 고개를 박아도 동굴에 숨어도 귀를 막아도 사면에 편재하는 소리로 들려오는 그 음성은 불가항력의 권위를 가지고 있었다. 원래 '듣는다'는 것은 청자가 '자신의 정체성을 정지시키는 것'이며 '듣는다는 것은 실제로 일종의 복종을 의미한다.'113) 영어 obey의 라틴어 어원은 obedire 즉 ob+audire로서 누군가의 앞에 서서 듣는 것을 의미한다. 갈등의 순간에 긴박하게 들려오는 소리를 듣는 자들은 그 소리의 신적 권위에 복종하게 되어 있었던 것이다. 제인스에 의하면 이와 같은 상황은 고대 그리스에서뿐 아니라 히브리 문화에서도 쉽게 확인된다.

'히브리(Hebrew)'는 바빌론어로 아카드지역의 유랑민 또는 그들의 언어를 뜻하는 '카비루(Khabiru)'가 '사막의 바람 속에서 부드러워진'114) 발음이 된 것으로, 데라(Thera), 아시리아(Assyria), 또는 히타이트(Hittite)의 난민들로 구성된 혼합 민족의 언어로 알려진다.115)) 이 언어로 기록된 구약성서 중 가장 양원적 정신구조를 드러내고 있는 대표적인 문건으로 제인스는 B.C. 800년경에 쓰인 아모스서를 꼽는다. 아모스는 구약의 최초의 예언자로서 다른 선지자들과 달리 스스로 자신은 양 치는 목자라고 소개한다. 그 문서 전체는 불의의 부富를 누리는 이스라엘 지역의 히브리인들에게 전하라고 하는 하나님의 분노의 소리를 (유다 지역에 살고 있던) 그가 듣고 이를 전하는 것으로 되어 있다. 목동인 그는 문맹이었을지 모르며 따라서 그가 구술하는 것을 누군가가 옮겨 적었을 것이라는 게 제인

---

113) 같은 책, 97쪽.

114) 같은 책, 294쪽.

115) 같은 책, 293쪽.

스의 주장이다. 이 문서는 매 문단마다 "여호와께서 말씀하신다."로 시작
되고 있다. 이 문서의 어디에서도 "나는 …라고 생각한다."느니 "느낀다."
느니 "이해한다."느니 하는 따위나, 인간의 생각이나 사유에 해당하는 단
어가 등장하지 않는다. 타 지역에서 벌어지고 있는 불의에 대해 아모스는
자신의 가슴으로 분노를 느끼거나 곰곰이 생각하거나 하지 않았을지 모
른다. 그러나 제인스는 멀리 떨어져 있어 모르는 일이기 때문이 아니라
아예 "그는 그런 생각을 할 수가 없다. 그는 그런 것이 무엇인지조차 모
를 것이다."라고 말해 버린다.[116] 왜냐하면 아모스는 '예언자도 아니고 예
언자의 아들도 아니며 다만 목자요 뽕나무를 재배하는 사람에 불과하
기'[117] 때문이다. 그는 들려주는 말을 하기 전에 우리가 하듯 무언가를
의식적으로 생각하는 게 아니라 단지 말하라고 들려오는 양원적 음성을
느끼고 토해 낼 뿐인 것이다.[118]

　더욱 우리의 관심을 끄는 것은 이상과 같은 고대 언어문화연구를 통해
제인스가 주장하려 하는 것으로서, 그에 의하면 인간의 두뇌구조는 이러
한 신적 음성을 청취할 수 있도록 되어 있었다는 것이다. 제인스는 이러
한 주장을 뒷받침하는 심리학적 해부학적 연구결과들을 내놓고 있다. 그
의 전문적인 연구결과 모두를 상세히 소개하는 것은 본 연구의 범위를

---

116) 같은 책, 296쪽.

117) 아모스서 7:14

118) 이상의 주장들이 사실이었더라면, 일리아드의 경우 그 전사들이 할 일은 그들이 듣는 바를 즉
　　각적으로 행동에 옮길 뿐이었어야 하지 않는가? 복종의 행동 이외에 앞서 언급했던 '투모스'
　　니 '프레네스'니 '누스'니 하는 것들은, 의미가 무엇이든, 도대체 무엇인가? 하는 질문들이 자
　　연스럽게 제기될 수 있다. 이는 제인스의 질문이기도 하다. 그에 의하면 일리아드 이전의 문
　　서들이 있었다면 그곳에는 이런 말들은 나타나지 않았을 것임에 틀림없다는 것이다. 이런 용
　　어들은 명령과 직접적 복종이 있을 뿐인 양원적 언어문화에서는 불필요한 중복어들에 불과한
　　것임에 틀림없다. 제인스는 이들 언어는 일종의 선先의식적 원질(preconscious hypostases) 같은
　　'정신언어(mind－words)'로서 의식으로 이행하기 전에 등장하였던 용어들이라고 주장한다. 같
　　은 책, 259쪽.

벗어나 보이는 고로, 요지를 간추리면 다음과 같다. 그의 우선적인 관심은 인간 두뇌의 다른 기능들은 모두 두뇌의 양엽兩葉에서 표현되고 있어, 부상 따위로 한쪽을 상실한다 할지라도 다른 쪽이 이를 보상하고 있음에도, 인간의 삶에 필수 불가결한 언어기능만은 좌엽에 국한되어 있는 까닭이 무엇인가 하는 것이다. 더욱 그를 미스터리로 몰아넣는 것은 오늘날의 양손잡이는 양엽이 언어기능을 갖고 있어 특정 조건하에서는 (보통사람의 경우 언어와 관련이 없는 것으로 되어 있는) 우엽이 좌엽과 똑같은 기능을 수행하고 있다는 사실과, 신경구조 자체로만 말하자면 좌엽은 물론 우엽에도 언어에 필요한 신경적 구조가 존재하여 어린이의 경우 좌반구의 언어 관련 영역(Wernicke's area)이 모든 언어기제를 우반구로 전달해 주고 있다는 사실이다. 인류 역사상 언제인가 인간의 우엽에 무엇인가 심각한 일이 발생한 것임에 틀림없다는 것이 제인스의 추론이다.[119] 지금 말을 잃어버린 이 우엽의 언어 영역이 과거에 담당하고 있던 기능이 무엇이었단 말인가? 제인스의 결론은 자명하다. 바로 이곳이 일리아드의 전사들과 아모스 같은 옛 인간들이 신의 목소리를 듣던 기관이었다는 것이다. 신의 말들은 우엽의 '환각영역'에서 암호(code)로 조직되어 양엽을 연결하는 다리 같은 접합선(anterior commissure)을 통해, 좌엽에 전달되고 좌엽은 이를 해독하여(decode) '듣고' '말하게' 된다는 것이다.[120] 양엽은 서로 듣고 이해하나 외적 발화는 좌엽만 할 수 있었다는 것이다.[121] 결국 인간에게 필요한 기능들은 좌반구에, 그리고 신에게 필요한 기능들은 우반구에 강조되어 있었을 것이라는 것이 그의 결론이다.[122] 일상적 삶에서 지배적

---

119) 같은 책, 102 - 103쪽.

120) 같은 책, 104 - 105쪽.

121) 같은 책, 113쪽.

인 역량을 발휘하는 좌뇌에는 언어 능력과 분석 능력이 강조되어 있고 부분들 그 자체만을 보게 되는 반면, 우뇌는 공간 구성작업과 함께 부분을 전체적 맥락에서만 보는 능력과 신의 음성을 듣는 능력이 강조되어 있었으나 이러한 본래의 두뇌기능이 언제부터인가 파괴되어 버렸다는 것이다.

4. 청각 시대의 소멸

　제인스에 의하면 고등 포유류일수록 두뇌의 센터들 간에 상호조정력이 존재하여 특정 부위의 심리기능들을 다른 신경체계들이 상호 복수 통제하고 재표상하는 유연성 또는 가변성이 높다고 한다. 이로써 뇌손상 등에 의한 부작용으로부터 유기체를 보호하고 변화하는 환경에 유기체가 더 잘 적응할 수 있게 한다. 앞서 언급했던 것처럼 두뇌의 이 가변성이 천성적 기형이나 뇌손상에 의해 상실된 뇌의 구조를 보상하며 유아기에는 이 복수통제능력이 존재한다. 이처럼 양원정신구조 시대에는 우뇌의 언어 영역 역시 자신의 양원적 기능을 수행하고 있었다.[123]이 기능은 수천 년간

---

122) 같은 책, 117쪽.

123) 제인스는 이를 진화론적으로 설명하고 있다. 원래 '환각' 음성은 언어의 부수 효과로서 진화를 거듭해 왔다는 것이다. 그것은 유목생활 중 우두머리의 명령이나 자신의 생각을 장시간 동안 잊지 않고 업무에 열중하게 하는 효과를 수행했으며, 이로써 자신이나 우두머리가 말하지 않는 동안에도 그 소리 자체가 '사고하고' '문제 해결하고' '말한다'는 것이다(J 140). 그러나 '환각' 속의 해결이나 예견은 엄연히 현실적 적중이나 확실성과는 거리가 먼 '환각'일 뿐 아닌가? 필자는 원시 유목인에게 들리는 소리가 그 자신의 환각적 재생에 의한 것이거나 어떤 경험적 외부인사의 지시인지 또는 초월적 신적 존재의 것인지에 관한 제인스의 진화론적 설명에는 관심이 없다. 어차피 이 부분에 관한 그의 주장들은 경험적 심리학적 증명의 한계를 넘어서는 그의 추정이기 때문이다. 여기서 저자의 관심사는 원래 인간에게 양원적 두뇌구조가 있었다는 그의 문헌적 실험적 제시들이며 그것들이 어떻게 소멸되어 가는가에 대한 가설과 그 검증과정이다.

의 심리적 재조합을 거치면서 위축되고 다른 방식으로 기능하게 되었을 것이다. 권위적 위계질서가 형성될 수밖에 없었던 양원적 정신구조의 사회는 어떤 이유에서이든 일단 위계가 무너지면 걷잡을 수 없게 와해되어 버리고 말았을 것이다. 게다가 중간지점이란 있을 수 없고 전폭적인 우의나 적의가 있을 뿐인 양원적 문화들 간의 충돌도 일단 발생하면 전부 아니면 전무의 싸움으로 끝장나고 말았을 것이다. 그러나 제인스에 의하면 무엇보다 이 사회의 권위를 무너뜨리는 데 결정적인 역할을 한 것이 있었으니 그것은 바로 시각에 호소하는 쓰기 문화의 등장이었다. 기록문화와 함께 청각적 권위는 더 이상 필요 없게 되었던 것이다. 양원적 정신구조의 우엽에 투입되던 (기본적으로) 청각적 명령이 필요시마다 그때그때 들리는 대신 그런 명령들은 기록해 둠으로써 스스로 기억하는 인간 자신들의 노력에 그 자리를 내주게 된 것이다. 이제 신은 '돌판의 기록' 속에 갇혀 침묵하게 된 것이다.[124) 제인스에 의하면 이는 '의식'의 시작을 알리는 신호였다.

제인스에 의하면 우리의 일상적인 의식적 생활을 기술하기 위해 쓰이는 말들의 대부분은 시각적이다. "우리는 마음의 '눈'을 통해 '흐리멍덩한' (문제의) '훤한' 해결을 '본다.'"[125) 청각에 대해서는 여간해서 이런 말들을 하지 않는다. 그리고 시각이야말로 다른 감각 방식으로는 불가능한 가장 뛰어난 거리와 공간을 감지하는 감각이다. 제인스에 의하면 이것이 우리 의식의 근거이자 바탕이 된다. 그런고로 공간에 기록하는 문자의 시대가 시작된다는 것은 '의식의 정신'이 시작되는 것을 의미한다. 사실상 제인스가 일리아드와 구약성서를 자료로 삼는 주된 이유는 (옹이 말하

---

124) 같은 책, 208쪽.
125) 같은 책, 269쪽.

고 있는 청각적 구술문화에서 시각적 문자문화에로, 그리하여) 양원적 정신구조에서 의식적 정신구조에로의 과도기적 과정을 보여 주려는 것이다. 사실상 장기간에 걸쳐 만들어진 일리아드에는 양 구조의 혼란스러운 모습이 혼재한다. 예를 들어 백병전을 벌이는 일리아드의 전사들에게 '누스 (noos)' 즉 '(눈으로) 보는 것'보다 더 중요한 것이 무엇이랴. 그럼에도 중요결정이 '누스'에서 내려진다는 법은 없다. 그러나 다음 장면에서 '누스'는 눈 속에가 아니라 가슴속에 있는 것으로 묘사되고 있는 것을 본다. 의식에로의 접근이 아닐 수 없다. 제인스는 일리아드에 이러한 시각의 내면화를 유발시킨 정확한 이유가 무엇인지에 대해서는 더 많은 연구가 필요함을 인정한다.[126] 구약성서의 경우에서 제인스는 더욱 선명한 전이과정을 보여 주고 있다. 전술한 아모스서와 그로부터 600여 년이 지난 B.C. 2세기경에 쓰인 전도서는 극명한 차이를 드러낸다. 전자가 문맹 목동의 입을 통한 소리였던 것에 비해 후자는 현학한 '철학자' 왕 솔로몬에 의해 기록된 문장들이다. 전자는 단지 들려오는 말을 전한 것에 비해 후자는 저자가 자신의 '심적 공간(mind-space)'을 통찰함으로써 스스로 깨달은 결론, "허무하고 허무하니, 모든 것이 허무하다."는 것이 요지이다. 후자는 모든 것을 비교하고 스스로 곱씹어 생각하고 이렇게 하여 도달한 결론을 표현할 멋진 비유들을 찾아낸다. 전자에게는 절대적으로 불가능했던 의식작업이 아닐 수 없다. 구약성서의 초두에 등장하는 인류의 타락을 묘사하는 설화 역시 의식과 관련 있다는 것이 제인스의 주장이다. 인간을 속이고 유혹하는 뱀의 '간교성'과 선과 악을 아는 인간의 능력으로 묘사되는 것들은 의식적 주관의 단적인 예이며, 이러한 타락과정을 '눈이 열

---

126) 같은 책, 269-270쪽.

리는’ 것으로 표현하는 설화 저자는 신의 은총인 양원적 정신구조를 잃는 인간이 자신의 심리공간 내에 ‘유사시각(analog eyes in their metaphored mind‐space)’의 ‘자동적 시야(autoscopic visions)’를 획득하는 것으로 본 것이다.[127] 그리하여 제인스는 성서의 창조설화는 의식적 정신구조의 인간들이 잃어버린 양원적 정신구조에 대한 ‘향수병적 괴로움(nostalgic anguish)’을 토로한 것이라고 규정짓는다.[128] 그리하여 인간들은 마르크스와 루소와 프로이트가 그렇듯이 ‘실낙원’ 이후의 괴로움으로 인해 공허한 추구를 일삼고 있는 것인가?[129]

5. 형색의 시대

제인스가 말하듯이 근본적으로 청각에 근거하는 양원성을 대신하는 의식의 문화와 그들의 철학에 사는 인간은 ‘괴로워’하는가? 그것은 어떤 괴로움인가? 제인스는 ‘향수병적’이라는 형용사 하나를 붙였을 뿐 그 외에 말이 없다. 양원적 문화를 청각적이요 구술적 문화라고 한다면 그 뒤를 이은 의식적 문화는 시각적이요 문자적 문화라 할 만하다. 철학과 문학과 신학을 연구한 월터 옹은 이 일련의 과정에 대해 통시적이고 학제적인 탁월한 접근을 선보이고 있다. *구술성과 문자성(Orality and Literacy)*이 그것인데 그는 이 책에 ‘말의 테크놀로지화’라는 부제를 달고 있다. 옹은

---

127) 같은 책, 299쪽.
128) 같은 책, 297쪽.
129) 같은 책, 444쪽.

구술문화의 특징과 장점들을 기술하는 일로부터 시작한다. 언어와 의사소통의 근본적 근거는 구술성이라는 점과 함께 구술성이 지닌 실천적 지혜를 강조한다. 사람들은 쓰인 것에 너무 눈이 팔려 구술성에 입각하여 만들어진 작품을 진지한 학문적 관심을 쏟을 만한 가치가 없는 것으로 보는 어리석음을 범하고 있다고 한탄한다. 인간들은 쓰기의 도움 없이도 세련된 문법체계를 만들어 살아왔고 음성을 시각적으로 변용하지 않고도 '고도로 예술적이고 인간적 가치를 지닌 강력하고 아름다운 언어적 연행을 산출'[130]하며 살아왔던 것이다. 그곳은 소위 '야생적 사유'가 숨 쉬는 곳이기도 했다. 그러나 일단 쓰기가 사람들의 마음을 사로잡으면서 그러한 일들은 가능하지 않게 되었다.

그러나 인류사에 시각적 변용인 쓰기와 인쇄가 등장하지 않았더라면 '인간의 의식은 그 잠재력을 더 한층 발휘할 수 없었을 것이며, 이런 의미에서 구술성은 쓰기를 낳을 필요가 있으며 그렇게 운명 지어져 있기도 하다.'[131] 옹의 결론은 쓰기는 인간의 의식을 재구조화한다는 것이다. 쓰기로써 인간은 구술성의 상투적인 정형 구에서 벗어나 정신의 해방과 창조적이고 추상적인 사유가 가능하게 된다. 기록은 말을 공간에 멈추어 있게 함으로써 상황을 용의주도하게 분석하고 예견할 수 있게 하며, 다시 꺼내어 추고함으로써 정확성을 높이게 한다. 쓰기에 결부될 때만 방언은 세련되어 국민언어로 되고 그때 그것은 별개의 통사법과 기원을 달리하는 어휘층을 만들어 방대한 언어체계가 형성된다. 무엇보다도 쓰기 문화의 혁명을 가져온 것은 인쇄술의 도입이다. 인쇄가 시작되면서 책은 더 이상 발화의 기록이 아니라 정확히 반복 가능한 정보를 담은 사물이 되

---

130) 옹, 27쪽.

131) 같은 책, 27 - 28쪽.

며 각 권의 책은 음성과 달리 똑같은 물건이 되어 빠른 속도로 유통된다. 이상이 옹이 상론하고 있는 내용의 요약이다.[132) 요컨대 인쇄와 전자문화를 포함한 문자문화는 피할 수 없는 적극적인 측면을 가지고 있다는 것이다. '말의 테크놀로지화'를 '운명적'으로 수용할 수밖에 없다는 것이리라.

발터 벤야민 역시, 아도르노 등 프랑크푸르트의 사회과학연구소 동료들과 달리, 시각문화의 결정판이랄 수 있는 사진기나 영사기 등에 의해 주도되는 언어의 테크놀로지화를 비관적으로만 보지 않는다.[133) 그는 말을 마음대로 환치해 버릴 수 있는 부품 같은 활판인쇄가 되어 버리고, 고속 사진기 등의 등장과 함께 정확성을 강조하는 중에 영기(aura)의 파괴와 분위기의 제거, 그리고 실재의 인간적 요소들이 제거되어 버린 것을 가슴 아파한다. 그러나 그에 의하면 오늘날 우리는 근접촬영 등에 의해 일상의 습관적 행위에 충격을 유발하는 효과를 기대하기까지 한다는 것이다. 영화와 광고 등에 의해 시각적 거리조차를 초월하는 (시각적 감각화뿐 아닌) 감촉성 일반이 가능해졌다는 것이다.[134)

옹의 지적대로 쓰기나 읽기는 철저히 유아론적 작업이다.[135) 대중 속에 있더라도 독자는 고립되어 있다. 인쇄로 인해 속독과 묵독이 가능해지는 중에 인간은 구술성을 잃고, 하나가 말하거나 낭독하면 여럿이 같이 듣는 청각장聽覺場에 의한 상호주관성과 같은 소중한 생활양식을 상실했다.[136) 소리가 울려 퍼지는 중에 이루어지는 구술성의 상호작용성은 곧

---

132) 같은 책, 제5장.

133) Walter Benjamin, *Das Kunstwerk im Zeitalter seiner technischen Reproduzierbarkeit Gesammelte Schriften* (Frankfurt/M; Suhrkamp Verlag 1, 1936).

134) 볼츠, 빌렘 반 라이엔, 같은 책, 제7장.

135) 옹, 156쪽.

136) David M. Levin, *The Listening Self: Personal Growth, Social Change and the Closure of Metaphysics* (Routledge, 1988).

말과 동작이 어우러지는 인간의 생존상황 그 자체이기도 했다.[137] 구술적 삶에는 말에 의한 사유의 표현 이상의 살아 있는 인간들 간의 상황적 콘텍스트가 있다. '현재의 일부분으로서의 삶'이 있다. 문자 세계와는 달리 화자와 청자 모두가 살아 있는 상황에서만 발생하는 것이 구술적 삶이기 때문이다.[138] 언어적 본질이 어차피 시각적으로도 발현되기로 되어 있는 것이어서 언어의 문자성 그 자체가 본질상 병리적인 것일 수 없다면,[139] 언어의 본질이 훼손된 채 시각적 반립이 일반화된 오늘의 병리는 어떻게 설명되어야 할 것인가?

6. 맺는말: 언어에 있어서의 시각과 청각

인간이 최초로 신으로부터 말을 듣고 이에 응하는 말을 하게 되었을 때 그에게 있어 그것은 삶의 신비가 열리는 순간이자 진리의 여명이었을는지 모른다. 그러나 신은 여일하게 말을 걸어 오고 있었음에도, 인간은 그 장엄한 신비의 순간에 오래도록 머물지 못하였던가 보다. 그럼에도 인간에게는 전자의 신비에서 멀어진 생활 속에서도,[140] 완전한 '타락'은 아니었던지, 여전히 신의 말을 청취하는 기관이 상존해 있었다고 한다. 그

---

137) 옹, 106쪽.

138) 같은 책, 156 – 157쪽.

139) 그러나 옹은 철저히 문자성에서만 존재하는 언어로, 다분히 부정적인 뉘앙스를 풍기며, 학술 라틴어를 꼽는다. 그리고 그곳에는 언어가 가장 깊은 뿌리를 내리는 유년기의 생활과 어린이의 말이 없음을 지적한다. 옹, 174쪽.

140) 에브너, 85쪽.

잔여적 특성 같은 것이 우리의 언어생활 일부에, 우리의 정신구조 일부에, 그리고 인류의 제 문화의 일부에 흔적으로 남아 있는 것인가?

이제까지 우리가 본 논의의 초점들은 청각 위주의 인식과 시각 위주의 인식 간의 차이와 양자의 관계 그리고 그 문화적 결과를 보이는 데 있었다. 물론 제인스의 기본적인 관심이 형색과 소리에나 시각과 청각에 있는 것은 아니었다. 그의 관심은 일리아드나 몇몇 구약문헌이 쓰이기 전의 인간의 정신구조와 그 이후의 정신구조의 차이와 관계를 보이는 것으로서 필자는 이를 양원적 정신(bicameral mind)과 의식적 정신(conscious mind)의 반립적 관계로 보려는 것이었다. 그러나 이는 결과적으로 보만이 구별하고 있는 특정 문화들 간의 정태적 구별을 부정하는 것으로서, 그런 정태적 구별에 상관없이 양 문화는 공히 역사적으로 동일한 정신구조의 변화를 겪었을 것이라는 가설을 전제로 하고 있다. 그중에서도 저자의 강렬한 흥미를 유발시킨 것은 예의 그 양원적 구조가 기능을 중지한 시점이 바로 시각에 호소하는 언어인 문자기록이 역사에 보편적으로 등장하면서부터라는 그의 주장이다.[141] 그리하여 특정 오리엔테이션하에서 시각과 청각 중 어느 한쪽에 경도되어 언어를 구성한 그리스와 히브리 양 문화는 후대에 와서 역사적으로 공히 시각적 문자문화의 전성시대 속에 있게 됨으로써 보만의 연구에서 등장하던 양자 간의 유사성이 생겨날 수밖에 없게 된 것으로 보인다. 그러나 그렇다 할지라도 보만의 연구가 밝히고 있듯이 양 언어문화 간에는 근본적인 반립성이 존재하며 여전히 근본적인 차

---

141) 이는 옹의 구술성을 떠올리게 하는 대목이다. 그러나 그것이 제인스의 직접적인 관심의 대상은 아니다. 그의 책에는 이 용어가 등장하지 않는다. 이는 옹의 주된 관심주제로서 그는 오늘날의 인쇄문화 속에 살고 있을지라도 전혀 읽기와 쓰기를 할 수 없는 자의 언어 습관을 이 범주에 포함시키고 있다. 그런고로 옹의 구술성이 제인스의 양원성과 일치하는 것은 아니며 단지 후자는 전자의 외연에 포함되고 있을 뿐이다. 옹의 구술성 대상자 전체와 양원성과의 관계는 더 많은 연구를 필요로 한다.

별성이 유지되고 있음은 부인하기 어렵다는 것을 알게 된다.[142] 여기에서 보반의 연구가 새로운 의미로 다가옴을 알 수 있게 된다. 옹의 연구에서도 드러나는바, 근본적으로는, 공시적으로나 통시적으로나, 결국 청각적 문화와 시각적 문화, 그리고 구술문화와 문자문화 간의 반목성이 문제가 되는 것이며, 이 문제는 더 나아가, 고대 그리스의 시각적 사유와 이를 근거로 하는 서양철학 및 현대 서구문화와 청각적 사유에 근거하는 그 변방 문화의 문제가 되는 것이며, 이는 이성과 신앙의 반목성의 문제로 이어진다.

이제까지 우리는 옹과 제인스를 읽는 중에 청각이 문제해결의 열쇠일는지 모른다는 암시를 얻으며 논의를 따라왔다. 그러나 실재에 있어 이 청각과 시각의 범주적 반립성이라는 것이 근본적으로 어떤 모습으로 존재하는 것일까? 개체 발생적이든 계통 발생적이든, 역사적으로 말이 청각의 영역에서 시작되고 있음을 인정한다 할지라도 그것이 청각이 언어의 유일한 근거라고 주장할 수 있는 근거가 되는지 의문이다. 언어가 인간의 본질을 구성하는 중요부분이라는 통찰에 수긍한다면 인간은 저마다 어떤 방식으로든 이 본질을 증명하고 있을 것임에 틀림없다. 가령 신체 일 부위의 장애에 의해 발화와 청취가 불가능하게 된 농아인聾啞人들 역시 일정한 '언어생활'을 수행하고 있을 것임에 틀림없다. 청각성이 언어의 근거라는 전자의 주장은 주로 시각에 호소할 수밖에 없을 이들의 언어생활을 간과하고 있다. 언어를 청각적 영역에만 국한시킬 경우, 특정 장애자들에게서 인간성을 박탈하고 있다는 비판을 면치 못할 것이 아닌가? 여기에서 우리는 메를로퐁티가 주장했던 대로 침묵과 시각적으로 나타나는

---

142) 시각과 청각 간의 이 반립성이 이들 감각 자체의 속성에서 기인하는 것인지 이들이 시간과 공간에 결부되면서 생겨난 것인지 명확하지 않으나, 전자들의 속성은 후자에 결부될 수밖에 없다는 점에서 이들을 구별하는 것은 크게 의미 있어 보이지 않는다.

몸짓 등을 포함한 소위 선 언어적, '일차적 표현'[143)으로서의 은폐된 언어까지를 고려하지 않으면 안 될 것이라는 결론에 이를 수밖에 없다.

우리는 소리와 빛, 청각과 시각은 시간과 공간의 문제와 맞물리면서 반립적 원리를 따라 여러 영역에서 각기 자기의 영역을 확장시켜 왔음을 보았다. 이 반립적 양자들은 막대자석의 양극이 그렇듯이 반립적으로 양립할 수 있다는 것이 저자의 주장이다. 양자의 이 반목적·원리를 따라 실재를 설명하고자 할 때 우리는 또한 이들이 실재의 상호 규제적 이념들임을 발견하게 된다. 예컨대 언어적 실재에 있어서, 시각적 문자성은 자체 내에 청각적 내용을 나타내게 하여 후자가 공간적 질료로 나타나게 하는 것으로 보인다. 그러나 동시에 청각과 구술성은 아직 이성이 침투하지 못하여 시각과 문자성으로 구체화되지 않은 선재적 구조의 신비를 지니고 있는 것이리라. 마치 자연과 역사,[144) 신앙과 이성의 관계가 그렇듯이 청각과 시각의 원리들은 언어적 실재를 그런 방식으로 구성하고 있기 때문이다. 이 양자의 관계가 무시된 채 어느 한쪽에 의한 다른 쪽의 소멸을 보는 현실은 병리이며, 이를 부추기는 교설들은 이데올로기다. 모든 것을 공간화하는 시각적 의식의 구조가 일반화된 곳에서 양원성의 신비를 들을 수 없으며, 인쇄문자문화의 전횡이 들어선 곳에서 구술문화의 생생한 간주관적 삶을 볼 수 없고, 테크놀로지의 재생이 보편화된 곳에서 영기를 볼 수 없게 된 것은 인류의 비극이다. 전통적으로 시각적 인식에 바탕을 둔 서양철학과 과학적 이성에 동승한 현대 서구문명이 일반화된 곳에서 구술문화나 히브리 문화 등 청각적 사유가 지니고 있는 시간의 상황성과

---

143) Maurice Merleau-Ponty, *Signs*(Northwestern University Press, 1964).

144) 자연과 역사의 반립적 관계에 대해서는 아도르노 역시 공감하고 있는바, 볼츠, 라이옌, *발터 벤야민: 예술, 종교, 역사철학*의 역자서문을 참조할 것.

실천성, 그리고 인간 본성으로서의 영성은 사라져 버리고 삶의 실재와 거리가 먼 문화가 보편화될 뿐이다. 이는 병리이다. 실재의 왜곡이다.

그리하여 문제는 전자의 점령군들을 거부하는 소박한 접근으로 해답이 찾아지는 게 아니라는 데 있다. 언어의 시각적 적용 그 자체가 문제일 수 없다. 그것은 우리의 정신활동을 도와 기억과 분석력과 정확성을 도모한다. 그러나 일단 도입된 문자의 도구성은 본질상 점점 그 효율성의 길을 확장해 가, 드디어 청각성의 상실을 유발시키고 말았다. 이런 현상에 대해 두 가지 태도가 가능할 것이다. 상실한 것에 연연하지 않고 후속하는 문화를 적극적으로 해석하는 입장과, 상실을 병리로 간주하며 (불가능해 보이는) 그 회복을 주장하는 입장이다. 제인스나 옹은 전자의 입장에 속한다. 잃어버린 것에 집착하거나 도래하는 시각적 기술문명을 거부하는 것을 용인하지 않는다. 이들은 아도르노를 위시한 프랑크푸르트학파와 달리 후자에 적극적인 의미를 부여하고 있다. 인쇄문화는 전자문화를 낳고 이들은 인간의 정신활동을 긍정적으로 재구성하며 다시 '제2의 구술성'을 불러오고 있다고 보며(옹), 영화 사진 등 기술복제를 가져오는 테크놀로지는 '공동체의 몸'에 작용하는 신경계라고 본다(벤야민). 이들이 시각적 기술문명의 발전 자체를 거부하지 않는 것 자체는 일단 옳은 선택이다. 그러나 문제는 언어의 시각적 적용 자체에 내재하는 게 아니라 할지라도, 전자에 의한 청각성에로의 월장 또는 침탈은 병리현상임에 틀림없다. 문자성의 원리는 청각적, 구술적 세계에까지 자신의 논리를 요구하고 지배함으로 후자는 그 고유한 삶의 속성들을 잃어버리고 전자에 굴종하게 되는 현실을 체념적으로 수용하는 것은 근본적 실재에 어긋난다.

벤야민 자신을 포함한 비판이론가들이 주장하는 '부정 변증법적(negative dialectic)'[145] 사유에 따르면 반목하는 양 항의 어느 한쪽에 의한 일반화로 타 항이 소멸된 상태는 병리이다. 기술복제로 인한 영기의 소멸과 의식적 문화로 인한 양원성의 소멸과 인쇄문화로 인한 실천성, 상황성(신체적) 상호주관성 등의 소멸은 병리의 결과임에 틀림없다. 그럼에도 불구하고 이를 체념적으로 수용하는 결론에 이른 옹과 벤야민 그리고 제인스의 오류는 직면한 문제의 본질을 범주적으로 분절하는 데에까지 이르지 못한 데서 기인한 것으로 보인다. 인간성의 부자유를 목도하면서도 현대문명의 합리화된 관료체제를 긍정적으로 수용하지 않을 수 없다고 토로하는 막스 베버류의 전통에 서 있는 것이다. 실재를 구성하는 반복적 원리들이 언어적 실재에 적용된다고 볼 때, 도래한 문자성 특히 인쇄에 의한 문자성을 인정해야 한다는 옹의 주장은 일단은 옳다. 그러나 그는 그것이 언어의 운명이라고 주장하는 근거를 분절하는 데 실패하고 있다. 더구나 근본적으로 청각성에 근거한 구술적 문화의 상실을 용인한 채 '제2의 청각성'으로 만족해야 한다는 그의 주장은 언어적 실재에 내재하는 시각과 청각의 원리를 범주적으로 분절해 내지 못한 결과 도달한 불가피한 결론일 것이다. 다른 한편 옹처럼 공간적 편향을 지닌 의식성을 용인해야 한다는 제인스의 결론 역시 옳다. 더구나 양원성이 작용하고 있을 때 인간에게는 청각적 환각뿐 아니라 시각적 환각 또한 발생하고 있었다는 그의 주장은 주의를 기울여 들어야 할 대목이다. 그러나 그 역시 이 의식성과 양원성의 범주적 분절에까지는 이르지 못하고 있다. 그리하여 그 역시 양원성의 상실을 운명적으로 수용하게 되는 것이다. 요컨대 옹과 제인스는 언어의 실재에는, 비록 잠재적인 형식으로라도, 청각성과 시각성이 유기적으로, 그러나 동시에 반복적 원리를 견지한 채 양립해 있다는 것을 간과하

---

145) 이에 대한 자세한 논의는 볼츠, 같은 책, 그리고 Susan Buck Morss, *The Origin of Negative Dialectics* (The Free Press, 1977)를 참조할 것.

고 있다.[146] 보만의 경우 그의 입장은 처음부터 청각성과 시각성을 암시하는 양 언어문화를 반립적으로 인식하고 있었다는 점에서 결과론적으로 옳은 선택이었다. 그러나 전술했던 것처럼 그는 시각과 청각을 둘러싼 언어의 역사적 변천과정을 통시적으로 분석해 내지 못했을 뿐 아니라, 그 역시 언어적 실재 일반(다시 말해 그리스 언어이든, 히브리 언어이든)에 내재하는 반립적 요소를 명쾌히 분절하지 못한 아쉬움을 남긴다.

앞 장에서 살펴보았던 바와 같이 *국가(Republic)*의 플라톤은 분석적 추상적 사유를 마음껏 구사하면서 시각적인 부동의 이데아세계를 이론적으로 창도한 자이다. 그는 다변적이고 장황한 언설을 늘어놓는 시인을 배척한다. 그런 그가 다른 한편, *파이드로스(Phaidros)*에서는 문자는 혼이 깃든 생생한 말(logos zoontos kai empsychos)의 복사일 뿐이고 기억을 통한 능동적 '자기현존'을 손상시킨다는[147] 등의 이유로 쓰기의 가치를 폄하하고 구술로 말하는 것을 중히 여긴 까닭은 무엇일까? 그가 판단을 유보하고[148] 머뭇거리는 것은 무엇 때문일까? 비록 디오니소스적 생명성을 배격하고 시각적인 정의적 논리성의 중요성을 도입한 희랍 최초의 인사이긴 했어도 일생 동안 문자기록을 거부하며 '구술성의 진리'를 살아 보일 뿐인 스승 소크라테스의 삶이 그를 무의식에서 '괴롭혔던' 것일까? '제인스의 글 속에 나타나고 있는 정신의 양원적 구조와 의식적 구조 간의 반목, 그리고 옹의 책에 드러나는 구술성과 문자성 간의 반목은 실재의 역동성을 밝히는 데 공헌하고 있다. 그럼에도 제인스도, 옹도 심지어 벤야민까

---

146) 이들의 논의를 면밀히 들여다보면 마치 헤겔의 변증법적 공식을 따르는 듯, 청각 - 시각 - 청각 - 시각의 논리를 상정하고 있음을 보게 된다.

147) Platon, *Phaidros*, 276a.

148) 옹, 248 - 249쪽.

지도 어정쩡하기는 마찬가지이다. 이들은 양원성이나 구술성이나 영기의 부재를 적극적으로 문제 상황으로 여기지 않고 있다.

이들의 고민은 반목하는 양 항 중 어느 한쪽의 전횡이나 일반화도, 그렇다고 그 항의 폐기도 택할 수 없다는 데 있었다. 그러나 실재가 실재이게 해야 한다. 그리하여 이제 우리는 이들이 인정해야 할 것은 오히려

1. 양 항은 반목적으로 양립해야 한다는 것과

2. 침탈당한 항의 회복을 체념하는 게 아니라 적극적인 회복을 모색해야 할 것이라는 것과

3. 서양철학이 역사적 과정을 거쳐 배타적으로 어느 한쪽의 상속인이 되어 그쪽만을 대변하기로 되어 있다면 보편적 학으로서의 그 적시성(legitimacy)이 검토되어야 할 것이라는 것과

4. 주변부에로 밀려난 곳에 '철학'이 있다면 그것과의 대화 또는 그것을 아우르는 '철학'의 가능성을 타진해야 할 것이라는 결론에 이른다. 상호 반목하는 양 항이 각기 자기의 원리를 따라 자기의 길을 감으로써, 타 항을 무시하는 게 아니라, 그만큼 타 항을 반대방향으로 치솟게 하는 것이 실재의 모습이라면, 이 시대의 의식적 정신구조나 문자성이나 테크놀로지는 그들의 올바른 길을 걷고 있지 않음에 틀림없다. 이의 회복을 위해 구체적으로 어떤 전략들이 가능할는지에 대해서는 이후의 더 많은 연구가 필요할 것이다. 이 상황에서 한 가지 염두에 두어야 할 것은, 옹도 인정하고 있듯이, 언어가 있는 한, 청각성이나 구술성은 죽지 않을 것이라는 점이다. 플라톤 이래 거부되었던 수사학은 그 후에도 르네상스 인문주의의 모습으로 살아났었다는 것과, 오늘날에도 통사론적 언어 접근보다 의사소통론이나 화행론을 주장하는 목소리가 강하게 들린다는 점이다. 물론 이것으로 족하다고 생각한다는 뜻이 아니다. 회복운동은 미학적으로도

종교적으로도 일어나야 하며 서양철학은 겸허히 이들에 귀 기울여야 한다.

　다음 장에서는 시각성의 일반화에 의해 소멸되어 가는 이 청각성의 가치를 보다 적극적으로 탐구하고 그것이 상호주관성의 형이상학적 근거로서의 가능성을 가지는지를 검토해 보기로 하자.

참고문헌

토를라이프 보만, *히브리적 사유와 그리스적 사유의 비교*, 허혁 역(분도출판사, 1975).

노베르트 볼츠와 빌렘 반 라이엔, *발터 벤야민: 예술, 종교, 역사철학*, 김득룡 역(서광사, 2000).

월터 옹, *구술문화와 문자문화*, 이기우 등 역(문예출판사, 1995).

Susan Buck Morss, *The Origin of Negative Dialectics*(The Free Press, 1977).

Ferdinand Ebner, *Das Wort und die Geistigen Realitäten: Pneumatologische Fragmente* (Verlag Friedrich Pustet, 1921).

Julian Jaynes, *The Origin of Consciousness in the Breakdown of the Bicameral Mind*(Houghton Mifflin Co, 1976).

David M. Levin, *The Listening Self: Personal Growth, Social Change and the Closure of Metaphysics*(Routledge, 1988).

1. 현대사회와 상호주관성의 실종

현대사회의 여러 가지 병리는 사회성이 '개체형성(individuierung)'의 조건임을 자각하는 것으로부터 그 해결의 실마리를 풀 수 있으리라는 것이 본 장의 가설이다. 일본 정치에 관한 전문가로 알려졌던 미국 콜롬비아 대학교의 커티스(Gerald Curtis) 교수는 한 인터뷰에서 일본의 정치 실종을 논하며 이는 "유권자들의 '안정지향' 때문이 아니라 정치 자체가 매력을 상실했기 때문이며 저조한 투표율은 일본 민주주의의 위기이다."라고 경고한 적이 있다. 이러한 현상은 일본의 문제만은 아닐 것인바, 한국에도 그대로 적용된다 하겠다. 매번의 선거에서 젊은 층의 기권율이 날로 높아가는 것은 오직 현대기술문명 시대만을 배타적으로 겪으며 교육받고 살아온 인간들의 의식구조를 대변하는 것이어서 더욱 현대사회의 위기를 느끼게 한다. 이는 하버마스가 말하고 있는 현대사회의 '탈정치화' 현상의 일단을 입증하는 것이기도 하다. 이에 더하여 핵과 환경 생태계문제까지를 드러내고 있는 현대를 생각할 때 '정치적 동물(Zoon Politikon)'이 암시하는 인간 규정의 필수조건으로서의 상호주관성과 그 구체적 현장인 정치와 윤리에 비상이 걸렸음을 보여 준다.

아담 스미스가 개별 인간의 자율적 통제역량과 자유방임적 체제하의 개인적 합리성을 지지하고 나오면서부터 사회철학 내에 일기 시작한 개인적 이익추구와 간주관적 이익(또는 집단적 합리성) 추구, 또는 시민사회와 정치사회 간의 불일치 문제와 괘를 같이하는 오늘날의 이 위기 상황은 그 원인과 대안에 대한 기존 주장들의 타당성을 반성할 수 있는 근본적인 이론적 근거를 마련할 것을 요구한다. 이 위기는 사회적 생활 속에서의 개별의식의 단자화 현상과 얽혀 있으며, 이는 다시 근원적으로 '개체'의 간주관적 성립조건에 대한 자각의 부재와 얽혀 있고, 의사소통적 원리의 파괴(또는 왜곡)와 잇대어 있으며, 실존에 대한 형이상학적 규정에 담긴 공존적 진리가 도외시되어 온 것과 연관되어 있다. 문제의 해결의 첫발은 무엇보다도 먼저, 개체형성 그 자체가 사회화 과정에 의존하고 있음을 보이는 근원적인 학제적 논의에서부터 시작되어야 할 것으로 보인다. 윤리적 현장, 혹은 정치－경제 영역에서의 개인적 이해와 간주관적 이해 간의 불일치와 같은 현상의 근저에는 언제나 '나'의 사회적 성립조건에 대한 통찰의 부재가 상존한다고 보아야 하기 때문이다. 전자에 대한 지적 자각은 곧 개체 또는 자아는 어떻게 성립하는가? 즉 개체형성과 사회화 과정 간의 관계는 무엇인가? 인간의 조건은 무엇인가? 개체형성의 형이상학적 조건은 무엇인가? 등과 같은 근원적인 질문에로 인도할 것이다.[149]

---

149) 개체형성의 주제는 제7장에서 다시 다루어질 것임.

2. '나'와 '우리' : 개체형성의 사회적 조건

　　박종홍 교수는 그의 한 철학적 소론 "나와 우리"[150]에서 자아의 근원을 추적하고 있다. 그는 우선 슬퍼하는 것도 아파하는 것도 '나'요, 생각하는 것도 '나'이니, 이 '나' 이외엔 모두 속임수일 수밖에 없다는 한 주관철학적 귀착점으로부터 이야기를 시작한다. 그러나 그는 곧 그 소중한 '나'는 몸이 없이는 존재하지 않음을 본다. 그런데 우리가 말하는 중에 "몸이 아프다." "몸이 무겁다."고 말하는 한 그때 그 신체의 주인으로서의 정신이 '나'일 것이고, 다른 한편 "얼빠진 녀석" "착한 맘을 가져라."고 말할 때에는 얼을 빠뜨리거나 착한 맘을 소유하는 '나'가 있을 것인바, 이때에는 형언키 어려운 어떤 궁극적인 '나'를 생각해야 할 것이라는 생각에 도달한다. 그러나 이 궁극적 '나'를 포함하여 우리가 쓰는 말에 의하여 도출된 '나'들은 모두 말에 의한 사변의 결과이고 보면 실제의 '나'와는 거리가 먼 '나'일 것이라는 생각에 도달한 그는 눈을 돌려 '나'를 있게 하는 현실적 상황을 생각한다. 그리하여 그는 내가 공기를 숨 쉬어야 하고 밥을 먹어야 존재하는 한, 나는 분명히 나 아닌 다른 것들과의 관계에서만 '나'라는 자연을 생각할 수 있음을 깨닫는다. 그러나 우리가 실제로 살아가고 있는 방식을 보면 이 자연과의 관계 역시 역사적 사회적으로 형성된 것임을 부인할 수 없게 된다. 자연을 다루는 법을 사회 속에서 '배웠기' 때문이다. 이리하여 그가 결국 도달한 결론은 '우리'를 떠난 '나'는 생각할 수 없다는 것이었다. 학생으로서의 '나', 선생으로서의 '나', 관객으로서의 '나', 아버지로서의 '나' 등등에서 보듯 다른 사람관계를 제

---

150) 박종홍, *박종홍 전집* vol Ⅵ(형설출판사, 1982), 282 – 296쪽.

거해 버리고 남는 '나'는 없을 것이기 때문이다. 앞에서 '말'과 연관 지어 생각한 '나'의 의미를 인정하는 경우까지를 포함하여, 결국 '나'는 '우리'를 떠나 혼자 생각하고 있다고 느끼는 경우조차도 실은 (우리의) 말로 생각하고 있다. 나의 생각은 우리의 생각이요 우리의 사상이라는 것이다.

다소 소박해 보이는 이 입론에 실험적 근거를 부여하기 위하여 하버마스가 그의 '사회화를 통한 개체형성'론의 근거로 삼고 있는 사회심리학자 미드(Herbert Mead)의 자아이론에 귀 기울여 보기로 하자. 그는 개체형성(individuation)은 행동을 통제하는 외적 법정이 내면화된 정도라고 규정한다. 이 주장에 크게 고무된 하버마스 역시 "개체는 독립적으로 행동하는 주체나 고립과 자유 속에서 수행하는 자기실현이 아니라 언어적으로 매개되는 사회화 과정이다. … 개체성은 간주관적 승인의 관계 속에서 그리고 간주관적으로 매개된 자기이해의 관계 속에서 자신을 형성하는 것이다."[151]라고 선언한다. 미드에 의하면 주관성은 나에 대한 타인의 해석이 이루어지는 의사소통을 매개로 해서만 발생한다. 즉 타인의 행동에 반영된 모습을 자신으로 볼 때 가능해진다. 이것은 내 몸짓에 의해서 유발된 다른 유기체의 반응을 내 몸짓에 대한 해석으로 이해한다는 것을 의미한다. 그가 이러한 결론에 이르게 되는 과정은 다음과 같은 인간 사유의 형성과정과 유사한 형식을 따르게 된다. 그에 의하면 우리가 '정신' 또는 '사유'라고 부르는 것은 음성행위 등 상징들의 기능일 뿐이며, 이 상징들이 한 사람(화자)이 다른 사람(청자)에게 불러일으키려는 반응을 자신 안에 일어나게 하는 방식을 통해 가능해진다.[152] '의미' 역시 내가 타인의

---

151) Habermas, *Nachmetaphysisches Denken*(Frankfurt/M: Suhrkamp, 1988), p.191, *Postmetaphysical Thinking* (Massachusetts: The MIT Press, 1992), p.152.

152) G. H. Mead, *Mind, Self and Society*(Chicago: The University of Chicago Press, 1962), p.73.

반응을 불러일으키고 그 반응이 나의 행동을 통제하는 자극이 될 때 나는 그의 행동의 '의미'를 내 경험 속에 체험하게 된다. 더구나 언어를 쓰고 있는 자는 이미 상대의 태도를 취하고 있다. 왜냐하면 언어는 '반응'이 역사적으로 미리 주어진 '자극'이라 할 수 있기 때문이다.[153] 결국 인간은 언어라는 특수한 자극을 통해 서로 상대방의 관점을 취하는 사회화 과정을 자신의 내부로 수입해 들여오는 것이다. 이처럼 인간은 자신과 타자들 간에 동일한 반응이 예견되는 언어라는 자극을 통해 타인들의 관점을 취하는 고로, 언어를 사용하는 우리는 나의 나에 대한 반응과, 타인들의 나에 대한 반응의 항상성에 의존하여 나의 정체성과 나의 의미를 획득하게 된다는 것이다. 그러나 이 항상성으로 인해 자아의 정체성이 영원히 정해진 형태로 존재하는 것은 아니다. 존재가 미완의 계속적 사건이듯이 자아 역시 언어를 통해 발전하는 진화의 단계에 불과하다.[154]

---

153) 같은 책, 181쪽. 미드는 심리학에서 이제까지 통설로 되어 있던 자극(stimulus) - 반응(response) 이론 대신, 충동(impulse) - 자극 - 반응이라는 인간행동의 새로운 패턴을 제시하면서 갈증이라는 충동이 있을 때 물은 비로소 자극이 되며 마시는 반응에 이른다고 주장한다. 이 자극과 반응에서 '식용수'라는 '의미'가 생겨나는 것이며 이 이론에서 언어는 역사적으로 그 반응이 정해져 있는 자극일 뿐이라고 말하는 것이다.

154) 이와 같은 논의에도 불구하고 미드는 자아를 구성하는 두 계기로서, 집단의 조직된 태도라고 믿는 바를 자신 속에 받아들여 이에 영합하는 'me'의 계기 이외에, 이에 반하여 주관적이고 잠재적인 자유의 성격을 지닌 채 배후에 감춰진 존재인 'I'의 계기를 인정한다. me/I 양자 간의 관계에 대한 미드와 하버마스의 차이, 그리고 이 문제와 관련한 자아의 간주관적 영역과 '사적 영역'에 관한 상론은 제7장을 참조하기 바람.

3. 폴리스에서 기술관료 사회까지

현대사회는, 인간은 정말 아리스토텔레스의 말대로 '정치적 동물'인가, 그리고 그 의미는 무엇인가를 심각하게 묻게 한다. 한나 아렌트(Hannah Arendt)는 고대 그리스의 폴리스 삶에서 '활동적 삶(vita activa)'을 확인하고 이를 다시 '노동(labor)', '노작(work)', '행위(action)'로 구분하면서 이들은 궁극적으로 '간주관적 – 정치적 일에 헌신하는 삶'[155]이었다고 규정한다. 이 중에도 특히 '행위'는 가장 고유한 인간조건이었다. '노동'하는 다른 동물(animal laboran)도 '노작'하는 '조물주(Demiurge)'도 있을 수 있기 때문이다. 인간만의 활동인 '행위'는 정치적 조직을 만들고 유지함으로써 역사의 조건을 창출하는 계기이기 때문이다. 고대 그리스인들에게 있어 산다는 것은 사람들로 더불어 그들 중에 거한다는 것을 의미하는 반면, 죽는다는 것은 상기 상태의 종식을 의미하는 것이었다. 이런 의미에서 사적私的 상태는 뭔가가 결여된 그런고로 충만하지도 완전하지도 못한 삶으로 여겼다. 노예의 삶에서와 같이 단지 생명의 보존을 위하여 더불어 사는 것은 공적 삶을 사는 것을 의미하는 것은 아니었다. 그것은 단지 생존의 필요물을 해결하기 위하여, '좋은 삶'이나 자유와 같은 명분의 추구에는 관심도 없는 삶의 형태이기 때문이다.

생존의 필요물을 해결하는 일에 종사하는 가정이나 혈족관계와 같은 자연적 '사회적' 연합에 근거한 모든 것이 제거되고 난 후에야 폴리스의 기초가 마련되었다. 그런고로 아렌트는 중세의 철학자들이 '정치적 동물(zoon politikon)'을 '사회적 동물(animal socialis)'이나 '이성적 동물(animal

---

155) Hannah Arendt, *The Human Condition* (Chicago: University of Chicago Press, 1958), p.12.

rationale)'로 번역한 것은 치명적인 오류였다고 주장한다.[156) 플라톤이나 아리스토텔레스 누구도 '사회적' 집단구성을 인간의 특성으로도 폴리티코스(politikos)로도 보지 않았다는 것이다. 고대 그리스인들의 실존의 한 축을 형성하고 있던 '정치적 삶(bios politikos)'이 그들에게 요구하는 것은 언어적 동물(zoon logon ekhon)로서의 수사력修辭力의 발휘(lexis)와 정치적 동물로서의 영웅적 행위(great deed)의 발휘(praxis), 즉 '행위'였다. 사적 실존을 의미하는 이디온(idion)이 자기 자신만의 것(자신의 생명)을 관심에 두고 사는 노예적 삶이며 명령과 폭력에 호소하는 야만적 삶이었음에 비해, '정치적 삶'을 추구하는 코이논(koinon)을 이루기 위해서는 자유를 위하여 목숨을 거는 위대한 행위와, 때를 따라 구사되는 감동적인 말에 의해 사람을 설득하는 수사력이 관건이 되는 삶이 요구되었다.

고대 그리스인들의 이러한 폴리스적 삶은 인간조건으로서의 상호주관성에 대한 분명한 인식과 신념을 드러낼 뿐만 아니라, 모든 것이 도구적 이성의 명령에 따라 휩쓸려가고 있는 현대의 삶 속에서 겪고 있는 병리의 근원이 자유를 향한 영웅적 프락시스와 의사소통적 역량을 발휘하는 렉시스에 근거한 정치성의 상실에 기인하는 것일는지도 모른다는 점을 강하게 시사하고 있다. 그러나 고대 그리스인들의 이러한 프락시스가 궁극적으로 연관을 맺을, 또는 자신에 대해 존재론적 근거를 제공할 테오리아(theoria)의 영역과 상호주관성의 문제에 있어서 일관성을 유지하고 있는가 하는 의문은 여전히 남는다. 이 문제에 대해서는 다음 장에서 논하

---

156) Aquinas의 번역 "Man is by nature political, that is social." *The Index Rerum to the Taurinian edition of Aquinas*(1922). 아렌트, 같은 책 23쪽에서 재인용한 것임. Zoon politikon을 animal rationale로 번역함으로써 전자가 마치 인간일반에 대한 정의인 줄로 착각하는 것도 위험하다는 것이다. 왜냐하면 후자가 암시하고 있는 nous는 아리스토텔레스에 의하면 결코 logos speech를 함의하는 전자의 영역으로 대체될 수 없는 것이기 때문이다. 이 문제에 대한 추가적인 설명도 제7장을 참조할 것.

기로 하자.

하버마스의 '상호작용'에 관한 논의는 상기한 아렌트의 '행위(action)'론에 관한 논의에다 도구적 이성의 전횡에 의한 현대사회의 '탈정치화' 현상에 대한 분석을 더하여 보다 폭넓은 지평을 열어 줄 것으로 보인다. 공적 영역의 해체나 왜곡의 문제는 시민사회 대 국가 간의 갈등에 관한 문제로 그 연원이 거슬러 올라간다. 원래 공적 영역에 대한 자유주의적 모형에 의하면 공적 영역의 내재적 목적은 권위에 의한 지배를 이성에 의한 것으로 대체하는 것이었고, 그리하여 궁극적으로 공적 영역은 서로 본질적으로 분리되어 있는 시민사회와 국가를 매개하는 비판적 기능을 행사하기로 되어 있었다.[157] 그러나 헤겔의 지적대로 이 자유주의적 모형의 사회적 기초는 이 모형 자체의 해체를 예고하는 성격을 지니고 있었다. 헤겔에 뒤이어 마르크스와 밀이 지적하는 대로 인간성 자체 또는 보편성에 잇대어 있으리라고 믿고 있던 이 공공성은 주관적 특수와 우연적 영역일 뿐이었다. 중산계급에 의해 대변되던 일반적 관심의 배후에는 사회적 갈등이 상존하고 있었기 때문이다. 이 갈등은 자본주의 사회형태 속에서 극에 달하게 된다. 그러나 하버마스에 의하면 현대과학과 산업기술의 등장과 함께 후기 자본주의 사회에서의 공적 영역은 사실상 구조적인 변화를 겪게 되어 공적 영역의 상실은 더욱 심각한 병리상태에 빠져들고 만다. 일찍이 *공적 영역의 구조적 변화*론을 펼친 하버마스는 후기 자본주의 사회에서의 공적 영역의 상실과 탈정치화 현상을 다음과 같이 기술하고 있다.

---

157) Thomas McCarthy, *The Critical Theory of Jürgen Habermas* (Cambridge: MIT Press, 1981), p.382.

공공영역은 사실상 이해관심들의 경쟁장이 되었고… 법률은, 다소 우연적 방
식으로, 갈등을 빚고 있는 사적 이해관심들 간의 절충에 조응하고 있으며… 사
회조직들은 정당을 통해서거나 직접적으로 공공행정에 협력함으로써, 국가와 관
계를 맺고 있다. 공적 사적 영역 간의 혼융현상에 의해, 정치기관들이 상품교환
과 사회적 노동영역에서 일정한 기능을 행사하는가 하면, 반대로 사회적 권력집
단들이 정치적 기능을 행사하기도 한다. 이것은 일종의 공적 영역의 '재봉건화'
로 가는 현상이다.158)

결국 사회적 삶에서 보편이성의 지고한 이상을 추구하는 정치적 담론
적 공공영역은 경제적 이해득실 간의 타협에 그 자리를 내주고 만 것이
다. 하버마스에 의하면 현대사회의 이러한 공적, 정치적 영역의 고갈이
심각한 상태로 빠져든 더 근본적인 이유는 실천적 문제들(praxis)의 기술
적 문제(techne)로의 변형이 현대과학과 산업기술에 의해 정당화되기 때문
이다. 따라서 그가 '기술관료 이데올로기'라고 부르는 이 병리의 심각성
은 이제 더 이상 어느 특정 계급의 이해를 정당화하는 데에 있지 않고,
인간의 해방적 관심을 억압하는 데에 있는 것이다.159) 그에 의하면 이 현
대적 신종 이데올로기는 언어 속에 극명하게 드러나는 인간 실존의 두
근원적 조건에 근거한 관심들을 왜곡시키고 있다는 것이다.160) 이는 기술
적 규칙과 방법들을 통해 대상을 조작, 통제함으로써 물질적 욕구충족과
자연의 억압으로부터의 해방을 도모하는 '노동'과, 규범지배적 맥락에서
인간과 인간 간의 이해의 도달을 목적으로 하는 '상호작용'은 인간의 근
본적인 존재양식인 것이며, 인간은 이 각각의 영역으로부터 기술적 관심
과 실천적 관심을 가지게 된다. 그러나 과학과 산업기술의 발달이 도래함

---

158) Habermas, "The Public Sphere" *New German Critique* 3(1974), p.54.

159) Habermas, *Toward a Rational Society* (Boston: Beacon Press, 1970) p.111.

160) 같은 책, 112쪽.

으로써 현대의 실천적 생활세계는 전자의 논리에 의한 침탈을 겪게 되고 이러한 현상이 다름 아닌 현대의 간주관적 영역의 탈정치화 현상이라는 것이 하버마스의 주장이다. 그러나 현대의 국가통제적 자본주의는 그 안정을 유지하기 위하여 이러한 공공의 탈정치성을 요구하며 이를 기술관료의식에 의해 정당화함으로써 이 병리를 더욱 치유 불가능하게 한다.

그러나 이상과 같은 상호작용론에 근거한 하버마스의 공공성의 탈정치화 현상에 대한 진단과, 전술한 사회화를 통한 개체형성론은 상호주관성에 대하여 존재론적 근원을 제시하는 데까지는 이르지 못하고 있다. 오히려 그의 '탈형이상학적 사유'는 이러한 접근을 원천적으로 불가능하게 하는 듯하다. 도구적 이성의 일반화에 입각한 사회철학적 분석에 현상학적 – 해석학적 접근과 존재론적 차원의 시각을 더할 때 우리는 좀 더 문제의 본질에 도달할 수 있을 것으로 보인다.

4. 간주관적 영역의 청각적 근원: 한 현상학적 – 해석학적 접근

본 장에서 필자는 한 현상학적 – 해석학적 접근을 통해, 현대의 간주관적 영역의 상실이 상호주관성의 청각적 – 신체적 근원을 상실한 데서 연원한다는 점과 상호주관성의 형이상학적 근거의 가능성을 타진하려 한다. 즉, 레빈(David Levin) 교수의 이론을 따라, 도구적 이성과 함께 현대문명을 주도해 온 것은 청각보다는 시각 중심의 사유였고 그리하여 시간보다는 공간지배적 사유였으며, 자아(self)보다는 에고(ego) 중심의 논리에 집착하게 되어 결과적으로 '존재자(das Seiende)'에 묶이어 '존재(Sein)'의 진리

에서 멀어질 수밖에 없게 되었다는 것과, 상호주관성의 상실은 이러한 근
원적인 상실의 과정에서 확인되는 또 하나의 병리임을 보이고자 한다.

가. 두 자아와 신체적 상호성

레빈은 *듣는 자아*[161]에서 자아를 참된 것과 거짓된 것으로 구별한다.
그는 자기애적 탐닉(narcissism)과 쾌락주의에 빠져 사회적 지배에도 인간
의 참된 욕구에도 적절한 반응을 하지 않는 데카르트나 칸트 식 에고논
리의(egological) 자아에 대비하여, 인간의 참된 욕구에 반응할 뿐 아니라
사회성에 근거하는 참된 자아를 상정한다.(그는 이를 4단계 듣기 역량의
발달단계에 따라 입론하고 있다.) 레빈에 의하면 전자의 전통은 피아제
(Piaget), 콜버그(Kohlberg), 롤즈(Rawls) 등의 자아 개념으로 발전하면서
한결같이 더욱 단자론적, 고립적, 이성적 성격을 고수함으로써 인간의 감
정과 욕구에 관한 미학적 표의적 요소와 역사 – 전통에 관련된 문제들을
이성적 추론과정에서 배제해 버렸다. 이들은 상황적 구체성을 무시해 버
린 채 모든 자아에 고착적이고 보편적인 대상적 본질을 부여하고 말았다.
예를 들어 콜버그의 도덕성 발달론에서 에고적 자아는, 칸트에서 자율적
행위자의 의지가 추상적으로 설정된 일반적 타자라는 가상적 입장과 도
덕법칙에 대한 무조건적 존경에 의해 결정되듯이(결코 규범이 아닌) 원리
들로부터의 인식적 추론역량을 습득할 때 그 최고의 성숙단계에 도달하
는 것으로 되어 있다.[162] 이러한 칸트식 인식주의에 대한 비판으로 제기

---

161) David M. Levin, *The Listening Self*(New York: Routledge, 1989).

162) Lawrence Kohlberg, *Essays on Moral Development vol. 1: The Philosophy of Moral Development* (New
York: Harper & Row, 1981).

된 '도덕발달과 에고 정체성'[163]은 앞서 언급한 그의 상호주관성의 부재에 근거한 현대사회의 탈정치화 현상에 대한 비판과 함께 정당한 시각으로 평가된다. 그의 개체형성론에서 논하고 있는 바와 같이 하버마스에게 있어 자아는 근본적으로 간주관적 사회적 산물이다. 이러한 시각은 도덕적 자아에서도 그대로 견지되어 도덕적 자아 역시 구체적 타자들과 대화하는 담론적 구조의 상황에서 이해의 공유를 달성키 위해 사유하고 판단하는 한편, 사회적 삶에서 유토피아적 이미지의 실현을 위해 해방적 치유적 이성을 행사한다. 그런고로 그는 콜버그의 6단계 도덕발달론은 자신의 '의사소통적 윤리'의 제7단계를 첨가함으로써만 완전할 수 있다고 주장한다. 이 단계에서의 자아는 '보편화될 수 있는 욕구해석(universalizable need interpretations)'에 참여할 수 있는 자아이다. 즉 좋은 삶과 행복에 관한 모든 문제들을 무제약적이고 개방적인 간주관적 담론에서 이성적으로 검토하여 합리적 합의에 도달할 수 있는 자아이다. 이처럼 자신의 욕구뿐만 아니라 구체적 타자들의 욕구와 관심에 조율된 '참자아'여야 보편원리에 의한 자율적 자기결정과 개체형성을 실현한다는 것이다. 레빈에 의하면 (비록 하버마스 자신은 에고(ego)와 자아(self) 간에 용어상의 혼동을 보이고 있음에도 불구하고) 이것이 에고와 구별되는 자아(self)라는 것이다. 그러나 레빈에 의하면 하버마스의 이 상호성이론은 그 근거가 인간의 신체적 상호성(intercorporeality)에 있음을 간과하고 있을 뿐만 아니라 존재론적 또는 형이상학적 근거를 무시하는 제약성을 지니고 있다.

메를로퐁티(Maurice Merleau–Ponty)에 의하면, 인간은 데카르트류의 전통에 선 심리학이 주장하는 것처럼 각기 고립된 주관이어서 서로 타인의

---

163) Habermas, *Communication and the Evolution of Society* (Boston: Beacon Press, 1979b), p.79–94.

의식에는 접근할 수 없는 존재들이 아니며, 우연한 외적 조건에 의해 타인과 관계를 맺게 되는 자족적 존재들도 아니다. 인간은 처음부터 신체적으로 사회적 상호작용 속에서 형성된 존재들이다. 프로이트에 의해 해명된 1차 나르시시즘에서 확인되듯이 인간은 유아기에 주체와 객체의 미분화된 공생이라는 원초적 혼동 속에서 산다.[164] 이 공생적 관계의 완벽한 모델은 유아에게 아직 안정된 지각장이 형성되기 훨씬 전부터, 유아와 어머니 간에 주고받는 미소나 안면근육운동, 또는 한 아이의 울음이 삽시간에 타 유아들에게로 번지는 유아실의 현상에서 찾을 수 있다고 한다. 이 신체적 상호성의 동시성(intercorporeal synchronization)은 '감정이입적 흐름(empathic flow)' 또는 '타자의 경험 속에 복제되는 안무운동의 교향곡(symphony of choreographed movement duplicated in each other's experience)' 또는 '경험의 공유상태' 혹은 '상호적 느낌감각' 등과 같은 용어들로 표현되고 있다.[165] 이처럼 인간과 인간 간의 신체적 동시성은 비언어적으로 사회성의 원초적 현상으로서 이미 형성되어 있다. 신체는 이미 사회적인 존재이다. 상호주관성 또는 사회성은 현실적응적 에고가 형성되기 훨씬 전부터 신체를 통해 '익명적 집단성(anonymous collectivity)' 또는 '원초적 공동체(initial community)'의 모습으로 나타나는 것이다. 신체가 이 신체적 집단성 속에 실체적으로 틀 잡고 난 후, '나'는 '이 신체'와 동일시함으로써 최종적으로 개체형성을 실현하게 된다는 것이다.

---

164) 프로이트에 의하면 유아기에 이드(id)의 리비도가 대상에서 에고 자신으로 후퇴하여 애욕의 대상이 에고이상理想으로 내면화되어 초자아를 형성하는 것이지만, 이 후퇴가 장기화되거나 성인기에 나타나 애욕대상에로 되돌아가지 못하게 될 때는 병리현상으로 나타난다고 한다. 레빈은 프로이트나 라캉의 이 병리적 나르시시즘과 구분하여 메를로퐁티의 적극적 개념의 나르시시즘을 소개하고 있다. 레빈, 앞의 책 제5장을 참고할 것.

165) Michael P. Coyle, "An Experiential Perspective on the Mother−infant Relationship" *Focusing Folio 6(1)* p.5−6. 레빈, 같은 책 151쪽에서 재인용.

  레빈은 최초의 이 신체적 상호성의 메커니즘을 나타내는 것으로서 라
캉의 거울보기(mirroring) 과정에 메아리듣기(echoing)를 덧붙인다.[166] 그러
나 레빈은 라캉의 전통적 의미의 거울보기가 담고 있는 나르시시즘은 프
로이트의 전통에 집착하여 나르시시즘의 긍정적 측면을 간과했다고 비판
한다. 라캉에 의하면 유아는 자신의 파편화된 상태와 동작의 무능력에도
불구하고 자신을 자신과 함께 거울에 비친 부모와 동일시함으로써 자신
을 전능한 통일체로 경험하게 된다. 그러나 이 반사된 상은 결코 참된 자
신이 아닌 소외된 자아임은 물론이다. 이 이론에 의하면 거울보기는 자신
의 정체성의 확립을 위해 사회적 영합을 강요하여 일관성 있는 통일된
구체적 정체성과는 거리가 먼 것으로 나타난다. 그러나 신체적 상호성을
주목하는 메를로퐁티의 이론을 따라가게 되면 이 거울보기는 바로 신체
의 사회성을 증명하는 과정이 된다. 레빈에 의하면 유아는 이 거울보기와
메아리듣기 과정을 통해, 즉 자신이 보고 있는 '타자'의 응시와 몸짓들을
통해 반사되는, 그리고 자신이 듣고 있는 타자에 의해(또는 타자 안에서)
되울려 오는 자신을 보고 듣는다. 타자는 이 과정들을 통해 유아가 어떻
게 보이며 어떻게 들리는지를 되돌려 보여 주고 들려준다. 유아가 거울보
기를 통해 소외적으로 동일시하고 있는 외적 상像은 대부분 자신과 부모
인바, 부모의 신체적 존재 자체는 유아가 스스로 행동할 수 있는 역량을
습득할 때까지 유아로 하여금 자기 신체적 기능에 대한 감지와 주관적
느낌을 가질 수 있게 한다고도 말할 수 있다. 유아는 이 두 가지 기능을
통해 자신의 몸을 일관성 있는 전체로 느끼게 되며, 신체 간의 모방을 통
해 사랑과 정확성과 신뢰와 자기존중을 배우게 된다.

---

166) 레빈, 같은 책, 153쪽 이하.

　메를로퐁티의 이 나르시시즘론은 절대적 확신을 향한 데카르트식 에고 코기토(ego cogito)의 인식론적 유아론이 아니라 타 존재와 육체적으로 '뒤엉킨(intertwined)' 나의 체험이다. 이때의 신체는 정신에 의해 그의 것으로 사유된 신체가 아니다. 이것은 감각하고 감각되는 감각체로서의 몸이며 '주체와 객체를 형성하는 매체'[167]이며 주객이 끊임없이 서로를 거울처럼 비쳐 주며 메아리처럼 되들려 주는 조직(matrix)이다. 이뿐만 아니라 나는 나의 타자성의 거울 속에 비친 자신을 보며, 되울려 오는 자신을 듣는다. 이런고로 나는 오로지 이 관계 속에서만 자신을 향해 열린다 해도 과언이 아니다.

　메를로퐁티가 신체에 각인된 상호성을 설명하기 위하여 주장하는 핵심개념인 신체의 가역성(可逆性, reversibility)과 이중교차론(chiasm)은 우리의 관심주제에 강력한 논증력을 제공한다. 그에 의하면 신체가 자신을 느끼는 중에 세계를 느낀 2차 나르시시즘 단계에서 우리의 행동은 마치 사물이 자신을 보고 있다고 느끼는 화가처럼, 수동성을 지닌다. 내가 산을 바라볼 때 산이 동일한 방식으로 내 시선을 되돌려 주듯 나를 본다. 내 시선이 산에로 나아가 산에 머물 때 내 시선은 산이 있는 곳에 자신을 위치시키며 산의 위치로부터 보는 감각을 얻는다.[168] 메를로퐁티에 의하면 신체의 본성에는 누가 보고 누가 보이느냐는 무의미하게 되는 이러한 가역성 또는 교차성의 원리가 숨 쉬고 있다는 것이다. '나의 지각장知覺場이 타인의 그것과 교차됨으로써 내 몸이 보이는 사물과, 내 삶이 타인의 삶들과 뒤엉켜 있는 것이다.' 그리하여 내 몸은 '경이롭게도 나의 의

---

167) Merleau－Ponty, "The intertwining－the chiasm" *The Visible and the Invisible* (Evanston: Northwestern University Press, 1968), p.147. 레빈, 같은 책 158쪽에서 재인용.

168) Martin Dillon, "Merleau－Ponty and the psychogenesis of the self" *Journal of Phenomenological Psychology* 9(Autumn, 1978), pp.1－2. 레빈, 같은 책 163쪽에서 재인용.

도가 타인의 몸에서 연장되고 있음을 발견하게 된다.'[169] 가역성은 몸에 새겨진 도식인 것이다.

이런 맥락에서 자신을 본다는 것은 (결코 대상으로서의 자신이 아니라) 내 자신 밖으로 나아가 타자 속에서 그와 함께 살기이며, 자기 '자신에게 열리는(open to oneself)' 것이자, '자신에게서 벗어나는(escape oneself)' 것이며, '자신을 모른 채로 있는(ignorant of oneself)' 것이기도 하다. 그런고로 이때의 자아는 확산에 의해 존재하며 은혜의 폭로 그 자체(Unverborgenheit of the verborgen)인 것이다.[170] 이 모든 것은 내가 신체의 타자성, 이질성을 통해 자신에게로 회귀하는 자신의 매개적 체험 때문에 가능해진다. 이리하여 이렇게 복귀된 나는 더 이상 동일한 나는 아니게 된다. 자신을 타자와 얽힌 자로 보는 일종의 자기초월이기 때문이다. 이러한 자아개념만이 에고가 완벽히 소유할 수 없었던 자신을 소유하게 된다. 이 자아 정체성은 유아가 무의식적으로 낯선 상에 영합하여 생긴 환영은 아닌 것이다. 이는 신체의 의사소통성 속에 본래부터 함께 있던 타인을 듣는 중에 나를 만나는 것이지, 미드나 하버마스가 생각하는 것처럼 외부의 법정이 일방적으로 내면화되거나 사회가 나에게 부여한 정체성이 아닌 것이다. 신체의 본성에 예시되고 도식화되어 있는 '이상성(ideality)'에 근거하고 일치됨으로써 가능한 자아정체성인 것이다.[171] 그러나 신체일반론에 근거한 메를로퐁티의 이러한 입론에 비추어 볼 때, 인간의 시각 기능은 역사적으로 그 심층적 차원에서 벗어난 채 피상적으로 작용되어 도구

---

169) Merleau-Ponty, *Phenomenology of Perception* (London: Routledge & Kegan Paul, 1962), p.354.

170) Merleau-Ponty, "The working note" *The visible and the Invisible*, p.249. 레빈, 같은 책 159쪽에서 재인용.

171) 레빈, 같은 책, 161쪽.

적 이성의 수단으로만 봉사하는 데 그친 것이 아닐까 하는 의구심을 갖게 한다. 더구나 다른 한편의 듣기 영역과 대비하여 볼 때 전자에 의한 편향적 인식과 문화는 분명히 현대의 과학과 함께 간주관적 영역의 상실과 유관해 보인다.

나. 듣기의 형이상학

우리는 제2장 형색과 소리에서 시각과 청각의 원리가 역사적으로 문화영역에서 형성해 온 두 사례를 고대 그리스 문화와 히브리 문화라고 규정하고 보만의 연구를 따라 분석한 바 있다. 여기에서는 청각성이 지니고 있는 형이상학의 가능성을 알아보기 위해 양 문화를 다른 각도에서 접근해 보기로 하자. "본다는 것과 듣는다는 것"172)에서 박종홍 교수는 고대 그리스를 시작으로 하여 르네상스의 이탈리아와 오늘의 프랑스에 이르는 문화를 '눈의 문화'로 규정지으면서 이들 문화권에 속한 이들을 '눈의 인간(Augenmenschen)'이라 하는 한편, 히브리 문화와 동양의 문화(독일문화도 이 진영의 문화권에 포함시키어)를 듣기의 문화라고 규정짓는다. 그는 이어서 말하기를 고대 그리스 문화로 대변되는 전자에게 있어 이상적인 것이 에이도스(Eidos) 또는 이데아(Idea) 즉 형상形相으로 표현되고 있는 한, 그것은 '보게 마련인' 어떤 것이며, 진리가 아레테이아(Aletheia)로 표현되는 한 그것은 볼 수 있도록, 숨겨진 것이 드러남을 의미한다. 다른 한편 히브리인들에게 있어 다아바아르(דבר)는 단순한 소리가 아니라 로고스 즉 말을 의미할 뿐만 아니라 배후에 있는 것을 앞으로 내어 모는 동

---

172) 박종홍, *박종홍 전집* vol. Ⅲ(형성출판사, 1982), 545 - 553쪽.

적인 행위를 나타낸다. "구태여 말하자면 행언(行言, Tatwort)이라고나 할까 言과 行이 하나로 된 것"이어서 "말을 듣는다는 것(Hören)은 여기서 내가 그대로 實行하며 順從하는 것, 그리하여 歸屬됨(Gehören)을 의미한다."173) 신앙의 자세이다. 동양의 참 혹은 성誠은 말이 행동화하여 그대로 이루어짐이요, 말은 듣게 되어 있는 것이고 보면, 성은 행동으로서의 말을 들음이다. 로고스로도 번역되는 도道는 하늘이 명한 것으로서의 성性에 순종하는 것이며, 이 도는 아침에 들으면 저녁에 죽어도 좋은 것朝聞道夕死可矣으로서, 들어야 하는 어떤 것이다. 이처럼 대조를 이루는 두 사상은 각기 "西洋의 學問은 明晳判明한 것으로부터 시작하려 하였고 東洋의 思想은 神秘한 것에서 깊이를 찾으려 하였다. …하나는 向外的이요 하나는 向內的이다. 오늘의 科學哲學은 向外的인 精密性을 자랑하고 實存哲學은 向內的인 眞實性을 내세운다. …그리하여 精密科學은 다른 시대에 볼 수 없었던 水素爆彈의 威脅을 가져왔고, 實存哲學은 그 어느 시대에서보다도 심각하게 頹廢的인 人心의 타락을 恨歎한다."174) 박 교수

---

173) 같은 책, 549쪽. 박 교수의 이러한 통찰은 기독교 성서의 도처에서 확인된다. 구약성서에 의하면 죄인은 하나님을 보면 죽게 되어 있다(출애굽기 33:20). 하나님을 보는 것이 축복으로 되는 것은 오직 신약시대에 와서 '마음이 청결한 자'(마태복음 5:8)에게 가능한 것이었다. 구약에서 하나님이 자기에게 다가오는 모세를 향해 "가까이 오지 말라."고 하자 모세는 자신이 신을 보는 것이 두려워 스스로 자기 눈을 가린 채 신의 소리만을 듣고 그에게 응답한다(출애굽기 3:5 –6). 유사한 일은 신약성서의 바울에게서도 확인된다. 그가 다마스커스로 가는 중에 조우한 예수의 영은 우선 강한 빛으로 바울의 눈을 멀게 하여 볼 수 없게 만든 채 그에게 소리로 말을 건넨다(사도행전 22:6 – 11). 예수 자신도 하늘나라가 어느 때 임하느냐고 묻는 바리새인들에게 "하나님 나라는 볼 수 있게 임하는 게 아니라… 너희 안에 있다."고 대답한다(마가복음 17:20 – 21). 사실상 성서의 저변에는 인간을 사망에 이르게 하는 죄는 '보는' 데서 오고 구원에 이르게 하는 믿음은 '들음'에서 온다는 사상이 흐르고 있다. 인간이 원초적으로 타락하는 대목에서 확실한 역할을 수행한 것도 '보암직한' 사과를 본 눈이었다. 이때 인간이 '눈이 밝아지기를' 바랐던 것이 이성의 눈뜸을 원했던 것이었음은 자명하다. 그리고 그것은 곧바로 신에 대항하여 바벨탑을 쌓는 일로 나타났다. 오! 제 손으로 두 눈을 뽑고 사막길 어디론가 사라져 간 오이디푸스여!

174) 같은 책, 551쪽.

의 이상과 같은 입론은 고대 그리스철학으로부터 시작되는 서구의 전통 형이상학에 대하여 '존재자'에 향해 있던 관심을 '존재'에로 돌릴 것을 요구하는 하이데거를 따라, 전자의 거처인 공간에 집착하는 배타적인 시각적 사유를 우려하며 시간 속의 '존재'인 소리를 향한 청각적 세계의 회복을 꿈꾸던 앞 장에서의 우리의 논의에, 철학적 성찰을 더하고 있다.

레빈 역시 한 대상과 다른 대상 간의 차이를 드러내어 줌으로써 지식의 근본적 근원이 된다고 자임해 온 전통적 시각론에 근거한 서구적 이성관에 맞서, 하이데거의 존재론에 메를로퐁티의 신체론적 현상학의 청각론을 대안으로 제시한다. 보기보다는 듣기의 원천적 의미를 강조하는 그의 논지를 따라가는 과정에서 우리는 상호주관성의 신체적(특히 청각과 관련된) 근원을 해명할 수 있을 듯하다. 앞 장에서 상론했던 바처럼, 레빈 역시 인간은 읽기나 쓰기보다는 말하기와 듣기에 의존하여 문화를 시작했음을 지적하며 개체발생학적으로 유아 역시 시각 의존적 인식보다는 청각적 인식으로부터 삶을 시작한다고 주장한다. 그러나 제1장에서 살펴본 바와 같이 서양에서의 시각과 청각 간의 역사적 갈등은 전자의 승리로 끝나고 전자가 총체적이고 전제적인 통치권을 획득함에 따라, 철학의 교재들 역시 시각적 범용에 복속되고 말았다. 레빈에 의하면 원치 않는 대상으로부터 쉽게 눈을 돌려 버리거나 눈을 감아 버릴 수 있게 되어 있는 인간은 대상들을 그 상황적 결속(assignments)으로부터 추상하고 격리된 상像만을 '안전眼前의 존재자(Vorhandensein)'로 지닌 채 이론작업에 열중할 수 있었고, 시각적 대상의 통제에 관심을 갖는 지식을 양산할 수 있었으며[175] 이해의 지혜(wisdom that understands) 소피아(sophia)보다는

---

175) 레빈, 같은 책, 30쪽 이하.

시각에 근거한 에피스테메(episteme)[176]에 더 관심을 갖게 되었다. 그러나 마이스터 에크하르트(Meister Eckhart)의 말대로 내부지향적인 듣기는 자기가 듣는 것에 대해 거의 통제력을 행사하지 못하여 소리가 자신의 신체 속으로 침투해 들어오도록 할 수밖에 없으며, 그런 까닭에 우리로 하여금 (선택적인 시각보다) 지혜에서 벗어나는 오류를 덜 범하게 한다. '듣기는 인간 속으로 더 많은 것을 들여오나, 보기는 바라보는 행위에서조차도 더 많은 것을 내준다. …영원한 말을 듣는 힘은 내 안에 있으나, 보는 힘은 나를 떠날 것이다. 왜냐하면 들을 때 나는 수동적으로 되나, 볼 때 나는 능동적으로 되기 때문이다.'[177] 레빈은 '이성'에 해당하는 독일어 '페어눈프트(Vernunft)'는 지각하고 듣는다는 의미의 영역까지를 포괄하는 '페어네멘(vernehmen)'에서 온 것임에도 불구하고 계몽주의 영향하의(칸트와 헤겔 철학을 포함하여) 철학적 용어 '이성'은 시각 중심적 범용에 사로잡혀 소위 '종합'의 힘을 구사하며 '전체주의적이고 폐쇄적인 형이상학'을 부추긴다고 비판하며, 대안으로 듣기를 범용으로 하는 의사소통적 이성관에 근거한 새로운 형이상학을 모색한다. 듣기를 패러다임으로 하는 까닭은 그 대상인 소리가 시각의 대상들처럼 통제 조작할 수 있는 사물이 아니며, 소유되거나 포착되지도 않는 비실체적, 비영원적인(즉 시간적인) 무엇이기 때문이다.[178] 하이데거에 있어서도 역시 '듣기는 인간(Dasein)'이 존재하기 위해 그가 가지고 있는 모든 가능성에 대해 (자신을) 여는 원초적이고도 진실한 방식이며… 타인을 위한 공존적 존재자로서의

---

176) episteme의 epi는 앞을 의미하고, sta는 놓여 있음을 뜻하여 전체적으로는 눈앞에 놓여 있는 대상을 명상(beholding) 즉 바라보는 행위가 된다.

177) Meister Eckhart, *Meister Eckhart* ed. Raymond B. Blankney(New York: Harper & Row, 1969) p.108. 레빈, 같은 책 32쪽에서 재인용.

178) 레빈, 같은 책 33쪽 참조할 것.

인간의 실존적 개방이다(das existenziale Offenseindes Daseins als Mitsein für den Anderen.).[179] 즉 다르게 살 수도 있었을 삶의 방식에 개방되는 것이다.

전술한 메를로퐁티의 거울보기에 근거한 가역성은 주관성과 정체성 형성의 조건을 제시했다. 레빈에 의하면 그의 이 시도가 전체적으로는 시각 위주로 되어 있어 새로운 주관성 이론을 어렵게 하는 측면이 없지 않으나, 거울보기 대신 듣기와 메아리듣기, 공명하기 등을 특정적으로 언급하는 그의 글도 발견된다. "화자의 숨소리를 듣고 (그의) 흥분과 피곤을 느낄 수 있을 만큼 그에게 가까이 다가서면 나는 내 속에서와 마찬가지로 그의 내면으로부터 경이로운 소란스러운 소리들이 일어남을 지켜보게 된다. 촉각과 시각 그리고 양자 간의 체계에 반사가 있듯이, 발성과 청취운동의 반사 또한 존재한다. 후자는 자신들의 음향적 각인을 가지며, 소란스러운 소리들은 내 안에 자신의 운동반향(motor echo)을 일으킨다."[180] 유아는 자신이 만드는 소리의 크기와 종류에 따라 어머니 안에 반향하여 일어나는 운동반향을 통해 자기 자신을 듣게 된다. 듣기의 영역에 전술한 신체적 가역성을 적용할 때, 우리는 '더 이상 누가 말하고 누가 듣는지를 말할 수 없다는 개념에 도달하게 된다. 모든 지각은 역지각과 겹쳐 2배로 늘어나기 때문이며 두 얼굴을 가진 행동이기 때문이다.'[181] 나는 타인에 의해 반향된 나를 귀로 듣는 것이다. 가역적 변증논리로 작곡된 나의 소리에 빠져드는 것이다. 이런 과정에서 타인과 나 사이에 일어나는 '좋은'

---

179) Martin Heidegger, *Being and Time* (New York: Harper & Row, 1962), p.206. *Sein und Zeit* (Tübingen: Max Neimeyer, 1963) p.163. 이하 독어 원본은 괄호 속에 표시함.

180) Merleau-Ponty, "The intertwining and the chiasm", p.144. 레빈, 같은 책 164쪽에서 재인용.

181) Merleaau-Ponty, "Working notes", pp.264-265. 레빈, 같은 책 164쪽에서 재인용.

종류의 공명, 리듬, 시간적 적절성(timing), 되울림 등이 있는가 하면 '나
쁜' 방식의 그런 것들이 있게 되고, 이들은 곧장 자아감각으로도, 원상적
原傷的 요인으로도 작용할 뿐 아니라, 나아가 일상적 정치적 담론에서의
합의도출에 결정적 영향을 행사하게 된다.[182) 시각영역과 구별되는 이러
한 청각영역에서의 가역성은, 욕구해석으로서의 듣기와 함께, 정치 영역
에서의 가치적 기반을 구축하는 청각영역만의 특성이라 하겠다.

다. 듣기역량의 4가지 발달과 상호주관성의 형이상학적 근거

이처럼 간주관적 영역에 원천을 부여하는 인간의 듣기 역량을 분절하
기 위하여 레빈은 *듣는 자아*에서 자아발달을 의미하는 4단계의 듣기역량
발달과정을 구별하고 있다.[183)

레빈이 하이데거의 '소속성(Zugehörigkeit)' 개념을 빌려 성격 규정하고 있
는 제1단계 청각역량에서의 유아는 존재에 대한 선 이해를 가지고 있다. '음
향적 에너지들의 공약 불가한 개방적 조직(an utterly open, incommensurable
matrix of sonorous energies)인 전체로서의 청각장'[184)에 유아는 자신과 주
변을 구별치 못한 채 소속되며, 이때 존재는 유아의 청각기관에 원시적으로
그 모습을 드러낸다. 즉 유아에게 있어 '소속'됨은 곧 존재에 대한 '존재론
적 선 이해(ontological pre − understanding or pre − ontological understanding)'
를 얻는 것을 의미하며 이는 듣기(hörigkeit)를 통해 가능해진다. 음향적

---

182) 레빈, 같은 책, 171쪽.

183) 레빈, 같은 책, 45 − 62쪽.

184) 같은 책, 45쪽.

조직 속에서 청자와 청각장 간의 분절이 이루어지지 않은 채 신체적 느낌을 통해 조율되어 있는 유아는 듣기를 통해 존재의 음향적 차원에 개방되는 것이다. 그러나 이 듣기의 개방성과 그로 인한 '황홀경(ecstasy)'은 유아가 사회화 과정을 겪는 동안 지양되고 말지만 이 상실은 아이러니컬하게도 성숙에의 필수조건이 된다.

제2단계의 듣기에서 유아는 생존을 위해 주변의 요구와 인간관계의 규범에 부응하기 위해 에고를 발달시킨다. 이로써 청각상황은 주체와 객체로 구분되고 유아는 소리들을 구분하며, 다른 소리를 흉내 내며, 상이한 음색들의 의미를 이해하게 된다.

그러나 제3단계의 듣기에 들어선 유아는 담론과 음악과 심리적 상호작용의 자기훈련을 통해 현상 고착적, 영합적, 에고논리적 자아정체성을 극복하고 창조적으로 성장하는 자아(self)를 발전시킨다. 이 단계에서 청자로서의 나는 모든 음향적 존재들의 상호주관성과 상호성에 응답해야 하는 것을 알게 된다. 이때의 듣기는 연민(compassion)의 실천으로서의 듣기인 것이다. 더 나아가 이 단계에서의 듣기는 모든 청각상황에 내재하는 가역성의 역동을 이해함으로써 인간관계에서 상호성, 합의, 그리고 정의의 달성을 가능케 한다. 레빈에 의하면 하버마스의 의사소통적으로 달성된 이해는 이 단계에서 가능하게 된다.

마지막으로 제4단계의 듣기 역량에서 자아는 '다른 방식의 듣기'를 배움으로써 '그저 들을 뿐(Letting－be, Gelassenheit)'인 '귀 기울임(Hearkening, Horchen)'을 수행한다. 이제 자아는 청각장에서 존재자와 존재 간의 이중 음조(double tonality)를 식별할 수 있게 된다. 이것은 상실했던 열린 청각성의 차원을 회상함으로써(존재자들의) 음향적 존재를 귀에 포착하게 되는 '정신적 작업(spiritual accomplishment)'[185]인 것이다. 이것은 '형태

(Gestalt)' 속으로 음향적 차원의 모든 음향체들을 수집 초청함으로써 가능해진다. 한때 거주했던 그러나 상실된 존재론적 선 이해를 회복하고 이를 일상적 삶의 청각장에 의미 있게 통합하는 것이다. 에고 이전의 거주 방식에로 복귀하여 에고에게 넘겨주기 이전에 누리던 자신과 모든 음향적 존재자들의 존재와의 연결에 관한 망아적 감각을 일상적 삶에 회복시키는 것이다.

이 마지막 단계의 듣기는 마치 선승禪僧의 구도적 자세처럼, 듣되 애증의 집착이 없는 듣기요, 대상 없는 듣기이며, 의도적 목적 없이 듣기이며, 정적 속의 듣기이다.186) 이러한 '들을 뿐인(Letting – go)' 듣기는 이미 주체 / 객체의 2원적 구조가 지양되어 양자의 혼융이 이루어진 후에야 가능한 것이며, 우리의 듣기가 대상을 풀어주어 그들로 하여금 그들 본유적 존재의 공명에 돌아가게 할 때 가능하며, 주관이 소리의 모체조직(matrix) 즉 전체로서의 공명장에 열려 있을 때에만 가능하게 된다. 대상고착적 집착을 비운 채 더 이상 특정한 것을 듣지 않는 듣기이다. 즉 하이데거의 용어를 빌려 표현하자면 우리는 이 열림에 의해 존재 자체의 개방성에 우리의 사유를 제공하는 것이다.

존재를 듣기 원하면 즉, 존재의 역사를 회상하는 것으로서의 듣기를 원한다면, 모든 존재자들이 소리를 내는 근원인 조화로운 포괄적 차원에 귀 기울여야 한다. 존재가 불러 모아 배치해 놓은 음향적 에너지들의 장, 그

---

185) 레빈, 같은 책, 48쪽.

186) 레빈, 같은 책, 227 – 228쪽. 음향적 차원의 모든 음향체들을 형태 속으로 수집하고 초청함으로써 상실한 존재론적 차원의 회복 즉 에고에서 누리지 못하는 존재와의 연결을 논하는 레빈의 이 전략은 마치 발터 벤야민이 인류의 타락 이후 상실한 원언어적 의미의 회복을 위해 성좌 안으로 모든 언어들을 모아들이는 번역의 원리와 상통한다. 후자가 의미론적 수집을 수행하는 반면, 전자는 소리의 영역에서 수행하는 것이 다를 뿐이다. 하버마스의 이성적 의사소통론이나 언어관에서는 넘볼 수 없는 차원의 세계이다. 이 점에 대해서는 제6장에서 상론하기로 한다.

장에로의 초대에 응하는 것이다. 따라서 듣기는 수집 – 배치하는 존재의 한 기관이 되는 것이기도 하다. 즉 듣기 자체가 수집 – 배치가 되어야 한다. 존재를 흉내 내는 것이다. 이 필멸적 존재자와 존재 간의 상동성相同性에 의한 '저절로 들림'에 의해 원천적 수집 – 배치가 들리게 하는 것이다. 인간의 듣기와 존재의 은총(Es gibt) 간에 감춰진 조화가 들리게 하는 것이다. 존재와의 이 선 이론적 관계의 회복과 소속감에 접촉됨으로써 청각장이 통째로 들리게 하는 것이다. 그 속에서 소리 내는 모든 것들이 원하는 대로 열리고 타자가 되도록 내버려 두는 수집적 듣기를 수행할 때, 모든 발음체들에게 개방적 포용을 줄 때, 우리가 침묵함으로써 천지가 거대한 소리의 울림 속에 모이게 하여 서로의 노래를 되울려 줄 때, 그때 우리는 존재의 노래를 듣게 된다는 것이다. 그것이 존재론적 잠재력의 실현이다.[187] 레빈의 이 마지막 단계의 듣기를 통해 인간조건으로서의 상호주관성의 형이상학적 의미는 분명해진다.

메를로퐁티의 나르시시즘에 나타난 신체적 상호성, 특히 가역성에 근거한 주객 상호 간의 '뒤엉킴'을 통해 우리는 도덕적 공동체 역시 이 '보편적 신체(universal flesh)'[188]에 근거할 것이라는 암시를 받는다. 근본적으로 나는 나이자 동시에 나가 아니며, 나는 나의 몸이자 동시에 '신체적 상호성'일 때 도덕적 공동체의 건설의 물길이 열릴 것이기 때문이다. 이제 메를로퐁티에게 있어 상호성이란 '구체화된 주체들과 상호적 신체 존재의 이상적 공동체'를 의미한다고 보아도 좋을 듯하다. 레빈에 의하면 우리의 청각적 경험 역시, 세계를 다루는 방식에 있어 유사한 의도를 지니고 있어서, 나의 몸과 타인의 몸으로 그 양면을 이루고 있는 '보편적 신체'의

---

187) 레빈, 같은 책, 251 – 257쪽.

188) Merleau – Ponty, "The intertwining and chiasm", p.137.

가역성에 뿌리를 박고 있다고 한다. 하버마스의 말대로 자아의 내적 본질 즉 욕구에 대한 해석 없이는 실질적으로 규범체제 내에 자유란 없다. 왜냐하면 내면적 욕구에 대한 올바른 해석 없이 자율적 자아는 불가능하며, 자율적 자아 없이 해방된 이상적 사회란 존재할 수 없기 때문이다. 그러나 메를로퐁티의 신체론을 더하여 생각할 때, 이상적 자아상은 이미 신체의 청각적 가역성 속에 도식화되어 있다고 보아야 한다. 그리고 이미 우리가 소속되어 있는 신체의 가역성에 근거한 이 '원초적 공동체(initial community)'는 정의로운 사회가 요구하는 의사소통적 상호성의 전前 이해이다. 이리하여 레빈은 하버마스가 지적하고 있는 내적 본질로부터의 단절을 겪는 현대의 자아는 실은 사회화 과정이 은폐하고 있는 청각적 세계–내–존재의 차원인 소속성에 담긴 지혜로부터의 단절을 의미하는 것이라고 주장한다.[189] 이로써 우리에게는 사회가 부여하는 의미에 영합하는 에고와, 자신과 타자를 구분하는 존재론적 2원론에서 벗어나지 못한 에고에 의해 조종되지 않는, 원천적 충동으로서의 원초적 소속감을 기억 회상하는 것이 긴요해지는 것이다. 우리가 유아 때로부터 배워 온, 세포 조직에 직조된 이 이상적 신체정치학(body politics)과 유토피아적 해방적 잠재력이 도식화되어 있는 청각장 내의 주/객 초월적 '익명의 집단성'의 실현이 정언적으로 다가오는 것이다. 합의의 도달은 근원적으로 청각장에서의 가역성에 대한 감각회복에서 가능해진다고 볼 때, 하버마스가 콜버그의 도덕발달론에 더한 의사소통적 도덕성의 달성도, 공공의 탈정치화 현상에 대한 그의 의사소통적 대안도 이러한 듣기 역량 발달을 전제로

---

189) 레빈, 같은 책, 172쪽. 레빈은 하이데거를 따라, 우리 모두가 던져져 있는 근원적인 시간의 전체성에 소속됨으로써 우리는 타인의 삶 속에 얽혀 있음을 듣게 된다고 주장한다. 이 잠재적인 신체적 상호성 속에 유토피아적 해방적 잠재력이 있다는 것이다.

해서만 논의 가능할 것으로 보인다. 이는 하버마스가 그의 상호주관적 사회이론의 근거로 삼고 있는 언어관의 한계일 뿐 아니라 그의 탈형이상학론이 안고 있는 한계이기도 하다. 이 점에 관해서는 제Ⅱ부에서 좀 더 논하기로 하자. 이 시점에서 레빈의 이 존재론적 청각론은 상호주관성의 형이상학적 근거를 제공할 한 가지 길이 될 듯하다.

참고문헌

박종홍, *박종홍 전집* vol. III(형성출판사, 1982)

David M. Levin, *The Listening Self*(New York: Routledge, 1989)

Hannah Arendt, *The Human Condition*(Chicago: University of Chicago Press, 1958)

Herbert Mead, *Mind, Self and Society*(Chicago: The University of Chicago Press, 1962)

Jürgen Habermas, "The Public Sphere", *New German Critique* 3(1974)

───────────, *Communication and the Evolution of Society*(Boston: Beacon Press, 1979b)

───────────, *Toward a Rational Society*(Boston: Beacon Press, 1970)

───────────, *Nachmetaphysisches Denken*(Frankfurt/M: Suhrkamp, 1988)

───────────, *Postmetaphysical Thinking*(Massachusetts: The MIT Press, 1992)

Lawrence Kohlberg, *Essays on Moral Development vol. 1: The Philosophy of Moral Development*(New York: Harper & Row, 1981)

Martin Dillon, "Merleau-Ponty and the psychogenesis of the self", *Journal of Phenomenological Psychology* 9(Autumn, 1978)

Martin Heidegger, *Being and Time*(New York: Harper & Row, 1962). *Sein und Zeit*(Tübingen: Max Neimeyer, 1963)

Meister Eckhart, *Meister Eckhart* ed. Raymond B. Blankney(New York: Harper & Row, 1969)

Merleau-Ponty, *Phenomenology of Perception*(London: Routledge & Kegan Paul, 1962)

___________, "The intertwining-the chiasm", *The Visible and the Invisible*(Evanston: Northwestern University Press, 1968)

Michael P. Coyle, "An Experiential Perspective on the Mother-infant Relationship", *Focusing Folio* 6 (1)

Thomas McCarthy, *The Critical Theory of Jürgen Habermas*(Cambridge: The MIT Press, 1981)

1. 문제제기: 왜 베르그송과 제인스인가?

본 장은 제2장에서 줄리안 제인스의 *의식의 기원*에 대하여 제기했던 가치중립적 결론에 대한 불만을 구성적으로 발전시켜 보려는 하나의 대안적 시도이다. 역사와 문명에 대한 무비판적 체념적 수용으로 끝맺고 있는 제인스의 연구는, '의식'의 발생에 대한 광범위하고 획기적인 입론과 양원적 정신체계에 대한 설득력 있는 학제적 연구성과 등 인간의 정신적 본성에 대한 올바른 방향설정을 보여 주고 있음에도 불구하고, 자신이 주장하고 있는 '양원적 정신체계(bicameral mentality)'의 가치에 대한 적극적 확신을 결여하고 있으며, 따라서 자신이 분절해 내고 있는 '의식'에 관련된, 병리적 문명사에 대한 철저한 반성이나 비판은 물론 인간본성의 회복에 대한 의지를 결여한 채, 시종 가치중립적인 추정적 사실기술에 그치고 있다. 그는 자신이 논하고 있는 양원적 정신체계를 단지 본성적 정신체계의 그림자 그리고 '향수병적' 동경의 대상으로 치부해 버리고 만다. 그가 말하는 양원성의 상실은 진정 문명화를 위한 탈미신화 과정인가? 아니면 본질적 인간 모습의 상실이요, '의식'과 지성으로 대변되는 과학적 분석적 사고 등, 한 극단적 정신체계의 일반화에 의한 본성의 왜곡인가? 양원성은 신의 선물인가 아니면 의식적 사유에 의해 이루어지기로 되어 있는 역사진보의 걸림돌인가? 이 글을 쓰고 있는 지금, 저자의 '우측두엽'쯤 어딘가에, 자결로 생을 마칠 수밖에 없었던 발터 벤야민 (Walter Benjamin)이 그 현장에까지 품고 있던 역사철학의 문제,[190] 곱사등이 요정과 사적 유물론으로 그려 내고 있는 역사의 이미지가 자꾸만 떠오르는 까닭은 무엇인가? 차제에 필자는 앙리 베르그송을 주목하게 된다. 그리하여 제인스의 *의식의 기원*에 나타난 '의식' 및 '양원 정신'에 앙리 베르그송의 *도덕과 종교의 두 원천* 등에 나타난 '지성(또는 지능)' 및 '직관' 그리고 이로부터 이어지는 '동태적 종교'와 '신비주의' 등이 각기 대비되며 오버랩되는 것이다. 양인의 주장에서 전자의 개념군과 후자의 개념군들이 각각 극단적으로 맞서 있음은 물론이다.

비록 자기 전공 영역에서 낯설게 들릴 뿐만 아니라 난센스로까지 들릴 개념들임에도 불구하고, 철학자 베르그송은 약동과 지속으로서의 실재와 신비체험을 주장하는가 하면, 다른 한편 현대의 심리학자 제인스는 양원적 정신체계와 신(들)의 목소리를 듣는 환각적 체험들을 기술한다. 그러나 (이 주장들의 입론과정에 대한 타당성 여부는 잠시 미루어 두더라도) 양

---

190) 발터 벤야민, "역사철학테제", *발터 벤야민의 문예이론* 반성완 역(민음사, 1995), 343쪽의 제1 명제에서 장기의 명수 난장이의 조종을 받아 언제나 게임을 이기게 되어 있는 '사적유물론'이라는 인형을 언급하면서 '사적유물론'은 '신학을 자기의 것으로 이용'할 때 역사를 승리로 이끌게 될 것이라고 주장하고 있다.

자에 의하면 이러한 개념이나 체험들은 우리가 우리의 대표적인 정신기능이라고 생각하는 '지성(intelligence)'이나 '의식(consciousness)'[191]에 의해서는 파악될 수 없을 뿐만 아니라 오히려 방해받는다고 주장한다. 베르그송에 의하면 인간에게 있어 '생명은 창조력의 성공 자체'임에도, 약동을 결여하고 있음으로 해서 그것은 불완전하고 불안정한 상태로 있다. 그는 우리 대부분의 인간이 이 약동이 지나온 방향을 거슬러 올라가 잃어버린 약동으로서의 실재를 다시 포착하고 자신감을 회복할 수 없었던 이유는 지성에 의존하여 이 작업을 수행하려 했기 때문이라고 주장한다. 왜냐하면 지성은 오히려 이것의 회복과는 반대 방향으로 가는 '특별한 운명을 가지고 있'으며, '기껏해야 가능성을 생각하게 하는 것이지, 실재를 접촉하게 하는 것은 아니기'[192] 때문이라는 것이다. 이에 대한 베르그송의 대안은 '직관(intuition)'이다. 그에 의하면 "우리는 이 지능의 주위에 희미하고 사라질 듯한 직관의 무리暈가 남아 있음을 안다."[193]고 한다. 여전히 지성의 언저리에 달무리인 양 희미한 채로 보일 듯 말듯 어정거리고 있다는 이 정신기능은 지성에 의해 이룬 현대과학적 기계문명의 한가운데에 서서 불안한 눈으로 역사의 미래를 바라보는 우리의 관심을 유발하기

---

191) 제인스와 베르그송이 의식이라는 동일한 용어를 사용하고 있으나 후자의 의식은 오히려 직관적 사유를 수행하지 않을 때의 정신기능 일반까지를 함의하면서 제인스적 '의식'과 전혀 구분하지 않은 채로 사용되는 것이어서 그 외연이 훨씬 넓다. 이에 비해 전자의 의식은 감각성과도 지능과도 구분되는 협의의 의미를 지니고 있다. 그럼에도 베르그송은 정신(mind)과 '의식'을 동일시하는 듯한 정의를 내리기도 한다. 일예로 "정신의 고유한 속성은 주어진 공간의 여러 부분들에 연쇄적으로 주의를 집중하는 불가분적 과정이다." 베르그송, *시간과 자유의지*, 정석해 역(삼성출판사), Henri Bergson, *Time and Free Will, an Essay on the Immediate Data of Consciousness*(New York: Dover Publications, Inc., 2001), p.84. 이하 영어 번역은 괄호 안에 표기할 것임.

192) 베르그송, *도덕과 종교의 두 원천*, 송영진 역(서광사, 1998), 230쪽. Henri Bergson, *The Two Sources of Morality and Religion*, tr. R. Ashley Audra et al(Indiana: University of Notre Dame Press, 1997) p.212. 이하 *도덕과 종교*로 표기하며 괄호 안에 영문 번역을 표시할 것임.

193) 같은 책, 230(212)쪽.

에 족하다. 다른 한편, 제2장에서 살펴본 바와 같이 제인스는 세계와 인간의 본성이나 지식의 영원하고 확실한 근원을 찾아온 인류의 모든 노력은 양원성이 사라지고 난 후 지상에서 잃어버린 신을 찾으려는 인간의 향수로부터 빚어진 결과물들이라는 결론으로 그의 필생의 역작 *의식의 기원*을 끝맺는다. 그러나 그에 의하면 이러한 인류적 노력의 정신적 기초를 이루고 있는 것이라고 믿어 의심치 않았던 우리의 '의식'은 아이러니하게도 이 양원적 정신체계의 반대편에 서 있어서, 양원성 상실의 원인을 형성하는 한 축이자 그 결과물이다. '의식'은 결단코 양원성을 내포하고 있는 우리의 정신적 내적 실재를 정확히 '들여다볼' 수도, 그것을 체험할 수도 없게 되어 있다는 것이다. 그리하여 이 잃어버린 세계에 대한 향수는 성배聖杯를 찾아다니던 아서 대왕의 기사들처럼 허망한 운명에 놓여 있는지 모른다며 쓴웃음 짓는 제인스는, 그럼에도 오늘 날 베르그송의 '지능'을 연상시키는 그 '의식'의 언저리에, 아니 그 오른편 측두엽에, '양원적 정신체계'가 희미한 '흔적(vestige)'처럼 존재한다고 주장한다.

그러나 동일한 문법구조를 가진 두 명제 제인스의 "오늘날의 우리 삶에는 양원성의 흔적이 존재한다."와 베르그송의 "오늘날 우리 지성의 변두리에는 직관의 훈위가 존재한다."는 마치 "이 교실에는 50명의 한남대 학생들이 있다."와 "이 우주에는 신이 있다."만큼이나 각각의 주장을 관류하는 의도와 학문적 접근이 다르다. 비유된 전자의 진리성이 '검증'에 의해 드러난다면 후자의 그것이 '믿음'에 의해 드러나듯이, 전자가 감각적 실재의 '경험'에 의한 검증을 요구하는 반면, 후자는 감각적 실재를 초월하는 존재에 관한 '경험'194)을 요구하듯이 양자의 진리성을 드러내는

---

194) 같은 책, 281(262)쪽.

방식 또한 상이하다. 베르그송에 있어 그 경험은 현실을 초월하는 존재를 드러내는 것까지 함의해야 하기 때문이다. 그리고 그 경험이 '흔적'과 '훈위'의 함의가 각각 사화산死火山과 휴화산休火山의 이미지를 주듯이 인용한 명제의 후반부에 등장하는 '양원성'과 '(신비적) 직관'은, 각각 자신이 머무는 정신 영역에서 활화산처럼 가동되고 있다 할지라도 그리고 초지성적인 성격을 공유한다 할지라도, 서로 간에 차원이동의 왕래가 불가능한 대비를 이룬다. 마치 '소크라테스와 예수'[195)]처럼!

필자는 상이한 학문적 배경을 가진 베르그송과 제인스가 지성과 직관, '의식'과 양원성을 각기 반립적으로 다루고 있음에 주목하는 데 그치려 하지 않는다. 양자에게는 반립성이라는 외양적인 공통점에도 불구하고 그 내면에 근본적으로 다른 두 가지 태도가 엄존하기 때문이다. 제인스에 의하면 인간은 불가피하게 우측 뇌를 절개당하는 경우에도 소위 사유활동에 거의 지장받지 않은 채로 살아갈 수 있다고 한다. 전술한 바와 같이 만물의 영장 인간에게 부여되었던 우뇌의 본래적 기능이 무엇이었는지를 집요하게 묻고 이를 양원성으로 설명해 낸 학문적 탁월성에도 불구하고 제인스는 잃어버린 우뇌의 기능에 연연치 않고 오늘날의 좌뇌 지향적 처지와 그런 문명을 당연시한다. 그에게는 이 문명에 대한 체념이 있을 뿐 비판이 없다. 그러나 수천 년 전 인류의 조상들에게 임하여 그들을 신의 자식들로 만들던 이 양원성의 목소리는 오늘날의 인간들에게 여러 가지 형태의 흔적이 되어 남아 있다는, 고고학자를 연상케 하는, 제인스의 주장은 베르그송에 이르면 아예 그런 세계에 대한 체험을 적극적으로 요구하는 설교자의 목소리처럼 나타난다. 후자에 의하면 직관을 부여잡고 강

---

195) 같은 책, 74(63)쪽에서 양자를 비교하고 있다.

화시키며 행동으로 승화시키려고 애쓰는 고귀한 영혼에게는, 절대적 능력의 존재가, 강철에 파고드는 불길처럼 스며들어 그의 전인격을 사랑의 화신으로 변화시켜 버리고 만다는 것이다. 불에 달아오른 강철덩이처럼 말이다.196) 그런데 이러한 베르그송의 직관과 동태적 종교의 신비적 체험들은 제인스의 신경학적 모델 어디쯤에서 일어날 수 있는 것일까? 만일 이들이 우리의 우뇌의 기능과 관련되어 있는 것들이라면(제인스의 논리대로라면 관련되어 있을 것이다.) 이러한 우뇌적 기능은 제인스가 말하는 대로 최면이나, 종교적 방언현상(glossolalia), 정신분열증 현상들처럼 양원성의 '흔적'을 입증하는 수준에 그치는 것이 아닐 것이다. 전인격의 변화를 겪는 베르그송의 '신비주의자들'은 제인스의 주장대로 전자와 같은 한낱 특정 집단의 '인지규범(cognitive imperative)'에 따른 '교육'의 효과일 뿐인가? 제인스가 주장하는 대로 인간의 양원성은 완전히 그리고 철저히 붕괴되어 버리고 만 것인가? 그리하여 베르그송의 '신비주의자들' 역시 최면이나 정신분열증이나 종교적 현상들처럼 단지 옛 양원성의 그림자요 흉내일 뿐인가?

결국 심리학자 제인스의 주장은 크게 보아 두 가지로 요약되는바, 그 하나는 인간에게는 양원적 정신구조가 주어져 있(었)다는 것이고 다른 하나는 역사과정에서 전자의 몰락과 함께 뒤이어 '의식'이 나타나게 되었다는 것이다. 이에 대한 철학 영역으로부터의 대답이 궁금해질 수밖에 없다. 심리학과 철학의 분리를 거부하는 앙리 베르그송이야말로 심리학자 제인스에 대한 '논평자'로 그럴싸해 보인다. 그는 전자에 대한 적극적 발전일 수도, 동시에 비판적 대안일 수도 있어 보이기 때문이다. 먼저 '의식'의 문제로부터 이야기를 시작해 보자.

---

196) 같은 책, 230(212)쪽.

2. 공간적 사유와 언어

앞서 언급한 바와 같이 '의식'과 '지성'은 각각 양원적 정신과 직관을 약화시키고 방해한다고 주장하는 제인스와 베르그송 양자는 이번에는 의식과 지성(이들의 관계는 차치하더라도)의 핵심적 본질에 언어와 분석적, 공간적 사유가 자리하고 있다는 일치된 주장을 내놓고 있다.

가. 제인스의 경우: '의식'

많은 논란을 불러일으키고 있는 제인스의 *의식의 기원*은 의식이 물질의 속성이라거나, 원형질의 속성이라거나, 경험, 학습, 추론, 판단의 다른 이름이라거나, 그런 것은 아예 존재하지 않는다거나 등등, 의식에 대한 잡다한 기존의 정의들을 거부하는 것으로부터 출발한다. 인간의 정신(또는 마음)을 다루는 제1권에서는 머리말에서 문제 제기했던 이러한 의식의 문제를 "의식은 …이 아니다."는 도전적인 접근으로 논쟁을 심화시켜 나간다. '의식'을 어떤 것에 정신을 집중하거나 또는 주의를 기울이고 있는 정신상태로 보는 그는 우리가 살아 있는 한 언제나 의식이 있는 것이라고 믿고 있는 우리에게 그것은 '의식'이 아니라고 주장하며 더 나아가 역사 초기의 옛 인류들은 역사의 장구한 세월 동안 이 '의식'을 갖지 않은 채 성공적으로 삶을 영위할 수 있었다고 주장한다. 인간은 정신의 다른 기능에 의해 살고 있었고 지금도 부분적으로는 그럴 수 있다는 것이다. 우리는 의식하지 않은 채로도, 마치 몽유병 환자가 그렇게 하듯이, 길 위에 놓여 있는 물건을 피해 돌아간다. 의식과 지각, 반응성(reactivity), 인식 (cognition) 등을 구별하고 있는 제인스는, 한 예로 의식보다는 반응성이 우리의 행동을 유발시키는 모든 자극들을 관장하는 정신기능이며, 이에 비해 의식은 훨씬 덜 편재적인 현상일 뿐이라고 주장한다. 우리는 우리가 반응하고 있는 것들에 대해 단지 이따금씩만 의식하고 있을 뿐이라는 것 이다. "당신을 보고 있는 나는 지금 당신을 의식하고 있지 않는가?"라고 묻는 반론자에게 그는 "당신이 지금 의식하고 있는 것은 내가 아니라 당 신의 논증일 것이다."라고 대답해 준다. 이로써, 그는 "적어도 나에 관한 한, 당신은 의식이 없다고 말할 수 있으며, 나에 대한 당신의 정신 기능은 '의식'이 아니라 '지각'일 것이다."고 말하려는 것이다. 제인스의 문제는 행동과학적으로나 신경학적으로 설명해 낼 수 있는 이들 정신기능들과는 달리 '의식'에 대해서는 그런 접근이 아직까지는 불가능하다는 점이다.

진정 '의식'의 본질은 무엇이며 그 기원은 어디에 있는가? 제인스가 문헌 적 고증으로 들고 나온 일리아드나 신경학적 논증을 위해 제시하고 있는 '두 벌 뇌(double brain)'이론도 이에 대한 답을 주려는 것은 아니었다. 이들의 진 정한 목적은 우리에게 양원적 정신구조가 있었다는 것이다. 제인스가 *일리아 드*를 통해서 보여 주려는 것은 급박한 행동결정을 위해 수많은 판단을 내려 야 했을 일리아드 전사들에 대한 묘사에서 의식에 상당하는 단어들이 전혀 나타나고 있지 않다는 놀라운 사실이며, *의식의 기원* 전반부의 관심은 두뇌 의 어느 곳에도 데카르트식 의식의 처소는 없으며, 두뇌 속에서 의식을 담당 할 어느 부위도 찾을 수 없다는 데 있다. 그가 도달한 결론은 두뇌에 관한 지식만을 통해서는 결코 두뇌가 의식을 담고 있는지를 알아낼 도리가 없다 는 것이다.[197) 그렇다면 우리는 어디에서 의식의 근거를 찾아야 하는가?

제인스에 의하면 의식은 언어에 근거한다. "의식이 모두 언어는 아니지

만 의식은 언어에 의해서 생성되고 언어에 의해서 접근된다."[198] 이때 중
요한 것이 언어의 은유기능이다. 그는 이 과정에서 4가지 새로운 용어들
을 주조해 내며 다소 복잡한 논증을 펼친다. 그는 '은유체(metaphier)'들의
단순한 연합을 석의체(釋義體, paraphier)라 하고 석의체의 대상이 된 것
을 피석의체(被釋義體, paraphrand)라고 부른다. 이때 후자(피석의체)는 원
래의 '피은유체(metaphrand)'들의 연합으로서 이 연합 과정에서 새로운
의미를 생성해 낸다. 언어는 이러한 은유과정들을 통해 성장해 가는 것이
다. 예를 들어 "그게 무엇이냐?" 또는 "그게 무슨 뜻이냐?"라는 질문에
우리는 그 경험이 독특한 것이어서 선뜻 대답하기가 쉽지 않을 때 "그것
은 … 같은 거야."라고 대답하게 된다. 새로운 어휘가 생성되는 순간인
것이다. 이때 인간은 모두가 서로 잘 알고 있는 자신들의 머리며, 손이며,
가슴이며… 등등 자신들의 신체를 은유체로 사용하며 "그것은 못의 머리
이지." "그분은 직장의 머리이셔."라고 말하며 이러한 작업을 수행한다.
신체감각으로 관찰될 수 없는 추상적 대상이나 이전에 경험한 적이 없는
것이 문제인 것이다. 그것들을 위한 개념들은 어떻게 창조되었을까? 그러
기 위해서 인간은 불가피하게 그것들을 자신의 마음속에서 '볼' 수 있지
않으면 안 된다. 마음의 '눈'으로 '보는' 것 또한 은유 작업일 수밖에 없
지 않는가? 눈으로 보려면 어딘가에 갖다 '놓지' 않으면 안 될 것이다.
'공간'이 필요한 것이다. 물론 마음속에서의 일이다. 제인스는 소위 우리
가 자신의 안을 들여다보고 '내성(introspect)'할 공간인 이 정신 안의 공
간이야말로 의식의 중요한 특징이자 의식의 필수적 기체(基體, necessary
substrate of consciousness)라고 주장한다.[199] 즉 의식은 이러한 언어 발달

---

197) Julian Jaynes, *The Origin of Consciousness,* 18쪽.
198) 같은 책, 449쪽.

과정에서, 은유에 의한 '정신 - 공간(mind - space)'의 창조와 함께, 최초로 그 모습을 나타내게 된 것이라는 말이다. 이러한 논증을 위해 그는 실제의 '나'의 은유인 유사 '나(analog 'I')'에 대해서 논하고, 그리고 그 유사 '나'가 수행하는 '이야기 엮기(narratization)' 등과 같은 중요한 개념들을 소개한다.

무엇보다도, 제인스에 의하면, 의식의 본질적인 속성의 하나는 시간을 공간화하는 은유이다. 이 공간화에 의하지 않고서는 인간은 아예 시간을 파악할 수도 없게 되어 있다. 이렇게 함으로써만 우리는 시간 속의 사건들을 그 공간 안에 배치할 수 있게 되며, 이것은 우리로 하여금 과거, 현재, 미래라는 감각을 갖게 하고, 그 안에서 '이야기를 엮어 낼' 수 있게 하는 것이다.[200] 이때 의식은 자신이 한결같이 주의 집중하지 않으며 이따금씩 다른 곳에 신경을 쓰다가 되돌아오기도 하며, 우리의 눈은 매초 20번씩이나 변하면서 대상에 반응하고 있음에도, 의식은 그 대상을 불변하는 대상으로 바라본다. 제인스는 이를 손전등의 착각으로 비유한다. 손전등은 자신이 방향을 옮겨 비추는 곳마다 자신의 빛이 있는 까닭에 모든 곳에 빛이 있으며 항상 있다고 여길 것이듯이, 의식 또한 시간 간격을 감지하지 못한 채 '연속성'이라는 환상을 우리에게 안겨 준다는 것이다. 그러나 실상은 의식이 이 모든 시간 간격들을 꿰매어 연결해 놓은 것이다. 여기에 그치는 것이 아니다. 의식은 이 작업과정에서 보고 들은 대로 회상하는 게 아니다. 그럴싸하고 합리적이 되도록 상상하며 객관적인 이야기가 되도록 재구성함으로써 이야기 엮기를 수행한다. 그러니까 실재의 시간 대신 맘속에 들여다볼 공간이라는 은유체를 통해, 그리고 이 공간들

---

199) 같은 책, 261쪽.
200) 같은 책, 250쪽.

만이 줄 수 있는 느낌과 뉘앙스를 통해 2차적인 의미군을 새롭게 조합해 내어 실재를 대신한다. 아니 제인스에 의하면 이것만이 인간이 실재를 파악할 수 있는 유일한 방법이다.

결국 '의식은 기능적 의미로만 존재하는 피석의체를 투사하는 구체적인 은유체들과 이들의 석의체들로부터 직조되어 나온다.'[201] 흰 눈을 눈으로만 보는 한, 우리는 그것을 지각할 뿐 결코 의식하는 것은 아니다. 눈 덮인 대지를 보며 대지가 담요를 덮고 자다가 기지개를 켜는 모습으로 그리고 담요 아래서의 아늑하고 포근함을 은유하고 석의하는 것과 같은 새로운 세계구성이 이루어질 때 '의식'이 만들어진 것이다. 실제의 물리적 행위적 세계를 파악하기 위한 방법으로서 인간이 주관 내 심적 공간 안에 고차적인 표상을 만들어 낼 때 '의식'이 출현한 것이다. 그리하여 제인스는 마치 비트겐슈타인(Wittgenstein)의 말이라도 연상시키려는 듯 이렇게 주장한다. "세계의 구조는, 비록 분명한 차이는 있을지라도, 의식의 구조 속에 반향되어 있다."[202]

의식의 속성에 관한 제인스의 이제까지의 논의를 요약하면 1. '의식'은 시간 속의 통시성을 공간적인 공시성으로 바꾸어서만, 다시 말해서 종적으로 발생한 것을 횡적으로 늘어놓음으로써만 파악하는 방식을 택한다.[203] 2. 의식은 손전등이 그렇듯이, 결단코 대상 전체를 '볼' 수 없다. 왜냐하면 특정 시간 속에 화석화(frozen)시켜 놓고 '발췌한(excerption)' 부분에 대해서만 주의 집중하기 때문이다(이 점은 양원성과 관련하여 작동하는 우뇌의 특징과 정확히 대비되는 대목이다.).[204] 3. 유사 '나'가 '행동'해 볼 수

---

201) 같은 책, 58쪽.

202) 같은 책, 59쪽.

203) 같은 책, 60쪽.

있고 그리하여 자신의 모습(auto scopic image)을 그려 볼 수 있는 곳은 의식 속에서뿐이다.[205] 4. 과학자가 자신은 진리 때문에 행동하는 것이고, 도둑이 자신은 빈곤 때문에 행동한 것이고 말하는 식으로, 의식은 언제나 주관의 행동에 대하여 '이야기를 꾸며 낼' 준비가 되어 있다.[206] 5. 의식은 비록 모호하게 지각된 것일지라도 이를 기존의 학습된 도식에 영합시키는 방식으로 사물을 구성한다.[207] 6. 마치 인류가 양적 세계에 대응하여 수의 세계를 고안해 내듯이, 실제 세계나 신체적 행위와 같은 객관적으로 관찰될 수 있는 세계에 근거해서 만들어 낸(실제 세계를 대신한) 공간적 유사물과 (신체적 행위를 대신한) 정신적 행위가 '의식'이다. 결론적으로 '의식'은 언어에 근거하여 고안해 낸 행위세계의 유사체이다.[208]

이처럼 '의식'의 기원을 찾는 과정에서 제인스는 인간의 원천적인 정신 체계가 양원성(Bicamerality)이었음을 발견하고 이와 함께 '의식'은, 인간의 출현과 함께 생물학적으로 주어져 있었던 게 아니라, 인류 역사의 한 특정 기점일 뿐인 양원적兩院的 정신구조의 소멸 시기와 연계되어 출현했을 것이라는 결론에 당도한다. 그는 심리학, 문학, 인류학, 철학 등 다양한 학문분야로부터 끌어낸 논거들을 유기적으로 연계시키면서 이러한 주장의 근거를 제시하려 하고 있다.

---

204) 같은 책, 62쪽.

205) 같은 책, 63쪽.

206) 같은 책, 64쪽.

207) 같은 책, 64 – 65쪽.

208) 같은 책, 66쪽.

나. 베르그송의 경우: '지성'

　의식일반에 관한 베르그송의 비판적 논의를 따라가기 전에 우선적으로
실재를 설명하는 그의 가설적 도구인 지속개념에 대해 언급해 두는 것이
좋을 듯하다. 의식일반의 한계가 바로 이것에 관련되어 있기 때문이다.
물론 양원성과 지속은 전혀 다른 별개의 관심영역들이다. 전자가 인간 정
신의 실재를 설명하는 도구로 쓰였다면 후자는 내적 외적 실재를 설명하
는 도구로 쓰이고 있다. 그리고 양원적 정신체계에 살던 사람들이 더 쉽
게 지속을 포착하는지의 여부도 알 수 없다. 제인스의 그들에 대한 묘사
는 그럴 것만 같은 개연성을 느끼게 하는 분위기를 자아내기는 한다. 그
럼에도 이 주제에 대한 구체적인 연구 없이 그렇다고 단정하는 것은 삼
가는 것이 마땅함은 물론이다. 본 연구에서의 저자의 관심이 이러한 것에
있지 않음은 물론이다. 저자의 관심은 앞에서 언급한 바와 같이 제인스의
'의식'과 베르그송의 의식일반이 가지는 공간적 표상의 한계와 이를 넘어
선 정신적 지평으로서의 양원적 정신체계 및 신비적 종교체험에 대한 양
인의 논의를 비교하려는 것이다. 베르그송에 의하면 실재의 본질은 곧 지
속이며, 지속은 일차적으로 시간과 관련된 개념이다. 공간과는 전혀 관계
가 없는 개념이다.209) 따라서 동질성과도 아무런 관련이 없는 개념이 된
다. 그러나 시간을 공간에서 파생된 것으로 보거나, 외면상 단순하게 보
이는 데 속아 시간을 여러 가지 의식상태가 전개되는 동질적 환경쯤으로
생각해 버리는 것들은, 순수의식 영역에 공간 개념이 투입된 후, '반성적

---

209) Henri Bergson, *Time and Free Will; an Essay on the Immediate Data of Consciousness* (Ontario:
　　General Publishing co., 2001), p.91. *시간과 자유의지*, 정석해 역(삼성출판사, 1988). 이하 영
　　어 번역은 괄호 안에 표기될 것임, 베르그송, *시간과 자유의지*, 87쪽.

의식에 눌어붙은 공간이라는 유령'210) 때문에 생긴 파급효과에 불과하다. 이렇게 볼 때 '동질적 시간'이라는 말은 의식이 외계의 여러 상태들을 외재화시킬 때 그것들을 별도로 제각기 존재하는 공간 안에 일렬로 병치하는 바로 그 공간에 불과한 것이다.211) 베르그송에 의하면 이러한 시간은 그 자체가 지속에서 떼어낸 시간이다. 시간을 폭파시켜 얻은 아무리 많은 순간들의 점들을 연결시킨다 해도 그것은 지속이 아니며 시간은 더더욱 아닌 것이다. 그러면 공간 개념이 일체 잠입하지 않은 순수 지속이란 무엇인가? 그것은 '자신의 현재 상태와 이전 상태를 분리하던 우리의 의식이 이를 중단한 채 자아로 하여금 마음대로 활동하도록 할 때의 그 의식의 흐름이 취하는 형태이다.'212) 그것은 우리의 내부에서 양의 증대가 아닌 질적 다양성으로, 완전한 이질성이되 내부에 명확히 구별되는 요소들을 가지지는 않는 것으로 나타나며, 우리의 외부에 있어서 지속은 현재요 동시성으로 나타난다. 변하는 외적 대상들의 순간들은 우리의 의식 속에서만 계속되기 때문이다.213) 베르그송은 지속을 설명하는 중에 설명의 어려움을 느낄 때마다 소리를, 정확하게는 음악을 예로 들고 나온다. 그리하여 현재와 과거가 합하여 하나의 유기적 전체가 되는 전자의 상태는 마치 한 멜로디의 여러 음들이 각기 차례차례로 나타날지라도, 우리는 이것들을 서로 간에 다른 음들 속에 녹아들어 있는 것으로 회상하여 하나의 총체로 파악하는 것과도 같다. 음악과 같은 이 총체는 살아 있는 존재로서, 그 존재의 여러 부분들이 분명히 구별되어 있을지라도 그들 간의

---

210) 같은 책, 92(99)쪽.

211) 같은 책, 106(121)쪽.

212) 같은 책, 93(100)쪽.

213) 같은 책, 167(226 - 227)쪽.

긴밀한 연대성으로 인해 역동적으로 상호 침투하여 서로를 외재화시키려는 어떤 성향도 없이 (리듬에 의해) 전체를 조직하며 끝없는 질적 변화를 이루어 내는 연쇄인 것이다.

그러면 우리는 언제 어떻게 이러한 지속을 체험할 수 있는 것일까? 베르그송에 의하면 지속을 기호적으로 표상하려는 의식 작업을 중단하면 우리는 언제든 (동질적인 매체나 측정 가능한 양이라는 생각에서 완전히 벗어나) 순수 지속의 이미지를 얻게 될 것이라고 한다.214) 마치 제인스가 '의식'의 작업을 제한하는 꿈속에서 우리는 양원성의 흔적을 체험한다고 주장하는 것처럼 말이다. 그것은 왜 그럴까? 이제 의식일반에 대한 베르그송의 논의를 들어 보자.

베르그송은 제인스가 말하는 실제세계를 대신한 공간적 유사물과, 신체적 행위를 대신한 정신적 행위를 만들어 내는 의식의 작업을 보다 세분하여 설명하고 있다. 따라서 이러한 작업에 대한 평가 또한 제인스와는 다르다. 제인스에 의하면 우리가 의식을 사용하여 작업하고 있는 한, 우리는 사전에 정신 - 공간을 필요로 한다. 이 은유적 공간 내에서의 작업이 곧 의식 행위의 핵심이기도 하다. 그에게 이것은 피치 못할 당연한 현상으로 받아들여진다. 그러나 베르그송은 그의 박사학위 논문으로 알려진 초기 저작 *시간과 자유의지*에서 이 문제를 정면으로 지적하고 나선다. 그의 서문은 이렇게 시작되고 있다. "어떤 철학적 문제들이 제기하고 있는 난감한 문제들은 전혀 공간을 점유하고 있지 않은 현상들을 공간 속에 병치並置시키려는 완강한 고집에 기인하는 것이 아닐까."215) 그에 의

---

214) 같은 책, 96(105)쪽.
215) 같은 책, 35(X).

하면 우리는 불행하게도 전혀 공간을 점유하고 있지 않는 내적 현상들조차도, 불연속과 분명한 구별을 요구하는 언어 때문에(그리고 언어를 통해), 공간 속에 병치시키려 한다는 것이며, 그 결과는 시간개념인(지속적) 실재에조차 공간개념을 도입함으로 직관을 방해하는 것으로 나타난다는 것이다. 여기에서 의식의 한계에 대해서 베르그송이 언급하고 있는 핵심 문제들 즉 의식과 공간화, 의식과 언어 등의 문제들에 대한 그의 논의를 차례로 따라가 보는 과정에서 제인스와의 차별화가 드러날 수 있었으면 한다.

정신 – 공간 내에서 유사 '나'에 의해 펼쳐진다는 '의식' 작업에 관한 제인스의 설명은 베르그송에 의해서도 정신일반의 범주 내에서 수용될 법한 주장이다. 왜냐하면 베르그송에 의하면 '의식'의 속성이던 공간성은 그 외연을 넘어 직관과 구별되는 정신일반의 속성이기도 하기 때문이다. 베르그송 역시 인간의 지성이 포착해 낸 공간이라는 실재 때문에 우리는 선명한 구별이 가능했고, 셀 수 있고, 추상할 수 있고(아마도) 말할 수 있게 된 것일 게라고 주장한다.216) 그러나 베르그송은 이러한 공간적 사유에 따르는 본질적인 오류를 감각, 감정, 정열, 노력 등 의식의 여러 형태에 대해서까지 크기를 운운하는 의식작업을 통해 지적한다. 그에 의하면 이러한 순수한 내적 상태들에 대해 크기를 말하는 것은 오류이며 이는 의식의 공간적 사유에 의한 것이다. 우리는 "더 덥다." "더 슬프다."고 말하는 등, 동종 감각이나 감정 등에 대해 크기를 비교하기 일쑤이다. 이러한 오류는 어떤 과정을 거쳐서 발생하는 것일까? 의식작업의 정당성과 그 철학적 효

---

216) 같은 책, 91(97)쪽.

과를 점검하기 위하여 베르그송은 이들 심리상태의 강도强度의 문제를 집중적으로 분석한다. 그에게 이들의 강도는 실은 다른 신체부위로의 근육동작의 장일 뿐이다. 가령 우리가 두 입술을 점점 더 강하게 다물 때 우리는 동일 감각이 점차 강해지는 것으로 의식하게 된다. 그러나 베르그송에 의하면 "잘 생각해 보면, 그 감각은 본래처럼 동일한 상태로 있으나 근육이 얼굴과 머리로부터 점차 신체의 모든 부분에까지 퍼져 이 작용에 참가하고 있음을 깨닫게 될 것이다."[217] 우리는 쥐어지는 입술만을 생각하고 있었기 때문에 착각에 빠지게 되었고, 그곳에 소모된 정신적 힘은 전혀 확장된 바가 없음에도 다른 신체부위로 확장되는 근육긴장을 입술부위의 감각의 증대로 느끼게 된 것이라는 것이다. 우리는 발성 시 아래에서 위로의 숨길의 운동경로에 대한 지각과, 무거운 음은 가슴에서, 날카로운 음은 머리에서 공명하는 듯한 지각 탓에 전혀 다른 질의 소리들을 "더 높은 소리와 더 낮은 소리"라고 말하게 된다는 것이다. 이러한 '환상'은 과학적 상식에 의해서 강화되기도 한다고 주장하는 베르그송은 베인(Alexander Bain), 분트(Wilhelm Max Wundt) 등이 우리의 의식은 신경적 힘의 방출을 자각한다고 주장하는 것을 비판한다. 중풍환자들이 다리를 들어 올리려고 애를 쓸 때 다리는 움직여지지 않고 그대로 있음에도 그들은 다리를 들어 올리려 할 때 드는 힘을 매우 분명하게 감각하고 있다는 그들의 예시는 그릇된 것이다. 왜냐하면 그 환자들은 그때 실제로는 다른 신체 부위의 동작을 취하는 데 힘을 쓰고 있기 때문이다. 마치 반신불수 환자에게 마비된 주먹을 쥐도록 요구할 때 무의식중에 다른 건강한 주먹을 대신 쥐는 것처럼. 사용된 정신상태 또는 정신적 힘은 확장되지 않는

217) 같은 책, 49(25)쪽.

다. 우리의 노력을 배가한다 해도 감각은 동일한 채로 있다. 다만 신체적 노력이 배가될 때 근육운동이 신체 전체로 또는 다른 부위로 확장되는 것을 특정 부분의 감각 증대로 느끼어 '더 큰 감각'이라는 환상에 빠지게 된다는 것이다. 우리의 촉감각들도 확장되지 않으며, 간지럼, 접촉감, 압박감, 통증 등등 제각기 다른 별개의 감각들이 있을 뿐이다. 그러나 우리는 여러 가지 이유(과거의 경험, 신체부위에로 확대되는 긴장, 자신이 그 부위에 가하고 있는 힘 등)에 속아 이를 일련의 양적 감각 계열로 해석하여 크기순으로 줄 세워 버린다. 이처럼 외적 원인들(예를 들어 가하는 힘의 크기, 광원의 수)을 도입하지 않는다면 강도로 표시되는 표상감각들은 별개의 질들이라는 것이다. 이처럼 질을 양으로 혼동하면 그것은 우리의 심리적 상태의 일부에 침범하게 되고 우리의 지속개념에 공간을 도입하게 됨으로써 외적 변화와 내적 변화에 대한 그리고 운동에 대한 우리의 느낌을 근원에서부터 부패시킨다는 것이 베르그송의 결론이다.[218]

비록 결과론적이고 간접적인 방식에 의한 것이긴 하나 제인스에게 있어 양원적 사고의 소멸에 '의식'을 생성시킨 언어가 개입했던 것처럼, 베르그송에게서도 언어는 부정적으로 파악된다. 그에게 있어서 언어는 실재의 본질적인 모습인 지속을 왜곡시킨다. 그에 의하면 막연하고 무한히 동적인 속성을 지닌 지속은 원칙적으로 언어적 표현이 불가한 것이다. 그것을 언어로 표현하기 위해서 우리는 운동성을 고정시켜 공통의 영역 속에

---

218) 같은 책, 76(74)쪽. 베르그송은 감각이나 감정, 노력들을 크기로 지각하는 또 다른 이유는 특정 감각(예를 들면 쾌감)을 맛보는 동안 다른 감각들을 거부하고 그것에만 몰입하는 신체기관의 타성적 힘 때문이라고도 설명하는데(*시간과 자유의지*, 38쪽), 이 또한 한 점 위에 존재하면서 동시에 다른 점 위에 존재할 수 없음을 보게 하는 의식의 공간적 사유에서는 불가피한 현상일 수밖에 없다. 베르그송은 때로 강한 감각(예를 들면 대포 소리)이 우리에게 침입하여 강제적으로 우리를 흡수해 버리게 되면 우리는 '그것에서 벗어나 우리 자신으로 남아 있기 위해 전력을 기울이는 우리의 노력에 비례하여' 그 감각을 크게 느낀다고 말하기도 한다.

집어넣지 않으면 안 된다. 베르그송에 의하면 우리는 본능적으로 우리의 인상을 고체화하여 언어로 표현하려고 하는 경향을 가지고 있다. 그리하여 대상에 대해서 느끼는 우리의 인상이 매일 다름에도 영원히 변천하는 감정 자체를 그것의 항구적인 외적 대상이나 그것을 표현하는 말과 혼동하게 된다.219) 반성적 기능의 의식 역시(예를 들어 감각의 강도의 증가를 확인하기 위하여) 언제나 말에 의해 명확히 구별하는 것을 선호하며, 따라서 공간 내에서 지각되는 것과 같은 명확한 윤곽을 가진 대상을 좋아한다. 그런고로 움직이는 표상이나 질적 변화나 복합성의 변화와 같은 것은 간과되고 고정된 표상으로 대체된다. 사실 '내면의 감정이나 표면적 노력에 일어나는 복합성의 증가는 단지 모호한 채로 지각될 뿐이다. 그럼에도 의식은 이것을 공간적으로 사고하고 이를 언어로 전환해 버리는 일에 익숙해 있어서 단 한 마디 말로 감정을 표시해 버리고 유용한 결과를 낳는 곳에서만 노력을 확인한다.'220) 내면의 깊은 감정조차도 이 과정에서(복합성의 증가가 아닌) 강도의 증가로 지각되는 것이다. 그러나 분석하여 말로 표현되는 순간 변화 중에 지속해 오던 우리의 감정은 활기와 본연의 색채를 잃고 다만 그림자만 보여 줄 뿐이다. 언어로 지각하는 한, 우리는 우리의 인상 속에 축적되는 몰개성적이고 안정적이며 공통적인 것들로 인해 실재의 모습을 잃게 된다. 언어에 의해 우리의 직접적 의식은 그렇게 파멸된다는 것이다. 그리하여 베르그송은 언어라는 틀을 깨고 공간이라는 강박관념에서 벗어나 자연상태에서의 변화하는 관념 그 자체를 포착할 때 우리 자신을 놀라움으로 체험케 될 것이라고 말한다.221)

---

219) 같은 책, 110(129 – 130)쪽.

220) 같은 책, 50(26)쪽.

221) 같은 책, 112(134)쪽. 제인스와 베르그송 양인의 언어관은 이처럼 초월적 현상에 관한 한, 부

수數에 관하여 제인스와 베르그송은 거의 일치된 견해를 가지고 있다. 제인스가 수를 실제의 사물을 대신하는 의식의 산물로 규정했듯이, 베르그송에게 있어서도 수는 그의 지속 개념을 논하는 데 있어 우선적으로 구별되는 개념이다. 지속을 파악하는 직관과는 대비되는 정신기능의 소산이기 때문이다. 우리가 개체적 차이를 무시하고 공통적 기능만을 고려하기로 하여 "양 50마리"라고 셀 때, 우리는 모든 양을 동일한 이미지 속에 포함시켜 관념상의 공간에 늘어놓게 된다. 베르그송은 공간에 늘어놓는 게 아니라 양 한 마리의 같은 이미지를 지속 가운데의 계열이 되도록 되풀이할 수 있지 않으냐고 반문한다고 해도 소용없는 일이라고 주장한다. 공간 속의 점이 아니라 시간 속을 흐르는 지속의 여러 순간들을 세는 것이라 해도 소용없다. 물론 우리는 공간 독립적으로 시간의 순간들을 상상할 수 있을지 모르겠다. 그러나 지속 가운데에서 50에 이르기까지 더하기를 하고 있는 한, 즉 현재의 순간에 선행한 순간을 첨가하고 있는 한, 우리는 한 항이 다음 항에 옮겨가 더해질 때까지 다음 항을 어딘가에 고정시키지 않으면 안 된다. '본의 아니게 우리는 우리가 세는 각각의 순간을 공간의 한 점에 고정시킨다. 추상적 단위들이 총계를 이룰 수 있는 것은 오직 그러한 조건하에서뿐이다.'222) 무엇보다도 지속의 순간들은 사라져 없어지므로 선행했던 순간들을 첨가하기 위해서는 그 순간들이 (공간을) 통과하면서 그곳에 남길 것으로 생각되는 지속적 흔적을 만들어 내지 않으면 안 되는 것이다. 그리하여 베르그송은 "수에 관한 모든 관념은 그것이 아무리 분명한

정적이다. 전술한 바와 같이 양인에게 있어 언어는 각각 '의식'과 '지성' 같은 인식기능과 연관되어 있고 이들은 양원적 정신기능이나 직관을 방해한다고 주장한다. 그러나 이러한 언어관은 반립적 이중구조를 이루고 있는 언어의 상－하부구조를 간과한 편협한 것으로 보인다. 이러한 언어의 다양한 의미와 반립적 구조에 대해서는 제6장과 제8장에서 다시 다루기로 하자.
222) 같은 책, 81(79)쪽.

것일지라도 공간 속의 시각적 이미지를 포함하고 있다.”[223)고 결론짓는다. 이것이 그러한 이유는(제임스의 ‘의식’만 그런 것이 아니라) 우리의 정신기능 고유의 속성은 주어진 공간의 여러 부분들에 연쇄적으로 주의를 집중하는 나뉘지 않는 과정이기 때문이다. 이런 의미에서 정신과 공간은 불가분의 관계여서 정신은 공간이 없이는 아예 수를 만들어 내지 못한다. ‘공간은 정신이 수를 구성하는 질료이자, 정신이 수를 배치할 매체적 처소이다.’[224]

이처럼 수는 처음부터 공간에 병치함으로써 표상되기로 되어 있다. 이것은 공간적 위치를 점하고 있는 물질적 대상에 대해서는 말할 나위가 없으나 시각이나 촉각의 대상이 아닌 청각적 대상에 대해서나 영혼의 순수한 정적 상태에 대해서는 어떻게 되는 것인지 문제가 될 수 있다. 베르그송에 의하면 물질을 세기 위해 공간에 병치시킨다는 것은 그것들의 비관통성을 전제로 한다. 만약 그것들이 속이 비어 한 물질의 분자들이 다른 물질 속으로 들어갈 수 있다면 병치하여 합계할 필요가 없을 것이다. 그러나 감정이나 관념 등 의식적 사실들 혹은 영혼의 순수한 정적 상태들은 본질적으로 상호침투가 가능하다. 그런고로 그것들은 공간적 표상을 통하지 않고는 셀 수 없게 된다. 그러나 이러한 공간을 통한 기호적 표상은 또한 내적 지각의 정상적 상태를 변형시킬 수밖에 없게 된다. 베르그송에 의하면 청각의 경우에도 발자국 소리나 종소리처럼 소리를 내는 원인이 공간을 점하고 있는 것일 경우 우리는 걷고 있는 사람의 발 위치에, 또는 종이 왔다 갔다 하는 관념상의 위치에, 그 소리들을 정렬해 놓고 세는 것이기 때문에 순수 지속 속에서 소리를 대하고 있는 것이 아니다. 소리를 세고 있다는 것은 지속으로서의 소리에서 질을 사상해 버린 채 그

---

223) 같은 곳.

224) 같은 책, 84(84)쪽.

것을 소리가 통과한 동질적 흔적들로 분리하여 세고 있는 것이 된다. 계속적으로 들려오는 소리를 세거나 합계를 내는 것은 오직 분리에 의해서이며 이때 분리가 행해지고 분리된 소리들 사이에 간격을 만들고 그 간격들이 따라 흐르지 않게 하려면 이들을 공간에 고정시키지 않으면 안 된다. 그러나 시간이 그렇듯이, 시간에 실려 존재하는 소리는 원칙적으로 다른 소리에 첨가되기 위해 기다리게 할 수 있는 게 아니다. 우리가 할 수 있는 일은 연속적으로 들려오는 감각들 하나하나의 질적 인상들을 모아 다른 것들과 함께 하나의 소리군을 편성하고 우리가 알고 있는 어떤 곡조나 리듬을 떠올리게 하는 것이다. 이것은, 베르그송에 의하면, 동질적인 공허한 수로서의 소리를 세는 것과는 전혀 다른 것이다.[225]

이런 까닭에 제인스의 '의식'이든 베르그송의 의식이든 이것들이 시간의 공간화를 그 주요 특성으로 하는 한, 이것으로(외적 실재이든 정신적 실재이든) 실재를 파악하려 한다면, 그것은 불가피하게 왜곡되어 나타나거나 아예 불가능해질 것이 분명하다. 그런고로 베르그송은 실재의 파악은 (협의의 '의식'을 포함한) 의식 이외의 정신체계 즉 직관에 의해서만 가능하다고 말하는 것일 게다. 왜냐하면 실재의 다양성은 공간이나 수와는 아무런 관계가 없기 때문에 아무리 그 자체로 돌아가 명료한 사고로 몰두한다 할지라도 일반적 의미의 언어로는 표현될 수 없는 것이기 때문이다.[226] '연속성'에 대한 제인스의 비판에 대해서도 마찬가지이다. 앞서 언급한 바와 같이 제인스는 학문적으로 확고한 근거로 주장되고 요구되어 온 '연속성'에 대하여 회의적이다. 그에 의하면 그것은 의식의 산물이기 때문이다. 의식이 시간을 공간화하고 시간적 간격들을 꿰매어 '연속

성'이라는 환상을 만들어 낸다는 것이다. 그러나 이로써 이 연속성과 무관할 수 없는 베르그송의 철학적 출발점인 지속성도 환상에 불과한 것이 되는가? 제임스가 '연속성'을 거부하는 이유는 그것이 의식이 말하는 연속성이기 때문이다. 그런 의미에서는 옳게 본 것이다. 그러나 의식으로는 아예 파악할 수 없게 되어 있는 '지속성'이라고 말하는 베르그송에 대해서도 그는 같은 주장을 되풀이할 수 있는 것일까? 제임스의 연속성에 대한 비판은 오히려 그의 파악이 직관이 아닌 의식에 의한 것이기 때문은 아닌가? 제임스의 말대로라고 할지라도 사실상 의식이 파악하지 못하고 있는 사이에 흐르고 있는 의식과 의식 사이의 시간적 간격들 중에도 시간은 지속적으로 흐르고 있으며 실재는 듬성듬성 의식 자신이 자의적으로 주의 집중하는 것과는 독립적으로, 지속되고 있는 것일 게다. 우리가 의식에 의존하는 한 우리는 이러한 시간적 간격들을 파악할 수 없다는 것, 즉 시간에 즉한(지속적) 실재를 '볼' 수 없다는 것이다. 이를 위해 필요한 것이 직관이라는 또 다른 정신기능이라는 것이 베르그송의 주장이 아닌가.

이제까지의(직관과 구별되는 의미에서의 정신일반을 의미하는) 의식에 관한 베르그송의 분석은 일관되게 한 가지 관점 즉 의식이 파악하지 못하는 시간성과 지속성의 배후에 깔려 있는 전체적으로 파악된 운동성으로 모인다. 의식이 말하는 공간 속에서의 크기가 아니라 실은 (신체적) 운동에 관련된 것들이라는 것이었다. '더 큰 감각'이 아니라 확대되는 근육의 긴장이었으며, '더 높은 소리'가 아니라 숨길의 운동경로에 의한 암시였으며, 공간적으로 파악된 부분들을 짜 맞추는 게 아니라 지속이었다. 실재를 연상케 하는 들리는 소리는 실은 몸 전체의 운동을 통한 발성으로서 전체로서의 리듬이자 멜로디였다. 이 운동성에 대한 왜곡이 의식이 범하고 있는 치명적인 오류였던 것이다. 의식에 대한 베르그송의 이러한 주장은 자신이 선택한 부분 부분만을 '바라보고는' 이것들이 마치 하나로 연결된 양 착각하고 이를 유사 '나'에 의해 이야기로 엮어 내는 제인스의 '의식'의 작업과 일치하고 있음은 물론이다. 또 한 가지 다른 면에서도 양인은 일치하는 듯한데 그것은 제인스와 베르그송 양인은 각각 '의식'과 '지성'에 의한 사유의 한계를 인정한다는 점이다. 그리고 '의식'이든 '지성'이든 인간의 이성적 이해로는 접근이 불가능한 신비현상의 존재를 적극적으로 인정한다. 그러나 양인의 일치는 여기에서 멈춘다. 이에 대한 양인의 접근이 사뭇 다르기 때문이다. 시종 신경학적 모델에 의해 이를 설명하려는 제인스와 특유의 2원론에 의한 심리–철학적 모델에 의해 이를 해명하려는 베르그송은 좋은 대비를 이룬다. 인류의 삶 속에 심심치 않게 등장한(베르그송의 신비주의자를 포함한) 신비현상 일반에 대한 제인스의 기본적인 입장은, 신비현상의 근원으로 여기는 양원성의 상실에 대한 노스탤지어가 인류의 모든 학문적 탐구의 원초적 근원이 되었다고 평가하는 그의 긍정적인(?) 결론을 자조적으로 비아냥거리는 것으로 들리게 하기에 족할 만큼 냉소적이다.[227] 이에 비해 베르그송의 입장은 정반

---

227) 이 점은 제인스를 소개하는 대목에서 빠뜨릴 수 없는 그의 중요한 주장인 듯하여 여기서 그의 주장의 요지를 소개해야 할 듯하다. 제인스가 종교에 대해 각별한 관심을 가지는 보다 심각한 이유는 실은 소위 과학적 행위들 자체가 근본적으로 종교와 관련되어 있다는 점이다. 과학혁명의 강한 동기가 숨겨진 신성에 대한 지속적인 탐구였다는 것이다. 그에 의하면 과학적 탐구 자체가 양원적 정신이 와해된 직접적 결과였다. 물리학, 심리학과 생물학의 토대를 만든 사람들은 모두 17세기 말엽의 영국 프로테스탄트들로 지극히 경건한 사람들이었다. 그에 의하면 현대과학도 종교적 형식을 갖고 있다. 예를 들어 그가 과학주의라 부르는 것 역시 이 시대에 과학과 종교가 분리되면서 남은 공허를 채우기 위해 급격히 신앙적 신조로 굳어진 과학적 신화이다. 그에 의하면 현대과학 역시 그것이 대신하려 하는 종교가 했던 것과 똑같은 특징들을 갖고 있다. 모든 것을 설명하는 합리적 우수성, 카리스마를 가진 지도자와 두드러져 비판받지 않는 지도자의 계승, 과학적 비판의 외곽에 있는 경전 같은 일련의 텍스트들, 특정한 사고방식과 해석방식, 그리고 완전한 헌신의 요구 등등. 이에 대한 보상으로 추종자들은 한때 종교가 주었던 것을 두루 받는다. 세계관, 중요성의 위계체계, 그가 무엇을 하고 생각할지를 알려

대의 길을 걷는다. 베르그송에게 있어 신비가의 '신비현상'은 결코 몰락한 정신의 잔영적 증세는 아닐 것이다. 그가 말하는 그 현상의 중심에 있는 신비가의 인격은 인간이 이룰 최고의 덕이자 삶의 목적인 듯이 들린다.

3. 제인스의 '양원적 정신체계'

이제 제인스가 '의식'에 대립시켜 제기하고 있는 핵심 개념인 양원적 정신체계에 관한 요지를 마저 들어 보기로 하자. 역사적, 고고학적, 문화적 접근을 시도하는 제인스의 *의식의 기원* 제2권의 관심 주제는 양원성과 신(들)이다. 그에 의하면 양원시대의 인류들은 신(들)의 소리를 들었다. 그들은 중요한 순간마다 들려오는 그 소리에 의해 어떻게 행동해야 할지를 결정했다. 고대 그리스민족의 *일리아드*에 나오는 전사들이 그랬고 히브리 민족의 성서에 나오는 선지자들이 그랬다. 앞에서 양원성에 대한 자신의 신경학적 주장을 고대의 문학적 문헌을 통해 고증하던 제인스는 이번에는 양원적 인류들이 살던 고대 문명의 현장들을 찾아다니며 돌기둥에 적힌 양각 음각의 글줄들과 그림들을 살피고 온갖 종류의 신상들을 조사하며 허물어진 사원들을 연구한다. 신(들)의 족적을 보기 위해서다.

<hr>

줄 복점 치는 장소, 요컨대 인간에 대한 총체적 설명을 제공받는다(원문 441쪽). 요컨대 과학이 자신은 사실에 근거하고 있다고 주장할지라도 근원에 있어 의사-종교의 발흥과 크게 다를 바가 없다는 것이다. 제인스는 자신의 학문적 연구를 포함하여 모든 과학행위에 대해 이렇게 일갈하며 방대한 글을 끝맺는다. "양원적 정신구조의 폐허 속에서 행동 방향을 결정하기 위해 점을 쳤던 일이 이제는 사실이라는 신화들 속에서 확실성이라는 순진무구를 추구하는 일로 바뀌었을 뿐이다." 제인스, *의식의 기원*, 446쪽.

　제인스에 의하면 신(들)은 거의 언제나 양원적 인류들에게 목소리로 찾아왔다. 그러나 두뇌에 대한 신경학적 연구를 마친 제인스에 의하면, 신의 목소리는 인간들이 블록 맞추기 할 때처럼 부분들을 하나의 패턴으로 만들거나 멜로디의 패턴을 만들어 내는 것과 같은 종합적 작업을 수행하는 '우반구 기능이 언어적으로 암호화되어 나타난 것이다(right hemisphere function...was coded linguistically in the voices of gods…).'228) 이러한 우반구 활동이 활발하던 양원시대에 어떤 사람의, 특히 왕과 같은 권위적 인물의 죽음은 그들의 육체적 죽음을 의미하는 게 아니었다. 무슨 말인가 하면, 그들의 소리가 그들 사후에도 계속해서 들리고 있는 한, 그들은 죽은 게 아니고 산 자들과 더불어 살고 있는 것이다. 제인스는 이러한 현상을 입증하고 있다고 추론되는 수많은 사례들을 연달아 제시하고 있다. 사정이 이러하고 보면 죽은 자들이 '살고 있는' 무덤 형식이 다르게 나타날 수밖에 없다. 망자들을 마치 살아 있는 듯이 매장하는 방식은 거의 모든 고대 문화에 공통적으로 나타나고 있음을 제인스는 발견한다. 망자들이 먹을 음식, 마실 물, 사용할 집기, 가구 등등이 그들과 함께 묻힌다. 이런 것들이 메소포타미아와 올멕과 마야와 고대 중국과 이집트 등지의 무덤에서 흔하게 발견되고, 망자에게 '넣어 드려야 할' 이런 물품명세서들이 장례절차에 관한 문헌에서 발견된다면 양원시대의 사람들에게 있어 죽은 자들은 죽은 것이 아니다. 결론적으로 고대에서 이런 관습이 보편적으로 지켜지게 했던 것은 권위의 망자들이 여전히 산 자들의 환청을 통해 명령하고 있기 때문이라는 것이다. 이 명령하고 있는 권위적 망자들이 곧 신이다.229) 그들은 "그가 죽었다."고 말하는 대신 "그는 신이 되었다."고

---

228) 제인스, 같은 책, 240쪽.
229) 같은 책, 161쪽.

말했다. 이러한 개념은 심지어 의식의 시대에 들어서도 전수되는 플라톤조차 *국가(Republic)*에서 죽은 영웅들은 죽은 후에도 인간들에게 할 일을 지시하는 신이 된다고 말한다.[230] 신들의 근원은 죽은 인간들이며 그들이 환각적 목소리의 주인공들이 된다. 그러나 여러 가지 원인에 의해 더 이상 신들의 목소리가 들리지 않게 되자 신의 입을 열기 위해 그들은 신상의 입을 씻어 주는 의식을 거행하는 등 애를 태운다.

제인스에 의하면 홍수나 화산 폭발과 같은 자연적 재앙, 사회적 복잡성의 증가, 이민족 간의 교역, 그리고 문자 쓰기의 도입 등에 의해 신-인 관계가 느슨해지고[231] 그런 사회적 혼돈 상황에서는 살아 있는 인간들에게 이래라 저래라 명하는 신의 소리가 지상에서 더 이상 들리지 않게 되자 전술했던 '의식'이 대안으로 생성되었다는 것이 제인스의 추론이다. 그는 역사적 추론을 통해서 '의식'의 발생 이유를 몇 가지로 설명한다. 문자 쓰기의 시작과 함께 듣는 일의 중요성이 감소되었고, 환각적 통제는 태생적으로 무너지기 쉬운 것이었으며, 역사적 대격변기의 혼돈 속에서 신(들)의 말이 먹혀들지 않았을 것이며, 유입된 타민족들의 차이점을 관찰할 때 자기 내부의 주관적인 원인들을 적용하기 시작했을 것이며, 서사시로부터 이야기를 엮어 내는 능력이 개발되기 시작했고, 타인을 속이고 사기 치는 머리가 생겨나고, 자연 선택이 작용되었을 것이라는 등의 이유가 제시된다. 이것은 달리 말하면 신의 소리가 더 이상 들리지 않게 된 이유가 되기도 할 것인바, 한 가지 흥미로운 사실은 이처럼 '의식'이 생겨나기 이전의 인류의 심성에 관한 제인스의 견해이다. 제인스의 주장은 실제로 신(god이든 God이든)의 부재(신의 등 돌림)를 초래한 원인이 인간 자

---

230) 같은 책, 164쪽.
231) 같은 책, 208쪽.

신들의 죄악성이라고 믿는 오늘날의 많은 종교적 인사들의 생각과는 사뭇 다른 점이다. 이러한 요인은 위에 열거한 것 어디에도 포함되어 있지 않다. 제인스에 의하면 오히려 인간들의 정치적 윤리적 삶이 잔악해진 것은 양원성이 파괴되고 신의 소리가 들리지 않게 된 결과이다. 그에 의하면 양원시대 당시에는 어떤 사적인 야심도, 탐욕도, 갈등도, 포악성도 없었다고 한다. 왜냐하면 양원적 인간들은 눈앞에 마주하고 있는 이방족에게 대하는 것과 같이 다른 마음으로, 즉 사적으로, 존재할 내적 '공간'도 그런 공간에 있을 유사 '나'도 없었기 때문이라는 것이다. 당시의 사람들은 오늘날의 우리보다 더 평화스러웠고 친절한 인간 종이었다고 주장한다.[232]

제인스는 현대세계에서의 양원정신의 흔적을 논하는 제3권에서 현대인들에게서도 관찰될 수 있는 정신분열증, 최면 등과 같은 정신현상을 다룬다. 이런 현상들에 대한 수많은 이론들이 이 현상들을 근원적으로 설명해내는 데 적절하지 못하다고 하면서 제인스는 자신의 양원적 정신체계 이론이 훨씬 나은 설명력을 가진 것이라고 주장한다. 이런 논의의 기저에는 여전히 1권에서의 '두벌 두뇌'로 표현되는 신경학적 모델이 존재한다. 예를 들어 제인스는 우선 환청을 듣는 점에 있어 고대 양원적 인간들과 오늘의 정신분열증 환자가 비슷하다고 주장함으로써, 인간에게 양원적 정신체계가 본래적 모습이었으리라는 자신의 가설을 뒷받침하려 한다. 한 발더 나아가 그는 정신분열증 환자들이 환청을 들을 때 우뇌를 이용하고 있다고 주장한다. 이 사실은 최근 양자방출을 이용한 뇌의 포도당 측정법에 의해 환자가 환청을 들을 때 우뇌에 포도당 양이 많아지는 것을 통해

---

232) 같은 책, 205쪽.

서 입증되었다고 보고한다. 이로써 양원정신체계는 우뇌를 설명적 매개물로 하여 오늘날의 특정 정신 현상적 사례에 잇대어져 있는 것이 밝혀진 셈이다. 좌뇌와 우뇌 자체가 곧 양원적 정신은 아니지만, 이것이 후자에 대한 오늘날의 신경학적 모델이 된다는 것이다.[233]

제인스는 2권에서의 관심 영역이었던 양원성과 종교적 신(들)의 문제가 3권에서의 정신병과 어떤 관련성을 갖고 있는가에 대해서 언급한다. 그는 "결코 정신병적으로 재조직된 정신의 신경체계 속에 어떤 태생적 태양숭배나 신들이 (설정)되어 있다고 생각하지는 않는다."[234]고 말함으로써 양자 간의 연관성을 부인한다. 양자 간에 때때로 환각이라는 공통의 현상이 등장하기는 하지만 원칙적으로 그것은 교육과, 종교적 역사에 대한 친숙함 때문이라고 설명한다. 그에 의하면 두뇌 속에는 바로 그러한 환각이 존재하기 위한 '소질 구조들(aptic structures)'이 있으며, 이 구조들은 발전하여 일반적인 종교적 특성을 결정하고, 이들 소질 구조 배후의 패러다임은 인류의 초기 문명화 과정에서 자연적 또는 인간적 선택에 의해 두뇌 구조로 진화되었으며, 많은 정신분열증의 경우 이 소질 구조들은 비정상적인 생화학적 작용에 의해 자신들의 정상적인 억제에서 풀려나게 되고, 독특한 경험으로 개별화된다고 정리하고 있다.[235]

마지막으로 제인스는 현대의 종교현상을 양원정신체계의 증거로 든다. 그는 종교적 유산이야말로 이전의 정신체계로부터 물려받은 것 중에 가장 명백하고 중요한 것이라고 주장한다. 이 사실을 인정하기를 거북해하는 소위 '과학적 마인드'를 가진 자들은 합리주의적 물질주의적 과학이

---

233) 같은 책, 456쪽.
234) 같은 책, 416쪽.
235) 같은 책, 416－417쪽.

암시해 온 모든 것에도 불구하고, 인류는 무엇인가 인간보다 더 위대한 다른 존재와 관계 맺기를 포기한 적이 없었다는 사실과 이 현상들이 '좌뇌의 범주 너머에 있는 세력들이나 예지적 존재들에 대한 어떤 두려운 신비(mysterium tremendum)'[236)와 관련되어 있음을 기억해야 할 것이라고 말한다. 이것은 좌뇌의 영역 밖의 존재요 현상이기 때문에 분명한 의식적 개념을 써서 말로 표현할 수 없는 불분명하고 불확실한 어떤 것임을 이해해야 한다는 것이다. 따라서 이것은 좌반구에 의한 언어로 표현하기보다는 감정의 진실로만 전달될 수 있는 어떤 것이라고 결론을 내린다.

4. 양원적 정신체계와 베르그송의 정태적 종교

그리고 동태적 종교

　"이성이 그보다 더 높이 위치했던 적은 결코 없었을 것이다. 적어도 우선 우리 눈에 띄는 것은 이와 같은 점이다. 그러나 더 가까이 주시해 보자. 소크라테스는 자신에게 델포이 신전의 신탁이 내렸기 때문에 가르친다. 그는 소명을 받은 것이다. …그는 자신의 생각이 다른 정신들에게 생생하게 전달되도록 하기 위해 아무것도 기록하지 않았다. 그는 결코 금욕주의자가 아니지만 추위와 굶주림에 무감각했으며, 욕구로부터 자유로워졌고, 그의 신체에서 해방되었다. 하나의 수호신(daimonia)이 그와 동반하였고, 이 수호신은 경고가 필요할 때마다 자신의 목소리를 들려주었다. 그는 이 수호신의 신호(목소리)를 굳게 믿고 있어서 이 신호를 따르지 않을 바에는 차라리 죽음을 택한다. 그가 민중의 법정에서 스스로를 변호하기를 거부하고 그의 운명을 받아들였다면, 그 이유는 이 수호신이 그를 운명으로부터 회피시키기 위한 말을 하지 않았기 때문이다. 간단히 말하면, 그의 임무는

---

236) 제인스, 같은 책, 318쪽.

오늘날 우리가 이해하는 말의 의미 그대로 종교적이고 신비한 차원의 것이다. 그
렇게 완전히 합리적인 그의 가르침은 순수한 이성을 넘어서는 듯한 어떤 것에 매
달려 있다.”237)

제인스의 글을 읽은 이라면 분명히 착각하고 있을 이 인용문은 결코
제인스의 글이 아니다. 베르그송의 이 글은 양원적 시대를 살고 있던 사
람에 대한 제인스의 묘사 그대로이다. ‘양원적’ 인간에 대한 베르그송의
관심이 깊게 드러나고 있다. 이에 대한 그의 입장이 궁금하지 않을 수 없
다. 소크라테스 자신은 스토아주의자들, 에피쿠로스학파, 견유학파 등 모
든 그리스의 도덕론자들을 낳았으나 그의 이러한 ‘양원적’ 태도는 이들에
게 걸맞지 않았으며, 그의 영혼에 관한 천재적 이론들을 써낸 철학도哲學
徒 플라톤의 글들조차도 그의 스승의 영혼이 연주해 낸 교향곡 자체에
비하면 관람객이 들고 앉아 있는 ‘프로그램 설명서’에 불과한 것이라고
베르그송은 말한다. 이들에게는 관념에 선행하는 소크라테스의 영혼이 없
기 때문이었다. 그들은 그것을 관념을 통해 자신들의 이론에 담고 있을지
모르나 결코 그 자체가 될 수 없기 때문이었다는 것이다. 그러나 베르그
송에 의하면 소크라테스는 여기에서 그친다.

베르그송은 도덕의 두 원천(강압과 동경(aspiration), 인간의 본능적 습관
과 직관적 정서, 자연의 의욕에 의해 이루어지는 것과 천재적 인간이 이
루어 내는 것, 정태적 도덕과 동태적 도덕, 폐쇄사회와 열린사회, 정태적
종교와 동태적 종교 등)에 관한 자신의 2분법적 이론의 틀 속에서 소크라
테스를 다룬다. 베르그송에 의하면 양 항 사이에는 마치 선분 속의 점들
과 운동처럼, 결코 전자군에서 후자군으로 발전하지 못할 간극이 존재한

---

237) 베르그송, *도덕과 종교*, 72 − 73(61 − 62)쪽.

다. 베르그송에 의하면 불행히도 결코 후자군의 대변인일 수 없던 소크라테스는 경험주의 도덕과 일관성 없는 민주주의의 위험 속에 빠진 당시 그리스를 구출하기 위해 불가피하게 이성의 권리를 주장할 수밖에 없었고 이 과정에서 안타깝게도 "직관과 영감을 내던져 버리고 자신의 내부에서 실현되기를 기다리던 동양적인 것을 억눌러 버리고 말았다."238)는 것이다. 물론 소크라테스는 인류에게 새로운 통로를 열어 줄 후자의 정서를 폭발시키곤 했다. 그러나 그것은 드물게 일어나는 데 그치고 말았다. 비록 소크라테스에게 '양원적 정신체계'에 더하여 최고의 이성적 능력과 '평정(ataraxia)'과 '무감동(apatheia)'이 있었다 할지라도, 그리고 그의 생활이 플라톤과 아리스토텔레스의 이상인 관상(觀想, contemplation)에 일치하는 것이었다 할지라도 그에게는 후자군 특히 '동태적 종교'에로 진입하는 데 결정적인 요건이 되는 신비적 직관이 불가능했었다는 것이다. 베르그송에 의하면 후자군을 지적 표상물인 관념들로 분해하며 개념 작업에 열중하는 그리스 철학자들은 양자 사이의 영역인 지성의 영향권 안에 사로잡혀 있었다. 폐쇄적 도덕을 지배하되 여전히 개방적 도덕은 창조할 수 없는 지성의 영역에, 그리하여 전자와 후자를 하나의 관념으로 표상하고 혼합함으로써 양자가 각각 지니고 있던 작용과 고유의 시야를 가리고 각각의 영역이 그 고유의 작용을 포기하게 했던 것이다.

베르그송에 의하면 자연은 본능의 언저리에 지성의 훈위暈圍를 마련했듯이, 이번에는 지성의 언저리에 오로라와 같은 '직관'을 마련하고 있었다.

---

238) 여기에서 동양적인 것은 기독교의 예수의 정신을 염두에 둔 것으로 보인다. 왜냐하면 베르그송은 "예수와 대결해 있던 것은 소크라테스였다."고 말한 뒤 연이어서 만일 소크라테스가 당시의 그리스 사회에 살고 있지 않아서 이처럼 이성을 강조할 필요도 없었고 이 동양적인 것을 억눌러 버리지 않았더라면 그는 어찌 되었을까라고 가정법적 질문을 던지고 있기 때문이다. 베르그송, 앞의 책, 74(63)쪽.

그가 용어선택에 있어 무척 고심할 수밖에 없었다는 이 직관은 무엇인가? 베르그송에 의하면 실재는 진정한 시간이다. 결코 동질적일 수 없는 부분들이 상호 침투하며 변화를 일으킴으로 단절이 끼어들 수 없는 지속적 존재이다. 그러나 인간이 스스로 만족해하는 반성적 이성으로서의 지성은 그 공간지향적 특성으로 인해 실재가 지니고 있는(운동체의 위치나 그 경과가 아닌) 운동의 질적 양상을 보지 못한다. 실재의 본질인 생명의 약동적 흐름을 포착해 낼 수도 그것을 계속해서 흐르게 할 수도 없다. 그것은 불행하게도 생명은 물질 속으로 침투하는 창조적 힘의 거대한 흐름이 얻어낸 결과물임을 깨닫지 못한다. 유기체들은 단지 달리는 발이 잠시 딛고 있는 동안에 발밑의 흙들이 이룬 결정체일 뿐인 것도 알 수 없을 뿐만 아니라, 내적 충동에 의하여 무한히 흐르는 비가시적 생명이 있고 그 위를 일정기간 동안 가시적 유기체들이 지나갈 뿐이라는 것도 깨닫지 못한다. 이 생명의 비약이 창조적 진화 속에서 늘 물질의 부동성을 누르고 지속해야 하는 것임을 알지 못한다. 지성은 창조의 힘이 곳곳에서 정체할 때마다 발현되어 나타나는 완결된 폐쇄적 도구로서의 생명체들을 '볼' 뿐이다. 지성은 자연과 천재, 본능적 습관과 직관적 동경의 정서 사이에서 사색의 고양을 통해 기껏해야 이 창조력을 발현시킬 가능성을 생각하게 하는 것일 뿐 결코 약동으로서의 실재에 접촉하게 할 수 없다. 그런 까닭에 베르그송은 지성에 기대를 걸지 않는다. 그는 오히려 아직도 지성의 변두리에 남아 있는 '직관의 무리(暈圍, a fringe of intuition)'에[239] 소망을 둔다.

베르그송은 이제 더 이상 감관과 의식이 편리를 위해 습관적으로 우리를 인도해 가는 그림자에 지나지 않는, 죽음처럼 차가운, 세계를 버리라고

---

239) 베르그송, *도덕과 종교*, 268(249)쪽. 베르그송은 동물적 본능의 주위에 지능의 여운이 남아 있듯이, 인간적 지성도 직관의 오로라(aurore)를 가지고 있다고 주장한다.

말한다. 그러나 칸트처럼 감관과 의식 밖의 예지계(noumena)의 세계나 그에 관련된 형이상학의 불가능성을 말하는 건 아니다. 단지 감관과 의식이 파악하는 시간과 지각을 그 근원에로 되돌려 보내자는 것이다.[240] 거기에서 우리는 대상 자체를 만날 것이기 때문이다. 거기에서 우리는 우리 안에서 대상을 지각하는 대신 '대상들 안에서 대상을 지각하기'[241] 때문이다. 물론 지성 역시 물질에 관심을 쏟는다. 아니 공간 안의 비유기체에만 관심을 쏟는다. 그리하여 기술적 행위와 과학을 표방하는 언어를 통해 자신을 드러냄으로써 제작을 수행한다. 그러나 직관은 정신이 물질에 집중하되 정신 자체에 관심을 쏟는다는 점에서 지성과 구별된다. '정신은 정신 자신을 사유할 때 반드시 물질과의 접촉에서 빠져들었던 습관들의 비탈길을 거슬러 올라가야 한다. 우리는 이러한 습관들을 일반적으로 지적 경향성傾向性이라 부른다. 그렇다면 보통 지성이라 불리는 것과는 분명히 다른 또 하나의 기능에 대해서 다른 명칭을 부여하는 것이 더 낫지 않을까? 나는 그러한 기능을 직관이라 부른다.'[242] 요컨대 직관이란 지성처럼 물질 주변을 맴돌며 기호와 관점에 의해 공간화된 시간 속에서 사물을 파악하는 것이 아니라, '운동하는 대상에 어떤 내부 및 영혼의 상태를 부여하고(는) 그 상태와 공감하(며)… 나 자신을 상상의 노력에 의해 그 상태 안으로 집어넣음'[243]으로써 실재의 지속에 도달하고 나아가 절대적인 것에 도달하는 형이상학적 지식을 산출하는 인식기능이다. 그리하여 그 대상의 내부에서 대상 본연의 모습, 그 고유의 것, 그 자체를 파악하는 것이다.

---

240) 베르그송, *사유와 운동*, 이광래 역(문예출판사, 1998), 154 – 155쪽.

241) 같은 책, 92쪽.

242) 같은 책, 95쪽.

243) 같은 책, 192쪽.

베르그송에 의하면 이것은 마치 소설 속의 인물과의 순간적인 합치를 통해 그 인물의 전체가 내게 주어지는 단순하고 불가분적인 감정과 같은 것이다.[244] 직관이 주는 공감적 인식은 마치 우리가 사는 도시의 탑과 사원과 거리를 다각도로 찍은 사진들이 아닌 우리가 걸어 다니며 실제로 보는 그 도시 자체나, 삶에 대한 수많은 분절이 아닌 삶 자체와 같은 것이다. 이때 우리는 대상의 지속적 연속성과 전적으로 접촉하게 된다(직관은 연속성을 따라 지속의 분산인 물질성으로, 때로는 전체 지속의 응결인 영속성으로 자신을 확장시키며 양극단의 사이를 움직인다.).[245] 그리하여 직관은 스스로 추상을 수행하여 창조적 근원에서부터 분리되어 버린 채 순수 명상으로 전락해 버린 지성의 '직관'이 아닌, 체험을 통해서만 얻어지고 행동으로 승화하여 완성되는 직관에 이른다. 베르그송에 의하면 신비한 영혼의 주인공들인 천재들은 이 신비적 직관을 가지며 이 "직관이 우리의 내적 삶의 연속성을 포착하게하고… 아마도 우리 존재의 뿌리에까지, 생 일반의 근원 자체에까지 인도할 것"[246]이라고 한다. 생명진화는 드디어 그 정점에 선 '인간 이상의 존재, 천재적 신비가'를 탄생시킨 것이다.

　요컨대 베르그송의 입론은 직관과 신비체험을 핵으로 하는 '동태적 종교'라는 개념을 도입함으로써 제인스의 양원적 인간의 한계를 넘어서는 영역으로 진입하고 있다. 베르그송에 의하면 인간은 식물과 달리 자유로운 행동을 가능케 하는 의식을 지닌 동물이자, 유기체인 자신의 몸을 도구로 사용할 뿐, 늘 같은 형태로만 존재하는 곤충류의 사회적 동물과 달

---

244) 같은 책, 193쪽.

245) 같은 책, 225 - 226쪽.

246) 베르그송, *도덕과 종교*, 269(250)쪽.

리 무생물을 이용해 도구를 제작하는 지성을 가진 동물이다. 그러나 이 지성의 동물 인간은 생명의 보전을 위해 사회적 형식의 창출에 관심을 갖는 반면 개인적인 욕망에 의해 사회를 파괴로 몰아가기도 하며 제한적인 사랑을 지니고 있음에도 미움을 야기하기도 하는 딜레마에 봉착하게 된다. 이 위기에 대응하여 자연은 인간에게 우화기능을 부여하여 사회의 유대를 강화하고 개인을 절망에서 구하고자 한다.[247] 이런 체제 속에서의 개인은, 마치 상호 구별되지 않는 세포와 유기체의 관계처럼, 사회를 위하여 자신을 희생하면서도 자신을 위해 행동했다고 믿을 뿐인 소위 본능에서 오는 의무에 사로잡혀 산다. 그러나 이러한 자연과 본능에 의해 생겨난 도덕은 다른 인간에 대하여 지성과 언어에 저장되어 있는 창백한 사랑을 지닐 뿐이며, 폐쇄적 성격을 지닌 것이어서 고작 가족과 조국을 대상으로 하는 사랑에 머물러 있게 된다. 이에 비해 인류애처럼 딱히 사랑의 대상을 갖지 않는 '운동 자체로서의 사랑', 사람들이 인류를 사랑하는 힘을 길어 올리는 곳 즉 '인간 種種을 산출한 근원'과의 접촉, 나의 영혼 전체를 흡수하고 다시 타오르게 하는 사랑을 원리로 하는 도덕이 있다.[248] 전자는 후자의 방사물에 불과한 것이 된다. 전자의 도덕이 인간 사회의 근원적 구조에서 파생되어 나오는 것이라면, 후자는 이 구조를 설명하는 원리에서 나온다. 전자가 사회를 유지하기 위해 자연이 예비한 강압에 의존하고 있다면, 후자는 약동(vital impetus) 자체가 습관에 도달한 동경에 의한 의무이다. 그런데 베르그송에 의하면 이러한 도덕은 현실 속에 잠재태로 선재하고 있던 것이 점차 접근하여 이루어지는 점진적 진척에 의해 이루어지는 게 아니라, 천재들의 직관에 의해 갑자기 창조된

---

247) 베르그송에 의하면 이것이 바로 토테미즘이나 주술, 정령신앙 등으로 된 정태적 종교이다.
248) 베르그송, *도덕과 종교*, 65(54)쪽.

다.[249] 시인의 영혼 속에 또는 위대한 작품에 의해 일깨워지는 미완의 표상처럼 심층적 동요를 일으키는 이러한 정서는 천재나 영웅에 의해 단번에 창조되고 유포된다. 위대한 종교 역시 이러한 소수의 특권적 천재들의 신비주의가 대중화된 것일 뿐이다. 유대종교 또한 야훼 신의 활동적 존재에 대한 아브라함의 신앙에 의해 일깨워지고 유포된 것이 아니던가?

이들 천재는 누구이며 그들의 어떤 체험이 이러한 정서를 불러오는가? 전술한 바와 같이 인간에게 지적 능력을 부여했던 자연은 이기적 인식(지적)능력이 야기하는 파괴적 위험에 대처하기 위해 본능을 가동시키고 이로써 의사지능으로서의 우화기능을 통해 정령신화와 같은 '정태적 종교(static religion)'를 만들어 내었다. 제인스의 양원적 사회에서처럼 이런 유의 종교는 인간들을 생에 접목시키는 동시에 마치 자장가를 들려주듯 계속해서 신화를 들려줌으로써 개인과 사회를 결속시키는 일을 수행한다. 그러나 생명보전의 필요에 의해 이루어지는 이 과정에서 정태적 종교는 지각된 현상을 위조할 뿐 아니라 생명에 대한 집착에 그친다. 그러나 베르그송에 의하면 인간이 이 정태적 종교의 상태에 안주하는 한, 능동적이고 동적인 생명의 근원, 즉 운동의 한 극점에서 정체를 통해 인간을 산출하기도 했던 이 생명의 근원은 계속해서 자유로이 뻗어나갈 통로를 찾고 있으나 불충분한 정도에 그쳐 있다는 것이다. 여기에 전술한 직관이 필요한 것이다. 신비적 직관 말이다. 왜냐하면, 베르그송에 의하면, 이처럼 창조적 근원에 대한 '직관에 달라붙어 이를 강화시키고 무엇보다 이를 행동으로 승화시키는' 강하고 고귀한 영혼의 천재들은 측량할 길 없는 능력의 존재로부터 오는 인류애의 정서에 휩싸이게 된다고 한다.

---

249) 같은 책, 84(73)쪽.

"(직관과 관련된) 이러한 노력을 할 수 있고 그런 자격이 있는 (강하고 고귀한) 사람은 그가 지금 접하고 있는 근원(principle)이 모든 사물을 초월하는 원인인가 혹은 (그 원인의) 지상 사자地上使者에 불과한 것인가를 묻지도 않을 것이다. 그는, 마치 강철이 그것을 달구는 불에 의해 침투되듯이, 그의 인격이 흡수되어 소멸되어 버리지 않으면서도 그 자신의 영혼보다 무한히 우월할 수 있는 존재에 의해 그의 영혼이 침투되는 것을 느끼는 것만으로도 충분하다. 이때부터 생에 대한 그의 애정은 그 근원과 떼려야 뗄 수 없는 관계가 된다. 그것은 또한 환희 속의 환희이며, 오직 사랑일 뿐인 것에 대한 사랑이다."[250]

그는 이제 모든 인류를 향한 신의 사랑을 체험함으로 인해 생명의 넘쳐흐름을 체험한 것이다. 이제 그 역시 이 신적인 사랑의 실천자가 되는 것이다. 이제 창조적 정서는 인간 생명체에서 자신의 보완자를 발견하고, 이 생명체는 창조정서를 드러내는 것이다. 놀라운 창조적 힘의 소산인 인간은 이제 더 이상 수면을 헤엄치는 미운 오리 새끼가 아니다. 정태적 사유의 물갈퀴를 접고 신비적 직관의 나래를 펼쳐 역동적 종교로 비상하는 백조인 것이다. 그런고로 베르그송에 의하면 인간에게 '양원적' 정신능력이 있다면 그것은 결코 사화산의 '흔적'도 향수의 대상도 아닐 터이다. 그렇다면 그것은 여전히 정태적 종교와 같은 기능을 수행하고 있는 것이다. 다만 위대한 창조적 힘의 소산으로서의 인간은 그 (정태적 종교) 상태로 머물러 있게 되어 있지 않을 뿐이다. 왜냐하면 인류에게는 동태적 종교로의 길목을 여는 직관이 지성의 변두리에 달무리처럼 남아 인간의 사용을 기다리고 있기 때문이다. 이 일을 감당하는 자가 바로 천재적 신비가들인 것이다. 제인스의 양원적 사회가 그렇듯이, 정태적 종교는 생명의 자연적 근원 자체를 생에 대한 애착으로 확신하고 자기가 속한 사회의

---

250) 베르그송, *도덕과 종교*, 230(212)쪽.

결속과 전쟁의 승리를 위해 저마다 국가신國家神이나 수호신을 경배하는 수준을 벗어나지 못함으로써 자연적 '근원의 모든 의미를 채우는 데는 도달하지 못할 의식儀式들에다 가장 좋은 자리만을 확보해' 놓는다. 그러나 "그들이 생각하는 '말씀하시는 신(le Dieu)'은 사실 전 인류에게 공통되는 한 분이신 하느님(un Dieu)으로 단 한 번의 출현으로 모든 사람에게서 바로 전쟁을 없애 버린다."[251] 베르그송에 의하면 그리스의 신들을 포함하여 이러한 이방신들은 간주관적인 제례 의식보다 절대적으로 뚜렷한 것을 전혀 제공하지 않는다는 점에서 실은 어떤 종교적 신비성도 지니고 있지 않다. '신비주의의 목적은 생명을 나타나게 한 창조적 노력과의 접촉, 따라서 부분적인 일치이다. 이 노력은 하느님 자신은 아니더라도 하느님으로부터 나온 것이다.'[252] 이리하여, 베르그송에 의하면, 완전한 신비주의는 제임스의 양원적 시대에 등장하는 신비체험도 유대교의 신비체험도 아닌, 결국 유일신을 믿는 기독교 신비가들의 것이라고 봐야 할 것이다.[253] 이들 신비가들은 기독교 복음서에 묘사되고 있는 완전한 그리스도였던 예수의 불완전한 모방자들이자 후계자들이었다.[254]

---

251) 같은 책, 233(215)쪽.

252) 베르그송, 같은 책, 239(220)쪽. 베르그송이 신비체험을 강조하고 이들을 구별하는 이유는 자명하다. 철학을 포함하여 "사람들은 자의적으로 선험적인 표상에 의해 신 관념을 만들고 이로부터 특성들을 연역하고는 이 특성들을 제시하라고 요구한다. 이것의 제시가 불가능할 때 그들은 신이 존재하지 않는다고 결론짓는다." 그러나 베르그송은 철학이 경험과 추론의 산물이라면 철학은 반대의 길을 가지 않으면 안 된다고 주장한다. 왜냐하면 우리는 "경험에 대해서는 감각적 실재에서 초월해 있는 하나의 존재를 가르쳐 줄 수 있는지 물어야 하며 경험이 그에게 말해 줄 것을 추론하면서 신의 본성을 결정해야 한다." 이러한 경험이 신비체험인 것이다.

253) 같은 책, 246쪽.

254) 베르그송에 의하면 유대교는 기독교에 비해 전 세계적인 종교가 되지 못하는 민족종교에 머물러 있으며, 그들의 야훼는 매우 엄격한 심판자였고, 이스라엘과 그들의 하느님 사이에는 충분한 친근감이 존재하지 않았다는 점에서 기독교에 비해 유대교는 진정한 의미의 신비주의가 되지 못한다고 주장한다. 같은 책, 259(240)쪽.

결론적으로 정신적 신비현상들을 다루고 있는 제인스와 베르그송 양인은 모두 나름대로 이에 대한 진화론을 가지고 있으나 그 방향 역시 사뭇 다르다. 제인스의 것은 양원성⇒의식의 행로를 걷는 것이어서 이 도식 안에서는 베르그송이 염두에 두고 있는 신비체험 역시 흔적으로나 남아 있을 뿐 소멸해 버린 양원성의 범주 안에서 다루어진다. 반면에 베르그송의 경우 (양원성을 띤) 본능적 정태적 종교, 지성, 동태적 종교가 공존하되 이들은 진화의 목적에 있어 정태적 종교가 지성보다 열등한(infra) 것으로 지성의 아래에, 그리고 동태적 종교가 지성보다 우월한(supra) 것으로 지성의 상위에 배열되는 형식을 취한다. 마지막의 동태적 종교가 인류애를 핵으로 하는 진화의 정점에 서는 것은 물론이다. 그런고로 베르그송의 입장에서 보면 제인스는 영적 진화의 하강론자로 보일 수밖에 없다 하겠다.

이러한 제인스의 태생적인 한계는 이미 그의 '양원적 정신'론이 철저한 인식론을 결여하고 있음에서 예감할 수 있었다. 물론 그가 '양원성'의 대체적인 특징을 소리듣기로 보고 있는 점은 근본적으로 옳은 방향이었다. 그러나 불행하게도 그는 이에 대해, 그가 '의식'에 대해 보인 바와 같은 철저한 인식론적 탐구를 하지 못한 채 단지 '양원적 정신체계'라는 것이 존재했었다는 것을 입증하는 데 그치고 말았다. '의식'이 '양원성'의 붕괴에 따른 역사적 결과물이라 할지라도 이들 양자 간에는 하나가 다른 하나에 의해 대체되고 있는 나름대로의 인식론적, 아니 철학적 연유가 있었을 터이다. 그는 그것에까지 생각이 미치지 못하고 있었음에 틀림없다. 다시 말해서 그는 그가 자세히 분석해 낸 '의식'의 공간적 사유가 소리듣기를 핵으로 하는 '양원성'의 반립적 상대가 되는 과정을 분절해 내지 못한 것이다. 이에 비해 베르그송은 '지성'의 공간적 특성에 대한 초기의 논의에 이어 시간과 '지속'을 핵으로 하는 '직관'의 인식론적 내용을 집요하게 분절해 내고 이것이 어떻게 신비적 천재의 인식과 삶을 통해 구체화되고 있는지를 말년의 작품에서 밝히고 있다. 그의 전체적인 학문적 성과물들을 통해서 양자 간의 반립적 성격을 선명하게 입증하고 있는 것이다.

제인스와 베르그송의 논의에 의하면 '양원적' 사유와 '직관적' 사유는 각각 '의식'과 '지성'의 축소 시에만 발생하는 것으로 설명되고 있다. 우리는 이것을 이들 중 어느 한쪽과의 관계만을 통하여 진리를 인식해야 한다는 것으로 받아들이고 있지는 않는가? 그러나 실재에서의 이들의 관계는 반립적 공존으로 이루어져 있는 것은 아닐까? 이런 주장은 공간성에 대한 논의에도 적용되지 않으면 안 된다. 앞서의 논의에서 보았듯이, 제인스가 말하는 문화적 결과물로서의 '의식'만 공간 속에서 기능하는 것이 아니라, 베르그송에 의하면 그것은 직관으로 초월하지 못하는 정신일반의 속성이다. 제인스가 의식과 구별하고 있는 이성, 사유, 기억, 추리 등 모두가 이에 해당되며 따라서 이러한 공간적 사유는 직관적 사유를 수행하지 않는 한, 의식 이외의 정신기능이 작용했을 양원시대에도 평상적 일상에는 기능했을 것이라는 추론도 가능해진다. 즉 공간성은 모든 정신기능의 작용 원리로 일반화되는 전횡을 범하지 않는 한, 양원성과도 그리고 직관과도 반립적으로 공존할 수 있으며 실제로 그러했을 것이다. 그리하여 문제는 공간성 자체에 있는 것도, '의식' 자체에 있는 것도 아니라, 그것에 수반하는 명료성, 분석성 등에 절대적인 신앙을 가지는 상부구조 언어의 습관적 일반화에 있는 것이 아닐까? 이로 인한 양원성의 소멸과 직관의 불가능성이 문제로 되는 것이 아닐까? 이러한 비반립적 사유의 위험은 직관적 사유와 역동적 종교의 신비주의를 열망하는 베르그송보다는 양원성의 소멸을 당연시하는 제인스에게 더 많음은 물론이다.

　　베르그송에 의하면 듣기(hearing)는 근본적으로 (내면을 향한) 발성하기이고, 발성은 다시 몸 전체가 참여하는 운동을 암시한다. 발성신경대와 청각신경대 간에는 특수한 연관관계가 있어서 듣는 것은 곧 자신에게 말하는 것이 된다. 이 원리는 계속 자신의 입술을 움직이지 않고는 듣지 못하는 신경성 환자에게서 입증된다. 베르그송에 의하면 음악적 표현능력 역시 듣는 소리를 자신의 내부에 반복적으로 말함으로써 우리를 '원초적 상태'에로 끌고 갈 때, 즉 그 소리가 자신의 몸에 전달하는 운동(또는 태도)에 잇대어질 때 가능하다고 한다.255) 소리는 운동성을 전제로 하는 것이다. 운동성은 시간 속의 지속을 담고 있다. 이 논리대로라면 제인스가 말하는 양원성도 (신의) 소리듣기를 그 핵심으로 삼고 있는 한, 결국 지속과 그것을 파악하는 인식능력인 직관의 개념으로 설명될 때 보다 깊게 다루어지게 될 것이라는 생각도 가능해진다. 이 지속성과 운동성을 실재의 원리로 믿고 있는 유대인 베르그송의 사상체계, 특히 그가 동태적 종교라는 이름으로 분절하고 있는 입론의 저변에는 활동성을 근본적 속성으로 하는 야훼 신개념이 깔려 있는지도 모른다. 근본적으로 운동성은 절대자 야훼 신으로부터 발원하고 있는 것이다. 그리하여 제인스가 자신의 신경학적 모델에 근거한 신들의 소리듣기 현상에 집착한 나머지, '말씀'이자 '활동성' 자체인 야훼적 신개념의 전제하에 실재를 지속으로 파악하고 있는 베르그송의 진리에 접근하지 못하고 있는 것은 그의 한계로 보인다. 물론 제인스도 야훼 신을 다루기는 한다. 그러나 그것은 산 자들의 세계에 들어와 있는 망자들의 소리라는 그의 신개념 범주 안에서이다. 그리하여 그가 다루고 있는 야훼 신은 그가 인용할 때마다 기독교적 신개념과 모순을 일으키는 방식으로 다루어지고 있다.256)

---

255) Bergson, *Time and Free Will*, p.44.

참고문헌

베르그송, *시간과 자유의지*, 정석해 역(삼성출판사, 1998).

베르그송, *도덕과 종교의 두 원천*, 송영진 역(서광사, 1998).

Ferdinand Ebner, *Das Wort und die Geistigen Realitäten*(Regensburg: Verlag Friedrich Pustet, 1921).

Henri Bergson, *Time and Free Will, an Essay on the Immediate Data of Consciousness*(New York: Dover Publications, Inc., 2001).

______________,*The Two Sources of Morality and Religion*, tr. R. Ashley Audra et al (Indiana: University of Notre Dame Press, 1977).

Hannah Arendt, *The Human Condition*(Chicago: The University of Chicago Press, 1958).

Herbert. Mead, *Mind, Self, and Society*(Chicago: The University of Chicago Press, 1962).

Julian Jaynes, *The Origin of Consciousness in the Breakdown of the Bicameral Mind*(Boston, New York: Houghton Mifflin Co, 1976).

I. F. Stone, *The Trial of Socrates*(Esthe m Stone JJS c/o Aitken, Stone & Wylie Ltd, 1988).

________, *소크라테스의 비밀*, 편상범 외 번역(자작아카데미, 1996).

Karl Jaspers, *Socrates, Buddha, Confucius, Jesus*(Harcourt: Brace & World, inc, 1962).

________,*소크라테스, 불타, 공자, 예수, 모하메드*, 황필호 역(종로서적, 1997).

Public and Private in Social Life ed. S.i. Benn and G.F. Gaus(New York: St. Martin's Press, 1983).

---

256) 일례를 들면 제인스는 구약 열왕기 상에 나오는 예언자들의 죽음을 양원적 정신체계가 무너진 이후에 양원적 정신을 지녔던 마지막 잔류자들이 대량 학살당하는 장면이라고 해석한다. 그러나 아합왕과 이세벨에 의해 죽임을 당한 그들은 왕의 정치적 목적에 조력하지 않은 이유였고, 선지자 엘리야에 의해 죽임을 당한 이방 신의 사제들은 야훼 신과 바알 신 간에 참된 신을 가리는 실험의 결과 패배하여 죽은 것이었다. 제인스, 같은 책, 311쪽.

제Ⅱ부

상호주관성의 형이상학: 하버마스를 넘어서

1. 머리말

권위주의 타파의 목소리가 어느 때보다도 드높게 들리는 요즈음 그 목소리의 전문, 비전문성을 막론하고 "권위주의는 배격되어야 할 부정적 현

---

[1] 본 장의 논의는 권위의 개념을 비판적으로 분석하고 이에 대한 대안을 하버마스의 의사소통이론에서 찾고 있는 것으로 되어 있다. 그런고로 직·간접적으로 하버마스의 이론을 원용함으로써 권위가 가질 수 있는 병리적 가능성을 비판하는 것을 넘어 불가피하게 권위일반을 거부하는 데에까지 이를 수밖에 없음을 보여 주고 있다. 그러나 본 장의 목적이 단순히 하버마스의 이론에 입각하여 권위의 문제를 다루면 어떻게 될 것인가라는 가설적 전제하에 이루어진 논리의 유희에 있지 않음은 물론이다. 하버마스의 의사소통이론이 병리적 권위 현상에 대한 분석적 도구로 쓰이고 있을 뿐만 아니라 병리적 권위현상의 대안으로서의 가능성 또한 긍정적으로 검토되고 있음 또한 물론이다. 그럼에도 이것이 그의 의사소통적 이론 모두에 대한 지지를 의미하는 것은 아니며 더욱이 그의 초월적(tranzendent) 대상과 그 종교적 미학적 경험의 거부를 지지하는 것을 의미하는 것일 수 없다. 그의 합리성 일변도의 대안 제시와 반형이상학적 태도에 대한 비판이 다음 장에서 이루어질 것인바, 본 장에서는 이와 같은 하버마스의 이론에 대한 모든 비판은 보류되고 있음을 지적해 두고자 한다. 마지막으로 초월적 대상과 인간과의 관계에 관련하여 인간은 어느 정도까지 '권위'를 인정 또는 주장할 수 있는 것인가라는 질문은 필자가 품고 있는 궁극적 질문들 중의 하나임에도 이에 대한 학문적 분절은 이 자리에서 보류할 수밖에 없음 또한 차제에 고백해 두어야 하겠다.

상이로되 권위 그 자체는 긍정적인 것"이라고 치부하고 넘어가자는 것이 대체적인 경향인 듯하다. 권위주의라는 것이 권위로 등장한 인물이나 지위에 자기 비하적 맹신과 복종을 바치는 행동양식이요, 사고방식으로서 모든 사회적 행동이 이에 따라 이루어지고 평가되며, 이 위광威光이나 힘에 대한 자기몰입적 일체화를 꾀하는 반이성적 특성을 지닌 것이라 할 때, 이러한 사회적 행위의 대상이 되는 인격이나 제도가 이루어지는 사회적·심리적 과정은 무엇인가에 대한 논의가 없으며, 또한 이렇게 일단 제도로서 확립된 후에는 실천적 가치와 상관없이 통용되는 것이 권위의 특징이라 할 때, 권위가 무엇을 그 실질적 가치와 근원적 성격으로 삼고 있는가에 대한 논의의 부재는 놀라운 일이다. 권위주의는 권위 자체가 모호하게 긍정되는 마당에서는 근본적으로 타파되지 않을 것은 분명하기 때문이다. 권위주의적 행위의 대상이자 이 행위를 유발시키는 중심적 실체로서의 권위는 무엇인가를 묻지 않을 수 없다.

'권위를 갖는다.' 또는 '권위를 잃었다.'고 하는 것은 무엇을 의미하는가? 평소에 권위에 관한 글을 많이 발표해 왔고 그리하여 이 문제에 관한 한 논쟁이 벌어지면 으레 근엄한 목소리로 마지막 단안을 내리곤 했던 터였다면, 있을 수 있는 모든 반론과 질문을 성공적으로 방어해 내는 것과 관계없이 그가 권위에 대한 글은 발표하는 것만으로 우리는 그를 권위의 문제에 대해 '권위'를 가지는 것으로 간주한다. 지금 이 글을 쓰는 중에 TV에서는 모 대학 학생들이 자신들의 요구사항이 관철되지 않는다 하여 '권위의 상징인 총장'의 방을 점거하고 그곳의 기물을 부수어 버렸다는 뉴스를 방송한다. 만일 그 총장이 공권력에 호소하여 학내에 경찰을 투입함으로 이를 저지하고 위기를 모면했더라면 이로써 그는 자신의 '권위를 여전히 지킨 것'이라고 말해도 좋은 것인가? 아니면 그는 이미 경찰을 부르는 순간 그의 '권위'라는 것을 잃어버리는 것일까?

또 우리가 그렇게 말하는 그 권위(Authority, Herrschaft)라는 것의 원천은 무엇인가? 하늘의 소리 그 자체인가 아니면 하늘의 외양만을 그럴싸하게 갖춘 허풍선인가? 진리의 실체인가 아니면 단지 진리의 이데올로기화인가? 북해의 리바이어던(Leviathan)의 힘이라서 권위인가 아니면 권위의 부재라서 리바이어던의 힘에 호소함인가? 합목적적 로고스(Logos)의 전유(Appropriation)가 낳은 병리에 대한 대응책이 권위이기도 하였다면 권위는 파토스(Pathos)의 제도적 구체화일 터이다. 그러한 그 권위는 진정 파토스의 진실한 모습인가 아니면 단지 파토스가 체계적으로 왜곡된 의미체계일 뿐인가? 권위가 가슴(마음)의 자식이라면 그 안에 얼마쯤이라도 주먹(힘)과 입(이치) 모두 또는 그 어느 하나와도 양립할 수 있는 공간을 지니고 있는 것일까?

권위의 목소리와 그에 의한 인간관계 또는 사회체계에는 얼마만큼 진리성과 진실성과 정당성(Rightness, Richtigkeit)의 조각인들 확보되어 있는 것일까?

이에 잇따르는 또 하나의 질문은 인간은 도대체 왜 권위를 찾고 있느냐 하는 것이다. 카라마조프가의 자식들처럼 아버지를 제거해 버리려 하는 우리 인간들은 실제로 그를 살해해 버릴 수 있거나 또는 그의 수명이 다하여 저절로 우리 눈앞에서 없어져 버린 후 권위 없는 행복한 삶의 기간을 삶 속에 누릴(?) 수 있을지 모른다. 정신분석학자들에 의하면, 그러나 없어져 버린 줄 알았던 그가 어느 사이엔가 우리들의 내면에 슬그머니 들어와 자리를 잡고 앉아 여전히 우리를 향해 거부할 수 없는 명령을 내리고 비난을 퍼붓기를 우리의 삶이 다하도록 계속한다는 것이다. 우리는 결코 '그'를 우리에게서 제거해 내는 데 성공치 못한 것이라 한다. 인간은 그들의 사회로부터도 이 부상父像을 결단코 교살하고 장사 지내어 버릴 수 없다는 말이기도 하다. 살아남기 위해 어쩔 수 없이 맺은 부모와의 의존적 관계가 인간이 맺은 최초의 인간관계였기에 인간의 무의식 속에는 지울 수 없이 깊이 각인된 부상을 지닌다는 것이다. 그래서 '아버지 없는 사회(Fatherless society)'가 이 시대에 부상하는 것을 불안해하는 소리가 이처럼 요란스러운 것일까? 그래서 이 부적父的 권위의 사회적 투영이랄 수밖에 없는 성직자의 권위와 통치자의 권위와 교사의 권위 대신 사회적 성원 각자의 **책임**과 **자율**의식이 강조되는(부자적父子的이 아닌) 형제적 사회체계 같은 것은 꿈조차 꾸지 못하는 것인가? 이러한 심층 심리학적 원인이 아니라면 실존적 자유의 확인과 함께 엄습해 오는 실존적인 불안 때문일까? 그것이 인간의 운명인 한 내적 결단이라는 고뇌의 길을 택하느니보다 손쉽게 외적 권위에 영합(또는 복종)해 버리는 편이 차라리 자연스러운 본래적인 인간의 한 모습일 거라고 생각해서일까? 독자적 자율적 결단이 수반하는 책임과의 힘겨운 한판 승부에서 떠안을지도 모를 위험을 피하여 안전한 권위의 날개 밑으로 몸을 의탁하는 것이 보다 현명한 것이라고 판단해서일까? 이것만도 저것만도 아니라면 부친 살해 후의 형제적 인간관계 속에서 확인하게 된 상호 간의 원시적 잔인성이라고 하는 은폐된 내적 자연으로 인한 현실적 불안이 실존적 불안과 짝하여 사회적 제도라고 하는 제도화된 권위에로 눈을 돌리게 하는 것일지도 모른다. 즉 자연상태의 시민사회화, 흩어진 개인의 결속적 집단화, 불안한 충동적 인간관계의 안정적 도덕적 인간관계화를 도모하려는 현실적인 불안극복의 방략이 권위적인 외적 세력에의 맹목적 의존(또는 복종)이라고 하는 비실존적 성격을 띤 해결책으로 나타나는 것일는지도 모른다.[2] 이와 같이 실존적 불안을 어떻게 극복할 것인가라는—존재론적으로 중요한, 그러나 본질적으로 개인적 차원인—영역에만 머물지 않고 더욱 사회적 차원으로 연구의 관심을 발전시켜 나아가고자 한다면 우리는 원시적 공격적 충동과 이에 대응하는 사회적 결속(Social Cohesion)의 관계라는 용어로 권위의 문제를 설명할 수도 있을 것이다. 예를 들어 러셀(Bertrand Russell)은 *권위와 개인(Authority and the Individual)*에서 파괴적 경쟁적 인간성과 이러한 무의식적 공격성의 차단을 위한 법적, 사회적 결합의 중요성을 주장하는 한편 종교적 사회제도의 인간성 억압과 정체적 경향에 맞서는 개인적 진취성과 자발성의 중요성을 주장한다. "건강하고 진보적인 사회는 중앙통제와 개인집단의 진취성(initiative)을 필요로 하는데, 통제가 없이는 무정부가 되며, 진취성이 없이는 정체되어 버린다"[3]는 것이다. 진보를 위한 개인적 자발성이냐 또는 생존을 위한 사회적 결속이냐의 양자택일을 논했다기보다 어떻게 양자를 결합하느냐를 논했던 그는 논의 중에 부분적이나마 왜 인간이 제도화된 권위를 향하여(우러러) 서 있지 않으면 안 되었는가 하는 현실적 이유들을 들어 보인 셈이다. 즉 안정과 생존을 위하여 필요한 것으로 인식된 것이 사회적 결속이요, 이 결속은 소속 집단에의 충성을 필요로 하며 이것은 또 개인적 권위와 종교적 권위에의 복종을 필요로 하게 된다는 것이다.[4] 물론 이러한 질문들 자체를 추구하려는 것이 본 연구

---

2) 물론 하이데거(Heidegger)와 같은 실존주의자들에 의하면 고독한 자율적 결단에 반하는 이와 같은 외적 권위에의 영합에 의한 삶은 결코 '진실한(authentic)' 삶이 될 수 없음은 물론이다. 그러나 이 논의는 본 연구의 관심 밖에 있는 문제이다.

3) Rertrand Russell, *Authority and the Individual* (New York: AMS. Press, 1968), p.54.

4) 앞의 책, pp.4–5. "사회적 결속은 적에 대한 공포 때문에 생긴 집단에의 충성으로부터 시작되는 것으로 그것은 때로는 자연적이기도 하고 때로는 의도적이기도 한 제 과정들을 거치면서 오늘날 우리가 국가라고 부르는 방대한 결집체에 이를 때까지 성장해 왔다. 여러 가지 세력들이 이 과정들에 기여해 왔다. 초기단계에서는 집단에 대한 충성은 한 지도자에 대한 충성에 의해서 보강되었을 것임에 틀림없다. 큰 부족에서는 개별 개인들은 종종 서로 낯선 경우가 허다했겠지만 그런 경우에조차도 두목이나 왕은 모든 사람들에게 잘 알려져 있게 마련이었다. 문명 발달의 후기단계에 와서는 새로운 종류의 충성이 모습을 나타내기 시작하였는데 그것은 영토의 인접이나 종족의

의 본원적 목적은 아니다. 그러나 이상과 같은 여러 가지의 문제들, 즉 권위란 무엇인가, 그리고 그것을 유발시키는 원천은 무엇이며 그것은 얼마만큼 정당화될 수 있는 것인가 하는 질문들은 본 연구의 시종을 관통하는 내면적 충동임을 본론의 시작에 앞서 밝혀 두어야 하겠다.

본 연구는, 오직 분석적 목적을 위하여 사회적 질서를 가능하게 하는 근거를 분석한다면, 다음과 같은 4가지 유형을 생각할 수 있을 것이라는 가정하에서 출발한다. 즉 힘(권력), 권위,5) 이치라는 보다 근본적 성격을 띠는 3근거와 이들에서 부차적으로 파생되어 이 요소들의 일부를 포함하여 독자적인 유형을 형성하는 공익에의 계약이라는 근거가 있으리라고 생각한다. 힘에 의한 사회적 질서는 홉스(Hobbes)가 말하는 '주인과 노예'라는 인간관계를 그 예로 꼽을 수 있을 것이어서 물질적 강제력과 책략에 의해서 일방이 타방을 자신의 지배하에 두는 억압적 관계라 할 수 있을 것이다. 권위를 근거로 하는 사회적 질서로는 베버(Max Weber)에 의해서 주장되는 전통적, 카리스마적 성격을 띤 인간관계를 생각할 수 있는데 이런 형태는 우리 주변의 가족관계나 종교생활에서 쉽게 그 구체적인 예를 발견할 수 있는 부父와 자子, 또는 교주와 신도 간의 질서가 이에 해당될 것이다. 이치에 근거한 사회적 질서는 하버마스(Jürgen Habermas)가

유사성에 근거한 것이라기보다 신조의 동일성(identity)에 근거한 것이었다."

5) 이때의 권위는 베버(Weber)의 합리적 권위와 홉스(Hobbes)의 권위와 같은 계약적 권위와는 구분되는 임의적 권위를 의미한다. 이 점은 이하에서 자세히 논의될 것이다. 가령 예를 들어 "잠 자코 있어! 그렇지 않으면 감방에 가두겠어." 하는 명령에 승복했다면 우리는 이때 작용한 것을 권력(Macht)(힘)이라 하며 "젖은 손으로 전구를 만지면 감전될는지 모른다." 또는 "일한 몫을 노동자에게 분배하라."는 말에 승복했다면 이것은 과학적 또는 도덕적 규제라 할 것이나, 이러한 지시들이 설득력이 있어서 또는 이치에 합당해서가 아니라 '그가'말하기 때문에 따르기로 했다면 거기에 권위가 작용했다고 할 수 있을 것이다. 이런 의미에서 권위와 권력은 구분된다. 그런데 권력의 경우처럼 전적으로 힘에만 의존하여 상대의 반항에도 불구하고 목적을 달성하는 게 아니라 상대가 어떤 이익을 바라고 복종해 옴으로써 지배가 이루어졌다면 나는 이런 의미의 지배(Herrschaft)까지를 포함하는 개념을 권위라고 부를 것이다.

논하고 있는 의사소통적 방식에 의한 인간관계와 같은 대화에 의한 이해의 도달을 목적으로 하는 평등한 인간관계를 모형으로 생각할 수 있는 것으로 이웃과 이웃의 형제적 관계를 그 예로 들 수 있을 것이다. 이들과 같은 순순한 근본적인 유형과는 달리 다소 복합적인 형태를 띤 것으로 공익을 위한 계약을 통한 결사에 의한 사회적 질서를 생각하게 되는 것은 순순히 힘에 의한 것만도 아니요 오로지 권위에만 의존하는 질서도 아니며, 공익을 위한 계약에 이를 만큼의 목적합리적 토론도 필요로 하는 위계적位階的 질서를 가진 의사擬似권위적 인간관계 같은 것이 존재할 것이기 때문이다. 홉스가 말하는 시민법 사회의 '주인과 하인'의 관계나 베버가 말하는 '합리적 권위'라는 것이 이에 해당할 것이다. 필자는 이 부류의 사회적 질서를 제약적 '권위'라 부르겠다. 그러나 상기上記와 같은 유형분류는 앞서 언급한 바와 같이 단지 분석적인 목적을 위한 분류일 뿐이다. 예를 들면 부자父子의 관계를 홉스는 획득에 의한 통치권의 예로 보기 때문에 이를 '주인과 하인'의 범주에 넣을 것이나, 베버는 종교적 가정의례家庭儀禮에 뿌리를 둔 지배와 복종의 관계로 보아 권위에 의한 질서관계로 볼 것이다. 이와 같이 현실적인 인간관계들은 결코 순수하게 하나만의 근거에 의존하여 이루어지는 예는 드물 것이어서 다소간 서로 얽혀 있을 것임은 물론이다.

본 연구는 다음과 같은 범위와 순서를 따라 전개될 것이다. 앞서 지적한 바와 같이 권위주의를 논하기에 앞서 권위에 대한 본원적인 질문이 선행되어야 할 것이라는 입장에서 출발되는 본 연구는 이 질문에 답하기 위한 일련의 연속적인 연구의 일부로서 준비된 것이다. 즉 본 연구는 권위의 근원을 '언어놀이'나 '전통'에 두고 이론을 전개하는 언어분석학적 접근과 해석학적 접근에 대한[6] 분석과 비판 등으로 이루어질 연구들에 선행되는 것으로서 권위에 대한 보다 일반적이고 원론적인 논의의 고찰과 비판을 다루고자 한다. 따라서 본 연구는 권위의 인식론적, 사회학적, 정신분석학적 근거를 분석함으로써 권위의 정당성에 대하여 의문을 제기하는 한편 이 문제점을 더욱 뚜렷이 하며 이의 대안을 시사하는 부수 효과를 얻기 위하여 의사소통이론의 소개를 시도하려 한다.

이를 위하여 본 연구는 홉스(Thomas Hobbes)의 권위개념에 대한 분석으로부터 시작하여[7] 피터스(R. S. Peters)가 논하고 있는 '제도적 권위(In Authority)'와 '인격적 권위(An Authority)'라는 권위의 두 개념 분류에 대한 해명으로 이어질 것이다. 이어서 현대의 권위에 대한 고전적 연구로 꼽히고 있는 베버(Max Weber)의 세 유형의 권위를 소개할 것인데 여기에서 필자는 그의 합리적 권위개념과 홉스의 권위개념을 공히 권력(Herrschaft, 적 의미의)과 기계적 관료주의라는 용어로 해명하는 한편 그(베버)의 전통적 권위와 카리스마적 권위를 초자연적 실재에의 무의식적 전이의 의식적 표출이라는 용어로 설명함으로써 권위 일반에 대한 정당성 비판을 끌어낼 것이다. 끝으로 이러한 권위의 속성을 자의적 성격과 전략적 성격으로 규정지으며 이에 대립하여 하버마스(Jürgen Habermas)의 의사소통이론을 원용함으로 대안을 시사하려 한다. 이러한 시사는 권위와 관련된 제 사회적 영역들을 하버마스의 사회적 행위의 유형분류에 적용시킴으로써 더욱 강하게 뒷받침받을 것이다. 달리 요약건대, 본 연구의 논지의 큰 줄기는 사회적 질서의 원동력이 무엇이냐 또는 무엇이어야 하느냐에 대한 대답으로서 '권력이냐 권위냐'(홉스), '경제력(또는 관료조직)이냐 카리스

---

6) 전자로서는 피터 윈치(Peter Winch), 그리고 후자로서는 가다머(Hans G. Gadamer)가 각기 좋은 예이다.

7) 왜냐하면 그의 권위개념은 이하에서 다루려고 하는 권위의 두 개념 분류와 베버가 말하는 '합리적 권위' 개념에 직결되는 시사를 주기 때문이다.

마적 권위냐'(베버)라는 논의 속에서 저마다 후자를 해결책으로 택하는 권위옹호론자들에 대한 비판이며 '권위냐 의사소통이냐'라는 제3의 질문의 제기요 그 대답이라고 말할 수 있겠다.

2. 제도적 권위

가) 계약적 권위와 권력

홉스는 자연상태에서 시민법 사회에로의 이행과정을 폭력과 권위와 사회적 질서(전쟁에 대비되는 평화)의 관계라는 용어를 써서 그려 낸 근대 최초의 인물이었던 듯하다. 이하의 권위에 대한 우리의 논의를 위해서 그가 주장하는 시민법 사회로의 이행과정을 간략하게라도 정리하고 넘어갈 필요가 있을 듯하다.[8] 그에 의하면 자연상태하에서의 인간관계는 '주인과 노예'의 관계이다. 이 관계는 아무리 육체적으로 약하게 태어난 자일지라도 자신만의 책략으로 또는 동지를 규합하여 대항함으로 어떤 강자의 안전도 위태롭게 할 수 있다고 하는, 즉 그 누구도 절대적 복종을 강요할 수 없고 안전을 보장받을 수도 없는 '평등상태'하의 적대관계이다. 인간과 인간 사이에는 언제나 폭력행사의 가능성이 상존하는 고로 여기에서 어떤 사회적 질서가 이루어졌다면 그것은 폭력에 의한 '주인과 노예'의 관계일 뿐이다. 폭력에 의해 매개된 질서란 주인은 언제라도 노예의 목숨

---

8) 이하의 설명은 Thomas Hobbes, *Leviathan*, Ed. A. D. Lindsay(New York: Dutton, 1970) 제1부의 제14장, 제15장과 제2부를 요약한 것임.

을 끊을 수 있으며, 반대로 노예 측에서도 주인이 방심하는 기회를 포착하면 언제라도 그를 살해해 버린다 해서 탓할 바 아닌 그런 인간관계를 의미한다. 그러나 인간은, 홉스에 의하면 '설립이나 획득'에 의하여 이 자연상태를 청산한다. 그의 표현대로라면 계약에 의해 맺어지는 '주인과 하인'의 관계로 진입하는 것이다. 즉 계약의 권위에 의해서 전자에게는 지배할 권리가, 그리고 후자에게는 복종할 의무가 주어지게 된다. 이 관계가 이루어지는 과정인 '설립'이나 '획득'의 특징은 비록 그 장소에 힘(폭력)을 행사할 가능성이 존재하고는 있지만 그것에 의해서 지배와 복종의 관계가 형성되는 것은 아니며 어디까지나 복종자들(설립의 경우에는 통치자에 대한 신민, 획득의 경우에는 정복자에 대한 피정복민 또는 부모에 대한 어린 자식들)의 자발적 동의에 의해서 이루어진다는 점이다. 스스로 자신들의 권리를 타인(대리인)에게 위임(authorize)하여 그로 하여금 자신들의 권익을 위하여 결정하고 행동하게 하는 권위(authority)를 가지게 한다는 것이다. 그리하여 홉스는 권위의 개념을 다음과 같이 규정한다.

> 인위적으로 구성된 인간조직 중에(of persons artificial) 일부 인사는 자기들에 의해서 대변되고 있는 사람들이 가지고 있던 말과 행위를 자기 것으로 소유하게 된다. 그렇게 되면 그것을 가지게 된 자는 행위자(the actor)가 되며, 자신의 말과 행위를(본래부터) 가지고 있는 자는 저자(author)가 된다. 이런 경우 행위자는 권위에 의해서 행동하게 되고 그가 가진 소유권은 지배를 의미하며 그가 어떤 행위이건 행할 수 있는 권리를 권위라 부른다. 그런고로 언제나 권위란 어떤 행위이건 행할 수 있는 권리를 의미하고 권위에 의해서 행해진 것이란(원래) 권리를 가지고 있는 자로부터의 위임(commission)이나 인가(license)에 의해서 행해진 것을 의미한다.9)

---

9) 같은 책, 84쪽.

이러한 홉스의 주장이 가지는 일차적인 중요성은 폭력에 의해 질서 지어진 인간관계에서 권위에 의해서 질서 지어지는 인간관계에로의 이행과정을 기술하는 중에 권위와 폭력을 구별 지으려고 한 점에 있다(물론 그가 이 일에 있어 성공했느냐 하는 것은 별개의 문제이다.). 그러나 그에게 있어 문제점은 권위를 단지 권한의 (자율적) 위임(authorization)이라고 하는 요소만을 들어 규정지으려 한 것이라 할 수 있다. 즉 그가 이와 같은 '위임설'10)에만 입각하여 권위개념을 주장하는 한 성공적으로 권위와 권력을 분별해 낼 수 없기 때문이다. 그 까닭은 사실상 그가 주장하고 있는 것은 순수한 의미에서의 권위라기보다 계약적, 위계적位階的인 의미의 의사권위라고 보는 편이 더 합당해 보이기 때문이며 그러한 한 그것은 권력을 전제로 하는 까닭이다. 이 점을 해명해 보려는 것이 본 절의 목적이기도 하다.

필자가 주장하고 있는 '임의적 의미의 권위'와 이와 구별되는 '계약적, 위계적 의미의 권위'를 보다 설득력 있게 드러내 보이기 위해, 여기에서 잠시 홉스에 관한 논의를 중단하고 권위문제를 보다 분석적으로 다루어 보였던 막스 베버의 주장과 그에 대한 금세대 학자들의 논의를 요약해 둘 필요가 있을 듯하다. 베버는 그의 유명한 *The Theory of Social Economic Organization*11)에서 순수한 세 가지 유형의 권위를 분류하고 있다. 그에 의하면 이들 권위는 각기 다음과 같이 다른 세 가지 타당성 주장들을 근거로 하여 정당성을 확보하고 있다는 점에서 구분된다.

첫째는 카리스마적 근거에 입각한 권위인데 이것은 '한 개인이나, 그에

---

10) 홉스의 이 개념에 대해서 De Jouvenel은 타인의 기질에 영향을 미치고 자기 제안이 받아들여지도록 만드는 능력이 권위라는 주장을 대비시켰다.

11) Max Weber, *The Theory of Social Economic Organization*, Ed. Guenter Roth and Claus Wittich (New York: Bedminster Press, 1968), pp.215 – 254.

의해서 제정되거나 드러난 질서 혹은 규범적 양식이 가지고 있는 비상한 신성성, 영웅성, 또는 비범한 성격 등에 대한 헌신'[12]에 근거하고 있다. 즉 '나는 독특한 신비적 체험을 가진 사람이란 것으로 족하니 나의 주장에 굳이 정당성을 요구하지 말라'는 것이다. 초자연적 존재가 위임하고 부여한, 통치하기에 적합한 능력과 예언의 능력을 가진 자와 그에 대한 타인의 믿음과 복종으로 이루어지는 인간관계로 어느 질서에서나 나타났다가 시간이 지나면 일상화되는 비역사적 현상이다.

둘째로는 전통적 근거에 입각한 권위인데 이것은 '태고로부터의 전통의 신성성과 그것에 의하여 행사되고 있는 권위의 정당성에 대한 이미 확립된 믿음'[13]에 근거하고 있다. 특정 시기에 의도적으로 만들어진 법은 아니지만 자생적으로 고정된 규범에 의해서 지위가 주어지고 그러한 규칙유형에 의해서 허락된 자격으로 명령을 내리고 복종을 받는다. 이때 중요한 점은 이 전통적 규범이라는 것이 지닌 신성성이니 존엄성이니 하는 것은 종교적 배경에서 온다는 점이다. 즉 그 지도자가 카리스마를 가질 수도 있지만 국가종교의 신神에 의해서 전통군주가, 또는 가족세대의 제례祭禮의 신神에 의해서 부모가 지지받고 비준받듯이 신성한 힘에 의해 정당화되는 점이 더 중요하다. 베버에 의하면 이러한 형태의 권위는 원시사회와 가부장제와 가산제家産制 사회와 봉건사회에 압도적이었다고 한다.

셋째로 합리적 근거에 입각한 법적 권위를 꼽고 있는데 이것은 '발효중인 규칙의 합법성과 그 규칙하에서 선출된(또는 추대된) 권위자와 명령발동권에 대한 믿음'[14]에 근거하고 있다. 여기에서는 계획된 목표의 달성

---

12) 앞의 책, 215쪽.

13) 같은 곳.

14) 같은 곳.

을 위해 의도적으로 만들어진 법과 그에 의한 위계질서가 있어 지배의 권리와 복종의 의무가 확립된다. 그러나 이때의 복종은 상위권자의 인간 그 자신에 대한 것이 아니다. 추상적이고 비인격적 형태로 구체화된 법률에 의해 만들어진 권리와 의무인 까닭에 오직 그 법률체제에만 복종할 뿐 그 것을 떠나 상관과 부하와의 관계는 성립되지 않는다. 보직자 개인의 어떤 품성이나 능력에 의해서가 아니라 법이라고 하는 일종의 계약(합의)에 의해서 주어진 직위와 그 직위에 있음으로써 행할 수 있는 명령권과 그 명령을 집행할 수 있는 강제성이 이 권위의 특징이라 할 수 있다. 이 경우는 개인적 카리스마나 신神에 의한 정당화가 반드시 필요한 게 아니다. 이런 정당화가 조직에 의해 대체되기 때문이다. 베버에 의하면 이러한 유형의 권위는 근대국가와 관료조직에 지배적으로 나타난다고 한다. 홉스의 권위 개념을 논하는 중에 베버의 권위분류를 대비시키는 이유는 자명하다. 전자의 권위개념은 계약과 법률과 지위에 입각한 것이라는 점에서 필경 후자의 '합리적 권위'에 대응할 것임에 틀림없기 때문이다. 따라서 필자가 생각하고 있는 '계약적 권위'란 양자를 포함하는 개념이며 '임의적 권위'란 이에 비해 홉스의 권위개념이나 베버의 합리적 권위와 구분되는 베버의 전통적 권위와 카리스마적 권위를 포함하는 개념이라고 생각해도 좋을 것이다. 한편 학자에 따라서는(예를 들면 피터스(R. S. Perters)) 베버의 합리적 권위와 전통적 권위를 묶어 '제도적 권위(In Authority)'라 하는 한편 카리스마적 권위를 '인격적 권위(An Authority)'라고 분류하기도 한다.[15] 피터스에 의하면 전자에 속하는 베버의 합리적 권위와 전통적 권위 양자 모두 어떤 일에 있어서는 특정인이 명령을 내릴 수 있도록 어떤 일정한 규칙 유형을

---

15) R. S. Peters, "Authority", *Political Philosophy*, Ed. Anthony Quinton(Oxford: Oxford University Press, 1967).

가지고 있다는 점에서 공통의 범주에 속한다는 것이며, 카리스마처럼 소명을 받은 경우나 그 밖의 타인에게 허락되지 않았던(그러나 반드시 신비한 체험일 필요는 없는) 경험을 한 자나 공적인 훈련을 받은 자들(예를 들면 의사)은 그들의 직위와는 관계없이 그 개인 자신이 체험하여 얻은 품성, 기질, 기술에 의해서 권위를 부여받는다는 점에서 또 다른 범주에 소속된다고 주장한다.[16] 즉 피터스에게 있어서 전자와 후자를 구별 짓는 단적인 준거는 그것이 비인간적(impersonal)이냐 인간적(personal)이냐의 문제라고 할 수 있겠다. 이러한 분류는 의미 있는 것이며 동시에 그가 '제도적 권위'라고 하는 범주를 마련함으로써 홉스의 권위개념과 베버의 합리적 권위개념을 같이 다룰 수 있는 테두리를 제공했다는 점을 긍정적으로 평가하고자 한다. 그러나 베버의 합리적 권위는 의도적이고 명시적인 노력에 의해 권위의 근거를 마련한다는 점에서 우주를 창조한 신이나 초자연으로부터 권위의 사회적 정당성을 끌어내고 있는 전통적 권위나 카리스마적 권위의 무의식적인 주술적(또는 종교적) 이데올로기 및 그 권능을 갖지 않는 고로 후자와 구분되어야 하며 따라서 본 연구에서와 같이 피터스의 분류와는 다른 기준을 적용한 논의를 전개할 수 있을 것이다. 피터스가 어떻게 권위와 권력을 대비시키고 있는가를 알아보는 것은 이와 같은 상이한 기준의 적용에 대한 이유를 해명해 줄 것이며, 동시에 필자가 주장하고 있는 계약적 권위의 속성을 분석해 내기 위한 논의에 좋은 논쟁거리를 제공하게 될 것이다.

---

16) 그 밖에도 Peters는 인격적 권위처럼 어떤 뚜렷한 체험을 내세울 바는 없으나 제스처나, 목소리, 습관적 명령 등을 구사하여 사실상 타인으로 하여금 자기의 제안을 받아들이도록 하는 데 성공하는 자들을 '사실상의 권위(Authority in de factor sense)'라고 하여 첨가하고 있다. 필자는 '초월적 권위'(베버의 카리스마나 전통적 권위)와 구별하여 공적인 훈련을 받은 경우와 위의 경우를 합한 것을 '일상적 권위'라고 부르겠다.

그의 논의는 앞서 요약한 바 있는 홉스의 노예와 하인의 구분에 원칙적인 불만을 표함으로 시작된다. 전자를 육체적으로 고립시키거나 투옥함으로 복종케 하는 물리적 강제력 또는 권력(Physical power)으로, 그리고 후자를 위협이나 회유에 의해 승낙을 받아 내는 정치적 강제력 또는 권력(Political Power)으로 설명하며 이때 권위를 후자의 개념과 관련지어 파악하고 있는[17] 홉스의 분류는 권위를 지나치게 단순화시킨 다고 비판 한다. 피터스는 그러한 권력이나 위협, 회유(선전) 등과는 구별되는 것으로서의 권위개념을 주장한다. 즉 권위란 권력의 한 유류에 불과한 것이 아니라 그와는 달리 사회적 체계 속에서 직위를 수행하는 특정인(Some body)이라는 것이다. 다른 사람이 아닌 그가 명령하기 때문에 복종한다는 것이지 결코 권력 때문은 아니라는 것이다. 명령의 위계적 체계를 갖는 군이나 관료체계에서, 임명된 특정인이 명하는 명령에 복종하기를 거부하는 자를 강제력으로 복종시킨다면 그는 그렇게 힘에 호소하는 순간 그 명령의 이행은 권위의 영역에서 벗어난다는 것이다. 피터스의 이러한 비판은 그것을 베버의 전통적 권위나 카리스마적 권위에 국한시키는 한, 사실에 근접한 비판[18]임에 틀림없다. 그러나 홉스의 그러한 권위개념작업이 카리스마적 권위와 같은 개인적 성격의 권위까지를 함의하고 있는 것이 아님은 물론이다. 그런고로 그의 논의는 홉스의 권위를 베버의 합리적 권위와 유사한 맥락에서 이해하고 비판한다고 할 때에만 의미 있을 것인바, 권위의 개념에서 권력을 아무런 전제 없이 제거해 버릴 수 있을 것인지는 의문이다. '임의적 권위'가 아닌 '계약적 권위'를 다루고 있는 한 권력

---

17) CF. Warrender, *The Political Philosophy of Hobbes*, pp.312 – 313. Peters에서 재인용한 것임.

18) 이 경우에도 100% 그런 건 아니다. 다만 정도의 문제인 때문이다. 이 점은 후반부에서 밝혀질 것이다.

을 필수적 성립요건으로 삼지 않을 수 없기 때문이다. 그럼에도 불구하고 피터스는 모든 권위에 공통적인 속성으로 비도덕적, 비과학적 규제와 함께 비권력적 특성을 주장한다.[19] 홉스의 하인의 경우에 그가 복종하기로 승낙해 버린 것은 결국 얼마쯤은 협박으로부터 오는 죽음에의 두려움이나 회유로부터 오는 불이익, 피해, 고통 등으로부터 모면하기 위해서였다고 할 때 그것은 더 이상 저항할 의사를 포기했다는 것 이외에는 그 근본에 있어 노예를 복종하게 한 권력(또는 힘)과 다를 바 없는 것이다. 권력과 권위를 구분 지으려는 것이 홉스의 노력의 일단이었다면 그는 이런 점에서 결코 그 일에 성공했다고는 볼 수 없을 것이며 따라서 피터스가 홉스의 권위개념을 비록 베버의 합리적 권위에 국한시켜서 비판한다 할지라도[20] 아니, 그렇게 국한시켜야만 할 것이기 때문에, 더욱 '모든' 권위로부터 권력을 배제해 버린다고 하는 그의 주장은 문제를 안고 있다. 그가 권위와 권력은 전적으로 구별해야 한다는 명제를 택했다면 홉스의 권위(와 베버의 합리적 권위)를 권위에서 제외시켰어야 했다.

상기의 이러한 논의는 권위에 관한 진보적(낭만주의적) 진영의 볼프(Robert Paul Wolff)와 보수적 진영의 골드스톤(Perters Goldstone) 그리고 터넬(Donald Tunnell) 간의 논쟁에 유의할 필요를 느끼게 한다. 볼프는 한 사람이 타방에 대하여 명령한다고 하는 것은 도덕적으로 정당화될 수 없기 때문에 권위가 개입되는 한 진정한 인간관계(특히 사제관계)는 이루어질 수 없다고 주장한다. 볼프에게 있어 권위란 '명령할 권리'와 '복종받을

---

19) Peters, p.92. 실은 임의적 권위에 속하는 전통적 권위나 카리스마조차도 '권력 지향적'이라는 점을 지적하는 논의가 있었다. 단, 차이가 있다면 이 경우 권위 성립의 필수 요건이라고는 할 수 없다는 점일 것이다. 이 점은 후반부에서 좀 더 다루어질 것이다.

20) 물론 그는 그렇게 하지 않았다. 그는 '모든' 권위의 공통적 속성은 권력과 구분되는 것이라 했다. "Common features of uses of authority", p.92.

권리'21)를 의미하는 것이기 때문에 그는 이 비도덕적 인간관계를 형성하는 권위의 타도를 들고 나서며 무정부주의의 옹호에까지 이르게 된다. 여기에서 필자는 이 주장에 대한 관심보다는 이를 부적절한 권위의 '명령이론'이라고 몰아붙이고 있는 골드스톤과 터넬의 논박에 더 관심을 가지고 있다. 이들은 명령할 권리를 갖는 자와 그에 복종할 의무를 갖는 자의 관계로 권위를 규정지어 버리는 것은 "다양한 모형의 권위를 명령하기라는 한 가지 모형에로 동화시켜 버린 것"22)이라고 비판하며 이를 입증하기 위하여 오스틴(J. L. Austin)의 '실행적 화행話行'과 '판정적 화행(話行, Exercitive and Verdictive speech acts)'을 인용한다.23) 오스틴에 의하면 우리의 화행(話行, speech act) 중에는 임명하다, 명령하다, 지시하다, 벌금형을 내리다, 해산시키다 등과 같은 부류의 실행적 화행이 있는데 이것의 특징은 '권력, 권리 또는 영향력의 행사'에 있다. 반면에 유죄 판결하다, 무죄 선언하다, 평가하다, 해석하다, 등급 매기다 등과 같은 판정적, 평결적 화행은 가치나 사실에 관한 증거나 이유를 근거로 하여 어떤 평결을 제공하는 (것으로 그치는) 특징을 갖는다. 골드스톤과 터넬에 의하면 '직위로서의 권위'는 명령하는 것 이외에도 위에서 오스틴이 열거하고 있는 두 범주에 속하는 일들을 수행하고 있다고 보아야 하며 따라서 "권위의 명령이론은 실행적 화행 내의 여러 가지 구분을 무시하고 있을 뿐 아니라 평결적 화행의 범주 전체를 무시하고 있다."는 비판을 면할 수 없다는

---

21) Robert P. Wolff, *In Defence of Anarchism*(New York: Harper and Row Publishers, 1970), p.4.

22) Peter Goldstone, Donald Tunnell, "A Critique of the Command Theory of Authority", *in Educational Theory*(Spring 1975), pp.131 − 138.

23) J. L. Austin, *How to do Things with Words*, Ed. J. V. Urmson and Marina Sbisa(Cambridge: Harvard University Press, 1975), pp.151 − 155. 여기에서 Austin은 사실은 5가지 화행을 분류하고 있다. Verdictives, Exercitives, Commissives, Behavitives 그리고 Expositives.

것이다.[24] 이들의 주장을 긍정적으로 수용할 때 우리는 우리의 관심과 관련하여 다음과 같이 말할 수 있을 것이다. 즉 홉스의 권위나 베버의 합리적 권위도 분명히 오스틴이 말하고 있는 이들 두 범주의 화행을 담당하는 자들이라고 생각해서 무리가 없을 것인즉 이러한 권위가 오스틴이 말하는 실행적 화행을 행하고 있는 한 분명히 '권력의 행사를' 수행하는 것도 빼놓을 수 없는 그의 특징일 터이다. 요컨대 피터스가 카리마스적 권위나 전통적 권위만을 논하는 것이 아니라 홉스의 권위개념이나 베버의 합리적 권위개념까지를 논하고 있는 한 거기에서 권력을 배제해 버릴 수 없다고 보아야 할 것이다. 이와 아울러 한 가지 첨가해서 지적해 두어야 할 것은 만약 피터스의 주장처럼 '제도적 권위'에서조차 권위와 권력 간의 논리적 독립성이 강변된다면 앞서 언급했었던 그의 '제도적 권위'와 '인격적 권위'의 구분은 단지 인간적이냐 비인간적이냐는 형식적 구분에 그칠 뿐 양자를 구분하는 실질적 내용이 없어져 버리고 만 꼴이 될 것이다. 그가 의미하는 제도적 권위란 누군가가 무엇을 규칙으로 할 것인가를 말하고 그것이 어떻게 사회적 영역에서 구체적으로 준수될 것인가를 말할 수 있는 경우를 두고 말한 것이었다. 그러나 만약 그가 단지 그 규칙을 말할 뿐(선언할 뿐) 그것이 지켜지도록, 즉 그것이 정말 그대로 규칙이 되도록 집행하는 수단인 권력이 그를 돕지 않는다면 즉 실행적 권력이 수반되지 않는다면, 그가 말하는 '제도적 권위'를 독특한 체험이나 특유의 훈련으로 인해 고유한 지식 영역에 대해서 말할 수 있는 권리를 갖는다는 '인격적 권위'와 구분한다는 것이 무슨 의미를 가지는 것인가? '권력을 갖지 않는 제도적 권위'를 생각한다는 것은 우스꽝스러운 일이다.

---

24) Peter Goldstone, Donald Tunnell, p.135.

그가 실행적 화행을 행하고 있어야 할 사람이라면 그는 그것을 실행할 권력을 갖고 있어야 함은 당연한 논리적 귀결이다. 칼 없는 직위는 단지 공허한 허수아비일 뿐이다.[25] 결국 홉스의 권위개념이나 베버의 합리적 권위가 단순히 평결만을 내리는 기관이 아닌 한 실행적 권력은 필수적일 수밖에 없다.

이제까지의 논의에서 분명히 해 두어야 할 점이 있다. 즉 필자는 지금 순수한 의미에서의 권위와 권력을 동일시하거나 동일한 범주 속에 포함시키고 있지 않다는 점이다. 오히려 그 반대이다. 피터스의 말대로 전자나 후자는 결코 같을 수 없는 논리적으로 독립되어 있는 개념들임을 주장하고 있는 중이다. 단지 그가 사용하고 있는 권위개념에 강한 문제를 제기하고 있을 뿐이다. 근본적으로 말해서 성악설에 입각하여 인간과 인간의 원초적 인간관계를 전쟁상태로 본 홉스와 다른 입장에 선다면(확인할 수 있는 아무런 반증도 없는 말이긴 하지만) 인간의 관계 속에(육체적이든 정치적이든) 권력이 개입되기 이전의 원시적 인간관계는 아마도 순수한 의미의 권위에 의해서 매개되어 있었는지도 모른다. 달리 말해서 물리적 강제력을 전제로 하는 어떤 법체제가 탄생되기 이전에도 반드시 만인 대 만인의 전쟁상태만이 존재한 것이 아니었을 것이라고 가정할 수 있다면 그리고 그런 중에도 어떤 형태의 사회적 질서라고 할 수 있는 형태가 존재한 적이 있었더라면 그것은 아마도 초자연적 자질을 가진 자라고 자타에 의해서 믿어지는 카리스마거나, 또는 높은 지혜나 덕을 갖춘 자라고 이웃에게 추앙받는 자나, 또는 종교적 명령에 복종함으로써 가능했을 것이다. 그러나 이들의 이러한 자질이 변질되거나 이들의 이러한 역

---

25) Hobbes. 같은 곳, "칼 없는 신약은 단지 공허한 말에 지나지 않는다."

할이 타인(주로 세습받은 자손)에게 이전되면서 퇴색되는 권위와 이에 따르는 질서의 와해를 막기 위해서 법이 제정되고 권력이 사용되게 된 것이 아닌가 하는 가설을 세우는 것도 무의미하지는 않을 듯하다.26) 베버는 세 유형의 권위는 실제로는 서로 어우러진 형태로 나타난다는 점을 인정하고 있지만 합리적 권위는 근대와 현대 관료주의에서, 그리고 전통적 권위는 원시사회에서 봉건사회에 이르기까지의 시대에서 특징적으로 나타난다고 말함으로써 단지 분석적 목적이 아닌 역사적 사실적 고찰임을 주장한다. 카리스마에 대해서만은 특정의 역사적 시기를 언급하지 않고 카리스마의 비역사성을 강조한다. 즉 역사 속의 어느 시기에든 나타났다가는 일상화되어 버림으로 끝난다고 하는 베버의 카리스마의 성격규정은 실은 하나의 사고체계나 문화적 규범의 행위체계화 내지는 제도적 장치화 과정을 설명한 것이기도 하다. 사고의 내적 정당성을 지녔던 카리스마나, 종교적 · 내적 정당성의 사적私的 현시라 할 수 있는 전통적 권위가 제도화될 때 거기에는 본래적 요소는 감소되고 권력을 성립의 필요조건으로 삼는 합리적 권위의 성격이 강조될 수밖에 없다. 초기에 불필요했던 권력이 이제 질서유지와 명령 – 복종 관계의 유지를 위해 필수 불가결해지는 것이다. 결국 권위와 권력은 후자가 강조될수록 전자가 소멸되었음을 의미하는 상대적 개념으로 보아야 할 것이다. 결론적으로 순수한 의미의 권위의 퇴색을 보완키 위한 권력의 도입에 의해서 사회질서라는 목적달성을 꾀하는 것이 홉스의 권위요 베버의 합리적 권위라면, 즉 이들이 권위와 논리적으로 독립적인 개념일 수밖에 없는 권력을 포함함으로써 그 성격이 주어지고 그 체제가 유지된다면, 이들은 분명히 순수한 권위와

---

26) Cf John Locke의 *The Second Treatise of Government*., 統治論 이극찬 역, (삼성출판사, 1979)으로 번역되어 있음.

는 구분되는 계약적 위계적 성격의 의사擬似 권위라고나 명명해야 할 것이다. 이런 의미에서 권위와 권력이 혼재되어 있는 홉스의 권위개념과 베버의 합리적 권위와 같은 제도를 비분절적으로 소박하게 권위의 개념 속에 편입시켜 온 베버 이후의 논의를 답습한 피터스 역시 권위와 권력의 논리적 독립이라는 자신의 주장을 홉스와 베버의 합리적 권위개념에 대한 논의 속에서는 성공적으로 입증해 내지 못했다고 하겠다. 계약적 권위는 권력을 필요조건으로 요구하는 것이다.

나) 관료정치로서의 계약적 권위

전통적, 카리스마적 권위와 베버의 합리적 권위를 구별 지어 주는 요소는 앞서 언급한 것처럼 후자가 권력을 그 필수요건으로 한다는 정도로 그치지 않는다. 베버 자신이 양자를 반립反立시키고 있다고 하는 해석이 가능할 수 있으리만큼 양자는 원천적인 대립적 속성을 지니고 있기 때문이다. 후자는 전자의 본질적 특성인 신앙적 근원을 인위적 법률의 내재적 합리성으로 대체해 버렸다고 하는 점에서 근원적인 차이를 지니고 있다. 전자에게(특히 카리스마에게) 가능했던 신성성에 근거한 혁명성도 후자에와서는 '합리성'으로 대체되어 버림으로써 더 이상 혁명적 원리로 작용하지 못하게 되었음은 물론 더욱더 적극적으로 현상 고착과 체제 유지적 성격을 띠게 되었다는 것이 베버의 견해이다. 매킨토시(Donald Mcintosh)는 베버의 이 양자 간의 반립을 극명하게 기술하고 있다.

베버에서 나타나는 두 가지의 기본적인 이분법은 모두 기독교적 전통에서 나온다. 카리스마와 이성 간의 이분법은 신앙과 이성이라고 하는 전통적 구분을 자기 식으로 표현한 것이고 관료주의적 권위나 카리스마적 (예언적) 권위 간의 이분법은 신체와 영혼, 이 세상과 저세상, 세속도시와 신국, Marx의 유물론과 Hegel의 관념론이라고 하는 역사 깊은 이원론을 재정리한 것에 지나지 않는다. 서구문명사를 이 두 원칙 간의 결혼이자 투쟁이라고 보는 베버의 견해는 근본적으로 종말론적이다.[27]

이와 같은 양자 간의 싸움의 결과 도달한 후자(합리적 권위)의 전횡 (totalization)이 의미하는 바가 무엇인가? 이에 대한 베버 자신과 그 사후에 등장한 비판이론가들의 비판을 들어 보자. 베버에 의하면 신성성이 '합리성' 으로 대체되어 가는 과정은 개인적 권위인 카리스마적 권위와 전통적 권위 가 제도적 권위화되어 가는 과정과 짝하여 더욱 견고한 형태의 '합리화'인 관료정치 체제에로 틀 잡게 된다. 사회구성원들의 실제적인 동일시의 대상 이 될 수 있는 어떤 이념적 체계(예를 들면 민족주의 같은 것)가 의인화됨 으로써 카리스마 역시 '세속화'되고 본래 종교적 근원에 뿌리를 두고 있는 전통적 권위는 관례화(routinization), 형식화(formalization) 등과 같은 의식화 (儀式化, ritualization) 과정을 통해서 제도화됨으로 모든 외양적 사회생활이 반복적으로 되고 체계적으로 된다는 것이다. 게다가 여기에 국가라는 합리 적 권위와 어우러져 더욱 '합리화'된 체제에로 돌입하는 것이다.

베버의 합리적 권위에 대한 이러한 성격규정은 그 근원에 있어서 이성 적 자연법의 확립을 위해 노력했던 홉스의 권위개념과 무관할 수 없다. 아렌트(Hannah Arendt)가 자연법 일반에 대해서 지적했듯이 홉스의 그것 도 '과학적 엄밀성을 가지고 시계가 시간의 움직임을 지배하듯이 정치제 도가 인간행위를 지배할 수 있도록 고안'[28]해 내려는 '과학적 사회철학'

---

27) Donald Mcintosh, "On the Nature and Sources of Authority", in *American Sociological Review* Vol. 35, Oct. 1970, p.116.

태도의 본보기이다. 갈릴레오 이래 꿈틀거리던 자연과학적 사고의 맹아가 근대에 와서 그 봉오리를 터뜨리면서 빈틈없는 기술자적 확실성이 강조되게 되었고 사회적 법과 제도 역시 이러한 과학적 기계적 기술의 확실성 위에 세워져야 한다고 하는 주장이 가능하게 되었다. 초자연적 또는 종교적인 곳에 바탕을 둔 카리스마에 대해서보다 이성적 기능을 가진 인간의 모습에 대해서 더 매력을 느끼게 되면서 사회정의와 사회적 질서의 본질이란 것도 결국 이성을 구사해서 인간이 만들어 낼 수 있는 그 어떤 것의 형태를 취할 것이라고 하는 인간 자신에 대한 확신에 몰두하게 된 것이다. 홉스의 정치에 대한 이러한 시각을 하버마스는 아리스토텔레스(Aristoteles)의 정치학 개념에 비교하고 있다.[29] 아리스토텔레스는 그의 *정치학(Politik)*에서 정치는 본질적으로 윤리와 연관 맺고 있는 것이어서 그 목적이 유덕하고 신중한 실천(Praxis)을 통한 인격도야(Phronesis)에 있다고 보고 있다. 따라서 그의 국가관 역시 오직 선한 삶을 위한 폴리스(polis)에 근거하고 있다. 그에게 있어 폴리스란 동물처럼 오직 생존만을 위한 안보 공동체(Koinonia symmachia)도, 오직 부의 축적을 꾀하며 개인 재산의 보호만을 위하는 경제단체도 아닌 그 이상의 어떤 것, 즉 선한 삶과 유덕한 행위를 가능케 해 주는 곳으로서의 시민사회를 의미했다. 이러한 아리스토텔레스의 정치관은 하버마스의 눈에는 홉스의 정치관과 정면으로 대립되는 것으로 되어 있다. 홉스의 정치관은 법과 계약에 대한 지식과 이의 제도적 구현에서만 사회적 질서와 정의가 확보된다는 안보 공동체적 견해에 입각해 있다. 따라서 아리스토텔레스가 말하는 실천(praxis)과 신중

---

28) Hannah Arendt, *Vita Activa* (Stuttgart, 1960). Habermas, *Theory and Practice* (Boston: Beacon Press, 1973), p.65에서 재인용.

29) Habermas, 같은 책, 제1장을 참조할 것.

(Phronesis)과 같은 윤리적 측면과는 근본적으로 단절된 과학적 기술 (technique)이 강조될 뿐이다. 정밀한 조직의 기술로 국가를 만들어 내는 인간의 능력이 중요할 뿐이다. '인간이 이성을 적절히 구사하기만 한다면 인간의 국가는 내적인 퇴락의 위험으로부터 보호될 수 있다.'[30] 그런고로 만일 국가가 외적인 폭력 때문이 아닌 내적 무질서로 인해서 와해되는 것은 첫째로 무엇이 바른 질서를 위한 조건인가에 대한 과학적 지식이 결여되어 있기 때문이고, 둘째로는 그 조건에 의한, 정확히 계산된 법과 제도가 만들어지지 아니했기 때문이라는 것이다.[31]

홉스의 이러한 기술자적 이론체계를 하버마스는 '권력 과학' (Macht-wissenschaft)이라 부르며 이것이 안고 있는 실천적 문제점을 지적한다. 즉 기계와 같이 정확하게 조직된 사회적 장치가 과학적 지식에 근거하여 이루어질 때 이것은 앞으로 생길 수 있는 모든 결함과 장애 요인을 예측해 낼 수 있는 사회공학이 되며 정확한 질서의 고안을 목표로 하는 기술자라고 할 수 있는 이 사회공학은 하버마스의 눈에는 결국 사회적 상호작용까지도 기술적으로 통제해 버리는 것을 목표로 삼는 근대국가의 관료화의 시발일 뿐이다.

이 공학이 목표하는 바는 '인간행위의 속성이 기하학적으로(기하학뿐만 아니라 기하학적 방법을 도입함으로써 과학으로 승격되는 자연철학까지 포함해서) 명백하게 동화될 수 있다면 옳고 그름에서 유래하는 탐욕이나 야망의 힘은 곧 쓰러지고 말 것이며 그리고 인간은, 전쟁의 구실이 있을 수 없는… 확고부동한 평화상태 속에서 삶을 영위할 수 있을 것'[32]이라

---

30) 홉스, 같은 책, 29장을 참조할 것.

31) 하버마스, 같은 책, 49쪽.

32) 홉스, *철학의 기초*, 61쪽에서 Habermas, 같은 책에서 재인용.

는 소박한 낭만적 기대 위에 바탕을 둔다. 그러나 원칙적으로 사회적 관계의 실천적 조정을 위한 대화 따위를 필요로 하지 않는 근대 물리학적 모형을 따른 이 완벽한 기술자적 태도나 관료주의적 제도 확립은 그 속에 몸을 담고 있는 구성원들의 실천적 관심과, 그들의 의식과, 신념 그리고 이것에 바탕을 둔 그 실천적 주체들의 협상과 합의 과정이 처음부터 배제되어 있음을 하버마스는 주목한다. 홉스는 일응 "시민들의 계약 속에 이미 이와 같은 대화와 합의과정이 포함되어 있지 않은가?"라고 강변할는지 모른다. 그러나 그것은 '계약에 의한 규범적 강제가 인간본성에 의거한 인과율적 강제로 환원되면서 그 측면도 해소되고 말았음'[33]을 간과한 소치이다. 즉 홉스에 따르면 자연상태의 인간본능은 한편으로는 욕구총족의 극대화라는 자연적 욕망의 강제와 다른 한편으로는 그 결과 닥칠 전쟁으로 인한 재앙을 회피하려는 자연이성적 명령과의 사이에서 필연적으로 도달되는 계약을 맺게 된다는 것이다.[34] 이와 같이 인과율적 관계에서 시민의 사회적 공존을 위한 규범적 질서가 설명되는 한, 그곳에는 실천적 주체의 행위(Handeln)는 있을 수 없고 단지 방법론적 확실성을 띤 통제(Verfügen)만 있을 뿐이라는 것이다.

생존과 개인재산 보호를 위한 안보, 경제 공동체적 역할을 담당해 내기 위하여 철저히 과학적으로 계산된 기계적 사회조직의 성격을 띤 홉스의 권위개념은 베버가 분류해 낸 합리적 권위개념 속에서도 유지되고 있음은 물론이다. 단지 '사회질서가 어떻게 가능해지는 것일까?'를 주 관심사로 가지는 홉스의 문제에다 베버는 '그 질서의 정당성이 어떻게 확보되고 있는가?'에 대한 강조를 첨가시켰고 그의 합리적 권위도 자본주의의 정착

---

33) 하버마스, 같은 책, 77쪽.

34) 홉스, *철학의 기초*(62쪽), Habermas, 같은 책, 69쪽 참조.

과 함께 사적 소유의 보호와 그 재산의 증식을 위해 생산수단을 국가관
료적 통제하에 두는 경제적 측면을 더 강조해서 읽어도 좋을 만큼 관료
제에 관한 연구를 심화시키고 있을 뿐이다. 물론 베버의 합리적 권위 자
체가 관료제를 의미하는 건 아니다. 다만 중앙집권 안보와 사유재산 보호
라는 홉스의 권위가 베버의 합리적 권위에 와서 그 목적을 달성키 위해
관료제의 형식을 발달시키는 방향으로 갈 수밖에 없는 근본적인 성격을
그 근원에 있어서부터 배태하고 있었다는 점을 강조하려는 것이다. 롱
(Dennis H. Wrong)이 옳게 지적하고 있듯이 "적어도 현대의 서구에서는
관료제가 베버가 말한 합법성의 정당한 권위 유형을 대표한다."[35] 왜냐하
면 계획된 목표를 달성하기 위해 '의도적으로 세워진' 치밀한 위계적 법
체계로 인한 관료제의 능률적이고 비인격적인 실적이야말로 합리적 권위
의 기능적 목적일 것이며 따라서 이것이야말로 그 권위의 고유의 구조요,
그 조직의 존재가치를 정당화하는 중요한 기준이 될 것이기 때문이다.[36]
더구나 관료제 성립의 조건으로 꼽는 여러 가지 것 중에서도 선출이나
상속에 의하는 게 아니라 법에 의거한 임명으로 직위를 맡는 것과, 이렇
게 해서 보통 종신적 지위를 누리는 관료들은(그들의 업무를 물질적 보수
자체를 위한 것으로 여기고 적절한 이윤을 얻으며 언제든 그날 일을 마
칠 수 있는 자영기업인과는 달리) 업무를 의무로 여기는 것과, 철저한 위
계질서 속에서 명령을 수행한다는 점 등은 베버가 특징짓고 있는 합리적
권위의 특징 바로 그것이어서 합리적 권위의 기능을 수행하기에 적합한
현대적 형태임을 부인할 수 없다. 매킨토시(D. Mcintosh)도 같은 주장을

---

35) D. H. Wrong Ed. *Max Weber* (Englewood Cliffs, New Jersey: Prentice Hall, Inc, 1970) Introduction.
   이종수 편역, *막스베버의 학문과 사상*(한길사, 1985), 160 – 161쪽 참조.
36) 롱, 같은 곳, 이종수, 같은 책, 169쪽.

하고 있다. "관료적 권위라는 말은 정당성과 강제성과 공리성이라고 하는 복잡 다양한 지원하에 이루어지는 지배의 실제적인 제도적 체계를 가리키며 이와 긴밀한 연관을 가지고 있는 합리적 법률적 권위라는 개념은 하나의 정당성 유형을 가리킨다. 관료제도는 역사적 상황에 따라 크고 작은 정도의 차이가 있지만 (일반적으로) 합리적 법률적 권위라고 하는 특징을 지니고 있다."[37]

베버는 목적달성(여기에서는 정치적 경제적 질서유지)을 위하여 명령의 일관된 하향전달과 그 집행이 요구되는 합목적적으로 고안된 위계질서인 관료제야말로 오늘날과 같이 요원들 간에 통제된 협조가 요청되는 현대적 상황에 있어 불가피한 제도임을 인정한다. 그는 이 순수 기술적 우위성을 가지고 있는 이 관료적 메커니즘에 필적할 만한 어떤 제도도 발견할 수 없음을 인정한다. 광역의 중앙집권적 민족국가가 등장하면서 증가하는 인구에 대처하기 위하여 절대군주적 정부관료제가 불가피하게 되었고 이어서 기계기술의 도입과 더불어 대단위 생산단위가 요구됨에 따라 경제적 관료제가 불가피하게 되었다는 것이다. 특히 현대사회에는 '직책의 전문화, 권위의 위계화, 세분화된 법규와 규정, 직장동료 간의 비인간적 관계'[38]와 같은 특성을 구비하고 있는 관료제가 아니고는 엄두도 못 낼 일들이 산적해 있다. 그러나 이러한 설명으로 해서 베버를 관료제의 옹호론자라고 비판받게 하는 것은 베버에게 공정하지 못하다. 롱의 말대로 베버는 때때로 얘기되는 관료제의 옹호자나 변호자가 아니었다. 그는 단지 광대한 영토를 가진 대규모 사회에서 만약 어떤 행정적 또는 생산적 목적을 달성하려면, 그 때에는 그렇게 해 낼 수 있는 관료적 조직을

---

37) D. Mcintosh. 같은 책, 902쪽.

38) 롱, 같은 곳.

갖지 않으면 안 될 것이라고 강조했을 뿐이다.[39]

　이와 같이 현대 국가행정조직과 경제기업에서의 관료제가 합리적 권위의 정당성을 대변하는 현대적 제도로 등장했음을 확인하는 깊이만큼 그것의 병리를 깊이 직시하고 개탄했던 자도 역시 베버였음은 주지의 사실이다. 베버는 관료제가 '합리성'에 다름 아니며, '합리성'은 비인격화된 기계적 일상적 일과의 수행일 뿐임을 확인한다. 그는 정밀성과 속도와 판별력과 통합력 그리고 엄청난 비용절감 등을, 최고수준으로 가능케 하고 있다는 격찬을 듣는 관료제가 바로 그 자랑스런 '합리화'와 기계화에 의해서 계획되고 강요되는 인간 압제적인 틀에 박힌 일(routine)로 인한 인성의 왜곡을 속수무책으로 바라보며 이를 더욱 가속화시키고 있음을 지적한다. 즉 관료제하의 인간들은 위계적 질서 속에서 시험에 의한 승진지향의 협량한 직장인으로 전락해 있으며, 현실 개혁의 열정도 창의성도 자발성도 고갈되어 있는 기계화의 일부분인 수동적 인간형일 뿐인 것이다. 관료제와 함께 사회의 '합리화'를 전개시켜 온 현대사회는 불가불 소외를 겪지 않을 수가 없는바, 이 소외는 베버에 의하면 마르크스가 언급했던 생산수단으로부터의 노동자의 소외에 그치는 게 아니라 연구수단으로부터의 학자와, 행정수단으로부터의 관료와, 폭력수단으로부터의 군인이 겪은 소외로 사회 전반에 일반화되어 간다고 주장한다. 이 관료제 자체와 그 병리에 대한 관심이 본 연구의 주된 관심일 수 없는 까닭에 더 이상의 상론을 피하겠거니와, 끝으로 효율의 극대화를 위하여 세계적 제일성과 자연주의적 일관성의 행동원리에 충실하며 합리적 권위의 정당성의 대변자를 자임해 온 관료제는 홉스의 권위에 대한 하버마스의 비판이 언

---

39) 같은 곳.

급하고 있듯이 그 어느 곳에도 실천적 주체로서의 인간의 의식과 신념과 이에 근거한 합의를 담을 공간이 준비되어 있지 않음을 지적하지 않을 수 없다.[40]

이제까지 우리는 순수한 형태의 권위와는 달리 제도적 권위는 권력 (Macht)을 필수조건으로 한다는 점을 분명히 하는 한편, 이 형태의 권위 는 주인 / 노예의 경우에서처럼 전적으로 힘에만 의존하여 상대의 반항에 도 불구하고 지배하는 것은 아니로되 그의 물질적 강제력의 정당화를 위 해, 홉스의 경우(주인 / 하인)에나 베버의 합리적 권위의 경우에나 공히 관 료제적 목적합리적 체제에 의해 사회적 물질적 보상을 보장해 줌으로써 복종과 동의를 받아 내는 까닭에 여전히 지배의 정당성에 문제가 있음을 살펴보았다.

3. 인격적 권위

가) 카리스마적 권위와 전통적 권위의 근원과 성격

실러(Friedrich Schiller)의 주술로부터의 세계 해방(disenchantment of the world)에 깊은 관심을 가졌던 베버는 관료주의적 사회조직이 그들의 사고 에서 주술적 요인들을 배제하는 것으로 합리화의 방향을 삼으며 더욱 틀

---

40) 여기에서도 앞서 필자가 주장했던 홉스의 권위와 베버의 합리적 권위의 의사 권위적 성격이 확 인되고 있다. 즉 권력과 과학적 예측을 근간으로 삼고 있는 이들은 권력과 과학적 논의를 배제 하는 순수한 의미에 있어서의 권위와 구분되고 있다.

에 박힌 계획적 일상적 일과를 추진해 온 결과 어찌 되었는가를 발견하게 되었다. 이로부터 확인된 병리현상의 극복을 위해 그가 빌려 온 것이 괴테(Goethe)와 칼라일(Thomas Carlyle)에서부터 싹터 오다가 좀(Rudolf Sohm)[41]에 이른 카리스마 개념이었다. 물질주의와 공리주의보다는 혼과 의지와 힘을, 범속한 시민들의 세력보다는 영웅의 우월성을 칭송해 온 이 일련의 사상에 편승한 베버도 제도화된 일상적 업무나 전통적 관행이나 합리적 처리보다는 신비한 개인적 자질에 대한 신뢰와 복종이 강조되는 카리스마를 사회적 역학의 중요한 국면으로 부각시킨다. 괴테와 밀(Mills)에 의하면 베버의 이러한 선택은 역사적으로 자유주의 이분법적 대비 속에서 집단보다 개인을, 일반인의 인습보다 선각자의 내적 자유를, 제도적 규제보다 자발적 개인을, 생존의 단조로운 권태보다 정신적 구상의 비약을, 즉 제도의 일상적 생활상보다 카리스마의 개별적 자발성을 선호하는 것을 의미하는 것으로, 역사발전의 합리적 귀결로만 설명할 수 없는 또 다른 역사의 역동적 측면을 보여 주는 역사관에 근거하고 있다. 사회적 결속과 질서를 위한 제도적 규제의 비인격적 합리성의 강조가 야기해 온 사회적 병리현상에 처하여 현대인이 눈 돌려야 할 곳은 계급과 신분적 장애를 무너뜨리며 공동체적 감정을 일으키는 구심점이 되는 카리스마적 지도자의 비일상적, 혁명성이 아니겠는가라는 것이다.

앞서 약술했던 바와 같이 베버에 의하면 카리스마적 권위는 합법적 권위와는 달리 고정된 사법원칙도, 조직된 경제적 지원도 없는 비상한 능력의 지도자를 신앙하는 불특정 다수 추종자들의 비합리적 지배-복종관계이다. 물론 이 카리스마의 일상화나 승계 또는 제도적 보완을 논하게 되

---

41) *로마법제도, 카톨리시즘의 본질과 기원* 등을 쓴 독일 법학자(1841-1917).

면 합리적 권위나 전통적 권위와의 구별이 어렵게 되어 카리스마 자체의 개념이 흐려져 버린다. 그런 까닭에 베버 자신의 근본 의도는 카리스마를 제도적 역할 의존적 자질과 구분되는 인격적, 심리적 자질로 규정했었다는 주장이 설득력 있게 제기된다.[42] 이에 관한 찬반의 논의가 있을 수 있으나 이 문제는 물론 본 연구의 일의적인 관심영역 밖의 문제이다. 여기서는 다만 권위의 근원과 속성을 검토함으로 권위의 정당성을 비판한다는 연구목적을 위하여 앞 장에서의 베버의 합리적 권위에 대한 논의와 구분하여 전통적 권위와 카리스마적 권위를 한데 묶어 다루려고 한다. 이러한 방법론적 전략의 정당성은 합리적 권위와 전통적 권위의 권위제도화라는 공통적 특성이 있음에도 불구하고 베버에 의해서 사용된 원래의 카리스마 개념이 그의 전통적 권위의 신성성과 마찬가지로 철저한 종교적 개념이었다는 점과[43] 이때 이들에게 있어 전자는 인격적, 개성적으로 구체화되었고 후자는 제도적으로 구체화되어 나타났을 뿐, 그 근원에서는 종교적 또는 초월적 가치에 대한 신념과 그것의 구체화에 대한 신념을 뿌리로 삼는다는 점,[44] 그리하여 양자는 로고스적 합리적 근거 위에 의도적으로 설립되는 합리적 권위와는 달리 파토스적 비합리적 근거 위에 자연적으로 형성되는 공통점을 갖는다는 점과 같은 가설에 그 근거를 두고 있다.

계약적 권위의 형태를 취하지 않는 임의적 형태의 권위들이 갖는 성격을 분석하기 위하여 좀 일반적인 현상으로부터 논의의 말문을 열어 보자. 예를 들어 우리는 일반적으로 전형적인 권위의 관계로서 독자와 사전, 또

---

42) 이 문제에 대해서는 찬·반의 논쟁이 있다. 이를 주장하는 측으로는 Robert Bierstedt를, 그리고 이에 반론을 제기하는 측으로는 Edward Shills와 Robert Nisbet를 들 수 있다. Cf. Wrong, 같은 책(이종수, 170 – 171쪽).

43) 롱, 같은 책.

44) Mcintosh와 Edward Shills의 글들도 이 점을 지적하고 있다.

는 어린 자식과 부모, 또는 신도와(종교적) 예언자의 관계를 생각할 수 있을 것이다. 이들은 각기 주로 현실에 관한 판단이 문제시될 때 이루어지는 선경험자에 대한 미경험자의 복종의 관계이며, 여기에 다시 전통적 종교적 신앙 또는 초자연적 실재에 관한 기본개념이 첨가되어 있는 관계이며, 신의 뜻이나 미래에 대한 예언이 개입되어 있는 경우일 것이다. 어느 경우에 있어서나 권위의 개념은 결국 힘에 의한 강제적 복종이나 과학적 논쟁 또는 도덕적 논쟁의 결과에 대한 승복이 아닌 자발적인 판단에 의한 복종으로서 특정인의 판단이 자신의 판단보다 더 정확하거나 옳으리라는 믿음하에 판단과 결정을 그에게 위임하고 따르는 관계를 의미하고 있다. 그러나 대부분의 사람이 그를 권위로 여기고 그에 복종하는 경우조차도 혹자는 권위자보다 더 나은 지식과 판단력을 자신하여 그의 말에 불신을 느낄 수도 있으므로 그 권위로 여겨지는 자의 지식이나 판단이 언제나 반드시 보편성을 띤 절대적인 것은 아니라고 할 수 있다. (절대적일 수 없는) 어떤 것에 대하여 절대적인 믿음을 보내며 그에게 전적인 판단을 위임하는 자도 있을 수 있고 이를 거부하는 자도 있을 수 있다면 문제는 권위자에게보다 추종자 자신에게 있다고도 볼 수 있다. 어린 자식과 부모의 경우 근본적으로, 문제는 살아남기 위한 장기간의 절대적 의존 관계를 맺지 않을 수 없는 자식에게 있다. 당분간 삶의 불안은 오로지 부모에 의존함으로써만 안정으로 바뀔 수 있기 때문이다. 자신의 능력과 지식이 전무하리만큼 무無에 가까울 때 이 앞에 나타난 약간의 지식조차도 모두가 전지전능한 것45)처럼 간주될 것이므로 여기에서 그 미소한 지식

---

45) 가령 수학에서 $\frac{1}{0}$ 도 무한대(∞)요, $\frac{2}{0}$ 도 $\frac{3}{0}$ 도 무한대이듯이 말이다. 나다이나다, *권위와 권력*(집문당, 1981)은 이와 같은 시각에서 일상생활 속에서의 권위의 문제를 잡문형식으로 흥미롭게 다루고 있다.

의 불완전성이 문제시될 턱이 없으며 오히려 자신의 무력감과 무지에서 오는 불안을 잠재울 피난처가 될 터이다. 이러한 논리는 상대의 무지를 강조함으로 자기의 지식과 판단을 절대적 권위화하려는 모든 노력(예를 들면 민중의 무지를 강조하는 독재자의 독선)에서도 확인된다. 그러나 이처럼 추종자의 무지를 자신의 정당성에 대한 논증으로 삼거나 자신의 존립근거로 삼는 것이 권위라면 이것은 일차적으로 논리적 오류를 범할 뿐 아니라 도리어 이것은 전자의 성숙과 지식의 성장으로(즉 어린 자식의 성장, 민중의 자각) 종국에 가서는 붕괴되어 버리고 말 것은 논리적 필연이다.[46)

그러나 문제는 그렇게 간단하지 않다. 그 까닭은 지식이나 능력의 차이가 곧 권위를 의미하는 것은 아니며 인간은 유·무식에 관계없이 누구에게나 권위적으로 되는 심리적 메커니즘이 작용할 수 있고 또 이렇게 된 자는 즐겨 추종자를 만드는 일에 몰두하게 되어 있으니까 말이다. 그 철학적 의미에 대한 회의로 인해서 줄곧 논쟁이 일고 있긴 하지만 정신분석학적 해석의 도입은 이러한 현상의 해명에 많은 공헌을 하였고 권위의 형성과정과 그에 의한 사회적 행위의 이해를 돕고 있다. 예를 들면 매킨토시는 정신분석학적 용어를 사용하여 베버의 권위개념이 지닌 속성과 근원을 분석하고 해명한다. 비록 그의 연구가 결코 권위의 비판을 위한 것이 아니었지만(사실 그는 인간관계 속에서 실용적인 의미에서의 긍정적인 위력을 발휘하는 권위의 정신분석학적 메커니즘을 사회학적으로 해명하는 데 더 많은 지면을 할애하고 있다.) 그것은 도리어 권위의 정당성을 비판하려는 본 연구의 목적에 부합하는 자료를 제공한다.

---

46) 이 문제는 민중교육에 중요한 시사를 주고 있다. 이제까지 우리는 억압자와 독재자들에 대해서만 비난의 활을 당겨 왔었다. 그러나 추종자 없는 권위는 존립하지 못한다는 점을 명심해야 할 것이다.

매킨토시는 베버의 각 권위개념들이 프로이트(Freud)의 정신기능 발달 이론의 단계별 특성에 상응하는 특성들을 지니고 있다고 주장한다. 그에 의하면 의식과 무의식, 자연과 초자연의 구분이 이루어지지 않는 전기 물활론적 단계에서, 인간은 자기의 무의식적 욕구나 성향이 곧 초자연의 뜻이라는 지각의 왜곡을 일으키어 우주를 자기 뜻대로 할 수 있다는 사고의 전지전능성을 주장하기에 이르는바, 이것이 초기의 '카리스마적 권위'를 형성한다. 전기 남근기에 접어들면서 아들은 자신의 애욕적(즉 근친상간적, Iibidinal, incestual) 성향과 공격적(즉 부친 살해적, aggressive, parricidal) 성향을 방출할 시 따를 위험을 피하기 위하여 초자아의 도움을 받아 자기의 이 무의식적 성향을 억압한다. 이에서 보듯이 인간은 이상화된 부모의 상상(像)에 자신을 동일시함으로 새로운 자기방어적 동기를 마련한다. 그러나 한편 이 원시적 형태와 초자아는 가혹한 징벌을 일삼는 까닭에 자아는(id와) 초자아(super ego)로부터 오는 불안과 죄책감에서 벗어나 자아의 통일을 기하기 위하여 이 내적인 초자아를 억압해 버리고는 이것을 신성神性으로 전이시켜 버리는데, 이는 다소 덜 고통스러운 전지전능한 신의 명령에 따르는 쪽을 택하는 편이 낫다고 느끼기 때문이다. 이때에도 인간은 이 명령을 자기 내적인 강제로 보지 않고 외적 신으로부터의 외적 강제로 느끼는 지각의 왜곡을 일으킨다. 이것이 '전통적 권위'가 형성되기까지의 심리적 과정인데, 베버가 말하는 부모나 전통적 군주의 지배는 이와 같이 가족세대의 제례적 신이나 국가종교적 신의 신성한 힘에 의해 지원을 받고 비준됨으로 권위화된다는 것이다. 이 단계까지도 종교는 여전히 주술적인 요소를 담고 있어서 이들 지배에 대한 인간의 복종이 한편으로는 내적 정당성에 의한 것이기도 하고 다른 한편으로는 신의 보상과 진노에 대한 공포에 의한 것이기도 하다. 남근기에 이르러 인간은 앞 단계에서의 부상父像의 억압 즉 자아와 초자아와의 불화로 인한 죄의식이 이제 신에 의한 수용과 죄책의 사면으로 승화되는 체험을 한다. 앞 단계에서의 '부친과의 불화'로 인해 상호 소원해진 억압된 초자아의 부분들은 이제 신이 자신에게 직접 다가와 새 소식을 전하는 계시의 체험을 겪음으로써 초자아가 덜 징벌적으로 되어 쉽사리 다시 의식에 진입하게 되고 그럼으로써 비로소 이전에 무의식적이었던 죄의식에 대한 회개가 이루어지고 '부친과의 화해'가 이루어진다. 신과 인간과의 사적인 대화가 이루어짐으로 자아와 초자아와의 화해와 재통합이 이루어진다는 해방의 체험을 한 자는 바로 신성한 영에 사로잡힌 것으로 느끼어 자신의 목소리가 사실 그대로 신의 목소리라고 지각하게 된다. 이 자는 바로 예언적 카리스마가 되는 것이고 이제 추종자들의 그에 대한 신앙이 신에 대한 신앙과 구분되지 않게 된다(우리가 이제까지 카리스마라 불러 온 것은 이 것을 지칭한다.). 그는 결코 신의 징벌이나 포상의 약속 때문이 아니라 자신의 종교적 체험에 근거한 내적 정당성에 의해서 지배하게 되고 기존의 제도적 형식을 돌파해 버리려는 그의 혁명성도 여기에서 그 정당성을 확보한다.[47)]

  이상의 요약된 정신분석학적 분석의 소개에서 드러나듯이 카리스마와 전통적 권위는 초자연적인 힘이나 신에 관련되어 있는 개념들임을 알 수 있다. 그리고 그 심리적 과정에 있어서 양자 모두 자신의 내적인 무의식적 성향을 신이나 초자연적 뜻으로 투사 또는 전이한 지각의 왜곡에서 연유되는 행위들임을 알 수 있다. 더욱이 (예언적) 카리스마의 경우 그가 주장하는 자기 죄책감의 '신에 의한 수용'이란 '실은 자기수용의 은유적 표현

---

47) 매킨토시는 베버의 합리적 권위도 가장 고도화된 정신기능 발달단계와 비교하고 있다. 그러나 여기에서는 더 이상의 소개를 하지 않으려 한다.

일 뿐'[48]인 것이다. 그의 (죄책감을 포함하는) 억압된 무의식적 내용들이 의식화되며 종교적 체험이라고 하는 개인적인 심리적 과정을 거쳐 해방이라고 하는 실용적인 치유적 효과를 얻었다는 점을 인정한다 할지라도 그가 신으로부터 용서받았다고 하는 그 무의식적 내용이 무엇이며 그것이 얼마만큼 정당화될 수 있는 성질의 것이냐 하는 것은 여전히 문제로 남는다는 매킨토시의 비판은 다음과 같은 비신앙적입장에 근거한다.

> 무의식적 세력의, 상대적이긴 하지만, 이 직접적인 해방은 베버를 그토록 감명시키고 매혹시켰던 예언적 카리스마의 엄청난 역학관계에 대하여 설명을 제공하고 있다. 예언적 계시는 정신의 광범위한 영역들을 해방시킨다. 그러나 본능적 성향들의 기본 방향까지 변화시키지는 못한다. 즉 그 고삐 풀린 세력들은 호의적인 것일 수도 악의적인 것일 수도 있는 것이다. 예를 들면 기독교의 창조적이고 건설적인 업적을 올려놓은 천칭의 반대편 접시 위에는 불신앙자들과 특히 이방인들에 대한 기독교의 끊임없는 파괴성을 대비시켜 올려놓아야 한다. 간디와 같은 천사적인 힘과 히틀러 같은 악마적인 힘 모두가 같은 종류의 정신적 과정으로부터 솟아나는 것이다. 다른 것은 단지 해방된 것의 내용일 뿐이다.[49]

여기에서 필자가 이들에 관하여 끝으로 한 가지 심각하게 의문을 제기해 두고자 하는 점은 이들의 지각대상인 초자연이나 신성은 오성적인 인간에게 불가촉적(不可觸的, the untouchable)일 것이요 직접 이용이 불가한 비가용적(非可用的, the nonavailable) 성격을 띤 것들이라고 할 때 이들 초월적(tranzendent) 실재와 그 경험에 대한 선험적(tranzendental) 부인이나 비판이 어디까지 의미를 가질 수 있느냐 하는 것이다(본 연구의 이

---

48) 매킨토시, 같은 책, 905쪽. "To be accepted by God is a metaphorical way of expressing a basic self – acceptance."

49) 같은 책.

권위들에 대한 정당성 비판이 곧 이들의 지각대상 자체의 실재를 부인하는 것이냐 하는 것은 별개의 문제인 것이다.). 이와 같은 인식론적 의문과 함께 지적해 두고자 하는 것은, 본 장의 서두에서 언급한 바와 같이 본 장에서 필자가 겨냥하고 있는 의도는 카리스마적 권위는 이 불가촉적 실재에 대한 자의적 해석과 전유로 인해 실재에 대한 이데올로기적 왜곡을 가능케 한다는 점과 이러한 지각의 왜곡이 낳은 환상적 자신감은 으레 '마지막 선언' 같은 성격을 띤 절대적인 표현들로 나타나서 실재의 참을 향한 더 이상의 해석과 대화의 문을 닫아 버리는 반변증법적 성격의 행위를 낳는다는 점이다.

이제까지 베버가 어떻게 권위를 개념화하고 있는지에 관련하여 논의를 전개해 왔다. 그러나 앞서 전형적인 권위의 한 형태로 예시했던 (예를 들면 브리태니커 백과) 사전의 독자에 대한 권위 같은 경우가 이에 포함될 수 없음은 물론이다. 여기에 어떤 초자연적 힘이나 신의 의지 같은 것이 개입되어 있지 않기 때문이다. 일상생활 주변에서 발견되는 이와 유사한 형태의 권위들을 열거하기는 어렵지 않다. 나다이나다는 상품에 관한 진실한 정보로부터 소비자의 접근을 차단하는 텔레비전 광고, 독자가 소설의 진가에 접근하기 전에 먼저 만나게 되는 노벨문학상, 현실과 학생 사이의 학교선생님, 지식과 독자 사이의 사전, 약수터에 나붙은 수질검사필증 등등 생활 주변에서 무심코 접하는 수많은 권위적 성격을 띤 사회적 행위들을 일일이 예증한다. 이들은 우리로 하여금 현실에 직접 접촉하도록 친절한 안내를 행하는 대신 '자신들의 편의를 위하여' 또는 논쟁의 번거로움을 피하기 위하여 또는 심리적 우월감을 즐기기 위하여 단 한 마디의 마지막 선언으로 상대방의 입을 봉해 버린다. 약수터에 온 사람들이 정말 필요로 하는 것은 검사결과 수은함량은 몇 PPM이요, 납 성분이 몇

PPM이요, 허용기준치는 몇 퍼센트요, 조사과정의 오차는 얼마요 하는 따위의 정보일 것임에도 이런 정보를 제공하는 대신 아무런 근거도 생략되어 버린 '검사필'이라는 말 한마디로 사람들을 우민화한다는 것이다. 우리의 'KS' 표시와 우리의 관영 TV 보도야말로 이런 유의 권위의 전형은 아닐까? 우리는 이런 유의 암시에 걸려 자기도 모르는 사이에 명령받은 것과 똑같은 행동을 해 버리고는 우스꽝스럽게도 정치적, 경제적 결과를 자초하고 그 짐을 스스로 지는 것은 아닐까? 앞서 말했듯이 이 경우의 권위는 전통적 권위나 카리스마와 구별되며 물론 제도적 합리화를 근간으로 하는 합리적 권위라는 계약적 권위도 아니다. 이런 이유로 해서 앞서 인용했던 피터스는 그가 창안해 낸('제도적 권위(In authority)'에 대비되는) '인격적 권위(An authority)'의 범주 속에 카리스마와 함께 이런 유의 권위를 귀속시키는 독창성을 발휘한다.

현대사회의 관료주의적 병리에 대한 대안으로 제시된 베버의 카리스마에 대한 비판에 들어가기 전에 이제까지의 논의를 요약해 둘 필요가 있을 듯하다. 본서는 권위의 공통적인 종교적 속성을 보이기 위하여 전통적 권위를 카리스마와 함께 묶어 다루었으나, 피터스의 견해처럼, 사실은 전자에는 자식에 대한 부모의 경우처럼 인격적인 면이 더욱 드러나는 경우도 있지만(그러나 실은 이 경우에도 베버에 의하면 부모의 권위는 가정의 제례의식과 같은 종교적 제도를 근거로 하여 암암리에 비준되고 강화되고 있다.) 신민들에 대한 전통적 지도자의 경우처럼 그 제도적인 면모가 더 강조되고 있는 경우도 있다. 이를 달리 설명하면 전통적 권위는 그 심층적 형성과정에 있어 내면적 정당성에 입각한 지배요 복종이기도 하지만 그 주술적 잔재로 인해서 여전히 신이 내릴 보복에 대한 공포와 같은 외적 강제에 의한 복종이라는 권력적 요소가 상존하고 있다는 점으로 해서 합리적 권위와 카리스마의 중간에 위치한다고 볼 수 있겠다(그러나 이러한 배열이 본 연구가 택한 논의 방법에 하등의 손상을 끼치지 않음은 이미 설명한 바와 같다.). 한편 예언적 카리스마의 경우에는 그것이 주술적 속성을 떨쳐 버리는 정도에 따라 외적 강제력과의 거리가 정해질 것이나 거의 전적으로 내적 정당성에 의존하는 비합리적 인격의 특성을 지니게 된다. 순수한 형태의 권위에서 의사형태의 권위에 이르기까지 그들이 공유하고 있는 점은 이데올로기적 속성의 표출이라는 점이다. 임의적 일상적 권위는 대개의 경우 자신의 욕구충족을 위하여 자기의 설명을 마치 완벽한 해석인 양 제공하고는 상대방으로 하여금 현실(또는 사실)에 대한 윤색된 견해를(오로지 고착된 형태로) 받아들이기만 하면 되는 것처럼 '설득한다.' 그러나 상대에게는 그 진실한 과정이 감추어져 드러나 있지 않다. 이에 비해서 전통적 권위나 카리스마적 권위는 본인 자신들도 의식하지 못하는 심리적 메커니즘(전이, 투사)을 통하여 불가촉적 실재나 미래를 왜곡함으로써 자신들의 무의식적 욕구와 관련하여 자기 자신과 비진실한 관계를 맺을 뿐 아니라, 타인과의 사회적 관계에서도 역시 자신의(무의식적) 의도가 타인의 의사 결정에 영향을 미치도록 하는 비진실한 전략적 관계를 맺는다. 합리적 권위는 과학과 테크놀로지를 동원한 합리화의 극대와 외적인 물리적 강제력과 위협에 의한 통제로써 상대방의 진실한 의사가 반영될 수 있는 의사소통적 통로를 제도적으로 차단하고 이러한 제도적 수단을 소유한 계급적 욕구의 충족을 위하여 봉사하는 이데올로기적 속성을 갖는다. 우리는 이제 이제까지의 논의 결과를 요약해 다음과 같은 도표를 그려 볼 수 있을 것이다.

피터스의 분류	제도적 권위		인격적 권위	
변형된 베버의 분류	(계약적) 합리적 권위	전통적 권위	카리스마석 권위	(임의적 일상적 권위)
존재형태	의사적 형태의 권위	〈 - - - - - - -	- - - - - - - 〉	순수한 형태의 권위
''	비인격적 (제도)	(제도 + 인격) 〈 - - - - - -	(인격) - - - - - - 〉	인격적 (인격)
''	외적 강제력 권력적	〈 - - - - - -	- - - - - - 〉	내적 강제력 비권력적
정당성	법의 정당성 + 강제적 위협	내적 정당성 + 신의 상벌 위협	내적 정당성 + 약화된 신의 상벌 위협	내적 정당성
''	'합리적' 로고스적	〈 - - - - - -	- - - - - - 〉	'비합리적' 파토스적
병리	비인격적 제도화에 따른 합리화와 관료화로 인한 현대사회적 이데올로기화		현실에 대한 또는 불가촉적 실재에 대한 자의적 해석과 해석의 전유로 인한 왜곡된 이데올로기화	

나) 베버의 대안 카리스마

"어떻게 하여 사회의 질서를 창조하고 유지할 것인가."라는 홉스적 질문을 "어떻게 특정 질서 속의 지배가 정당성을 지닌 것으로 되는가."라는 질문으로 대체했던 것이 베버였다고 할 때 그의 대답은 이제까지 우리가 논의해 온 바로 합리적, 전통적, 카리스마적 권위에서 찾아지고 있다. 이 과정에서 베버는 제도적 권위가 뿌리쳐 버릴 수 없는 그리고 어쩌면 현대와 미래 사회가 불가피하게 겪어야 할 관료제의 병리의 심각성에 주목하게 되고 그 대안으로 카리스마적 권위를 제시하고 있는 것이다. 그런데 이제까지 우리는 합리적 권위를 포함하여 권위 자체에 대한 일반적인 비판적 논의를 전개해 왔을뿐 베버 자신이 주장하고 있는 특정 이론과의 연계 하에 이를 비판하지는 못했다. 그가 카리스마적 권위를 현대사회의 병리에 대한 구세주로 제시하기까지에 이르는 그의 이론적 배경은 무엇인가?

베버는 윤리적 행위 영역과 비윤리적 행위영역 간에 긴장을 확인하며, 동시에 윤리적 영역 내에서의 개별 가치체계들 간의 긴장을 확인한다. 전자의 갈등에서나 후자의 갈등에서나 긴장의 쌍방은 각기 내적 일관성을 유지하며 상호 배타적이어서, 동일 영역 내에서의 어떤 가치체계의 타 가치체계에 대한 우선권이나 어떤 '궁극적 가치공리'의 가능성이란 인정되지 않는다. 소위 그가 말하는 가치 다원론(value pluralism)이다. 이러한 가치 다원화에 대한 베버의 해결책은 결코 '합리적' 논쟁에서는 방어해 낼 수 없는 주관적 신념에 근거한 결단에 의해서, 즉 결단론에 의해서 찾아진다. 가치에 대한 '합리적' 논쟁은 특정한 가치판단을 하나의 가치체계 안에 자리 잡게 하고 상호 배타적인 여러 가치체계들의 구조를 설명해 줄 수는 있을지라도 그것이 어느 특정 가치체계에 대한 그것의 우위성의 증명은 되지 못한다. 베버에게 있어 이것은 오직 실존적 선택(commitment)에 맡겨져야 할 일인 것이다.

베버에 의하면 우리는 4단계를 좇아 점차 구체적인 상황에서의 결정(선택)을 내리지 않으면 안 된다고 한다. 그는 첫 단계로 여러 궁극적인 가치공리들 중에서도 자유로운 결단과 이 결단에 입각하여 정돈되는 삶에서 드러나는 '인성(personality)'이야말로 인간을 자연과 구분케 하는 근본적인 가치공리라고 생각한다. 인간의 개개의 중요한 활동과 궁극적인 전체로서의 그의 삶이 자연 속에서의 한 사건으로 운영되도록 버려진 게 아니라 의식적으로 인도되는 것이라면 그것은 결국 일련의 궁극적 결단들이다. 그리고 이 결단들을 통해서 영혼은 그 자신의 운명을 선택하는 것이며 이것이 곧 인간 활동과 그 실존의 의미이다.[50] 즉 일상화된 매일매일의 존재로서 자기만족(complacence)을 추구하는 '자연 속의 한 사건'

이 되느냐 아니면 실존적 결단들을 통해서 형성되는 하나의 인성이 되느냐 하는 갈림길에서 후자가 되는 것은 베버에게 있어 하나의 객관적 기초를 지닌 윤리의 원칙인 것이다.[51]

제2단계에 들어서면 그 인성이 지향할 발달의 방향이 문제가 된다. 베버에 의하면 인성은 '신념의 윤리(Gesinnungs ethik)'에 입각하여서도 또는 '책임의 윤리(Verantwortungs ethik)'에 의해서도 전혀 상반된 방향으로 발달할 수 있는 선택의 기로에 서게 된다. 전자는 '영혼의 구제'를 주창하는 행위자들에게서 보이는 절대적 목적을 추구하는 도덕률로서 절대적 가치에의 확신에 따라 단지 올바른 행동을 할 뿐 그 결과는 신에게 맡기는 가치 합리적 행동원리를 의미하는 반면, 후자는 폭력적 수단까지도 사용하며 운영되는 정치적 행동에서 보는 바와 같이 자기 행위의 예견되는 역사적 결과에 대하여 책임을 지는 도덕률이다. 즉 후자는 자신들의 주장을 관철시키기 위하여 모든 폭력에 잠재한 악마적 세력과도 손을 잡을 만큼 도구적으로 그리고 목적합리적으로 행동해야 한다. 베버는 신념 없는 자는 "정신적으로 사망한 자"[52]라고 하면서도, 신념윤리는 지성의 희생을 강요하는 교조주의로 될 수 있으며 또한 선한 목적이 악한 결과를 낳을 수도 있다고 하는 비합리성을 수반한다는 점에서 이를 버리고 책임윤리적 도덕률을 택한다.

제3단계에서의 신념윤리는 특정 종교에서 혁명적 노조운동에 이르기까지 구체화된 가치 다원화 속에서의 가치합리적인 선택을 해야 하는 반면, 책임윤리는 가족체계(제1등급), 사회조직체계(제2등급), 그리고 민족국가

---

50) Max Weber, *Max Weber on the Methodology of the Social Sciences,* ed. Shills and Finch(Glencoe: Free Press, 1949), p.18.

51) 같은 책, 55쪽.

52) Max Weber, *From Max Weber,* ed. Gerth and Mills(New York: Oxford University Press, 1969), p.127.

(제3등급)별로 구체화된 상황에서의 목적합리적 선택을 내려야 할 입장에 놓인다. 예를 들어 책임윤리 쪽을 택한 베버에게 있어 민족국가가 취할 바는 모두 '국가적 권력이익'에 복종하는 결정을 내리는 것이 책임 있는 '합리적' 결정이 된다는 것이다.

마지막 4단계에서 베버는 인간은 구체적인 상황 속에서는 어떤 규범원칙 체계라도 창조적으로 적용될 수 있는 실천적 가능성을 가진다고 주장한다. 즉 인간은 여전히 주관적인 결정을 내리지 않으면 안 되는 것이다. 4단계의 논의를 통해서 볼 수 있듯이 세상의 긴급한 요구를 위한 행동을 취할 것이냐 아니면 이와 갈등을 빚고 있는 윤리적 요구의 행동을 택할 것이냐 하는 갈림길에 놓일 때 베버는 단연코 전자를 택해 왔다. 필자는 최고의 가치를 갖는 것은 민족국가의 이익이라는 원리체계 즉 그의 '제3등급의 책임원리(ethics of responsibility of the third degree)'라고 하는 부분에 유의하고자 한다. 그의 말대로 '주관적인' 입장일 뿐, 어떤 객관적 기초를 제시할 수 없는 그의 선택일 뿐인 이 주장을 통해서 그는 카리스마적 권위의 필요성을 강조하게 된 까닭이다. 책임윤리의 사회정책화를 위하여 베버가 옹호하고 나선 것은 몸젠(Wolfgang Mommsen)이 주장하고 있듯이 합리적, 법률적 권위가 아니라 카리스마적 권위였다. 그것이 현대국가에서의 일차적인 정당화 양식이어야 한다는 것이다. 베버에게 있어 '실천적인 헌법체계의 정당화에 대한 문제는 완전히 지도자의 역할이라는 문제의 뒤편에 물러서 있다.'[53]

베버의 현대국가 분석에 의하면 국가적 이익이라는 가치체계에 반하는 두 가지 구조적 경향으로 드러난 것은 정치의 관료주의적 지배성향과 사

---

53) Max Weber, *Gesellschaft, Politik und Geschichte* (Frankfurt, 1974), p.66.

적 이익을 추구하는 자본가들이 정책에 끼치는 영향력이다. 즉 정책입안이 전문적 공무원의 기술적 사안으로 치부되어 이것이 관료질서 체계 내에서 진행되어 나갈 때 관료들은 사회구조에서의 그들의 자리가 갖는 성격으로 인하여, 전체로서의 국가이익에 대해서보다는 그들 자신의 개인적인 행정적 지배의 범위를 확보하려는 자신의 권력 이익에 더 집착하게 된다. 다른 한편 현대사회의 정치적 결정들은 개별이익의 극대화에 전념하는 자본가들에 의해서 강력한 영향을 받게 된다. 예를 들어 엄청난 정치적 영향력을 소유한 재벌계급들이 사적인 경제적 이익만을 위하여 값싼 임금 책정에만 관심을 갖는 것이 나라의 이익에 부합할 수 없음은 물론이다. 이들은 관료주의적 지배에 대한 하나의 처방으로 기대되었던 의회제도 내에서도 의원들을 자기 영향권 내에로 흡수함으로써 '유해한 정치적 영향력'을 행사하기에 이르렀다. 더욱 악화된 상황은, 베버에 의하면, 관료제와 사적 자본주의는 "서로 적대적으로 될 가능성을 지닌 채 나란히 공존하며 어느 정도 서로 견제해 가다가 급기야는 하나의 단일 위계질서 속으로 합병되어 버리고 말 것"[54]이라는 것이다. 이러한 현대국가의 분석에 근거한 베버의 대안은 카리스마적 권위의 창출이다. 국민들의 민주적 의지에 의존하는 제도로서의 의회에 더 이상 기대를 가질 수 없게 된 한 (의회에 의해서가 아닌) 평민선거 방식에 의해서 지도자를 선출하는 '평민 결의의 민주주의(Plebiscite democracy)'[55] 제도가 필요하다는 것이다. 이것은 '그 순수한 의미에 있어서 일종의 카리스마적 권위인 것이다.'[56] 물론 이 카리스마적 권위라고 하는 정당화 형식이 어떤 실질적

---

54) Max Weber, *Economy and Society*, ed. Roth and Wittich(New York: Bedminster Press, 1968), p.1402.

55) Plebiscite는 Plebian 즉 고대 로마의 일반인들이 국가적 중요 문제에 대하여 행하던 국민투표제이다.

인 윤리원칙을 가장 잘 구체화해 준 데서가 아니다. 다만 이 평민결의적
- 대중선동적(또는 이에 상당하는 어떤) 황제 통치적 형태의 대중지도력
이 현대의 대중적 민주주의에는 필요하다고 베버는 보는 것이다. 왜냐하
면 그는 긍정적인 대중선동기술에 의해서 자신들과 자신들의 정치적 목
적을 위해 대중의 지지를 얻어내는 역량을 타고난 위대한 지도자의 인성
만이 정당기구의 관료적 압박을 상쇄할 수 있는 힘을 제공하고 이 관료
적 기구에 목표와 방향을 제시할 수 있다고 생각하기 때문이다.

이러한 베버의 카리스마적 권위가 선택될 현실적 조건들은 선출된 권
위가 자본가의 이익에 동조하는 일도, 사적 이익의 노예가 되어 독재자가
되는 일도 없이 오직 국가적 이익을 존중하는 인성일 때에라야 충족될
것이다. 이처럼 베버의 사회 정책은 바로 이러한 '인성에의 신앙'에 근거
해서 마련된다. 문제는 그렇게 되면 민중은 선택된 카리스마의 인성에 무
방비로 내맡겨지는 위험에 처하게 된다는 데 있다. 그러나 베버의 카리스
마 옹호론의 어디에서도 위와 같은 위험을 예방할 아무런 장치도, 그러한
목적 달성을 위한 어떤 구조적 장치도 언급되어 있지 않다. 그러나 이 점
은 차치하고라도 베버의 카리스마 옹호론에 관련하여 본 연구가 더욱 관
심을 가지는 부분은 도덕적 담론을 거부하는 카리스마의 전략적 속성이
다. 앞서의 요약으로 미루어 볼 때 베버의 카리스마적 권위는 신념윤리와
책임윤리 간의 갈등에서 일방적으로 후자를 택함으로 도구적, 목적합리적
행위와 폭력적 수단이 정당시되는 윤리체계를 그 근본으로 삼고 있다고
할 수 있다. 전통적 권위와 카리스마가 '신의 위협'이라고 하는 폭력적
요소를 지니고 있는 것까지를 포함하여 결국 베버가 논하는 권위는 합리

---

56) Max Weber, *Gesellschaft, Politik und Gschichte*, p.62.

적 권위에서 카리스마적 권위에 이르기까지 비록 폭력적 수단에의 의존
도가 차등적으로 감소하기는 하나 그 속성에 있어서 한결같이 권력을 배
제하지 않을 도구적 전략적 개념임을 알 수 있다. 홉스의 권위와 함께 여
전히 마키아벨리적 계열에 서 있다고도 볼 수 있는 것이다.

　둘째로 베버의 카리스마의 선택은 가치다원론의 현실에 대처하는 결단
론적 태도의 결과였다. 이것은 사회과학에서의 실천적 문제에 대한, 특히
가치판단에 대한 그의 주장에 근거하고 있다. 그에 의하면 '당위'에 관련
된 규범의 문제는 '존재'를 다루는 경험과학적 입증이나 판단으로 풀 수
없다. 가치판단에 관한 논의 자체가 거부되는 것은 아니로되 가치판단에
관하여 경험과학적 분석이나 토론이 할 수 있는 것은 고작 선택(결정)된
목적의 달성을 위한 수단의 적합성(일관성) 여부, 수단들 간의 효율성 비
교, 수단이 몰고 올 수 있는 목적 실현의 저해적 부수효과, 목표가 지니
고 있는 가치나 근거이념 즉 공리의 명료화, 목표성취의 한계 등에 관한
논의일 뿐이다. 가치 판단에 관한 한 자의적 선택만이 유일한 처방이다.
거기에 경험과학적이 아닐지라도 어떤 실천적 논쟁적 토론이나 그에 의
한 합리적 도출이 있을 수 없다.

4. 맺음말

권위냐 의사소통이냐?[57]

진정한 정당성을 확보한 사회적 질서란 어떠한 사회적 장치를 통해서 가능해지는 것인가? 홉스적인 기계적 제도적 규제를 통해서인가? 또는 베버가 말하는 사회성원들의 믿음을 근거로 하는 카리스마적 인성을 통해서인가? 이들은 이제까지의 논의에서 밝혀진 바와 같이 우리로 하여금 선뜻 대답하기를 망설이게 하는 부정적인 요소들이 있어 제3의 대안은 무엇일 수 있는지를 묻지 않을 수 없게 한다. 이제까지 우리는 피터스의 제도적 권위와 인성적 권위의 원칙을 원용하여 권위의 문제점들을 분석해 보았다. 폭력에의 위협을 전제로 하는 법적 규제와 완벽한 기술자적 규제를 추구하는 합리적 권위는 실천적 관심에 대한 논의를 위한 공간을 제거해 버리고 종국에는 관료제를 통해서 그 정당성을 입증하려 한 나머지, 인간 소외와 대중의 정치적 무의미성을 그 사회적 결과로 받아 안게 되었음을 보았다. 베버는 이러한 로고스에만 경도되어 발생한 사회적 병리에 대하여 파토스에 뿌리를 둔 카리스마를 대비시킴으로 실천적 영역을 적극적으로 수용하지만 이는 폭력적 수단까지도 불사하는 목적합리적, 도구적 가치체계의 자의적 선택이라는 방식을 취한다. 즉 반국익적인 관료제와 자본가의 횡포를 극복하기 위한 카리스마적 권위 옹호론은 근본적으로 가치다원론에 대한 실존적 선택인 결단론에 근거하고 있음을 보았다. 그러

---

57) 권위의 대안으로서의 의사소통을 논하는 데 있어 필자는 두 사람의 견해에 영향받고 있음을 밝혀 둔다. 그 하나는 전문적, 학술적 견해가 아님에도 권위에 관한 일상생활 속의 심리적 메커니즘을 풀어 설명하고 있는 정신과 의사 나다이나다이고 다른 하나는 전문적 학술이론을 통해서 의사소통이론을 전개하고 있는 사회철학자 하버마스이다.

나 과연 가치 자체에 관한 한 인간은 논쟁적 담론을 거친 합의가 불가능하며 오로지 결단(선택)할 뿐인 것인가라고 묻고 있는 이론가가 있다.

하버마스는 베버가 신념윤리와 책임윤리를 구분하고 양자의 갈등 중에서 후자를 '선택'한 것에 비견할 만한 선명한 구분 선을 의사소통적 행위와 도구적 행위 간에 긋고 있다.[58] 한 가지 중요한 차이점은 하버마스에게 있어 의사소통적 행위가 관료주의적 병리에 대한 처방으로서 바람직한 것이로되 이것이 베버처럼 자의적 선택에 의한 견해가 아니라는 점이다. 하버마스의 이론을 따라서 이것을 보다 근원적으로 해명해 보자. 하버마스는 마르크스의 '감각적 인간활동(sensuous human activity)'이라는 개념으로부터 '일(work)'과 '상호작용(interaction)'이라는 두 요소를 도출해 낸다. 인간은 외적 자연과의 관계에 있어서 생산력의 발전에 따라 자연에 대한 정복의 폭을 넓혀 왔는데 이때 인간은 경험적 가정과 진리주장의 결합체인 기술적 지식을 필요로 하게 된다. 다른 한편 인간은 그의 '내적 자연'을 사회에 적응시키지 않으면 안 되는 데 이때 인간의 요구를 해석하고 그의 행위를 허락하거나 금지하는 일을 수행하는 규범구조를 필요로 한다. 전자는 경험적 지식에 근거하는 기술적 규칙과 물리적, 사회적 사건에 대한 경험적 예견을 사용하는 목적합리적 행위와 전략적 행위와 합리적 선택을 포함한다. 후자는 둘 이상의 행동주체들 쌍방의 인지와 이해리에 행동을 규정함으로써 구속력을 갖게 되는 합의적 규범들(consensual norms)에 의해서 규제된다. 이때 이 합의적 규범의 의미는 일상적 언어의 의사소통에 의해서 객관화되며 그 타당성은 상호 간에 인지된 의무에 의해서 확보되고 상호 간 상대의 의도를 이해하는 주관성에 의해서 그 근거가 마련된다. 이

---

58) Habermas, *Toward Rational Society* (Boston: Beacon Press, 1971), 마지막 장을 참조할 것.

를 달리 설명하면, 타당한 기술적 규칙이나 전략에 어긋나는 짓을 하는 무능력한 행동은 성공할 수가 없어 결국 현실에서 퇴짜를 맞고 마는 반면, 합의적 규범들을 어긴 행동은 인습에 의해서 주어지는 용인을 받지 못하게 된다. 전자에서의 학습된 규칙들은 우리에게 기술을 제공하나 후자에서의 내면화된 규범들은 우리에게 인성 구조를 가져다준다.

이러한 하버마스의 구분을 앞서의 베버의 논의와 관련지어 볼 때 베버의 선택에는 합리적 권위로부터 카리스마적 권위에 이르기까지 한결같이 내포되어 있는 전략적 요소와 미처 정당화되지 못한 권력에 의한 정책입안의 가능성이 내재해 있는 반면, 하버마스의 그것은 의사소통적 행위와 그 내재적 원리인 이해와 합의에 의한 사회질서의 제도화를 주장하는 것이라고 요약할 수 있을 것이다.[59] 그러나 전자에 대한 후자의 우위를 주장하는 이론적 근거는 무엇인가? 다시 말해서 전자를 단지 '선택'했던 베버처럼 하버마스 역시 후자를 '선택'했을 뿐이 아니냐는 질문이 베버 측으로부터 제기된다면 하버마스의 대답은 무엇인가?

윤리와 정치 그리고 신념윤리와 책임윤리 간의 긴장 속에서 후자를 택하기로 결정한 베버가 권력을 전략적 성공을 추구하는 정치 영역의 궁극적 현상으로 보고 이를 위하여 카리스마적 권위를 옹호하기에 이를 때 그는 권력을 권위에서 나오는 정치적 차원에서의 근본적 실재로 본 듯하다. 그러나 하버마스에 의하면 "정치적 집단들은 권력을 위하여 경쟁을 벌이며 정치적 지도자들은 이를 원하는 대로 배분한다. 양자는 모두 이것(권력)을 상품으로서 발견할 뿐 이 상품의 생산자는 아니다. 이것이 권력

---

59) 가치에 대한 베버와 하버마스 간의 논의를 다룬 학위논문 Arthur A. Smith, "The Role of Value in the Social Theories of Max Weber and Jürgen Habermas"(State University of New York, 1980)을 참조할 것. *베버와 하버마스 : 사회이론과 가치*(김득룡 역, 서광사, 1991)로 한국어 번역이 출판되어 있음.

자들의 약점이다. 그들은 그들의 권력을 그것의 생산자로부터 단지 빌려 오지 않으면 안 된다."[60] "정치적 제도는 권력으로부터가 아니라 인가認 피로부터 생명을 얻어 살아가며"[61] 권력의 생산자는 인가 그 자체이다. 그런데 이 인가는 어디에서 어떻게 오는가? 하버마스는 이러한 인가는 구체적인 힘의 행사나 공공연한 위협이 없어도 자기의 이익에 반하는 결정 (규칙)까지도 수행해 내야 한다고 하는 특정한 문화적 규범을 수용함으로써 온다고 본다. 낭만스럽게까지 들리는 이 주장은 실은 '보편적 화용론 (Universal Pragmatics)'이라고 하는 자신의 이론을 그 배경에 깔고 있다. 하버마스에 의하면 권력이란 단지 의사소통적 상호작용에서 발생하는 인가로부터 도출된 부산물일 뿐이며 상기한 문화적 규범은 간주관적 차원에서 타당성 주장이 받아들여짐으로써 도달되는 의사소통적 합의를 의미하는 것이다.[62] 만약 사회적 조직 내에서 권력이 쓰여야 한다면 그것은 권위일반에서 목도되는 사회적 또는 물질적 심리적 보상을 위한 복종과는 달리, 단순한 습관적 복종도 자기 이익에 좇아 일어나는 동의도 아닌 철저히 논제화된(thematized) 담론에서 승복되었기 때문에 이른 합의적 규범에 바탕을 둔 힘의 행사여야 한다. 권위를 다루고 있는 본 연구 목적에 비추어 하버마스의 의사소통이론체계에 대한 상론이 불필요할 것이나, 권위일반에 대한 대안을 시사하는 것으로 믿어지는 하버마스의 의사소통적 행위이론에 입각한 사회체계의 구상과 정당성 확보가 베버에 있어서와 같이 단순한 자의적 선택의 문제가 아님을 보이는 이론적 근거를 제시할

---

60) Habermas, *Politik, Kunst, Religion* (Stuttgart, 1978), p.128.

61) 같은 책, 117쪽.

62) Habermas, "What is Universal Pragmatics?", *Communication and Evolution of Society* (Boston: Beacon Press, 1979)을 참조할 것.

‘보편적 활용학’에 대한 다소간의 소개가 필요할 듯하다.

하버마스에 의하면 모든 사회적 체계들은 규범적 타당성 주장을 ‘필요 요구(Need demand)’로 삼을 때에만 존속 유지될 수 있다. 그런데 본래 이 규범적 정당성은 언어적으로 매개된 상호작용의 잠재적 합리적 구조로부터 생겨나는 것이므로, 어떤 사회적 체계가 본질적으로 논쟁적으로만 입증될 수 있는 이 규범적 정당성을 억압해 버릴 때는 그 사회체계는 부정적 결과를 피할 수 없다는 것이다.[63] 이 언어로 매개된 상호작용이 지니고 있는 잠재적 합리적 구조란 어떤 모양을 하고 있는가? 하버마스는 특정 언어 속에서 문장을 생산해 내는 규칙인 문법적 규칙과 구분하여 특정 상황에서 발화함으로써 (문법적으로 완벽하게 생산된) 문장을 그 상황에 정립시키는 ‘발화상황의 하부구조’에 관한 규칙(보편적 활용학)을 논하는 것을 중요하게 생각한다. 왜냐하면 우리는 발화행위를 통해서 문장들을 때로는 ‘객관적인’ 외적 세계(the external world)와 때로는 ‘나의’ 내적 세계(‘my’ inner reality)와, 또 때로는 ‘우리의’ 규범적 세계(‘our’ normative reality)와 관련 맺고 있기 때문이다. 발화자는 이러한 행위를 통해서 불가피하게 자기의 발화내용이 참(true)이라거나, 진실(truthful)하다거나, 올바르다(정당하다)거나 하는 타당성 주장(validity claim)을 할 수밖에 없게 된다(이에 앞서 화자는 은연중에 자기의 발화내용이 문법적으로 의미가 통

---

63) 하버마스에게 있어서 언어의 문제가 강조되는 이유는 자명하다. 인간을 자연으로부터 구별 지어 주는 것이 언어이기 때문이며, 인간적 생활의 재생산이 전적으로 언어의 상호주관성에 기초해 있기 때문이다. 낳아서 죽을 때까지 풀려날 수 없는 의사소통의 그물조직 같은 이 언어는 인간이 합목적적 행위에 실패할 때 자연에서 제거당하듯이 의사소통적 상호적 기대를 교란시키는 자를 생활의 재생산으로부터 제외시켜 버린다. 언어의 상호주관성을 유지시켜, 언어의 궁극적 목적(telos)이기도 한 생활 속의 (자기 또는 상호) 이해의 획득 또는 증진에 대한 인류적 뿌리를 가진 관심을 하버마스는 실천적이라 부른다. 이것은 우리의 관심인 규범적 행위에 근원적인 기초를 주는 관심이다. Habermas, *Zur Rekonstruktion des Historishen Materialismus* (Frankfurt/M: Suhrkamp), p.341t.

하는, 즉 명료성을 지닌 것임을 주장하고 있음은 물론이다.).

  그러면 이러한 타당성 주장은 일상언어의 의사소통에서 어떻게 처리되는가? 일상언어의 의사소통은 화자와 청자가 이해에 도달하기 위해서 비어법적 행위(illocutionary acts)를 통하여 관계를 맺는 상호주관적 차원과, 이를 통하여 그들이 이해하고자 하는 내용인 경험이나 사태의 차원을 갖는 독특한 이중구조로 되어 있다.[64] 오스틴(Austin)과 서얼(Searle)을 따라 하버마스는 수행적 발화(performative utterance)에 적합한 비어법적 힘 즉 화자가 의도하는 상호적 인간관계를 유발시키는 힘과 화행의 이 비어법적 힘이 곧바로 화자가 의도하는 상호적 인간관계로 귀결될 수 있게 하는 조건이 무엇인가에 유의한다. 자기가 의도하는 인간관계를 이끌어 내고자 하는 이 비어법적 행위를 할 때 화자와 청자는 타당성 주장을 제기하고 상대방이 그 주장을 수용(인정)해 줄 것을 요청한다. 그러나 이러한 것들이 단지 제안이나 청원에 그치는 게 아니라 합리적 근거에 기초한 당당한 요구여야 한다. 화자가 청자에 대하여(그리고 그 역의 관계에서도 마찬가지로) 비어법적 영향력을 행사할 수 있는 것은 그의 화행이 인식적으로 검증 가능한 타당성 주장에 연결되어 있어야 한다고 하는 화행 특유의 의무를 수행할 때뿐이다. 다시 말해서 그 상호적 유대가 합리적 기초를 지니고 있기 때문에 비어법적 영향력 행사가 가능해진다. 관련 화자는 통상적으로 자기가 어떤 상호적 인간관계를 맺고자 할 때 가지고 나오는 특정한 의미를 '논제적으로 강조되는(thematically stressed)' 타당성 주장에 연계시키고 있다는 것이다.[65] 예를 들면 '주장하다. 보고하다.' 따

---

64) 전자는 1인칭단수와(주장하다, 약속하다, 명령하다 따위와 같은) 수행적 동사와(이의 간접 목적어인) 2인칭 대명사로 구성되며, 후자는 (직접목적어에 해당하는) 수행적 동사의 발화내용을 의미한다. 후자는 직접목적어에 해당하는 수행적 동사의 발화내용을 의미한다. 즉 "나는 당신에게 …를 약속한다."의 형식을 취한다.

위와 같은 '불변사(constativa)'적 화행의 진리주장은 평상시 소박한 근거 제시만으로 합리적 기초 위에 서 있는 것으로 간주된다. 그러나 이것이 이와 같은 즉각적인 근거 제시에 의해서 받아들여지지 않는 비통상적인 경우에는 이것은 이론적 담론(theoretical discourse)의 주제가 된다. 즉 모든 타당성 주장이 암묵적으로 용인되어 온 이제까지의 비성찰적 일상생활의 상호작용인 의사소통적 행위와는 달리, 모든 타당성 주장이 명시적으로 논제화되는 현상학적 입장에 서서 성찰적인 '이론적 담론'의 차원으로 옮겨 가게 되는 것이다. 이와 같은 설명은 나머지 두 화행에도 적용된다. 즉 '인정하다. 폭로하다.' 따위와 같은 '대의사(representativa)'적 화행은 진실성 주장을, 그리고 '명령하다. 요구하다.' 따위와 같은 '규제사(regulativa)'적 화행은 정당성 주장을 각기 제기하는데, 문제가 있는 상황에 처할 때 위와 같은 단계를 거쳐 각각 '치유적 담론'과 '실천적 담론'에 이른다. 중요한 것은 이처럼 '담론'의 단계에 이르면 이제까지의 비성찰적 전제들이 그냥 통과되는 법이 없이 비판적 성찰의 대상이 되고 논쟁적 토론을 통해서 해결을 본다는 점이다.

하버마스의 보편적 활용학이 담고 있는 또 하나의 중요한 주장은 '보편화 가능성(universalizability)'이다. 1965년 프랑크푸르트 대학에서 행한 하버마스의 취임 강연의 한 구절은 이 문제와 함께 본 연구가 찾고 있는 권위에 대한 크나큰 시사를 던지고 있다. 그는 말하기를 "자율성과 책임(mündigkeit)에 대한 인간의 관심은 단순한 환상이 아니다. 왜냐하면 우리는 그것을 선천적으로 간파해서 알고 있기 때문이다. 인간을 자연으로부터 구별하여 길러 낸 것 중에 우리가 유일하게 그 속성을 알고 있는 것

---

65) Habermas, *Communication and the Evolution of Society*, p.93.

은 언어인데 자율과 책임은 이 언어의 구조를 통해서 우리에게 가정된다. 우리의 첫 문장은 억압받지 않은 보편적 합의를 향한 의도를 명백하게 표출하고 있다.”66) 하버마스에 의하면 비전략적인 의사소통이라면 어느 것이건 이해를 목표로 삼으며, 그러한 한 그것은 또한 합의에 도달할 것을 목적으로 삼는다는 것이다.67) 하버마스에 의하면 이것은 의사소통하기 위해 입을 여는 전제이다. 요약하건대, 합의적 화행은 자신의 발화가 말이 되는(즉 문법적 명료성을 지닌) 것이며, 명제의 내용이 참이며, 진실하며, 정당하다고 하는 4가지 타당성 주장을 서로 제기할 뿐 아니라 상호 인정함으로써 형성되는 배후적 합의(background consensus)에 의존해 있다.68) 이와 같은 화행구조는 근본적인 것이어서 ‘조작하다. 속이다.’ 따위와 같은 전략적 형태의 ‘의사소통’은 특정 타당성 주장(특히 진실성 주장)의 중단을 의미하는 파생적 기생적 형태일 뿐이다.

하버마스는 이와 같은 이해와 합의를 지향하는 발화행위의 분석으로부터 왜곡된 발화형태인 전략적 발화행위의 분석으로 옮겨 가면서 이들을 사회 탐구의 기반으로 삼고 있다. 그는 합의적 상호작용의 극단적인 경우들을 상이한 사회적 행위 체계들 속에서 찾아내고 있는데, 첫째로 상호적으로 인정되는 타당성 주장 및 이에 정향된 직접적 이해가 있느냐 없느냐에 따라서 ‘의사소통적 행위’와 ‘전략적 행위’를 구분한다. 그리고 전자를 다시 ‘이해에의 도달을 지향하는 행위’냐 ‘힘 지향적 행위’냐로 나누고 후자를 다시 암묵적으로 제기된 타당성 주장일 뿐인 것을 입증된 것

---

66) Habermas, *Knowledge and Human Interests* (Boston: Beacon Press, 1971), Apendix, p.314.

67) Habermas, *Communication and the Evolution of Society,* p.3. 하버마스의 이 합의에 관한 논의는 다음 장에서 리오타르 등과 함께 다시 비판적으로 논의될 것임.

68) 같은 책, 2 - 3쪽.

인 양 소박하게 받아들이는 '행위'의 영역이냐 이들 타당성 주장들을 다만 가설적으로만 받아들이며 현상학적 배제(bracket)를 수행한 후 논제적으로 검증하는 '담론'이냐로 나눈다. 한편 전략적 행위는 '공개적 전략적 행위'와 '은폐적 전략적 행위'로 구별되고, 후자는 다시 대화 참가자 중 어느 일방을 합의한 듯이 거짓으로 속이는 '조작'과 합의적 행위의 기초가 단지 외양적으로만 유지될 뿐 사실이 아님을 자신이 속고 있는 '체계적으로 왜곡된 의사소통'으로 구별된다.[69]

필자는 여기에서 하버마스의 타당성 주장과 관련한 위와 같은 사회적 행위들의 유형별 분류에 이제까지 우리가 논의해 온 권위의 문제를 적용하는 시도를 하려 한다. 이렇게 함으로써 권위에 관련된 제반 행위들의 의미가 명확해지고 나아가 권위의 병리적 현상에 대한 대안으로서 무엇이 가능할 수 있는가를 논할 논의의 이론적 단초를 제공할 수 있으리라고 믿는다. 이와 같은 대비가 가능한 것은 베버의 권위 연구에서 보았듯이 권위는 다분히 전략적 요소를 지닌 책임윤리에 근거한 것이며 다른 한편 전략적 행위에 대한 의사소통적 행위의 우위성을 논하는 하버마스의 주장이 일단은 수긍할 만한 가치를 지닌 것으로 보인다는 조건부 평가를 내릴 수 있기 때문이다.[70] 그리하여 필자는 지배와 복종의 관계를 목적으로 하여 상대방의 의사결정에 영향력을 행사하려 하는 권위 일반을 전략적 행위 일반의 종속개념으로 보고 전자를 후자의 분류 유형에 대입한 후, 이를 다시 폭력과 관련된 공공연한 위협을 내포하는 홉스의 권위나 베버의 합리적 권위와 같은 계약적 권위와 짐짓 합의적 복종인

---

69) 같은 책, 1쪽.

70) 여기에서도 역시 본 장 서두에서 언급했던 바와 같이 단지 하버마스에 대한 조건부 수용일 뿐임을 다시 지적해 두고자 한다.

듯하나 실은 의사자율적인 지배-복종의 관계일 뿐인 임의적 권위로 구분하며, 후자를 다시 의식적으로 타방의 의사결정에 속임수로 개입하는 암시와 광고 따위와 같은 일상적 권위와 초자연이나 신을 빙자한 명령과 영향력 행사가 실은 자신의 무의식적 욕구의 의식적 표출에 의한 것이라는 사실이 본인에게 지각되지 않는 카리스마적 권위와 전통적 권위와 같은 초월적 권위로 구분할 수 있을 것이다. 그리고 이와 같은 권위의 유형 분류는 그대로 이해와 합의를 목적으로 삼는 대등한 인간관계 또는 사회체계를 시사하는 하버마스의 의사소통적 행위와 대비될 수 있을 것이다. 이상의 이야기를 도식화하면 다음과 같은 것이 될 것이다.

사회적 행위					
권위일반(전략적 행위)				의사소통적 행위	
계약적 권위 예: 홉스의 권위와 베버의 합리적 권위 (공개적 전략적 행위)	임의적 권위 (은폐적, 전략적 행위)		이해 지향적 행위	합의 지향적 행위	
	초월적 권위 예: 전통적 카리스마(체계적으로 왜곡된 의사소통)	일상적 권위 예: TV광고, 교사(조작)		(행위)	(담론)

　　의사소통적 윤리의 '궁극적 가치공리'라고 할 수 있는 보편화 가능성 원리는 베버에게서처럼 가치의 자의적 선택에 의해서 해결되는 것이 아니라, 이상적 담화상황(ideal speech situation)의 기대리에 전개되는 논쟁적인 실천적 담론 속에서만 구체적으로 결정됨을 보여 준다. 하버마스는 의사소통적 담론이 사회적으로 제도화될 수 있는 과정을 1) 진리명제 즉 '비판적 명제의 구성과 개발', 2) 이 명제 집행자들의 자기성찰 즉 '진실성 있는 통찰', 3) 그리고 자기 성찰의 실천 즉 '신중한 결단'이라고 하는 3단계로 기술한다. 즉 첫째로 필요한 단계가 앞서 약술한 바 있는 '이론

적 담론' 과정을 통한 명제적 합의이며, 이어서 이들 명제에 의해서 행위자들이 자기네의 구체적인 역사적 문화적 과거의 경험에 대한 자기성찰에 이르는 간주관적 교화과정이 뒤따르며, 마지막으로 이러한 사회적 역사적 왜곡을 극복할 실천적 방향과 그 내용 즉 적절한 미래 전략의 단계를 필요로 한다는 것이다. 이 세 번째 단계가 필요한 까닭은 앞서의 '어떤 이론도, 교화도 우리를 파당심과 그 의도하지 않았던 결과라는 위험으로부터 구출해 주지 못하기 때문이다.'[71] 그러나 이 단계는 그 용어가 암시하고 있듯이 '전략적 적에 대하여 일시 대화가 불가능함을 선언'[72]하는, 성공을 목표로 하는 투쟁의 단계이다. 이 단계는 이해와 합의를 궁극의 목표요 기능으로 삼는 하버마스 자신의 '의사소통' 원리에 부합하지 않는 듯하다. 비록 이 단계가 담론의 참가 당사자들끼리의 자체 내부에서는(자신들의 공동이익에 대한 자각과 상황이나 예측 가능한 결과 및 부수적인 결과에 대한 인식에 있어서, 그리고 자신들이 떠맡아야 하는 위험과 기대 등에 대해서 가장 잘 알 수 있는 유일한 인간들인) '참여자들의 실천적 토의를 통해 이루고자 하는 합의'에 의해서 정당화되고 있다는 점에서 이데올로기적 권위에 함몰되어 실제문제를 이성적으로 해명해 내지 못하는 권위보다 우위성을 인정해 줄 수 있을지라도, 당해 집단 외부의 전략적 상대방에 대해서는 현실적으로 의사소통적 원리로 일관하고 있지 않다는 점을 지적해야 할 것이다.[73]

---

71) Habermas, *Theory and Practice* (Boston: Beacon Press, 1973), pp.41 – 42.

72) 같은 책, 43쪽.

73) 현실적 정치상황에 적용한다 할지라도, 적과의 대화불가능을 선언하고 투쟁을 선언한 후 망명을 계속해 온 남미의 민중운동가 Paulo Freire를 택할 것이냐, 적과의 대화를 통해 '투쟁'하며 목표를 달성해 낸 Martin Luther King을 택할 것이냐는 논란에서 쉽사리 전자를 택할 수만은 없을 것이다.

　　그럼에도 불구하고 사회적 의사결정이 자의적 가치선택에 기반을 둔 전략적 요소를 지니고 있는 권위에 의한 지배－복종의 베버적 모형을 따를 것이냐 또는 논쟁적 담론에 의한 보편화 가능성 원리를 추구하는 평등한 인간관계의 의사소통적 모형을 따를 것이냐 하는 문제에 있어서 본 연구의 결론은 분명하다. 개체발생론적 입장에서 볼 때 부모의 권위라고 하는 외부로부터의 지식과 판단에 대하여 무비판적 수용적 태도를 보이는 유아기나 정신사적 입장(혹은 계통발생적 입장)에서 볼 때 '절대이성'에의 맹신을 보이는 한 시대나 사회가 분명 자아부재의 스토익(stoic)적 의식의 단계를 살고 있다고 한다면, 외부로부터의 지식과 판단에 대한 선별능력을 지닌 의심과 비판의 회의적 의식(skeptic consciousness)은 분명 자아의 태동기라 할 수 있을 것이다. 그러나 한편 인식론적으로 볼 때 믿음은 분명 지식 성립의 전제조건이다.[74) 전적인 불신과 회의는 지식습득과 발전 그 자체를 불가능하게 할 것이다. 인간이 필요로 하는 것은 초자연이나 타인에의 맹목적 의존도 회의적 부정도 아닌 확립된 자아 간의 대등한 관계에서 이루어지는 의사소통일 것이다. 자연에의 복종도 정복도 아닌, 타인에의 굴종도 지배도 아닌 대등한 대화 상대로서의 상호관계일 것이다. 하버마스의 의사소통이론은 분명히 이러한 인간관계와 사회체계로의 이론적 기초를 제공하고 있는 듯하다. 하버마스의 언어분석이 지적하는 바에 의하면 인간은 지배와 복종이 아닌 자율과 책임에 대하여, 전략적 영향력 행사를 위한 상호관계가 아닌 이해를 위한 상호주관성에 대하여 그리고 자의적 '선택(결단)'에 의한 사회체계가 아닌 논쟁적 담론에 의한 사회체계에 대하여, 다시 말해서 '권위적' 인간관계가 아닌 '의사소

---

74) A. M. Quinton, "Authority and Autonomy in Knowledge", *Philosophy of Educational Society of Great Britain*. vol. V. No. 2, 1971.

통적' 인간관계에 대하여 선천적 관심을 지니고 있는 것이라고 보아야할
것이다.

참고문헌

나다이나다, *권위와 권력*(집문당, 1981).

Arthur A. Smith, "The Role of Value in the Social Theories of Max Weber and
Jürgen Habermas"(State University of New York, 1980). *베버와 하버마
스 사회이론과 가치*, 김득룡 역(서광사, 1991).

A. M. Quinton, "Authority and Autonomy in Knowledge", *Philosophy of
Educational Society of Great Britain*. vol. V. No. 2, 1971.

Bertrand Russell, *Authority and the Individual*(New York: AMS. Press, 1968).

D.H. Wrong Ed. *Max Weber*(Englewood Cliffs, New Jersey: Prentice Hall, Inc,
1970).

Donald McIntosh, "On the Nature and Sources of Authority", in *American
Sociological Review* Vol. 35, Oct. 1970.

Hannah Arendt, *Vita Activa*(Stuttgart, 1960).

J. L. Austin, *How to do Things with Words*, Ed. J. V. Urmson and Marina Sbisa
(Cambridge: Harvard University Press, 1975).

John Locke, *統治論*, 이극찬 역(삼성출판사, 1979)

Jürgen Habermas, *Theory and Practice*(Boston: Beacon Press, 1973).

_________________, *Knowledge and Human Interests*(Boston: Beacon Press, 1971).

_________________, *Zur Rekonstruktion des Historishen Materialismus*(Frankfurt/M:

Suhrkamp, 1976)

_______________, "What is Universal Pragmatics?", *Communication and Evolution of Society*(Boston: Beacon Press, 1979).

_______________, *Politik, Kunst, Religion*(Stuttgart, 1978).

_______________, *Toward Rational Society*(Boston: Beacon Press, 1971).

Max Weber, *Max Weber on the Methodology of the Social Sciences*, ed. Shills and Finch(Glencoe: Free Press, 1949).

_____________, Gesellschaft, Politik und Geschichte(Frankfurt, 1974) *From Max Weber,* ed. Gerth and Mills(New York: Oxford University Press, 1969).

_____________, *The Theory of Social Economic Organization*, Ed. Guenter Roth and Claus Wittich(New York : Bedminster Press, 1968).

Peter Goldstone, Donald Tunnell, "A Critique of the Command Theory of Authority", in *Educational Theory*(Spring 1975).

R. S. Perters, "Authority", *Political Philosophy*, Ed. Anthony Quinton(Oxford: Oxford University Press, 1967).

Robert P. Wolff, *In Defence of Anarchism*(New York: Harper and Row Publishers, 1970).

 **하버마스 대 리오타르와 발터 벤야민:
세 언어이론들**

1. 머리말

우리는 제5장에서 권위일반의 병리적 성격을 분석하고 하버마스의 언어이론인 '의사소통행위 이론'을 원용하여 그것에 대한 대안을 모색하고자 했다. 그러나 전술한 바와 같이 이는 하버마스의 언어이론 모두에 대한 수용을 의미하는 것은 아니었고 단지 병리현상으로서의 '권위'에 대한 하나의 가능한 대안적 시도, 특히 정치 영역에서의 가능한 대안일 수 있다는 동의일 뿐이었다. 하버마스의 이론에 대하여 이처럼 제한적으로 수용할 수밖에 없는 까닭은 그의 의사소통이론이 전제하고 있는 그의 언어관 때문이다. 머리말과 제4장에서 언급한 바와 같이 하버마스의 언어관은 제인스나 베르그송의 그것과 함께 언어의 상부구조에 관한 기술에 국한되어 있는 것으로 보인다. 그러나 본서는 언어는 그처럼 이성적 인식기능에만 국한되지 않고 이를 초월하는 하부구조 또한 지니고 있음을 상정함으로써 본 장에서는 이와 관련하여 우리의 전폭적 수용에 단서를 달게 하는 하버마스의 합리성에 근거한 언어관을 비판하는 동시에 이에 맞서는 리오타르와 발터 벤야민의 언어관에 대하여 말하려 한다.

하버마스의 이론이 앞에서 논한 권위와 권위주의의 해악에 대응하는 설득력 있는 한 가지 방략이 될 수 있을지 모른다. 그러나 그의 이론이 현대사회가 목도한 수많은 여타의 잔인한 현상들에 대해서도 설득력을 지니는가에 대해서는 의문을 제기하는 사람들이 있다. 그들은 하버마스는 현대의 시대정신인 '근대성(modernity)'에 내재한 근본 문제와 함께 비판의 대상이 되어야 한다고 주장한다. 이제 우리는 하버마스를 넘어 사색의 시야를 확장해야 할 시점에 서 있는 듯하다.

리오타르는 비트겐슈타인의 '언어게임'론에 근거하여 자신의 '분쟁론'으로 대변되는 언어이론을 전개한다. 그러나 하버마스는 상이한 언어게임들 간의 소통에는 번역의 가능성이 전제된다는 것을 지적함으로써 리오타르의 입지를 근본적으로 흔드는 것으로 보인다. 하지만 하버마스의 합리성에 근거한 언어이론을 좇아 그의 번역의 논리를 그대로 수용하기에는 몇 가지 단서가 떠오른다. 하버마스의 합리성 언어이론은 리오타르의 반론을 묵살해 버릴 수 없는 결정적인 문제점을 수반하고 있는 것이다. 필자는 이를 리오타르의 '숭고'에 관한 논의를 좇아 지적하고자 한다. 하버마스가 일차적으로 숙고해야 할 것은 그가 자신의 이론체계에서 축출해 버린 '이성의 타자'들인 것이다. 필자는 이러한 비판에 더하여, 그리고 이러한 비판의 선상에 서서, 하버마스는 자신이 거부한 형이상학에 관한 입장을 재정리함으로써만 번역의 문제를 제대로 다룰 수 있게 될 것이라고 생각한다. 필자는 여기에서 리오타르가 안고 있는 상대주의의 위험에 빠지지 않는 동시에 하버마스가 놓치고 있는 '이성의 타자들'까지를 아우

르는 포괄적인 언어관의 단초를 발터 벤야민의 언어이론에서, 특히 그의
번역이론에서 찾고자 한다.

2. '언어게임'에 대하여: 리오타르와 하버마스

언어에 관련된 현대의 '총체적' 그림에 대하여 역사 속의 인간 억압의
문제를 들어 극력 반대하는 목소리가 포스트모더니즘의 일각에서, 특히
리오타르의 입을 통해서 쏟아져 나왔다. 우선 이 문제에 관련하여 대립각
을 세우고 있는 모더니즘의 마지막 대변인 하버마스와 리오타르 간의 실
제적인 논쟁으로부터 이야기를 시작해 보자.

리오타르와 하버마스는 공히 비트겐슈타인의 언어이론에 주목한다. 그
는 순수이성비판에 나타난 칸트의 노선을 따라 경험이전(a priori)의 모든
존재까지도 관장하는 논리형식에 감춰진 언어의 보편구조와 본질 그리고
그것이 드러내는 세계의 구조를 논하던 *트락타터스(Tractatus)*의 '선험적
(transcendental)' 언어분석과는 다른 구체적 '생활형식'에 관한 '사회-언어
적(sociolinguistic)' 분석인 자신의 후기 사상을 전개한다. 후자의 요체는
언어의 의미가 각각의 '언어게임'에 의해서 결정된다는 것이었다. 리오타
르가 자신의 방법론적 단초로 삼고 있는 것은 비트겐슈타인의 이 후기의
'언어게임론'이다. 리오타르는 비트겐슈타인의 *철학적 탐구(Philosophical
Investigation)*를 논하는 과정에서 "언어의 통일성은 존재하지 않는다. 단지
언어의 섬들이 있을 뿐이다."라고 결론짓는다. 그는 이어서 언어게임들은

각기 다른 규칙에 의해 지배되기 때문에 게임들 간에는 번역이 가능하지 않으며, 한 문장의 규칙이 다른 문장을 침해하는 것은 바람직하지 않고 오히려 언어의 분산이 바람직한 것이라고 주장한다.[75] 전투를 연상시키는 비트겐슈타인의 '게임(Game)' 이론은 끝내는 리오타르로 하여금 언어를 '분쟁(differend)' 상태로 규정하는 데까지 이르게 한다.[76]

　그러나 하버마스는 비트겐슈타인의 다른 구절들에 주목한다. 하버마스도 리오타르와 같이 비트겐슈타인이 어떤 '메타언어'도 거부하는 것에 동조한다. 비트겐슈타인 식으로 말하자면 철학자는 철학적 혼돈과 모순들로부터 인간의 마음을 구출해 낼 때 이른바 외부로부터의 어떤 '메타언어'에 호소할 필요 없이 내부로부터 언어게임 내의 문법을 성찰적으로 적용하면 되는 것이다. 이를 구체적으로 설명하기 위해 비트겐슈타인은 낯선 언어와 조우하는 상황에서 문법의 역할에 관하여 언급한다. "당신이 아주 낯선 언어가 사용되는 어떤 미지의 나라에 탐험가로 들어갔다고 가정하자. 당신은 그 사람들이 지금 명령을 발하고 있으며, 그 명령을 이해하고, 복종하거나 또는 불복하고 있다는 등등의 말을 어떤 상황에서 할 수 있겠는가? 인류의 공통적 행위가 참조체제(the system of reference)이며 그것에 의해서 우리는 어떤 낯선 언어를 해석하는 것이다."[77] 이것은 비트겐슈타인이 언어게임

---

75) Jean-François, Lyotard, "Wittgenstein, <après>", in *Tombeau de l'intellectuel et autres papiers* (Paris: Galilée, 1984), p.61. 이현복, "모던과 포스트모던의 논쟁: 거인의 어깨 위에 앉아 있는 난장이?"를 참조할 것.

76) 리오타르의 '분쟁'이라는 용어 선택에 관하여 이현복은 "칸트의 이성비판과 리오타르의 포스트모더니즘", *철학연구* 51호, 1993, 22쪽에서 리오타르는 이 용어를 칸트의 구상력과 이성 간의 '충돌', 또는 '분쟁'에서 차용한 것으로 본다는 의견을 피력한다. 그러나 리오타르의 '분쟁'은 일차적으로는 구상력과 이성 간의 '충돌(widerstreit)' 관계라기보다 지시적, 규정적, 미학적, 정치적 언어게임 등 일상적 언어권이나 문화권 간의 충돌을 염두에 두고 있는 점에서 비트겐슈타인의 '언어 게임'에 더 가까운 듯하다. 숭고의 판정에 관련된 구상력과 이성 간의 칸트적 의미의 '충돌' '분쟁'과 관련해서는 본 연구의 후반부에서 다시 생각하기로 하자.

77) Wittgenstein, *Philosophical Investigation*(New York, 1958), p.206.

내에서 규칙을 따른다는 것의 의미를 말하기 위해 상정한 상황이지만, 동시에 낯선 언어에 대한 이해는 어떤 메타담론에 의해서가 아니라 '참조체계'라는 언어와 실천 간의 내적 연결에 의해서 가능하다는 것을 말하기 위한 것이었고, 이를 비트겐슈타인은 "이것은 의견의 일치가 아니라 생활형식의 일치이다."[78]라고 말한다. 하버마스는 한 발 더 나아가 언어일 뿐 아니라 실천이기도 한 "일상 언어야말로 최후의 메타언어이다."[79]라고 해석하며 보편적 참조체계가 작동되는 우리의 일상 언어는 마치 메타언어이기라도 한 것처럼 낯선 언어의 해석을 가능케 하는 근거가 된다고 주장한다.

그런데 하버마스의 입장에서 보자면 상기한 비트겐슈타인의 주장에 대하여 집고 넘어가야 할 점이 있을 수밖에 없을 것이다; 낯선 언어권에 들어온 그 관찰자는 과연 자신의 '관찰' 행위에 의해서 그 언어의 주민들과 소통이 되는 것인가? 그 관찰자 자신이 사용하고 있는 '언어게임'은 이때 휴지休止상태에 들어갔는가? 그리고 그렇게 도달한 '소통'의 상태를 '이해(Verstehen)'라고 부를 수 있는가? 그것은 자신의 언어게임과 관찰대상이 된 주민의 언어게임과의 관계에 의해서 도달되는 것인가? 비트겐슈타인은 이런 질문들에 대답하지 않으면 안 될 것이다. 비트겐슈타인의 후기 언어분석을 사회과학 영역에 적용하며 발전시키고 있는 윈치(Peter Winch)는 *사회과학의 이념 그리고 철학과의 관계(The Idea of a Social Science and Its Relation to Philosophy)*에서 자연과학과 사회과학을 구분하며, 어떤 '사회적 행위'의 의미는 그 행위자의 언어게임에 '참여'하며 규칙에 따라 행동하는 자만이 제대로 이해할 수 있다고 주장한다. 그에 따르면 만일 관찰자가 그 행위를 해석하는 일에 있어서 관찰자 자신의 생활형식을 관장하

---

78) Wittgenstein, 같은 책, p.241.

79) Habermas, *Zur Logik der Sozialwissenschaften*(Frankfurt/M: Suhrkamp, 1970), p.242.

는 임의의 준거를 적용한다면 그렇게 하자마자 그 행위나 사건은 사회적 행위로서의 성격을 상실하고 만다고 한다. 그것은 '범주오류'로서 더 이상 사회과학적 대상이 아니라는 것이다.[80] 이에 대하여 어떤 사회적 행위도 자신이 속한 구체적 언어게임 안에서만 유의미하다고 주장한다면 이는 분명 문화적 세계의 단자론이며 '상대주의'라는 비판에 대하여 답하는 '원시사회의 이해(Understanding of a primitive society)'에서 그는 비코(Vico)와 엘리엇(Eliott) 등의 사상을 빌려, 특정 언어게임 안에서 발생한 행위의 의미는 그 언어게임의 문법을 적용함으로써만 해석될 수 있는 것이 사실이지만 인류는 인류의 '보편적 원재료'인 출생, 사망, 성관계와 같은 '제한적 개념들(limiting notions)'을 통해 낯선 언어게임의 문화를 이해할 수 있는 길이 열릴 수 있다고 주장한다.[81] "시간과 공간상 떨어져 있기 때문에 제각기 따로따로 성립되긴 했음에도 불구하고, 모든 민족들은 야만적이건 문명적이건, 인간적 관습들을 가지고 있는데, 곧 모든 민족들은 어떤 종교를 가지며 엄숙한 결혼의 계약을 맺으며 그들의 죽음을 장사 지내는 것을 우리는 보고 있다. 제아무리 야만적이고 조야한 문화의 민족에서라 할지라도, 종교와 결혼과 장례의 의식보다 더 정교한 예식과 더 신성한 엄숙성 속에서 치러지는 인간 행위를 볼 수 없다. 이는 왜냐하면, '서로 알지 못하는 사람들 중에서 생겨난 것일지라도 불변하는 관념들은 진리의 공통적 토대를 갖고 있음에 틀림없다.' …이러한 이유로 해서 우리는 이 세 가지 영원하고 보편적인 관습을 학문이 지닌 초유의 원리로 받아들여 왔던 것이다."[82] 비코의 이 글을 인용하며 글을 끝맺고 있

---

80) Peter Winch, *The Idea of a Social Science and Its Relation to Philosophy* (London, 1958.) p.108.

81) Peter Winch, "Understanding of a Primitive Society", "원시 사회의 이해", *동서문화연구* 제2집, 김득룡 역(1991), 219 – 223쪽.

는 윈치에게 있어 비트겐슈타인의 '언어게임'은 그 원래의 의미를 어느 정도나 유지하고 있는 것인가? 이는 분명 초기의 주장으로부터의 노선수정 또는 후퇴로 보인다.

하버마스는 비트겐슈타인과 윈치 등이 주장하는 언어게임론은 번역의 문제를 충분히 다루지 않는 한 만족스럽지 못한 것이라고 판단한다. 비트겐슈타인이 예로 들고 나왔던 타 언어집단을 관찰하는 관찰자의 경우, 그 관찰자는 '자신이 자기네 언어게임의 도그마에 묶여 있다는 사실을 인지하지 않은 채 슬그머니 (관찰대상인) 언어게임의 문법 속으로 잠입해 들어가고 있다.'[83] 그러나 '이 관찰자의 언어는 단순하게 관찰대상 언어와 우연히 일치할 수 있는 게 아니다. 양 언어체계들 간에는 분석되는 언어게임들 간에서 그렇듯이, 번역이 있지 않으면 안 된다.'[84] 그리고 상이한 유형의 사회화 과정들을 중재하는 이 번역이 성공적으로 이루어지는 만큼 낯선 문화권으로의 길이 열린다는 것이다. 하버마스는 가다머(Hans-Georg Gadamer)의 해석학적 성찰을 도입하며 비트겐슈타인 등이 주장하는 언어게임의 단자론 대신 자연적 언어의 상호 번역가능성을, 1차 언어로의 사회화 패러다임 대신 양 언어 간의 번역 패러다임을, 그리고 비역사적 생활형식의 재생산 대신 역사와 전통을 주장한다. 왜냐하면 우리가 특정 언어게임에서 배운 문법은 이미 우리로 하여금 그 밖으로 나아가 낯선 것을 해석하게 하고, 이해할 수 없는 것을 이해할 수 있는 것으로 만들게 하며 우리의 언어로 동화시키기 때문이다.[85]

---

82) Giambattista Vico, *The New Science*, pp.332-333. Winch, 같은 책, 224쪽에서 재인용한 것임.

83) Habermas, 앞의 책. p.244.

84) 같은 책, 244-245쪽.

85) Thomas McCarthy, *The Critical Theory of Jürgen Habermas* (Cambridge, massachusetts: The MIT Press, 1978), p.171을 참조할 것.

하버마스는 이러한 번역이 가능하기 위해서 그리고 상이한 언어게임의 문법들에 표준적 기술記述을 제공할 수 있기 위해서, 보편적 언어이론으로서의 '보편적 화용론(universal pragmatics)'이 필요하다고 주장하는 듯하다. 아펠(Apel)까지 가세하고 있는 이 해석학적 이론에 의하면 언어게임 대 언어게임 간의 해석, 즉 번역이 있기 위해서는 비트겐슈타인이나 윈치가 주장하는 보편적인 '참조체계'나 '보편적 원재료'론으로는 충분치 않으며, 근본적으로 현재의 생활형식을 초월하는 새로운 생활형식을 함축하는 '이상적 언어게임' 또는 '이상적 발화상황(ideal speech situation)'이 인간의 언어생활 속에 존재해 왔음을 전제해야 된다는 것이다. 인간은 현재의 구체적인 생활형식 안에 살고 있을 뿐만 아니라, 언제나 그것을 넘어서는 잠재력을 지니고 있고, 그것에 의해서 다른 생활형식과 관계를 맺고 살아왔다는 것이다. 무엇보다도 상이한 언어들을 비교하기 위해서는 이들을 초월하는 '이상적 발화상황'이 전제되지 않으면 안 되며, 이러한 전제가 있음으로 해서 각 언어게임은 자신을 비판적으로 성찰할 수 있게 되고, 상이한 언어 간에 '합의'가 가능해진다는 것이다. 반대로 이것이 부정될 때 사회는 인간을 억압하는 이데올로기에 빠지는 것이라고 주장한다.[86]

3. 하버마스가 말하는 '합리성'

여기서 '이상적 발화상황'을 주장하는 하버마스의 '보편적 화용론'의 내용을 일별해 둘 필요가 있을 듯하다. 이성의 폐기를 주장하기에 이를

---

86) Otto Apel, "Analytic philosophy of language and Geisteswissenschaften", 1967, p.57.

정도로 깊은 회의의 수렁에 빠진 현대문명의 복판에서 하버마스는 이에 맞서 오히려 이성에 바탕을 둔 계몽의 기획을 달성할 수 있다고 주장한다. 우선 그는 비판이론 일세대들과 함께 이제까지 협애하게 일면화되어 온 서구 합리성 개념의 횡포, 그중에도 인간 이성의 '도구적 이성'으로의 일반화와, 의사소통적 상호관계 영역의 효율적 목적합리성으로의 환원을 지적하며 다양한 형태의 '합리성'을 포괄하는 '의사소통적 합리성' 이론을 펼친다. 하버마스는 '합리성' 개념의 연원을 막스 베버에게서 찾는다. 베버는 "유럽에서 종교적 세계상들을 무너지게 함으로써 세속적 문화가 생겨나게 한 탈마법화(disenchantment) 과정을 '합리화' 과정이라고 불렀다."는 것이다. 그리고 하버마스는 이 합리화 과정이 각각 학습이 가능하게 된 현대 경험과학, 자율적 예술, 원리에 근거하여 정당화되는 도덕과 법률 이론 등의 문화적 가치 영역을 형성하게 되었다고 믿는다.[87] 이로써 하버마스는 합리성을 '이론 – 인식적', '도덕 – 실천적', '미학 – 표현적' 영역에서의 합리성 등 3영역으로 나누면서 이를 포괄하는 '의사소통적 합리성'은 해방과 성숙의 가능성으로 언어구조에 내재하며, 전술한 바 있는, 소위 왜곡되지 않은 '이상적 발화상황'을 전제하고 있다고 한다. 발화자는 그의 첫마디 발언 속에 이미 완벽한 자유와 완벽한 정보가 주어진 (이상적인) 상태에서 끝까지 토론하면 어떤 영역에서이건 합의에 이를 것이라는 것을 암묵적으로 전제한 채로 대화에 임한다는 것이다. 이러한 암묵적 전제하에서 대화 참가자들은 합리적인 동의를 얻기 위해 언어구조의 명제적 영역, 수행적 영역, 지향적 영역 등 각 영역에 따라 주제화된 발

---

87) Jürgen Habermas, *The Philosophical Discourse of Modernity* translated by Frederick Lawrence(Cambridge, massachusetts: The MIT Press, 1987), p.1. 그러니까 베버나 하버마스에 의하면 종교적 세계상 내에서의 경험은 이러한 제 합리적 영역들로부터는 태생적으로 제외되는 것이다.

화가 진리라는 타당성 주장, 정당하다는 타당성 주장, 진정이라는 타당성 주장을 제기하게 된다고 한다. 암묵적 전제가 깨어지고 상대방으로부터 비판이 제기되면 받은 비판에 대해 근거를 제시함으로써 자신의 주장을 옹호하거나 철회하는 과정을 되풀이하는 비판적 '담론(discourse)'들을 통해 '진리'와 '정당성'과 '진정성'에 도달한다는 것이 '보편적 화용론'에 담긴 합리성에 관한 논지이다.[88] 물론 하버마스는 이론과 실천이 서로 환원될 수 없는 영역들이며 사실의 객관적 세계, 규범의 사회적 세계, 체험의 주관적 세계들 역시 그러함을 분명히 하고 있다. 그럼에도 이들 상기한 3가지 보편적 언표구조와, 3가지 타당성 주장, 그리고 이에 조응하는 3담론들은 동근원적이어서 이론적 영역은 물론 실천적 영역에도 그리고 더 나아가서는 미학적-표현적 영역에서도 '합리성'이 담보되어야 한다고 주장한다. 그러나 하버마스에 의하면 미학의 경우 '간접적인 방식의(indirect way)' '변형된 논증방식(variation of a form of argumentation)'을 받아들일 수밖에 없음을 인정한다. 인식적-도구적 영역이나 도덕적-실천적 영역과 달리, 표현적 영역에서는 "자신의 감정이나 욕구의 성격을 문화적으로 정립된 가치기준(culturally established standards of value)에 입각해서 해석하는 것을 합리적이라고 부를 수 있다."는 것이다. 그의 가치가 '문화 내에서 일반적 승인(general assent within a culture)'을 받게 되면 해당 가치기준을 수용하는 그의 미학적 경험은 합리적 동기가 될 수 있게 된다. 그렇게 제시된 근거는 우리로 하여금 작품을 '전형적 경험의 진실한 표현(authentic expression of an exemplary experience)'이라고 지각하게 한다는 것이다.[89] 이를 정리하면 작품이 문화의 일반적 승인을 받은 가치를 수용하

---

88) Habermas, "What is Universal Pragmatics?", *Communication and the Evolution of Society* trans. by Thomas McCarthy(Boston, 1979).

는 미적 경험을 일으키는가? 그러면 그 작품은 '전형적 경험의 진실한 표현'
이라고 부를 수 있고 따라서 그것은 '합리성'을 지닌 것이라는 것이다.

4. 리오타르의 '숭고(the sublime)'와 하버마스

인간에게는 상이한 언어게임들 간에 번역할 수 있는 능력이 있으며 이
상적 발화상황을 전제하는 인간은 말할 수 있는 능력이 있는 한, 합의에
까지 이를 수 있다는 상기의 하버마스의 주장들은 비트겐슈타인의 '언어
게임' 개념에 대한 비판에 있어 성공을 거두고 있는 듯이 보인다. 그런
한 비트겐슈타인의 언어게임론에 근거를 두고 있는 리오타르의 이론은(미
해결의 문제를 지닌 근거 위에 서 있음으로 해서) 입론에 충분히 성공을
거두지 못하고 있는 듯이 보이는 것도 사실이라 하겠다. 그럼에도 우리는
상기한 하버마스를 염두에 두고 쓴 리오타르의 "질문에 대한 답변: 포스
트모던이란 무엇인가"가 제기하는(총체성의 문제로부터 시작되는) 하버마
스에 대한 반론에 귀 기울여야 할 것이다. 필자는 특히 리오타르의 숭고
미에 관한 주장에 주목하고자 한다. 왜냐하면 숭고미학이야말로 포스트모
더니즘의 핵심 기법으로 알려졌기 때문이기도 하거니와 하버마스의 이론
체계의 문제점을 극명하게 보여 줄 수 있는 주제로 보이기 때문이다.
　　리오타르에게 있어 미학적 성찰은 더 이상 '작가가 어떻게 작품을 만드
는가?'가 아니라 '예술에 적합한 감정을 경험한다는 것이 무엇인가?'에

---

89) 같은 책, 20쪽. "reasons have the peculiar function of *bringing us to see* a work or performance in such a way that it can be perceived as an authentic expression of an exemplary experience, in general as the embodiment of a claim to authenticity."

관여한다. 그런고로 리오타르는 숭고는 작가의 입장에 서서 오성에 근거하여 교훈적 형식을 취하는 미학과는 걸맞지 않고 오히려 감상자의 느낌에 대한 분석으로서의 미학에 관련된다고 말하면서 칸트가 개념화한 숭고성을 소개한다. 이에 따르면 숭고는 이미지와 개념 간의 조화에 의하여 점화되는 미美 개념과는 다르게 고통으로부터 오는 쾌감이라는 비규정적 성격을 띤다. 예를 들어 사막, 산, 피라미드, 대양에 부는 폭풍이나, 폭발하는 화산 등과 같이 절대적으로 거대하거나 강력한 대상은 마치 이성이념처럼 감각적 직관 없이 단지 사유될 수 있을 뿐이어서 이에 직면하는 사건 속에서 인간의 상상과 표현(presentation) 기능은 사건에 걸맞은 표상(representation)을 내놓을 수가 없게 된다. 칸트에 의하면 이처럼 이성대상과 상상대상을 조화시키려 할 때 오는 무력감의 고통이 주는 긴장은 일종의 동요動搖로서 평정의 감정을 주는 미와는 다른 쾌감을 수반한다는 것이다. 이에 대해 리오타르는 에드문트 버크(Edmund Burke)의 글 "숭고와 미라는 관념들의 기원에 대한 철학적 탐구(Philosophical Inquiry into the Origin of our Ideas of the Sublime and Beautiful)"를 인용하면서 미가 주는 쾌감은 긍정적인 반면, 숭고는 더 이상 아무것도 일어나지 않을 것이라는 무無의 위협에 의해 점화되는 '철저히 정신적인 격정(entirely spiritual passion)'[90]이라고 규정한다. 빛의 부재 곧 어둠의 공포(terror), 타인의 부재 곧 외로움의 공포, 언어의 부재 곧 침묵의 공포, 대상의 부재 곧 공허의 공포, 무엇보다도 생명의 부재 곧 죽음의 공포 즉, 아무것도 발생하지 않음의 발생이야말로 우리를 전율하게 한다.[91] 버크에 의하면 내 영혼에

---

90) Jean‒François Lyotard, "The Sublime and the Avant‒Garde", *Art Forum* 22, part 8 trans by Lisa Liebmann(April 1984), pp.36‒43(204쪽).

91) 같은 곳.

서 '발생'을 박탈해 버리겠다고 위협하는 거대한 대상 앞에서 영혼은 죽은 듯 멍청히 서서 동작을 잃는다. 그러나 영혼은 예술의 힘을 빌려 그 위협으로부터 거리를 두며 떨어져 나와 삶과 죽음 간을 요동치는 구역에서서 안도의 숨을 쉬게 된다. 버크는 이것에 '희열(delight)'이라는 이름을 명명한다. 숭고가 주는 쾌감인 것이다. 리오타르는 이러한 버크의 숭고이론이 훗날 아방가드의 전신이 되었다고 믿는다. 이로써 예술작품은 더 이상 자연의 모방이 아니다. 그것은 표상 불가능한 것이 존재한다는 사실을 표상하려 한다. 이러한 점에서 시詩의 중요성을 강조하는 버크와 함께 리오타르는 예술작품은 언어 속에 잠재해 있었던 '형태(figure)'[92]를 현실화한 것이라고 주장한다.

상기한 리오타르의 숭고론 "숭고성과 아방가르드"는 실은 유태인 화가 바넷 바루흐 뉴먼(Barnett Baruch Newman)의 그림들과 (뉴먼의) 글 "숭고는 지금이다."를 소개하는 것으로 시작한다. 뉴먼에 의하면 숭고는 '거기(there)'가 아니라 '지금(now)'이다. 그러니까 한 조각 공간이 아니라 시간의 감각이다. 그러나 이 지금 감각은 히브리 전통에 따라 '이름을 부를 수 없는 자(the Unnameable)'이신 신을 지칭할 때 쓰는 말 중의 하나인 '마콤(מקום)' 또는 '하마콤(המקום)'에 해당되는 것으로 알려졌다. 히브리 전통에 의하면 절대자 여호와는 직접 호칭할 수 없게 되어 있고 신과 관련 있는 제3의 것으로 대신하여 부르는바('하(ה)'는 정관사 the에 해당하는 말이고) '마콤'은 장소를 뜻하는 말이니 흐르는 시간을 장소로 감각화하여 붙인 이름 '바로 그 곳'은, 결단코 시간의 공간적 감각화인 벽시계 따위를 일컫는 말일 수 없고, 모세가 여호와를 만난 호렙 산과 같은 '만남

---

92) 같은 책, 205쪽.

의 장소'를 암시적으로 일컫는 말일 터이다. 그곳은 뉴먼에게는 시간적 사건인 '발생'이 일어나는 '장소', '신발을 벗어야 하는' 거룩한 장소인 것이다. 하늘로부터 신의 음성을 듣는 듯, 빈 화폭에 위로부터 아래로 한 줄기 차가운 기하학적 추상의 선, '집(zip)'[93]을 그릴 때의 뉴먼의 '열광(exaltation)'을 한 비평가는 미학적 상상을 발휘하여 "마치 하늘의 번개를 빨아들여 대지로 전하는 피뢰침처럼 그림을 바라보는 이의 몸을 관통해 초자연적인 느낌이 흐르게 한다."[94]고 서술한다. 그런고로 이 '지금'이 어거스틴이나 후설의 의식으로도 설명될 법하지 않는 그런 뜻이라면 "이것에 대해서 충분히 알 자가 과연 누구란 말인가?"라고 리오타르는 묻는다. 이는 의식을 무장해제 한 상태에서나 접근 가능한 '의식의 이방인(a stranger to consciousness)'인바, 그저 '발생일 뿐인 것(just an event, occurrence)'이요, 하이데거 식으로 말하자면 '사건(ein Ereignis)'일 것이라고 단정한다. 여기에서는 사유 또한 무장해제 되지 않으면 안 된다. 왜냐하면 사유는 언제나 주어진 것, 기억되고 그려진 것, 사회화된 것을 반추하고 극복하려 하는 움직임일 뿐이기 때문이다. 화가 뉴먼은 낭만주의 예술과 단절하였지만 표현 불가한 것에 대한 회화적 증언까지 거부한 것은 아니었다. 숭고성이 비규정적이요 표현 불가한 것이라면 그는 화폭 앞에 앉아 무엇을 하자는 것인가? 그에게 있어 이 표현 불가한 것은 '발생' 속에 거주한다. '뭔가 발생하고 있음(it happens)'이라는 불확정성이 확정적인 어떤 것으로 나타난다. 그것이 색이요 그림이다. 작품 자체 역시 '뭔가 발생하고 있음'으로서의 한 비규정적 사건인 것이다. '지금 이곳에 무無가 아닌 (발

---

93) 바넷 뉴먼의 그림 [하나임 Ⅰ], 또는 [여기 Ⅱ] 등을 예로 들 수 있다. 우리는 이 그림들에서 빈 화면에 위로부터 아래로 뻗은 수직선 하나 또는 둘을 볼 수 있을 뿐이다.

94) 진중권, *진중권의 현대미학 강의*(아트북스, 2004), 235쪽.

생으로서의) 그림이 있다. 이것이 바로 숭고이다.' 아니, 형색과 그림이 표현할 수 없는 것의 증언으로서의 발생이라면, 전술한 뉴먼의 글의 제목은 아예 '지금, 이것은 숭고한 것이다.'로 고쳐 읽혀야 한다. 리오타르의 "질문에 대한 답변"은 이것이었다. "표현할 수 없는 것의 증인이 되자."

이상과 같은 리오타르의 '숭고' 경험을 염두에 두고 상기한 하버마스의 입론에 대하여 몇 가지 의문을 제기하지 않을 수 없다. 우선적으로 우리는 전술한 리오타르의 '숭고' 경험이 하버마스가 미학영역에서 '합리성'의 기준으로 제시한 '문화의 일반적 승인을 받은 가치를 수용하는' 경험인가를 묻지 않을 수 없다. 뉴먼의 작품이 보여 준 '전형적 경험의 진실한 표현(authentic expression of exemplary experience)'과는 판이하게 다른 세계, 사회화된 것을 반추하는 사유의 무장해제를 요구하는 세계, 예시 불가능한 충격과 기괴성과 무형성이 권리를 갖는 '이성의 타자'가 숨 쉬는 세계를 창조하는 이 숭고의 예술행위는 하버마스의 논리대로라면 '비합리적'인 것으로 치부되어 예술 세계에서 폐기되어 마땅한 것임에 틀림없다. 숭고성이 비규정적이고 표현 불가한 것이라면 이들은 아예 하버마스의 담론(discourse)에는 상정될 수조차 없는 것이 아닌가? 니체의 미학적 개념을 초이성적 신비라며 합리성의 이름으로 비판했던 하버마스의 언어이론에는 이러한 숭고의 체험과 예술세계를 적절히 다룰 공간이 마련되어 있지 않아 보인다. 아니 이런 영역은 '합리성'의 이름으로 학문세계에서 추방당해 버린 것이다. 그러나 하버마스 자신도 인정하고 있듯이 '합리성' 자체가 인간의 역사적 산물로서 스스로 자기 정당화할 수 없는 것인바 그는 스스로 '합리성의 신화'에 묶여 있지 않은가?95)

---

95) 이철우, "리요타르의 근대성 비판과 포스트모던의 조건"(한국해석학회, 2008), 발표한 논문 7쪽을 참조할 것.

　둘째로 '숭고'에 관한 리오타르의 입론은 미학적 특정 주제를 넘어 우리의 대화 일반이 정말 '합의'를 위하여 수행되고 있는가를 심각하게 되묻게 한다. 하버마스가 말하는 것처럼 인간에겐 현재의 구체적 언어게임 규칙이나 전통을 학습하여 통달하는 것에 그치는 것이 아니라 늘 그것을 새롭게 해 온 잠재력이 있다는 해석학적 주장이 옳은 것이라 할지라도 그것이 하버마스가 '이상적 담화상황'에서 주장하는 것처럼 우리의 대화가 반드시 '합의'로 가는 것을 전제하고 있음을 의미한다고 말할 수 있는가? 하버마스 등이 말하는 것처럼 인간은 자신의 게임규칙을 넘어 다른 게임규칙에로의 길을 여는 양자 간 번역을 수행해 온 것이 사실이다. 그런 점에서 하버마스의 주장은 옳다. 그러나 우리는 대화를 하거나 낯선 문화와의 대화 속에서 번역을 수행한다 할지라도, 그리고 그 대화가 '전략적' 대화가 아닐지라도, 합의를 전제하거나 궁극적으로 합의가 보장되는 것은 아닐 것이다. 이러한 반론의 주장을 펴는 사람에게 하버마스는 '너도 역시(tu quoque)'의 논법을 들어 이처럼 하버마스와 대치하는 주장을 펼치는 자 역시 궁극적으로는 하버마스와 자신이 언어 현상에 관하여 어떻게든 합의하리라는 것을 전제하고 이 논쟁에 참여하는 것이라고, 그리하여 결국 자신의 합의 이론을 수용하고 있는 셈이라고 반박할 것이다.[96] 그러나 이 대화를 통해 양자는 '인간들은 반드시 합의하기 위하여 대화하는 게 아니다.'는 사실에 '합의'할 경우에는 어찌 되는가? 양자는 결국 대화결과가 대화전제를 부정하고 대화전제가 대화결과를 부정하는 모순이 연속되는 상황에 빠지게 될 것이다. 포스트모던 진영의 사람들 간에 행해진 토론은 언제나 이런 결론에 도달할 터이고, 이들과 하버마스를

---

96) 하버마스는 실제로 이 용어를 *Materialien zur Normendiskussion* (Paderborn, 1978)에서 사용하고 있다.

필두로 하는 모더니스트들 간에 행해지는 토론은 언제나 '합의' 없이 끝나고 말 것이다. 리오타르는 나치와 홀로코스트 희생자, 호주 원주민과 호주 당국 간 등등, 이러한 '분쟁' 상태로 끝날 수밖에 없는 수많은 사례들을 열거하고 있다.[97] 가령 리오타르의 논리를 따라 말하자면 하버마스와 맞서 논쟁하고 있는 우리는 처음부터 하버마스와 합의하기 위해서가 아니라 그와 다름을 밝히는 자기표현을 수행하고 있을 뿐이라고 말할 수 있을 것이다.

끝으로 우리는 하버마스는 자신이 들고 나온 언어게임 간 번역의 문제를 끝까지 천착하지 않는 한, 그가 비트겐슈타인이나 리오타르를 성공적으로 비판하였다고 말할 수 없음을 지적하지 않을 수 없다. 하버마스와 함께 우리는 비트겐슈타인과 그의 언어게임론에 근거하는 리오타르의 주장을 반박하고 양 언어게임 간에 번역의 문제가 존재하고 있음을 입증했다고 할지라도, 또는 그가 이것이 해석학적 문제임을 지적하는 데 성공했다 하더라도 여전히 그것이 반드시 상이한 언어게임들 간, 또는 해석학적 영역에서의 전통과 전통 간에 번역을 가능케 하는 최종 근거를 입증하는 데에 성공한 것을 의미하지 않는다. 그는 합의론을 말하고 합의에 이르는 절차를 논하기 전에 타 문화 간에 번역을 가능케 하는 근원적 근거가 무엇인지에 대하여 말했어야 할 것이다. 그의 '이상적 발화상황론'이나 '보편적 화용론'은 이질적 문화나 언어게임 간에 번역이 가능한 근거를 제시

---

97) 리오타르는 *The Differend: Phrases in Dispute* trans by Georges Van Den Abbeele(University of Minnesota Press, 1988), pp.107－110에서 아우슈비츠 사건의 독가스실이 실재하느냐에 관한 가해자와 피해자 간의 논쟁, 또는 히틀러가 유대인들에게 가한 살인범죄를 아브라함이 아들 이삭을 살해하라는 하나님의 명령에 따르는 것처럼 정당한 것이었다고 항변할 때의 문제, 그렇게 명령한 하나님의 의도가 인간의 신심을 테스트하기 위한 것인가 벌을 내리기 위한 것인가 하는 문제에 대하여 어떤 설명도 틀렸다고 입증할 수 없음을 들어 언어의 '분쟁'성을 논하고 있다.

하고 있지 않다. 그는 언어분석철학 진영을 향하여 언어게임이 그들이 말하는 것처럼 폐쇄적 체계가 아니라 번역을 통하여 타 언어게임과 대화할 수 있음을 말했을 뿐이다. 번역의 필요성을 입증하는 것과 대화는 필연적으로 합의에 이른다는 것을 입증하는 것은 별개의 문제이다.

합의론을 거부하는 사람들에게 하버마스는 합의가 전제되지 않는 대화이론에서 '진리'가 무엇일 수 있느냐고 물을 수 있다. 차제에 그는 "만장일치는 불법이다."는 유대주의에 귀 기울일 필요가 있어 보인다. 그는 인식론적 영역에서 서로 다른 주장들이 합의를 위해 '이상적 발화상황'을 상정할 수 있다면, 해석학적 영역에서 서로 다른 문화들이 상호 간 대화할 수 있기 위해, 예를 들면, 벤야민의 '순수언어' 같은 것을 상정할 필요가 있음을 인정해야 할 것이다. 이와 관련하여 필자는 유대주의 전통에 근거하여 번역의 형이상학적 근거를 제시하는 발터 벤야민의 번역이론을 대안으로 제시하고자 한다. 그것은 우리의 문제에 또 다른 조명을 비출 것임에 틀림없다.

5. 발터 벤야민의 번역이론

리오타르가 안고 있는 상대주의의 위험에 빠지지 않는 동시에 하버마스가 놓치고 있는 '이성의 타자들'까지를 아우르는 포괄적인 언어관이 가능할 것인가? 필자는 그 단초를 발터 벤야민의 언어이론에서, 특히 그의 번역이론에서 찾고자 한다. 벤야민의 언어철학은 그의 역사철학과 별개로 생각할 수 없을 만큼 긴밀한 근원적 상관관계를 갖고 있는 까닭에 우선적으로 그의 역사철학의 골간을 일별해야 할 듯하다. 벤야민은 '지금시간

(Jetztzeit)'이라는 독특한 개념을 통해서 역사의 문제에 접근한다. '초현실주의적 경험과 유대교적 신비주의의 결합'[98]으로 알려진 벤야민의 이 개념은 사실상 보들레르가 자신의 예술론에서 시간과 영원의 관계양상적 성좌(constellation)라고 했던 예술경험을 벤야민이 역사적 관계로 전환시키는 과정에서 만들어진 것으로 알려지고 있다. 마치 리오타르가 전술한 바와 같이 뉴먼의 그림을 통해 숭고를 '지금'으로 파악하며 이 지금의 시간을 '사건'이라는 존재를 발생시키는 '하마콤' 즉 (신과의) 만남의 장소로 형상화했던 것처럼, 벤야민의 '지금시간'도 '완성된 시간'인 메시아적 시간의 파편으로서 역사(즉 시간)와 영원 간에 매개체로 개입한다 할 수 있다. 그러나 보들레르에게선 시간과 영원의 결합으로 예술이 탄생하고, 리오타르에게선 그 시간의 장소에서 '발생'이 일어나지만, 벤야민에게선 '지금시간'을 통해서 과거로의 회상과 (혁명적) 회복이 암시된다는 점이 다르다. 이러한 차이의 모든 함의는 바로 그 '지금시간'이라는 개념 속에 오롯이 담겨 있다. 벤야민은 우선 이 개념의 진리를 발견할 수 있는 현상으로 유행을 꼽는다. 우리가 아는 바 유행은 지나간 차림을 재인용하는 것이다. 벤야민은 이를 "무엇이 현실성을 가지고 있는가를 낌새채는… 예민한 감각을 가지고… 이를테면 과거를 향해 내딛는 호랑이의 도약"[99]이라고 불렀다. 이 유행의 논리는 역사에도 적용되어 프랑스혁명은 고대 로마를 인용하며, 마르크스가 말하는 사회주의 혁명도 동일한 도약의 논리를 따라 일어날 것이라고 주장한다. 그러니까 이러한 모방의 모티브에 담긴 뜻은 역사의 진보주의에 대한 저항일 뿐 아니라 이것의 경직된 신앙

---

98) Habermas, *The Philosophical Discourse of Modernity*, p.11에서 하버마스가 자신의 현대성 개념을 설명하는 과정에서 잠시 벤야민의 이 개념을 이렇게 풀이하고 있다.

99) 벤야민, "역사철학 테제", *발터 벤야민의 문예이론*, 반성완 역(민음사, 1995), 353쪽.

에 근거한 공허한 동질적 시간개념에 대한 거부이다. 현재는 단순히 미래로의 과도기가 아니다. 현재가 자신의 관심사로 인식하지 않는 한, 과거는 영원히 되돌릴 수 없게 사라져 버리고 만다. 꿈(과거)은 깨어남(현재)에 의해서만 '꿈'으로 인식된다. 더구나 '시간이 그 속에 머물러 정지 상태에 이른'[100] 이 '지금시간'은 더욱 예사로운 순간이 아니다. '매초 매초가 언제라도 메시아가 들어올 수 있었던 조그만(門)'[101]이어서 이 과거 지향적 방향설정의 전환축인 '지금시간'은 메시아의 시선을 지니고 있다. 벤야민에 의하면 이 메시아의 시선은 '역사의 천사'[102]를 통해 극명하게 보여 주는 것처럼, 과거의 억압에 의한 절망에 머문다. 불행히도 역사 속에는 늘 타인을 억눌러 온 '비상사태'가 상례화되어 있고, 진보를 역사규범으로 삼아 온 인류는 이에 대항할 수 없었다.[103] 그러나 미래의 신천신지는 억압받은 과거의 것들에 대한 철저한 반성적 회상을 통해서만 도래한다. 이 반성적 회상이 일어나는 정지된 순간인 '지금시간'은 '하나의 단자(單子, Monade)로서 결정화結晶化'되고, 사적 유물론자는 그 단자의 구조 속에서 '메시아적 정지의 표식'이자 '억압된 과거를 향한 투쟁'으로서의 '혁명적 기회의 신호'를 인식하는 것이다.[104] 동질적인 시대의 강풍에 밀려 떠내려가는 시간에, 마치 갑작스러운 냉각 충격으로 얼음 결정체를

---

100) 같은 책, 354쪽.

101) 같은 책, 356쪽.

102) 벤야민이 늘 바라보며 명상했다는 파울 클레의 그림 새로운 천사(Angelus Novus)는 진보의 폭풍에 떠밀려 가면서도 못내 과거에서 시선을 떼지 못한다. 벤야민은 이 9번 테제를 시작하기 전에 그의 친구 게르숌 숄렘의 글 [천사의 인사]를 인용하고 있다. "나의 날개는 날 준비가 되어 있지만 나는 기꺼이 되돌아가고 싶었다. 왜냐하면 비록 내가 영원히 머물더라도 나는 행복을 갖지 못할 테니까." 같은 책, 348 - 349쪽.

103) 같은 책, 347쪽.

104) 같은 책, 354 - 355쪽.

만들듯, 비판적 사고의 충격을 가하면 긴장으로 가득 찬 시간의 단자적 결정체, '지금시간'이 생기고 이 화승에 불이 붙여지면 동질적 시간의 폭발과 함께 완결되지 않은 과거의 파편들이 분출된다. 혁명이 일어나는 것이다. 그리고 한 시대의 혁명은 메시아 시대의 모델이었다. 벤야민에 의하면 현재를 살고 있는 인간에게는 미래세대의 운명에 대해서뿐만 아니라, 아무런 잘못도 없이 억울한 고통을 당한 과거세대의 운명에 대해서도 책임을 느끼고 이들을 구원해야 할 의무가 주어져 있다고 한다. 자신의 시대를 과거가 함께 들어 있는 상태로 포착해야 한다. 벤야민에게 있어 이러한 역사 저변에 내재한 '야만성'[105]에 대한 인간의 책임의식은 유대교와 프로테스탄트의 사상에서 비롯된 것으로서, 이 책임은 전능하신 신이 인간의 자유를 위하여 자신의 그 권능을 포기하고 자신과 동등한 관계를 가진 인간을 창조하실 때부터 신과 함께 짊어지게 되어 있는 운명적인 것이었다.

그런데 상기한 '역사의 천사'가 눈을 떼지 못했던 그곳에는 과연 무엇이 있었던 것일까? 앞서의 논의로 미루어 알 수 있듯이 벤야민에 의하면 그곳엔 야만적 역사의 진행 결과 착취당한 자들의 절망과 슬픔의 잔해가 있을 뿐이다. 이 절망의 본질을 보여 줄 참된 역사적 이미지를 포착하기 위해서 벤야민이 제시하는 방법은 폐허의 잔해들을 수집하는 알레고리적 몽타주기법이다. 그는 역사주의자들의 소위 '감정이입적' 역사방법론은 승리자들을 감정이입의 대상자로 삼는 바로 그 태도 자체가 절망의 소산이라는 점에서 본질을 비켜 가고 있다고 비판하면서 알레고리라는 언어적 기법을 역사철학적 연구를 위한 방법론으로 차용한다. 벤야민은 왜 알

---

105) Benjamin, "Es ist niemals ein Dokument der Kultur, ohne zugleich ein solches der Barbarei zu sein."

레고리적 방법을 들고 나오는가? 이 질문에 답하기 위해서 우리는 그의 언어이론에 주목하지 않으면 안 될 것이다. 왜냐하면 벤야민에 의하면 근본적으로 알레고리인 언어는 미메시스적 성격을 근원으로 지니고 있기 때문이며, 언어학적으로 볼 때 전술한 '지금시간'의 정지된 순간에 행해져야 할 더 근본적인 과제도 (비감각적) 유사성을 읽어 내는 언어적 미메시스 능력이기 때문이다.[106]

　벤야민의 알레고리는 추상적 개념의 가시적 표상으로서 시간 속의 무시간적 법칙, 개별 속의 일반을 추구하는 괴테의 '원형' 또는 '원초적 현상(Urphänomen)' 개념을 발판으로 삼은 것으로 알려졌다. 가시적인 구체적 계기들, 즉 현상 자체들과 역사적 사건들 자체를 '아무 말 없이 그저 보여 줌'으로써 전체의 결정結晶을 발견하려는 것이다. 벤야민이 사용하는 이데아 개념이 자신의 사실적 객관적 표상 속에서 자신의 최대의 복잡성을 확보하듯이 알레고리 역시 그 역으로 복잡한 역사적 폐허의 잔해들을 통해 역사의 참모습을 보여 주는 것이다. 그가 이렇게 하려는 궁극적 이유는 알레고리적 기법이야말로 한편으로는 타락으로 인해 신적 언어의 한 형태인 계시의 뜻을 밝혀낼 수 없게 된 인간에게 주어진, 어쩌면 유일한, 해석의 열쇠가 될 것이라고 믿기 때문이며, 다른 한편으로는 '사물의 무상성에 대한 통찰과 사물을 영원으로 구원하려는 관심'[107] 때문이다. 영원과 덧없음이 양자 간의 반목이 슬픔의 원천이며, 이 슬픔이 '알레고리의 어머니'이다. 벤야민에 의하면, 역설적으로 이 슬픔이 우리가 창조와 구원에 잇대어져 있음을 확인시켜 준다. 그리하여 알레고리는 신적

---

106) 최성만, "발터 벤야민의 미메시스론", *독일학 연구* 제5집(서울대학교 인문대학 독일학연구소, 1996)은 벤야민의 미메시스와 번역의 관계를 엿볼 수 있게 한다. "발터 벤야민에서 미메시스와 역사적 경험" 역시 이에 대한 좋은 안내를 제공하고 있음.

107) 볼츠와 라이엔, *발터벤야민: 예술, 종교, 역사철학*, 김득룡 역(서광사, 2000), 75쪽.

계시를 해석하는 힘과 사물과 인간의 무상성을 구원하는 힘이 있다. 벤야민은 바로크 시대야말로 이것을 발견한 것이라고 믿는다. '폐허 속에 비틀거리며 서 있는 것, 즉 가장 암시적인 조각과 부스러기들, 그것이야말로 바로크식 창조의 가장 고상한 물질이다.'[108]

이 알레고리가 추구하는 '원형'의 원리는 벤야민의 번역론에도 그대로 적용된다. 성서에 의하면 태초에 '말씀'이 있어 세상 만물을 창조했고 신은 인간 아담의 입을 통해 그 만물들에게 이름을 부여하게 한다. 벤야민에 의하면 이때 아담이 사용한 언어는 소위 '이름언어(Namensprache)' 또는 '아담언어(adamitische Sprache)'로서 그는 그때 사물의 '정신적 본질' 즉 '언어적 본질'을 인간인 자신의 언어로 '번역'한 것이라고 한다. 그러니까 세 가지 언어가 존재하는 셈이다. '신의 말씀(das schaffend－benennende Wort der Gottes)'은 사물을 창조하고, 그 사물들의 소리 없는 아우성 즉 '사물언어(das stumme Wort der Dinge)'는 인식 능력을 지닌 '인간의 언어(das benennende Wort in der Erkenntnis des Menschen)'[109]에 의해 명명됨으로써 그 의미가 드러나게 되는 것이다. 다시 벤야민 자신의 말을 그대로 옮겨 보자면 '소리 없이, 그리고 자연의 말없는 마법 속에서 신의 말을 발산시키는 사물 자체의 언어'로부터 '수신'하여 이에 이름을 부여하는 행위가 근본적 의미에 있어서 '번역'이라는 것이다.[110] 그러나 이러한 삼자 간의 소통은, 성서에 의하면, 인간의 '타락'과 함께, 더 정확하게는 바벨탑 사건과 함께 종식되고 만다. 인간은 신과의 소통도, 사물과의 소통도 그리고 더 나아가 여러 가지 언어로 분산된 상이한 언어들로 인

---

108) 볼츠와 라이엔, 같은 책, 76쪽에서 재인용, *Ursprung des deutschen Trauerspiels* (1928), p.354.

109) 봄－여름호, 165쪽을 참조할 것.

110) Walter Benjamin, GS. Ⅱ, 1, p.1－50.

해 인간 자신들 간의 언어적 소통도 모두 불가능하게 되어 버린 것이다. 소위 언어적 타락(Sprachverfall)인 것이다. 그러나 라인홀드 니버의 말대로 인간의 (언어적) 타락은 회복의 길이 완전히 막혀 버린 완전타락이 아니듯, 벤야민에 의하면 이러한 원초적 관계는 인간들의 언어적 총체성에 의해서 복원될 수 있는 듯이 보인다. 그에 의하면 "언어 그 자체에 내재하는 의도는 각각의 개별적 언어 그 자체로는 실현될 수 없고, 각 언어 상호 간의 상호작용을 통한 총체성에 의해서(만) 획득될 수 있다."[111]는 것이다. 그러니까 벤야민이 개념화하고 있는 '번역'의 의미는 '순수언어'의 '친화성'에 의하여 낱말의 근원적 의미가 드러나게 하는 것이고 이 번역이라고 하는 언어와 언어 간의 총체적 활동, 또는 '언어운동의 통일성'에 의해서 신의 언어조차 그 궁극적 명료함을 드러낸다는 것이다.[112] 이 원형론은 번역의 문제에서 언어의 친화성 문제로 그 모습을 나타내 보인다. 바벨탑 사건 이후 여러 가지 언어로 갈라진 언어들은 사건 이전의 어떤 근원적 유사성이 개별적 낱말마다에 배어 있게 된다. 벤야민이 말하는 언어들 간의 유사성은 전술한 바 소위 '순수언어'라고 하는 것에 근거하고 있다. 벤야민은 번역자는 이 근원적 요소를 원전에서 찾아내어 자국어로 재현시켜야 한다고 주장한다. 원전의 의미를 정확히 전달하는 것이 목적이 아니라 번역자의 언어를 원전의 언어를 향해 변형, 확장시키라는 것이다. 그리하여 번역자의 궁극적 책무는 원전의 언어와 번역자의 언어 간에 존재하기로 되어 있는 근원적 친화성을 드러내는 것이 되며 번역의 문제가 궁극적 전제로 요하는 것도 바로 이 언어 간에 존재하는 근원적 친화성에 관한 입론이다. 하버마스는 바로 이 점을 간과하고 있는 것이다.

---

111) 발터 벤야민, "번역자의 과제", *발터 벤야민의 문예이론*, 반성완 역(민음사, 1983), 324쪽.

112) Walter Benjamin, *Gesamelte Schriften*, Ⅱ, 1. p.157.

6. 맺는말: 하버마스의 선택은?

하버마스는 "발터 벤야민: 의식의 고양 또는 구제 비평(Walter Benjamin: Consciousness – Raising or Rescuing Critique)"[113]에서 '모방'에 근거한 벤야민의 언어이론으로부터 벤야민 해설을 시작한다. 그는 우선 직·간접적으로 제의성(祭儀性, cultic moment)과 관련된 벤야민의 글들로부터 '종교적' 태도, '비의적(秘儀的, esoteric)' 태도, '통속적(exoteric)' 태도라는 3가지 태도를 분절해 낸다. 하버마스에 의하면 비의적 태도는 통속적 태도와 달리 영기(aura)와 같이 고독한 중에 오는 신의 감각적 현현이나 황홀경 등에 의한 신비한 행복을 탐한다. 이에 비해 통속적 태도는 간주관적 상황에서 오는, 영기적 굴절 없는 평범한 행복을 취하는 태도이다. 종교적 태도는 신의 감각적 현현 따위에 대한 관심보다 신 자체와의 관계에 의해 행복을 찾는다. 그는 벤야민은 '무신론자'[114]라고 전제함으로써 일차적으로 종교적 태도에서 제외시킨 후, 벤야민은 영기를 소소한 것으로 만들어 버리는 예술의 탈제의화 현상을 수용하는 반면 이로 인해 행복의 보편화와 안정화가 이루어지는 쪽을 택함으로써 결코 비의적 사상가가 아니라 간주관의 세계에 머무는 통속적 사상가라고 결론짓는다. 벤야민에게 있어서 영기 현상조차도 실은 '생물과 무생물 간의 놀라운 일치의 장場이 열리고 사물이 약한 간주관적 구조 속에서 우리를 만나는'[115]의사소통의 장이었다는 것이다. 하버마스에 의하면 모방이론에 근거하고 있는

---

113) Habermas, "Consciousness – Raising or Rescuing Critique", *On Walter Benjamin: Critical Essays and Recollection*, ed. by Gary Smith (Cambridge, massachusetts: The MIT Press, 1988).

114) 앞의 책, 104쪽. "Adorno – like Benjamin an atheist…."

115) 앞의 책, 108쪽.

벤야민의 언어이론 역시 이를 입증한다고 본다. 이 이론에 의하면 언어의 근본 속성은 모방이며, 언어를 사용하는 인간은 가장 탁월한 모방의 동물이다. 인간의 언어는 제의적 시대로부터 포스트 영기의 시대에 이르기까지 모방과 유사성에 근거하여 전개되어 왔다. 그런데 이 모방에는 언제나 동일화하고 동일화시키려는 적응에의 강압이 전제된다. 따라서 하버마스는 모방이 지니고 있는 "폭력의존성을 청산하는 동시에 모방역량과 의미론적 에너지를 유지하는 것이 인류의 소명이며" 굳이 벤야민적으로 표현하자면 이것이 "메시아적 약속의 세속적 내용이다."116)라고 주장한다.

이 모방으로부터 연원하는 '동일성'과 그로부터 연원하는 폭력적 억압은 실은 전술한 리오타르의 총체성 비판의 요지이기도 하다. 그러고 보면 우리가 논의의 대상으로 삼고 있는 3인 모두의 관심은 이 모방으로 근원하는 억압에 대한 대안과 관련되어 있다고 할 수 있다. 리오타르가 제시한 대안은 몹시 극단적인 것이어서 동일성과 유사성을 추구하는 언어의 속성 대신 고유한 발생으로서의 차별적 속성 즉 '분쟁'의 활성화였다. 언어가 곧 이성이었던 하버마스의 경우 모든 억압은 '합리성'의 부재에서 오는 것이므로 그의 대안은 의사소통적 합리성의 달성이었다. 이들에 비해 벤야민의 경우 이성에 근거한 역사의 진보주의로 인해 발생한 억압에 대처할 대안은 메시아적 시선과 사적 유물론의 결합이었다. 벤야민에 의하면 인간은 모방 속에 신의 손에 의해 갓 태어나 모든 것이 정당했던 태초의 시원적 역사에 대한 판타지를 지니고 있었으며 이것이 새로움의 충동으로 되풀이되어 유행 속에 나타난다고 한다. 현재가 지옥같이 처참할지라도 그 '원형적' 차원에는 해방적 유토피아의 조건을 지향하는 경험

---

116) 같은 책, 112쪽.

의 잠재태가 함유되어 있다고 믿는다. 사적 유물론은 주술적 억압을 탈각하기 위해 일종의 집단 무의식 같은 이 신화적 사유에로 돌아가 그의 지시를 따라야 한다는 것이다.[117] 벤야민의 글들에서 신학과 사적 유물론에 관한 일관성을 의심받을 만한 대목들이 없지 않은 게 사실이지만 숄렘과 브레히트로 대변되는 양극단 사이의 갈등으로 비쳐졌던 이 모든 것들은 그의 마지막 유고 "역사 개념에 대하여"에 나타난 '부정의 변증법'적 입장정리에 의하여 상기와 같이 해명되고 만 것이다.

신학과 사적 유물론을 결합한 형태로 제시된 이러한 입장정리에 대하여 하버마스는 강한 불만을 제기한다. 하버마스에 의하면 벤야민이 말하는 집단적 환상이미지는 인간의 잠재적인 근원적 필요와 자본주의적 삶의 조건 간의 비밀한 관계에서 온 것일 뿐임에도 벤야민은 이를 깨닫지 못한 채, 생물과 무생물 간의 비감각적 관계에 대해 시인이나 어린애가 가질 법한 시각을 드러내고 있다는 것이며,[118] 벤야민의 역사관에 내재하는 동일성 개념도 실은 자연사적 동일성에 불과한 것이어서 이것에 근거한 사회이론은 제도의 구조적 폭력에 대항하는 정치적 실천을 고려치 않는 고로 혁명론이기는커녕 운명옹호론에 다름 아니라는 것이다.[119] 운명론에 감염된 벤야민의 역사이론이 말하는 진보는 최후의 심판 이전에는 있을 수 없는 사태라고 말하며 사적 유물론에 씌운 '수도승의 고깔' 같은 신학적 사유를 벗기라고 주장한다. 그러나 전술한바, "역사 개념에 대하여"에 관한 한, 벤야민을 결코 '무신론자'로 가볍게 처리해 버릴 수 없게 한다. 지나가 버린 과거의 치유와 관련된 '역사의 천사'와 '메시아'와 '대

---

117) 같은 책, 115쪽.
118) 같은 책, 116쪽.
119) 같은 책, 118쪽.

 형색과 소리

회복'론을 말하는 역사철학을 신학과 떼어서 설명할 수 없음은 하버마스 자신이 인정하고 있지 않는가? '대회복'을 말하는 전술한 벤야민의 역사철학적 사유는 하버마스에겐 '이미 일어난 불의도 역시 진지하게 다루어야 한다는 지극히 세속적인 통찰'에 불과한 '윤리적 보편주의'로서 '그런 서술은 그리 많은 것을 설명해 주지 못한다.'[120]고 폄하된다. 이 말은 호르크하이머가 자신은 맞아 죽은 사람들을 맞아 죽은 상태로 버려두는 더 철저한 유물론자라며 벤야민은 이 과거의 미완결을 신학적으로 논증하고 있다고 비판했던 말을 떠올리게 한다. 이에 대한 벤야민의 대답은 "기억은 미완결된 행복을 완결된 것으로 완결 지으며, 완결된 고통을 미완결된 것으로 만든다. 이것이 바로 신학이다. 그러나 기억 속에서 우리는 역사를 근본적으로 비신학적으로 파악하지 못하도록 금하는 어떤 경험을 한다."[121]는 것이었다. 즉 사람들이 역사 속의 억압에 의한 고통을 호르크하이머나 하버마스처럼 이미 완결된 것으로 생각하는 것을 미결된 것이라고 선언하는 것이 신학이라면 자신은 기꺼이 신학을 택한다는 뜻이겠다. 하버마스는 벤야민의 절친한 친구 게르숌 숄렘이 벤야민에게서 발견한 유물론적인 전향을 능가하고 이를 극복하는 적극적인 '형이상학적 세계관을 향한 근원적인 충동'을 무참히 사상한 채 그를 그릇되게 해석하고 있다. 또한 벤야민의 '지금시간' 개념 역시 하버마스에겐 해석학적 지평에서의 영향사적 의미만을 가질 뿐이다. 그 속에 담긴 메시아적 의도 따위는 한낱 신비주의의 표현일 뿐이다. 벤야민의 메시아적 대회복 역시

---

120) Habermas, *The Philosophical Discourse of Modernity*, p.14.

121) R. Tiedemann, "Historischer Materialismus oder politischer Messianismus", Materialien ed. by Bulthaup p.88. Josef Wohlmuth, "Zur Dedeutung der 'Geschichtsthesen' Walter Benjamins für die christliche Eschatologie", Evang, Theol, 50(1990). Jg., Heft 1, pp.2 – 20. 요세프 볼뭇, "발터 벤야민의 '역사 테제'가 그리스도교 종말론에 대해 갖는 의미에 관하여", *神學思想* 67호, 박영옥 역(겨울 1994), 160쪽에서 재인용한 것임.

'기껏 기억을 통해 상호 화해함으로써 현재를 보편사적 유대성의 의사소통적 상관관계 속에 묶어 둠'[122) 정도의 의미밖에 가지지 못한다. 그러나 벤야민의 말처럼 전승傳承 자체가 "땅바닥에 누워 있는 사람들을 짓밟고 넘어가는 지배자들의… 전리품을 두고 하는 말"[123]이라고 할 때, 과거의 처참한 실재에 대한 이러한 해석학적 태도는 근본에 있어 승리자들의 개선에 동참하려는 역사주의자들의 감정이입적 태도를 적극적으로 넘어서지 못하는 것으로 보인다. 벤야민의 역사철학적 통찰은 하버마스에겐 유물론적 혁명에 전혀 도움이 되지 않을 거추장스러운 관념론에 불과할 것이다. 그러나 정신적 실재의 관점에서 본 역사의 현실은 사적 유물론만의 문제로 환원해 버릴 수 없는, 표면적 '삶의 증진' 저변에 흐르는 인간의 내적 문화적 야만과 죄악과 그로 인한 원한과 절망을 안고 있으며, 이를 안타깝게 지켜보는 '역사의 천사'를 필요로 한다. '해방'이란 구성원이 '행정적 의결 구조의 변형에 참여하는 것'[124]이라고 말하는 차원의 하버마스는 영영 벤야민의 정신적 내면을 진정 이해할 수 없을 듯하다. 마치 예수의 부활을 이해하지 못하는 사람들에게 그는 살해당한 실패자로밖에 보일 수 없듯이.

하버마스까지를 포함하는 '총체성론자들'에게 극렬한 비판을 가해 온 리오타르에게 고유한 번역론을 제기한 벤야민의 주장들은 소위 '메타 이야기'로 들려 역시 '총체성론자'로 보일는지 모른다. 그러나 저자가 보기에 프랑크푸르트학파와 각별한 교분을 맺었던 벤야민은 하버마스에게보다 오히려 리오타르에게 더 가까운 것으로 분류해도 좋을 듯하다. '총체성'이란 헤겔적 변증법의 선상에서 합의를 지향하는 개념을 지칭할 수도

---

122) Habermas, 앞의 책, 15쪽.

123) 발터 벤야민, "역사철학 테제", 같은 책, 34쪽.

124) Habermas, "Consciousness Raising of Rescuing Critique", p.223.

있는 반면, 다원적 극단들을 포함하는 자율적 공존체를 의미할 수도 있기 때문이다.[125] 리오타르가 억압의 실체로 두려워하는 것은 전자에 가까워 보인다. '극단이 극단으로 보존되는 총체성을 구성하고 있는 알레고리의 속성'[126]에 대하여 리오타르는 뭐라고 말할는지 알 수 없다. 그러나 '뭔가 다른 것을 말하기'를 의미하는 알레고리론을 통하여 화해할 수 없는 극단적인 것들의 자율성을 강조하는 벤야민에게서 리오타르의 포스트모던적 성향을 읽는 것은 지나친 것일까?

리오타르가 그림과 그림 밖의 것, 가시적인 것과 비가시적인 것으로 구분하면서 분절해 내던 '숭고'는 그에 의하면, 결코 '번역'될 수도 표상될 수도 없는, 오직 관찰자 앞에 '발생'하게 할 뿐인 어떤 것이었다. 그리하여 그것은 그가 예시로 인용하고 있는 화가 뉴먼(Newman) 역시 오직 색채와 형태의 최소화(Minimalism)라는 '부정적 묘사'의 기법을 통해서만 나타낼 수 있을 뿐인 어떤 것이었다. 그러나 벤야민의 언어개념은 리오타르가 총체성 비판과 함께 '숭고'의 예를 들어 주장하는 표상불가, 번역불가 논리를 수긍하는 것으로 끝나는가? 그렇지 않을 것이다. 그가 말하는 '정신적 본질'의 전달자로서의 언어는 또 다른 영역의 '표현할 수 없는 것'을 표현하는 자가 아닌가? 이 상황에서 하버마스가 할 수 있는 길은 "그대들이 '표현할 수 없는 것'이라고 제시한 것들은 스스로 나의 언어이론 체계는 물론 모든 언어체계에 들어오기를 거부하며 제시한 세계들이 아닌가? 그런고로 그들은 그 스스로의 정의에 의해 원천적으로 언어와는 무관한 것이다."라고 항변할 수 있을 것이다. 그러나 그가 이 세계에 대하여 보다 정직하게 대한다면 그는 적어도 2가지 선택지 중에 하나를 택해

---

125) 벤야민, 78쪽.

126) 같은 책, 79쪽.

야 할 듯하다. 첫째는 비트겐슈타인처럼 자신의 언어체계 밖의 세계를 인정하고 이 세계를 제외한 언어이론을 입론하는 것이다. 두 번째 선택지는 리오타르나 벤야민처럼 이것들을 자신의 언어체계 안으로 끌어들여 언어와의 근본적인 동근원적 관계를 설정하고 이것들을 설명할 수 있는 언어이론체계를 재수립하는 것이다. 그러나 불행히도 하버마스는 일찍부터 "아직도 형이상학인가?"를 써 놓은 상태이므로 이들 선택지는 처음부터 불가능해 보인다.

결론적으로 하버마스의 언어이론은 리오타르의 숭고이론으로 상징되는 미학적 영역과, 역사철학에 뿌리를 두고 언어의 근원을 캐는 발터 벤야민의 형이상학적 영역을 적절히 담아낼 공간을 지니지 못한 채 이들을 놓치고 있다. 하버마스는 상호주관성의 합리적 측면을 성공적으로 다루었고 번역의 문제를 제기하며 비트겐슈타인을 정당하게 비판하였음에도 리오타르의 언어게임 간 '번역 불가성'을 성공적으로 반박할 수 없었다. 그 이유는 하버마스가 어떻게 해서 언어게임 간에 번역이 가능하게 되는지를 적절히 설명할 이론적 도구가 준비되어 있지 않기 때문이다. 그의 '이상적 발화 상황론'이나 '보편적 화용론'은 번역이 가능하게 된 다음의 상황에서나 논의될 수 있는 문제인 것이었기 때문이었다. 그리하여 그가 최종적으로 봉착하게 될 문제는 그의 지론인 탈형이상학의 상황에서, 다시 말하면 제3의 메타언어 없이, 그가 어떻게 번역이 근본적으로 가능한 것인지를 해명해야 할 것이다. 이 역시 현재의 하버마스 언어이론체계에서는 불가능해 보인다.

참고문헌

Jean – François Lyotard, "Wittgenstein, <après>", in *Tombeau de l'intellectuel et autres papiers*(Paris: Galilée, 1984).

__________________, "The Sublime and the Avant – Garde", *Art Forum* 22, part 8 translated by Lisa Liebmann, April, 1984.

__________________, *The Differend, Phrases in Dispute* trans by Georges Van Den Abbeele(University of Minnesota Press, 1988.)

Jürgen Habermas, The Philosophical Discourse of Modernity trans. by Frederick Lawrence(Cambridge, massachusetts: The MIT Press, 1987).

______________, Habermas, "Consciousness – Raising or Rescuing Critique", On *Walter Benjamin: Critical Essays and Recollection*, ed. by Gary Smith(Cambridge, massachusetts: The MIT Press, 1988).

______________, *The Theory of Communicative Action* vol 1. trans. by Thomas McCarthy(Boston: Beacon Press, 1981).

______________, *Zur Logik der Sozialwissenschaften*(Frankfurt/Main, 1970).

______________, "What is Universal Pragmatics?", *Communication and the Evolution of Society,* trans. by Thomas McCarthy(Boston: Beacon Press, 1979).

Otto Apel, "Analytic philosophy of language and Geisteswissenschaften", 1967.

Peter Winch, *The Idea of a Social Science and Its Relation to Philosophy*(London, 1958).

__________, "Understanding of a Primitive Society", "원시 사회의 이해", *한남대학교 동서문화연구*, 제2집, 김득룡 역, 1991.

Thomas McCarthy, *The Critical Theory of Jürgen Habermas*(The MIT Press, 1978).

Tiedemann R., "Historischer Materialismus oder politischer Messianismus", *Materialien* ed. by Bulthaup, p.88. Josef Wohlmuth, "Zur Dedeutung der

'Geschichtsthesen' Walter Benjamins für die christliche Eschatologie", Evang, *Theol.* 50(1990). Jg., Heft 1.

Walter Benjamin, *Gesammelte Schriften*(Frankfurt/M: Suhrkamp Verlag, 1978).

Wittgenstein, *Philosophical Investigation*(New York, 1955).

김영옥, "벤야민의 경험이론: 언어철학과 역사철학이 만나는 곳", *현대 비평과 이론*(1994, 봄 - 여름호).

벤야민, "역사철학 테제", *발터 벤야민의 문예이론*, 반성완 역(민음사, 1995).

볼츠와 라이엔, *발터벤야민: 예술, 종교, 역사철학*, 김득룡 역(서광사, 2000).

요세프 볼못, "발터 벤야민의 '역사 테제'가 그리스도교 종말론에 대해 갖는 의미에 관하여", *神學思想* 67호, 박영옥 역(1994, 겨울호).

이철우, "리요타르의 근대성 비판과 포스트모던의 조건", 한국해석학회 2008년 발표논문, *해석학 연구* 2009년 3월호에 발간 예정.

이현복, "칸트의 이성비판과 리오타르의 포스트모더니즘", *철학연구* 51호, 1993.

______, "모던과 포스트모던의 논쟁: 거인의 어깨위에 앉아 있는 난장이?"

진중권, *진중권의 현대미학 강의*(아트북스, 2004).

최성만, "발터 벤야민에서 미메시스와 역사적 경험"과 "발터 벤야민의 미메시스론", *독일학 연구*, 제5집(서울대학교 인문대학 독일학연구소, 1996).

1. 머리말

본 장은 하버마스(J. Habermas)가 사회심리학자 미드(G. H. Mead)의 연구성과를 빌려 개체형성(individuation, Individuierung) 개념을 설명하는 과정에서 그가 개체형성의 간주관적 계기만을 일방적으로 강조하며 그 과정에서 의사소통론에 의한 형이상학의 극복이 이루어졌다고 주장하는 데 따르는 문제점들을 지적하고자 한다. 본 장은 크게 2부분으로 나뉘어, 하버마스의 입론에 대한 중립적 소개와 이에 대한 비판적 고찰로 구성된다. 전체를 통해 필자는 자아의 사적 영역의 의미와 그 본연의 지위가 복권되어야 함을 주장하려 한다. 먼저 하버마스가 자신의 의사소통적 간주관론의 우군으로 삼고 있는 미드의 'I' / 'Me'론을 이용하여 어떻게 자신의 개체형성론을 전개하고 있는가를 보는 것으로부터 출발하기로 하자. 여기

---

127) 본 논문은 1995. 11. 25. 한국사회·윤리철학회에서 발표된 것에 수정을 가한 것임.

서는 양인의 입론에서 어떻게 무의식적 요소와 사적 계기가 무시되는지가 부각될 것이며 라캉(J. Lacan)의 정신분석론이 이 문제에 기여할 수 있는지를 타진하게 될 것이다. 이어서 고대 그리스의 폴리스적 삶을 통해 사적 영역과 형이상학과의 관계를 암시해 주는 한나 아렌트(H. Arendt) 연구를 디딤돌로 삼아 하버마스의 근본 관심인 탈형이상학론의 적실성 여부를 따져 물을 것이며 이를 위해 주관철학의 시비와 함께 동일한 주제를 두고 해묵은 논쟁을 거듭해 오고 있는 헨리히(D. Henrich)와 하버마스 간의 공방을 추적한다. 이 과정을 통해 하버마스가 안고 있는 문제점이 노정될 것을 기대한다.

2. 사회화를 통한 개체형성: 미드와 하버마스

개체형성을 정신이 발전적으로 주체화된 정도로 보는 헤겔의 입장과, 행동을 통제하는 외적 법정이 내면화되는 정도라고 주장하는 미드의 입장에 고무되어 출발하는 하버마스의 개체형성론은, 주관철학을 지향하는 형이상학적 진영에서 제기하는 한 개인(Einzeln)의 자기실현론에 정면으로 맞선다.

하버마스에 의하면 개체는 독립적으로 행동하는 주체가 고립과 자유 속에서 수행하는 자기실현이 아니라, 언어적으로 매개되는 사회화 과정이며 그의 자기의식적 생활사의 동시적 구성이다. 개체성은 간주관적 승인의 관계 속에서 그리고 간주관적으로 매개된 자기이해의 관계 속에서 자신을 형성하는 것이다.[128]

---

128) *Nachmetaphysisches Denken* (Frankfurt/M: Suhrkamp, 1988).

세계산출적 주관성은 이제 세계해명적 언어에 그 자리를 양보하고 내려앉을 것을 요구하면서, 하버마스는 이제 이로써 최초로, 오랫동안 종교적 언사로만 선언되어 오던 직관을 포착할 수 있는 근본적인 개념들이 준비된 것[129]이라고 주장하기에 이른다.

하버마스는 일차적으로 개체형성(individuierung, individuation)은 단지 환상일 뿐이라는 주장(푸코, 겔렌)을 반박하는 일부터 시작한다. 그에 의하면 이는 기초개념이 빈약한 그릇된 주관성(Subjektivitaet subjectivity) 개념에서 비롯된 것이며, 이러한 기초개념들은 언어이론에 입각한 주관성[130] 개념을 도입하는 미드에게서 찾아진다. 미드는 주관성에 대한 개체발생적 설명에서 주관성은 나에 대한 타인의 해석이 이루어지는 의사소통을 매개로 해서만 발생한다고 주장한다. 이것은 인간이 어떻게 자연으로부터 사회를 이루어 내며, 자극을 언어로, 본능을 규범으로, 객관적 의식을 주관적 의식으로 바꾸어 내는가에 대한 답에서 입증되기도 한다. 제3장에서 다룬바와 같이 이러한 전이 과정들은 유기체가 자신을 타(他, ego)의 alter ego로 볼 수 있을 때, 즉 타인의 행동에 반영된 모습을 자신으로 보는 때 가능해진다. 하버마스에 의하면 이러한 과정은 곧 해석적 작업이며, 상호작용에 다름 아니다. 내 몸짓에 의해서 유발된 타 유기체의 반응을 내 몸짓에 대한 해석으로 이해하는 과정이다. 특히 행위자(gesturer)와 그 상대방(gestured – to)이 동시적으로 동일한 영향을 받는 음성행위(vocal gesture)

Postmetaphysical Thinking (Massachusetts: The MIT Press, 1992).
Jürgen Habermas, *ND*, 191쪽(152).

129) 같은 곳.

130) 하버마스는 소위 경험을 가능하게 하는 선험적 틀을 구성하는 생성적 성격을 띤 의식철학의 주관성 개념을 거부한다. J. Habermas, *Theorie des Kommunikativen Handelns* Band 2: Zur Kritik der funktionalistischen Vernunft(Frankfurt/M: Suhrkamp Verlag, 1981), p.196 이하. (*The Theory of Communicative Action* Vol 2(Boston: Beacon Press, 1987), p.129. 이후 CA로 약칭함.

에서는, 상대방 즉 청자 측이 먼저 자신의 반응을 통해 발화의 객관적 의미를 화자에게 알릴 때, 화자 측에 객관적 의미가 가능하게 되고, 이때 자극(상대방의 behavior)은 기호(sign)로 바뀌게 된다는 것이다. 화자는 이렇게 청자의 관점을 채용하여 자신의 의미로 삼음으로써 주관성이 성립된다는 것이다.

개체형성의 논의에 앞서 개체성의 의미를 규명하는 일에 있어서도 하버마스는 논의의 단초를 미드에게서 찾는다. 그는 우선 수적 확인이 가능한 양적 관계로서의 개별성(Singularität, singularity)과 사회화 과정을 통해서만 성취되는 질적 관계인 개체성(Individualität, individuality)을 구별한다. 하버마스에 의하면, 후자의 개념은 탈형이상학적(Nachmetaphysisch, postmetaphysical) 입장에 설 때만 가능하다고 한다. 정통적으로 형이상학이 지지해 온 단일성은 이러한 개체성을 제대로 기술해 낼 수 없게 하기 때문이다. 이 형이상학적 단일성 사고와 관념적 사고가 유지되는 한 언제나 개체에 대한 보편의 승리만 있게 마련이라는 것이다. 그런고로 보편이나 또 다른 어떤 것에 복속시키지 않으면서 개체를 해명해 낼 수 있는 새로운 사고유형 즉 탈형이상학적 개념이 요구된다는 것이다. 이러한 개념에 의하면, 개체성이란 화행능력을 가진 주체, 즉 필요하다면, 다른 대화상대와의 관계에서 자신이 타인으로 대체될 수 없는, 그만의 특성을 지닌 존재임을 나타내고 입증하는 자의 자기이해인 것이다.[131] 요컨대 개체는 오직 타인과의 사회적 관계를 통해서 자신을 이해하게 되는 것인데, 이때 개체성은 어떤 것을 기술해 놓은 것이 아니라, 내가 나 될 수 있는 역량을 보증하는 것이며 이것은 내 생활사와의 의식적 연속성을 통해 제시된다. 하버마스는 미드의 연구에

---

131) Habermas, *ND*, 207쪽(168).

서 이러한 그의 개체성 개념을 지지하는 사회심리학적 실증을 얻는다.

미드의 기본 주장은 무엇인가? 하버마스가 미드를 끌어들이는 것은 위에 언급한 몇 가지의 우연한 일치점 때문만은 아니다. 하버마스가 상호작용의 중요성을 들고 나올 때부터 예견된 일이지만, 언어적 전환 이래 그는 의식의 구조에 매달리는 형식철학, 주관철학 또는 의식철학을 단호하게 거부한다.[132] 미드에 의하면, 자아의식이란 것도 주관에 내재하는 현상이 아니라, 두 유기체 간의 의사소통에 의해 의사소통적으로 생성되는 현상이다(몸짓(제스처)까지를 포함해서). 의식현상은 결코 주관의 자신에 대한 의도적 관계 따위와 같은 것은 아니다. 이러한 주장은 그의 사회화 과정에 근거한 존재해명에 근원을 둔다.

미드는 기능주의적 심리학과 실용주의적 철학에 근거하여, 존재의 기본 단위는 행동(act)이라고 단언한다.[133] 그에게 있어 '존재하다'는 '행동하다'이다. 이때의 행동이란 결핍과 욕구의 충족, 문제의 해결(problem-solving)을 위한 유기체의 자기원인적, 자기유지적 행위(self-caused, self-sustaining behavior)이다. 그것은 또한 공간개념이 아닌 시간개념이며, 구조적 함의가 아닌 과정적 함의를 갖는 미완의 지속적 사건(ongoing event)이다. 결국 존재(being)는 문제, 결핍, (발산되기를 기다리는) 충동이라는 원인을 해결하기 위한 연속적 사건, 즉 행동하기(doing)인 것이다. 이런 입장에서 볼 때, 우리가 정신(mind) 혹은 정신적인 것(the psychical)이라고 부르는 사고하기, 알기(thinking, knowing) 등은 행동하기에 비하면 부차적인

---

132) 한 예로, 생활세계와 체계의 대비에서도, 하버마스는 후설의 현상학적 생활세계론을 비판하며 의사소통이론에 의한 생활세계 개념을 제시한다. 이러한 비판은 후설 자신에 대해서만 그치지 않는다. Schutz, Luckmann 등 후설 후예들의 이론에서도 파슨스의 체계이론에로의 이행을 가능케 하는 인성체계, 사회체계에 의한 주변세계의 인식을 본다. CA, 192쪽 이하(126 이하).

133) G. H. Mead, *The Philosophy of the Act*, ed. by Charles W. Morris(Chicago: The University. of Chicago, 1938), 65쪽 등 도처에서 등장하는 주장임.

것으로서 후자의 수단에 지나지 않는다. 알기는 행동하기에서 시작되고, 그것을 목적으로 한다. 그런고로 알려진 어떤 관념(idea)도 그 자체로 참이 될 수 없으며, 문제풀이에 적합하고, 경험에 부합될 때만 참인 것이다.

　이러한 정신(mind) 또는 사유는 어떻게 생성되는가? 미드에 의하면 정신은 실체도 tabula rasa도 아닌, 유의미한 상징들의 기능에 다름 아니다. 사유가 있기 위해서는 상징들, 일반적으로 음성행위가 있어야 한다. 그리고 이 상징들은 한 사람이 다른 사람에게 불러일으키려는 반응을 자신 안에 일어나게 하는 것이자, 그 반응으로부터 그가 자신의 후속 행동을 지시할 수 있는 것이 된다.[134] 미드에 의하면 이처럼 상징은 상대방에게 불러일으키는 것과 같은 반응들을 자신에게도 불러일으키는 경향이 있다. 이와 동시에 이 상징은 화자 자신에게 반응이자 자극이기도 하다. 나의 반응은 후속해서 일어날 행동에 대한 자극인 것이다. 미드는 이를 마치 권투선수의 방어동작(자신 안에 불러일으킨 반응)이 상대에게 허점이 생길 때 그를 치려는 자극으로 자신에게 작용하는 것과 같다고 말한다. 이처럼 자신 안에 일으킨 행위가 다음 반응을 위한 자극이 될 때 비로소 그 행위는 그에게 의미를 갖는 것이다. 다른 한편 내가 타인의 반응을 불러일으키고 그 반응이 나의 행동을 통제하는 자극이 될 때, 나는 그의 행동의 의미를 내 경험 속에 체험하게 된다. 결국 상징들이 유의미(significant) 해지는 것은, 동물에게 있어서와는 달리, 동시에 타인의 역할을 수행하는 행위자의 능력을 통해서만 가능해진다. 어떤 음성행위(vocal gesture)를 내가 유의미한 상징이라고 말할 수 있게 하는 것은 말할 나위 없이 그 개인과 타인에게 일어난 일련의 반응군과 이 음성적 행위와의 관계인 것이

---

134) George Herbert Mead, *Mind, Self, and Society* (Chicago: The University of Chicago, 1962), 73쪽 이후 *MSS*로 약칭함.

다.135) 이것이 바로 우리가 사유(thought)라고 하는 것의 일반적 기제이다.136) 사유는 결국 자신이면서 동시에 타인이 되는 능력, 즉 이중 역할을 하는 자신과의 내적 대화요, 내재적 언어(implicit speech)다. 이제까지의 논의에서 미드가 주장하려는 것은 요컨대, 정신은 사회화 과정에서 생겨나는 것이라는 것이다. 사회적 의식이 물리적 의식보다 선행하지 않으면 안 된다.137)

하버마스가 미드로부터 개체형성에 관한 논변을 끌어내는 과정을 보기 전에, 이상의 논의가 어떻게 미드로 하여금 사물의 정체성의 성립과정을 설명하게 하는지 살펴보자. 미드는 유기체의 행동은 환경에 의해 결정된다는 왓슨(Watson)류의 자극 - 반응(S - R) 모형에 입각한 행동주의 심리학에 반대하며, 충동 - 자극 - 반응(Impulse - Stimulus - Response)의 모형을 주장한다.138) 그에 의하면 환경은 오히려 유기체의 선택적 민감성(selective sensitivity)에 의하여 결정된다. 자극이 행동을 결정하는 게 아니라, 인간의 충동이라는 선택행위가 자극을 결정한다. 자극은 우리에게 행동하도록 명령하지 않는다. 그것은 행위를 위한 기회를 줄 뿐이며 행동할 준비가 되어 있는 것으로 하여금 행동하게 할 뿐이다. 유기체는 단순히 인상을 받고만 있지는 않는다. 무언가를 행한다. 자극을 찾는 것이다. 왜냐하면 자신에게 문제와 결핍이 발생했기 때문이다. 유기체는 이 결핍을 충족시킬 대상을 향한 잠재적 경향성을 갖는다. 이러한 대상으로서의 자극의 선

---

135) George Herbert *Mead, Mind, Self, and Society* (Chicago: The University of Chicago, 1962), 71쪽 이후 *MSS*로 약칭함.

136) Mead, *MSS*, 73쪽.

137) Journal of Philosophy, Ⅶ(1910), 180쪽. Paul Pfuetze, *Self, Society, Existence* (New York: Harper & Brothers, 1961), 46쪽에서 재인용. 이하 후자를 *SSE*로 약칭함.

138) Mead, *MSS*, 337 - 338쪽.

택행동, 결핍의 환경에의 투사 이것이 충동이다. 반응에 이르러서야 자극
선택행위인 충동은 종식되고, 이로써 사물은 의미와 구조를 획득한다. 따
라서 미드는 사물의 보편적 특성에 대한 동일시 또한 충동의 동일성과
반응의 동일성에서 이루어진다고 주장한다. 미드에 있어서 보편성이란 사
물의 특수성, 다양성에도 불구하고 늘 항상성을 유지하는 이 반응의 동일
성에 다름 아니다. 의자는 다리가 피곤(충동)하면 앉는(반응) 어떤 것(자
극)이다. 우리가 앉고자 하는 것이면 무엇이든 의자인 것이다.[139) 충동과
반응이 가지는 항상성, 보편성, 동일성 때문에 우리는 사물의 보편적 특
성을 식별하게 되는 것이다.

다른 한편 소극적으로 결핍에서 풀려나기를 요구할 뿐 아니라, 적극적
으로 표현을 모색함으로써 자신의 환경을 창조하고 규정하는 충동은 상
징이나 몸짓을 통해 자신과 타인에게 반응을 요구한다. 언어는 상대방에
게뿐만 아니라 자신에게 반응을 부르는 몸짓이다. 그리고 이때의 반응은
그 상징(또는 몸짓)의 역사적 선행사이다. 이런 의미에서 언어는 자극을
지적하는 상징일 뿐만 아니라, 미리 반응이 주어진 자극이라 할 수 있
다.[140) 이리하여 미드는 언어를 쓰고 있는 자는 벌써 상대방의 태도를 취
하고 있다는 결론에 도달한다. 결국 우리는 언어라는 특수한 자극을 통하
여 우리 내부에 사회화 과정을 수입해 들여오는 것이다. 말하는 나(first
form)는 언어를 통해서(stimulus) 나의 반응과 청중의 반응이 일치되는 상
태(reflexive form)에 놓인다.[141) 말하는 자는 일종의 자기조건화 상태에 놓

---

139) Mead, *The Philosophy of the Act*, ed. by Charles Morris(Chicago: The University. of Chicago,
1938), p.371.

140) Mead, *Mss*, 181쪽, "A person threatens you, and you knock him down on the spot… We are taking
the attitude of the community and we are responding to it in this conversation of gesture…. A
symbol is nothing but the stimulus whose response is given in advance. That is all we mean by a
symbol. There is a word, and a blow. The blow is the historical antecedent of the word."

이기는 하나 결코 자신이 홀로 주체는 아니다. 내가 타인의 몸짓에 타인과 같은 방식으로, 나의 몸짓에 타인이 나와 같은 방식으로 반응하는 과정을 통해서 양자는 서로를 묶는다.

이상의 미드의 논의를 종합하면 다음과 같은 주장이 가능해진다. 사물의 정체성은 인간의 충동과 반응의 항상성에서 연원한다는 것과, 인간은 자신과 타자들 간에 동일한 반응이 예견되는 언어라는 자극을 통해 타자들의 관점을 취하고 있다는 사실로부터, 나의 정체성 또는 나의 의미와 구조 역시 나의 나에 대한 반응과 타인들의 나에 대한 반응의 항상성에 의존할 수밖에 없다는 것을 알 수 있다는 것이다. 이때 양자의 반응은 동일한 내용임을 생각할 때 나는 오직 간접적으로만 나를 경험할 수밖에 없다. 언어를 통해서 나를 경험한다는 것이며 이는 타인의 반사된 관점을 통해서 나를 경험할 수 있게 된다는 것을 의미한다.

우리가 자아로서 또는 개체로서 자기경험을 할 수 있는 것은, 직접적 또는 무매개적으로가 아니며, 자신에 대해 주체가 됨으로써도 아니다. 그것은 오직 타인이 자신에게 자신의 경험 속에서 객체가 되듯 그가 자신에 대해 객체가 되고, 자신과 타인들이 같이 참가하는 행동이나 경험의 맥락 혹은 사회적 상황 속에서 자신 앞에 나타나는 타인들의 태도를 취함으로써 자신에 대한 객체가 될 때뿐이다.[142]

미드는 이러한 논의를 'I'와 'Me'라는 자아의 2측면으로 발전시킨다. 존재가 미완의 계속적 사건이듯이, 자아 역시 정해진 형태로 존재하지 않는다. 그에 의하면 자아는 언어를 통해 발전하는 진화의 단계들에 불과하

---

141) 이로써 말하는 사람은 자아의식을 획득할 수 있게 된다. Pfuetze, *SSE*, 74쪽을 참조.
142) Mead, *MSS*, 138쪽.

며, 이는 바로 'Me'와 'I'라는 것이다. 자아는 개체가 타인의 역할을 취하여 타인이 자신에 대해서 하듯이 자신을 향해 행동하는 의사소통적 과정에서 생성된다. 그러나 자아가 사회적 질서만을 반영하는 자일 수만은 없다. 전자는 집단의 조직된 태도라고 믿는 바를 사적 자아 속에 받아들여 이에 영합한 것으로서, 사회적 통제 역할에 기여한다고 한다. 이에 비해 후자는 'Me'의 제약 내에서도 자기를 선언함으로써 타인의 태도에 대하여 취하는 나만의 반응인 셈이다. 전자가 객관적, 경험적, 의존적 성격을 띠면서 지식 경험의 대상이 되는 반면, 후자는 주관적, 잠재적, 자유적 성격을 띠면서 배후에 감춰진 존재이다. 전자가 타자를 통해 본 자아로서 일반화된 타자 또는 자아 속에 조직된 일반화된 타자를 의미한다면, 후자는 개별적 특이성을 지닌 창조적 주체로서 적극적 문제풀이의 전제가 되는 초험적 숨겨진 존재(transcendental, hidden agent)이다. 결국 미드는 가상적인 I라는 반응 과정을 전제로 객관적 관찰의 대상인 'Me'를 논함으로써 자아의 성립과정을 그려 내고 있다.[143]

하버마스는 미드가 'I'와 구분해서, 타(ego)의 alter ego로서의 나를 'Me'라고 규정짓고 있는 점을 자신의 개체형성론의 중요한 논거로 삼는다. 전자(I)는 개체형성과정을 시작한 자로서 'Me'의 기억 속에서만 형성된다. 'Me'를 본 후에야 회상되는 'Me'의 'I'이며, 조금 전의 나였던 자 'Was man eine Sekunde vorher war'[144]이다. 하버마스의 화행이론에 의하면 미드의 이 'Me'는 2인칭의 수행적(performative) 태도에서 생긴 것으로서 제3의 관찰자에 의해 객관화된 것과도 판이하게 구별된다. 또한 하버마스는 (앞서 논한 바와 같이 이러한 자아의 구조분석을 콜버그(L. Kohlberg)의

---

143) Mead, *MSS*, 173 - 177쪽.

144) Habermas, *ND*, 216쪽(177).

도덕성 발달론에 근거한 인습적 단계의 사회에 적용하여) 화자가 타인의 규범적 기대를 택할 때 생겨난 'Me'는 일종의 자기 통제기관으로서 사회의 규범을 구체화하고, 반反인습적 변혁을 지향하는 'I'의 쇄도하는 충동(on rush of 'I' Impulses)에 규범의 제어를 씌운다.

　다른 한편 하버마스는 미드의 설명 속에는 개체의 자신과의 2가지 관계 방식, 즉 인식주체의 인식적 자기관계(Selbstbeziehung, epistemic self relation)와 행위주체의 실천적 자기관계(Selbstverhältnis, practical relation to self)가 확연히 나타나 있지 않다고 비판한다.[145] 미드는 역시 후자를 전자 다루는 방식으로 다룸으로써, 선언어적 본능적 상호관계를 재조직하는 단계에서 처리하고 있다는 것이다. 그러나 하버마스에 의하면 양자 모두 간주관적으로 타자의 관점을 취하기는 하나, 후자는 타자의 인식적 기대가 아니라 규범적 기대를 취한다는 점에서 전자와 구별된다. 타자의 관점이 역할기대(role – taking)로까지 확장되는 한 그것은 인식적 기대가 아니라 규범적 기대라는 것이다. 인식적 자기 관계가 자기지시(Self – reference), '자아의식'을 의미하는 것이라면, 실천적 자기관계는 자기산출적(self – product)이다. 즉 행동(behavior)이다. 후자의 'Me'는 더 이상 자기의식을 위한 자리가 아니라 자기통제를 의미한다. 전자가 표의적 화행(expressive speech act)에 국한되어 있는, 홀로 자신만의 주관적 세계에 접할 수 있는 특권이 부여된 존재라면, 후자는 이와는 달리, 자아동일성의 인정하에 일어나는 모든 타당성 주장의 화행능력에 관련된다. 하버마스에 의하면 인

---

145) 이것은 타 학문 또는 타 이론의 (비판적) 수용 시 하버마스가 즐겨 쓰는 사전 정지작업의 한 방식이다. 특수과학의 개별적 접근을 거부하는 비판이론이 출범 시부터 표방하는 학제적 성격 때문이기도 하지만, 특히 하버마스는 전혀 다른 이론적 배경을 가진 개념들을 자신의 이론체계 내에서 짝지어 병치시키거나, 타인의 이론적 개념을 자신의 이론 틀 안에 편입시키는 방법을 구사한다. 후설의 생활세계와 파슨스의 체제 간의 결합이 전자의 경우라면, 마르크스 노동 이론의 재구성을 위한 일과 상호작용론은 미드의 경우와 함께 후자에 속한다고 볼 수 있을 것이다.

식적 자기관계가 가능했던 것도 자발적으로 행동하는 'I'를 2인칭의 수행적 태도 속에 드러나는 것으로 기억해 버리는 'Me' 때문이고, 실천적 자기관계가 성립될 수 있는 것도 사회적 우리의 간주관적 관점에 근거하여, 반항적 생산적 'I'의 충동성과 창조성에 제한을 가하는 'Me' 때문이다.[146]

실천적 자기관계의 'Me'는 사회적 개체의 의식 속에서 규범, 기대, 도덕의식과의 관련으로 표현되며, 사회적 행동기대가 내 내부로 이주해 들어와 형성된 일종의 보수적 세력이다. 충동과 창조의 성격을 띤 무의식적 'I'에게 가해지는 사회적으로 용인된 제한인 것이다. 이처럼 하버마스는 인식적 'I'와 구별되는 실천적 'I'를 무의식에 연관 짓는다. 인식적 자기관계가 자신을 인지하고 자기동일성을 추구하는 반면, 실천적 자기관계는 자신이 자유의지임을 자신에게 재확인시키는 일에 주력한다. 그러나 이때 이 자유의지라는 것은 결코 'I'로 환원되어 버릴 수 없는 것으로서, 사회화의 결과로 형성되는 것이다. 외적 통제의 내면화가 자유의지의 가능성의 조건이 되기 때문이라는 것이다. 하버마스에 의하면, 'I'와 'Me'는 서로 환원될 수 없고, 자발적 'I'만으로는 책임성 있는(accountable) 주관을 상정할 수 없으며, 그런고로 자신이 자유의지임을 확신시키는 실천적 자아관계는, 결국 'I'와 'Me'의 자기확신적 결합(self-assured combination of 'Me' and 'I')이 되지 않으면 안 된다는 것이다. 이것이 결과에 책임지면서 새로운 것의 창출을 의지(意志, I will)하는 자아인 것이다.

하버마스에 의하면, 이 실천적 자기관계의 사회적 개체(자아)는, 사회가 현대화되어 가고, 사회와 사회적 역할 기대들의 세분화가 점증함에 따라,

---

146) Habermas, *ND*, 219쪽(180).

자아의 도덕적 자기규정적인 면과 윤리적 자기실현적인 면 간의 갈등을 겪게 된다. 이렇게 되면 이제까지 획일적으로 구성원들 간에 관점의 갈등을 최소화하며 특정집단의 인습적 도덕의 담지자로서의 역할을 담당해 오던 'Me'에 의문이 제기되게 되고, 형성된 인습적 자기정체성은 와해되기에 이른다. 하버마스에 의하면 도덕적 결정이 단순한 인습적 도덕의식에 과도하게 의지해 온 근대성은 이제 후기 인습적 단계에로 이행할 수밖에 없고, 도덕적 결정은 보편적 담론조건하에서, 즉 미래의 보편적 의사소통적 공동체에 대한 예견하에 이루어지지 않으면 안 되게 된다. 이것이 현대에서 실현될 개체형성의 모형이라는 것이다. (개체들의 자기성취로서의) 현대화는 새로운 사회적 통합을 위한 촉진제이며, 발전적 개체형성을 통해서 도달되는 후기인습적 자아정체성은 이에 대한 하나의 적절한 모형이라는 것이다. 하버마스에 따르면, 이러한 현대적 개체형성은 루소나 키르케고르가 그의 기독교적 신앙고백을 세속화할 때 이미 암시되고 있다. 즉 그들은 기도의 형태로 나타나는(구체적이고 유일적이며 지고한 규범적 기대를 가진) 신과의 대화를 참회록이라는 형태를 빌려 후세대와의 대화에 투사한다는 것이다. 하버마스에 의하면 후기인습적 개체형성도 이와 같아서, 'I'는 자발적으로 보편적 기대규범을 가진 청자(신, 미래의 후세대)를 투사하고, 'Me'는 이들에의 영합을 성취하게 한다고 한다. 이것은 기도의 종축이 인간적 의사소통의 횡축으로 기울게 되면, 개체성의 입증(redeem) 역시 생활사의 재구성만으로는 되지 아니 하며 그 재구성의 성패(진위)를 판단하는 참회록의(미래까지를 포함한) 독자들에 의존하게 됨을 의미한다. 오직 타자를 경유하는 우회로를 통해서만 형성되는 자아는 이제 비현실적(couterfactual)으로 가정되는 보편적 담론을 통해서 나타나게 된다. 이때의 자아는 어느 특정 집단에 속한 몇몇 alter ego로서의 자신을 만나는 것이 아니라, 모든 공동체 내의 모든 타자들의 alter ego로서의 자신을 만나게 된다. 이 자아는 도덕적 자기성찰 속의 자유의지이자, 실존적 성찰 속에서 완전히 개체 형성된 존재이다. 이 단계에서의 특이한 현상은, 하버마스에 의하면, 'I'와 'Me'의 관계가 역전된다는 것이다. 인습적 단계에서와는 반대로 후자가 전자의 뒤를 따르게 된다는 것이다. 이전엔 후자가 전자를 견제, 속박했으나 이젠 예견적 청자 집단과의 상호관계가 'I' 자신으로부터 연원한다. 'I'가 자신에게로 회귀할 수 있고, 자신을 자발적 의지요 개체 형성된 존재로 확인할 수 있는 것도 바로 이 청자집단과의 상호관계에서이다. 파괴된 인습적 단계에서의 정체성을 한 단계 높은 차원에서 재구성할 수 있게 하는 상호작용의 맥락을 투사하는 자가 바로 'I'인 것이다.

결론적으로 개체형성의 이 발전적 과정을 통해 하버마스는 개체형성은 자기정체성과 개인적 자율성의 발달과 관련되어 있으며, 개체형성과 사회화는 불가피하게 연결되어 보편적 이상을 지향하고 있다는 것을 확인하게 된다. 자신의 특이성에 대한 인정과 재확신은 타인들의 관점에 의존하여 있고 후자는 의사소통적 담론구조를 통해서 보편에로 발전하고 있다고 보기 때문이다. 이를 하버마스는 이렇게 말한다.

> 모든 사람들이 서로 타인들의 관점을 취할 수 있으며 상호 간의 認定에 근거하여 (행동)할 수 있는, 보편주의적 생활양식에 대한 이념적 전제 없이는 개체는 사회 속에 존재할 수 없다. …그런고로 개체주의는 보편주의의 이면인 셈이다.[147]

실천적 자기관계의 자아는 단지 어느 한 타자의 관점을 통해서가 아니라, 모든 곳의 모든 사람들의 관점을 통하여 도달된다. 이것이 하버마스

---

147) 같은 책, 227쪽(186).

가 말하는 보편에 복속되지 않으면서 개체가 기술되는 방식이기도 하다.
이상과 같은 하버마스의 논지는 다음과 같이 요약될 수 있을 것이다.

1. 미드는 루소의 보편적 공적 개념과, 칸트의 예지적 세계 개념을 사
   회적으로 구체화시키어 퍼스의 무한적 의사소통 공동체 내의 합의
   개념으로 다룬다(184쪽).

2. 이들 개념은 언어 구조에 투사되어 있다(188쪽).

3. 이를 언어적으로 설명하면, 'I think'의 'I'가 주관철학의 핵심개념이
   듯, 1인칭 단수 역시 의사소통이론에서도 핵심이 되는데(188쪽)

4. 이와 관련하여 미드는, 자기관계로서의 이 'I'가, 인식적 실천적 구
   분 없이, 자발적 탈선의 무의식적 힘으로 작용한다고 설명하나 이것
   은 옳지 않다.148)(80쪽)

5. 인성의 무의식적 요소에는 결코 책임 있는 행동주체로서의 'I'라는
   이름이 주어질 수 없고, 책임 있는 자유의지를 구성하는 것은 실천
   적 자기관계의 자아뿐이며, 이때 우리가 자신에게로 돌아갈 수 있는
   것은 오직 타인들의 역할을 취함으로써이기 때문이다(181쪽).

6. 미드가 수행한 'I' / 'Me' 구분에다 그가 미진한 채로 남겨 놓은, 인
   식적 자기관계 / 실천적 자기관계의 구분을 결합해서 생각해야 한다.

7. 이렇게 할 때 다음과 같은 도식화가 가능할 것이며, 이 도식으로부
   터 우리는 실천적 관계에서도 최종적으로는 'I'의 요소가 의식적 상
   호관계의 영역으로 전이됨으로써만 책임 있는 자유의지로서의 자아
   구성요소가 됨을 볼 수 있게 될 것이다.

---

148) 그러나 하버마스 자신도 'I'를 인식적, 실천적으로 나누어 설명할 뿐, 의사소통적 맥락에서 무
    의식을 다룰 때 이를 부정적으로 다루고 있다. 이 점에 대해서는 이하에서 다루어질 것이다.

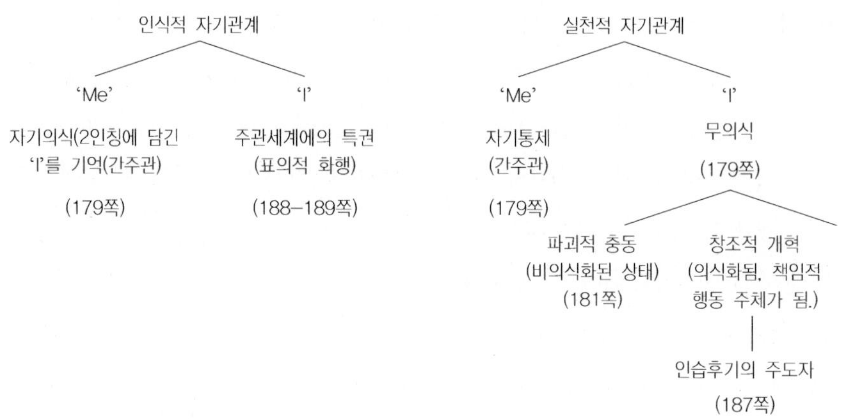

다른 한편, 이상의 구별들은, 다음에서 논의될 헨리히의 자기관계에 대한 대응으로도 보인다. 헨리히가 자기관계를 철학적 논의의 근본점으로 삼아야 한다고 주장하는 것 역시 언어적 상호주관성을 간과한 채로 나온 소박한 주장에 불과함을 보이기 위한 사전 작업으로 작용한다. 자기관계의 자아 역시 그것이 실천적 자기관계에 관련되어 있는 한, 의사소통적 타당성 주장을 통해 자신이 자유의지임을 확인시킴으로써만 비로소 생성된다고 주장될 것이다. 하버마스에 의하면, 헨리히의 자기관계는 아마도 인식적 자기관계에 해당하는 부분적인 것일는지도 모르며, 게다가 인식적 자기관계 자체 내에서 작용하는 'I'와 'Me'의 관계조차 간과한 조야한 것으로 보일는지도 모른다.

3-1. 개체형성의 사적私的 계기: 자아의 사적 영역149)

개체형성 발달과정으로서(특히 인습후기에서) 중요한 역할을 담당하고 있는 것으로 묘사되고 있는 실천적 'I'가 실제적으로 하버마스의 이론체계에서 어떤 위치에 있는지를 짚고 넘어갈 필요가 있다. 이것은 그의 탈형이상학이라는 전체적 구도의 향방과도 관련되어 보이기 때문이다. 미드에게 있어 사적인 것은 심상心象과 같은 정신적인 것이다. 그리고 심상은 이전의 경험으로부터 나온다. 그런고로 감각과정을 거친 것을 의미한다. 이러한 경험의 사적(또는 정신적) 측면은 충동을 발산시킬 수 있는 직접적 자극으로 기능하지 못한 내용들이다.150) 자극의 현장에 있지 않는 대상을 지칭하는 내용물 즉, 시공적으로 멀리 떨어진 대상에 대한 상像으로서 직접적 지각을 넘어 있기 때문에 물리적 환경의 핵심적 구성요소가 되지 못하는 상, 또는 자아의 사회적 구조의 배후를 구성하는 기억영역의 구성요소도 아닌 상이다.151) 이런 의미에서 볼 때 사적인 것은 그 자신만의 것으로서의 개인의 경험은 아닌 것이다. 왜냐하면 타인이 (나) 자신에 대하여 대상이듯, 자신이 타인에 대하여 대상인 한 (나의) 경험은 사적일 수 없기 때문이다. 오히려 (나) 개인은 모두로부터 공통적 특성을 인지하게 된다. 타인과 구별되는 (나) 개인만의 경험에 귀속시킨 것조차도 모든 사람의 공통적 경험을 위한 기여물을 표상한 것으로 느껴진다.152) 물론 미

---

149) 필자가 자아의 '사적 계기', '사적 영역' 등으로 지칭하고자 하는 것은 의식화되어 공론화되지 않는 'I'적 계기, 예를 들면 제인스가 말하는 '양원적 세계'의 언어, 벤야민의 '신의 언어' '사물언어' 등이 작용할 수 있는 삶의 형태를 함의한다. 더 이상의 상론은 본서의 결론부를 참조할 것.

150) Mead, *MSS*, 338쪽.

151) 같은 책, 338-339쪽.

드는 치통이나 감정 등 간주관적 소유물로 귀속시킬 수 없는 것이 있음을 인정한다. 그러나 이들도 객관적 지칭대상(reference)을 갖고 있거나 갖고 있다고 가정되고 있는 것이다. 그것들도 여전히 객관적 실재를 갖는 어떤 것에 대한 함의를 지니고 있다는 것이다. 다만 그것들은 그들의 지칭대상을 확보하는 데에는 이르지 못하고 있어서 재구성과 해석을 요구하는 것들이다. 이러한 해석을 통해서 이들의 객관적 특성도 드러나게 마련이다. 그들은 그것이 확보될 때까지는 사적 삶이라는 거주지에 의해 기술될 수밖에 없는 것들이다. 그리하여 미드에 의하면 이들은 고작 환상이거나, 지각의 오류, 좌절된 가치를 나타내는 감정, 또는 철저히 공인된 법이나 의미로부터 예외에 속하는 것들에 대한 관찰일 뿐인 것이다.153)

다른 한편 하버마스의 이론체계 역시 자아의 사적 영역에 대한 부정적 평가에서 출발하고 있음은 물론이다. 하버마스에게 있어 그것은 고작 객체들 중에 자기완결적 의미를 지니는 자기 지시적 특수실체이거나, 스스로 자신의 주관적 세계에 출입을 허가한 유일한 특권적 존재가 되는 자를 의미하는 듯하다.154) 이것은 앞서의 도표에서 보인 바와 같이, 인식적 자기관계의 부분적 면모일뿐더러 동일 범주(인식적 자기관계) 내의 'Me'와의 관계조차 무시한 소박한 개념일 뿐이다. 자아의 사적 영역에 대한 이와 같은 부정적 개념화는 하버마스의 다른 글들에서는 병리현상으로 묘사되기에 이른다. *인식과 관심, 이데올로기로서의 테크놀로지와 과학*에 뒤이어 발표된 "의사소통역량 이론을 향하여"155)에서 하버마스는 정신분

---

152) 같은 책, 339쪽.

153) 같은 책, 340쪽.

154) Habermas, 같은 책(188 – 189쪽).

155) Habermas, "Toward a Theory of Communicative Competence", in *Recent Sociology* Vol 2 ed. by H. Dreitzel(New York: Basic Books, 1974), 122쪽 이하 *CC*로 약칭.

석가들이 정상언어의 기준이라고 꼽고 있는 몇 가지 항목들을 제시한다.

1. 사회생활 속에서 발생하는 언어 외적 의미들(extraverbal meanings)은 구두의사소통으로 전환되지 않으면 안 된다. 이때 의사소통은 언어적으로 상징화된 표현, 행위로 표상된 표현, 몸짓으로 구체화된 표현 등이 조화를 이루며 이루어진다.

2. 소통된 의미들은 문법과 같은 간주관적으로 승인된 규칙에 근거한다.

3. 화자는 사적 세계와 간주관적 세계, 주관과 객관, 내적 담화와 외적 담화, 존재와 현상, 그리고 언어적 기호와 그 의미내용(significatum)과 그 상징이 지시하는 대상(referent, denotatum)을 구분한다.

4. 개체들은 타자와의 관계에 있어서 (개체의) 절대적 비동일성(absolute nonidentity)을 선언하는 동시에 타자를 대체 불가한 개체로 인정함으로써 개체 간에 상호이해의 상호주관성을 유지하고 발전시킨다.

5. 대상세계와 언어적으로 구성된 세계를 혼동하지 않음으로써, 시간, 공간, 실체, 인과성 등과 같은 범주들의 의미는 그들이 전자의 세계에 적용되는가 또는 후자의 세계에 적용되는가에 의해 구분된다.[156]

이를 달리 말하면, 이상의 기준들은 곧 비정상언어를 판별하는 준거가 되며 하버마스에게 있어서는 그의 소위 '체계적으로 왜곡된 의사소통(systematically distorted communication)' 또는 '사적 전유된 의사소통(privatized communication)'을 진단하는 요목들이 되는 것이다.

이러한 논리에 따르면, 개인에게 있어서의 정신 – 신경증적 병리와, 사

---

156) 예를 들어 인과성은 관찰 가능한 사건에 적용될 때는 원인의 개념이 되며, 의도적 행위의 맥락에 적용될 때는 동기라는 개념이 될 것이다. Habermas, "On Systematically Distorted Communication", *Inquiry* 13, 1970, 212쪽, 시간의 범주에 대해서도 physically measured time… biographical and historical temporal points' 등이 구분될 수 있다. Thomas McCarthy, *The Critical Theory of Jürgen Habermas* (Cambridge: The MiT press, 1981), 297쪽을 참조할 것.

회적 차원에서의 이데올로기적 병리현상에 대한 의사소통적 진단을 의미하는 '체계적으로 왜곡된 의사소통'은 결국 간주관적 세계의 존재를 거부하는 사적 세계(상기의 3번 항목에 저촉됨)로부터 출발한다고 보아야 할 것이다. 후자의 세계에 전유된 의사소통에서는 구두적 의사소통으로 전환될 수 없는 언어 외적 의미들과, 탈문법적 규칙들로 인해 합의도출이 불가능함을 확인할 수 있을 뿐이다. 하버마스는 이 병리현상을 다시 선언어적 상징조직(prelinguistic symbol organization)과 상징적 언어조직이라는 2단계의 생성적 선후관계(genetically successive)에 의해 설명하고 있다. 그에 의하면 전자에는 간주관적인 언어수행에서 배제되어(excommunicated) 격리된 내용들[157]이 포함되어 있다. 이들은 자아의 사적 영역에 속한 것들로서 화자 자신에게조차 간주관적 의사소통의 규칙에 의해서는 파악될 수도 접근할 수도 없는 내용들이다. 그러나 이 의사소통 권역 밖의 잠복적 요소들은 화자로 하여금 공인된 언어적 규칙체계에서 벗어난 규칙들을 차용케 하며, 강박적强迫的 상동증(常同症, stereotyped behavior)에 빠지게 한다. 이 선언어적 상징들은(생활사 속의) 특정 장면들에 고착되는 것과 정서적 부하負荷[158] 때문에 그의 언행에는 전술한 언어적 상징과 행위와 몸짓 간의 불일치가 일어나고, 상징과 의미들 간의 적절한 연계가 형성되지 않는다. 결국 사적 의미 연관이 지배하게 된다. 즉 상징과 어의적 내용과 지시들 간의 구별도, 실재와 현상 간의 구별도 이루어지지 못한 채로 있게 된다. 하버마스가 자신의 이상과 같은 논증의 원군으로 인용하고 있는 아리에티(Arieti)의 정신분열증 연구[159]는 한층 우리의 관심

---

157) Habermas, *CC*, 118쪽.

158) 같은 책, 125쪽.

159) Arieti Silvano, *The interpretation of Schizophrenia* (New York: Basic Books, 1974).

을 끌기에 족하다. 아리에티에 의하면 상징에는 상(像, images), 원시상징
(paleosymbols), 구두상징(또는 사회적, 의사소통적 상징(verbal, social,
communicable symbols)) 등이 있는데, 전자의 둘은 프로이트가 말하는 쾌
락원칙에 따르는 반면, 후자는 현실원칙에 복속된다고 한다. 구두상징이
상호교호적 경험을 표상하는 반면, 원시상징은 자신을 자신이 상징하는
외적 상대와 동일시해 버린다. 이러한 후자의 의미가 타인에게 소통될 수
없게 됨은 물론이며 그것은 사회화 과정을 통해서 타자에 의해 해석되기
까지는 사적으로 남게 된다는 것이다.[160]

이러한 미드와 하버마스의 이론체계에는 자아의 사적 영역이 존재할
한 뼘의 공간도 주어져 있지 않다. 사적 영역은 공적公的 상호주관성의
정언적 당위를 주장하는 이론 앞에서는 한낱 치유되어야 할 병리에 다름
아니다. 이제까지의 개체형성에 관한 논의 역시 예외는 아니다. 보편적
인격을 지향하는 개체형성의 어느 단계에서도 사적 요소는 허용되지 않
는 것으로 되어 있다. 이들에 의하면 경험의 사적 요소는 물리적 환경의
구성요소도(미드), 자아의 배후적 구성요소도 될 수 없다. 그러나 정말 그
러한가?

하버마스는 발달이론에 입각하여 미드의 주장을 분석하고 있다. 먼저
인습적 단계에서 볼 때 실천적 자기관계의 자아는 선행하는 무의식적, 자
연발생적 충동을 뒤쫓으며 기억하는 그림자로서가 아니라 사회화의 결과

---

160) Arieti, 같은 책, 279쪽.
　　1. 하버마스의 주장에 함의되어 있는 바는 미드의 주장과는 다소 다르게 들린다. 후자에 의하면
　　　해석될 여지가 있는 한, 그것은 간주관적 영역에 속한다.
　　2. paleosymbol의 예로 Arieti는 침팬지에게 먹이를 주는 주인의 물건(모자, 수건 등)은 주인이
　　　없을 때 그 주인을 의미한다. Freud의 Little Hans Case에서도 유사한 도착이 보고된다.
　　　Oedipus stage 에 있는 한스 군에게 말馬에 대한 공포는 곧 아버지에 대한 공포를 의미한다.
　　　S. Freud, *SE*. 203 – 204쪽.

인 'I will' 즉 사회적으로 구성된 자유의지(socially constituted free will)로서 자신을 구성한다. 자아에서 퇴각하거나 자아를 밀어붙이는 인성의 무의식적 요소들은 'I'라는 이름조차도 받을 자격이 없다.[161] 이 단계에서 책임 있는 행동을 가능케 하는 것은 'Me'이다. 전술한 바와 같이 우리가 자신에게로 돌아올 수 있었던 것은 오직 타자의 역할을 취함으로써이기 때문이다. 이 단계에서는, 인식적 관계이건 실천적 관계이건, 'I'의 긍정적 역할이 보이지 않는다. 'Me' 주도적 단계이기 때문이다. 그런고로 더구나 'I'의 무의식적 요소는 철저히 억제 또는 배격된다. 그러나 전술한 바와 같이, 루소의 보편적 공공, 칸트의 예지적 세계, 퍼스(Peirce)의 무제한적 의사공동체의 합의와 같은 보다 높은 보편성을 지향하는 인습후기에 와서는 이 'I'와 'Me'의 관계가 뒤바뀐다.[162] 이전에는 'Me'가 도망치는 'I'를 붙들어 매고 자신이 주도해야 했으나, 이제 'I'가 주도하며 그 실천내역도 보편적 청자와의 예견적 상호관계로 바뀐다. 'I'가 자신을 개체 형성된 존재로서, 자율적 존재로서 스스로 확신하며 자신에 귀의할 수 있는 것도 바로 그가 상호관계를 맺는 미래의 청자들의 관점에서 가능해진다. 이로써 'I'는 파괴된 인습적 정체성을 한 차원 높이 재구성할 수 있게 하는 조건처럼 나타난다. 이 대목에서는 'I'의 역할이 인류구원의 마지막 희망처럼 들리는데 이때 이것을 가능케 하는 것은 바로 'I' 속의 무의식적 개혁적 창조적 요소이다.

　그러나 혼동치 말아야 할 것은, 하버마스의 논지에 따르면, 이것은 사적 'I' 자체나, 그의 무의식 요소 자체로서가 아니라 그것이 공론화되고 의식화되는 한에 있어서 그러하다는 점이다. 인습적 단계이건 인습후기 단계이건, 인성의 무의식적 요소들은 책임 있는 행동주체로서의 'I'의 자

---

161) Habermas, *ND*, 221쪽(181).

162) 같은 책, 227쪽(187).

격이 없기 때문이다. 하버마스는 우발적인(spontant) 탈선들을 자행하는 무의식적 세력의 근원을 'I'에서 찾고 있는 미드를 비판하며, 인식적 자기 관계의 'I'와는 달리 실천적 자기관계의 'I'가 가지는 2가지 기능, 즉 자연적 전前 사회적 본능과 창의적 혁신적 충동을 구분하여 논한다. 제도적 사회관계가 억압된 관심과 분열된 동기에 의한 반란에 직면할 수도(전자)… 전혀 새로운 눈을 지닌 혁명적 언어가 제기하는 문제에 봉착할 수도(후자)[163] 있는 것이 바로 이들 때문이라고 주장한다. 이때 'I' 영역이 이 2계기로 나뉘는 명암의 갈림은 'I'의 사적 성격과 무의식적 요소가 지양되고 간주관적 영역으로 전환되느냐에 달려 있다. 그리하여 하버마스는 'I'와 'Me'는 상호 환원 불가하다고 말하면서도 상호주관적 자아입론의 실제적 내용에 있어서는 전자는 후자로 전환되는 한에 있어서만 존재 의미를 가진다. 그러나 전자는 후자로 전환되기 전까지의 한시적 존재일 뿐인가? 'I'의 무의식적 요소가 책임 있는 'I'로서의 자격이 박탈된다면 이 무의식적 요소가 배제된 'I'에는 무엇이 남는가?

하버마스가 키르케고르 등이 말하는 종교적, 사적 체험 대상으로서의 신을 사실상 세속적, 간주관적 무한 청자로 둔갑시켜 버리는 논리는 초의사소통적 무의식적 의미를 의식적 의사소통의 화면 위로 부팅시킨다는 정신분석학적 이론에 근거하는 것으로 보인다. 하버마스가 아리에티(Arieti)의 이론을 따라 분석하는 바에 의하면, 앞서 언급했던 바와 같은 원시상징의 사용은 바로 정신분열증의 중요한 진단 근거가 되며, 이 현상의 특징은 상징과 상징대상과의 동일시에 있다. 예를 들면 침팬지는 주인 부재 시 주인의 수건을 주인으로 동일시한다는 것 따위이다.[164] 모든 병리학의

---

163) 같은 책(180쪽).

164) 종교적 실재(신)에 대한 체험과 확신을 가진 이들에게는, 흥미롭게도 하버마스가 자신의 보편

근본적 목적이 그 병리의 치유에 있듯이, 이 논리에 따르면 전자의 병리의 치유는 수건의 의미＝주인의 의미라는 사적 언어의 등식을 깨고, 수건＝수건, 주인＝주인의 간주관적 의사소통의 언어로 복귀시키는 데서 완성된다. 우리는 하버마스의 '체계적으로 왜곡된 의사소통'에 대응하는 치료적 담론에서도 같은 논리를 볼 수 있다. 이것이 사실이라면 처음부터 신＝보편적 청자라는 가설은 실은 키르케고르 등 참회록을 집필하고 있는 '신앙인'들에게는 존재하지 않는, 오히려 하버마스의 입론과정에나 내재하는 그릇된(병적?) 신념일 뿐이다. 하버마스의 진정한 의도가 이들 (병리적) 신앙의 치유에 있어야 한다면, 이때의 목표가 신＝신, 보편적 청자＝보편적 청자에로 환원시키는 것 일터이고, 또한 하버마스에게 있어 전자는 어쩌면 존재하지도 않는 허깨비일는지 모르며 진정한 진리는 의사소통적 후자에 있는 것 일터이며, 그리고 결국 전자에 경도되어 있는 형이상학적 사유체계는 의사소통적 이론체계로 극복되어야 할 것 일터이다. 그렇다면 키르케고르 등을 동원한 그의 신＝미래의 보편적 청자론은 모순에 빠져 있는 듯하다. 아렌트의 사상을 들어 다음에 논증할 신과 / 인간의 범주혼동(또는 vita contemplativa나 종교 영역에서의 논리와 / 간주관적 담론의 논리 간의 범주혼동)이라는 점에서 보거나 또는 앞에서 보인 하버마스 자신의 치유적 담론의 논리를 두고 보거나, 신＝미래의 보편적 청자론은 딜레마에 빠지게 될 것이다.

하버마스에게 있어 자아의 무의식적 요소는 의사소통 과정에 편입됨으

적 청자군을 키르케고르의 신으로 투사하여 자신의 의사소통론을 입론한다면 그 주장에서도 동일한 정신분열적 투사의 논리를 범하고 있는 것으로 보이게 되지 않을까? 아니면 하버마스 역시 프로이트를 따라 전자의 확신을 가진 자들에게 역의 논리를 전개하여 이들을 정신분열증 환자로 보고 있는 것은 아닐까?

로(간주관적) 의미를 획득하기를 기다리는, 잠재태적인, 결여를 의미하는 사적(privatized) 요소로 취급된다. 언어적으로 분절되지 않고, 공론화되지 않은 것은 비진리라는 하버마스의 이러한 입론은 결국 무의식에 대한 그의 입장이 부정적임을 여실히 드러낸다. 그의 의사소통적 개체형성론은 결국 전적으로(무의식이 아니라는 의미의) 의식적인 것에 근거한다.

차제에, 이처럼 무의식은 자연언어의 구조와 문법을 결여한 것으로서 일종의 사적 언어형식일 뿐이며 의식적 영역의 강한 ego만이 의사소통의 중요 요건이라고 보는 하버마스의 견해에 맞서, 무의식도 자연언어와 동일한 구조를 지니며 오히려 의식적 ego는 왜곡된 의사소통이 자리 잡는 터(locus)일 뿐이라고 말하는 라캉(Jacques Lacan)은 우리의 주의를 끌기에 족하다. 라캉에 의하면 의식적 ego는 참된 I[165]가 아닌 것이다. 참된 의미의 I는 의식에서 배제된 주체의 부분들을 고려할 때 비로소 찾아진다고 한다. 놀랍게도 그에게 있어 참된 주체는 바로 무의식에 다름 아니다. 그는 데카르트의 Cogito ergo sum은 의식을 인간의 중심으로 파악하고 있지만, 이것은 인간이 무의식의 힘없는 괴뢰에 불과한 것을 간과하고 있다고 말한다. 그런고로 라캉은 내가 존재하지 않는 곳에서 나는 생각한다. 그러므로 나는 내가 생각하지 않는 곳에 존재한다고 말한다.[166] 그에 의하면 명제에 있어 사유는 근본적으로 무의식적이다. 그리고 의식은 무의식의 단지 일부분만을 파악할 뿐이다. 내 의식은 내 본질인 무의식이 있지 않는 곳에 존재할 뿐이다. 그런고로 나는 본질적으로 내가 생각하고 있다고 생각지 않을 때 존재한다고 할 수 있다는 것이다. 또한 하버마스가 정

---

165) 이때의 I는 참된 자아 je로서 미드나 하버마스의 'I'와 동일한 개념은 아닐 것이나, 라캉이 이 것을 무의식의 주체라고 말하는 한 관련된 함의를 지닌다고 볼 수 있을 듯하다.

166) Jacques Lacan, *Ecrits, A Selection* (New York: Norton, 1977), a, 166쪽.

신분열증은 무의식에 매여 사적 원시상징을 사용하고 따라서 자아의 정체성을 보증하는 'Me' 중심의 정상적 의사소통의 상호주관성을 결여하는 때문이라고 주장하는 반면, 라캉은 이러한 병리현상은 오히려 참된 자아 I가, ego 속에서 소외된 결과라고 주장한다. 라캉에게 있어 ego는 하버마스의 'Me' moi를 의미하며 이것이 '체계적으로 왜곡된 의사소통' 즉 정신분열에 책임이 있다고 보는 것이다. 무의식적 요소에 병리의 원인이 있다고 보는 하버마스와는 반대로 무의식의 주체에 참진리가 있다고 보는 라캉은 원시상징이 반드시 병적 현상에만 나타나는 것이 아니라, 조크나 창조적인 언어 사용에 나타나는 점을 지적한다. 그에 의하면 아무리 넓은 의미의 상징일지라도 우리의 산 경험이 도저히 언어로 나타내어질 수 없을 때가 종종 있고, 이들 산 경험을 합리화하고 억압하려는 언어적 상징이 있는 한 언제나 무의식이 있게 마련이어서 이 무의식에는 진리가 담기게 되며, 언어에 의해 중개된 주체는 회복 불가능하게 분열되어 있고, 삶과 자아의 의미는 과학의 차원이나 담론적 지적 교류의 차원에서 종결되지 않는다고 한다. 이러한 라캉의 주장은 하버마스의 담론 위주의 개체형성론과 탈형이상학론이 귀 기울여야 할 부분들을 담고 있는 것으로 보인다.

3-2. 사적 영역과 형이상학

라캉에 이어 이번에는 고대 그리스 도시국가의 삶을 소재로 간주관적 영역과 사적 영역의 관계를 논하고 있는 한나 아렌트(Hannah Arendt)를 여기에서 다시 읽는 것이 이제까지의 하버마스의 사적 자아개념화에 대한 우리의 논의에 많은 새로운 통찰을 더해 줄 것으로 보인다.[167] 아렌트도 사(私, privacy)는 어원적으로 뭔가를 결하고 있는 상태(state of being deprived of some-thing), 즉 충만된 완전한 삶이 아님을 지적한다. 고대 그리스인들에게 있어 사는 것은 사람들 사이에 존재하는 것이며, 죽음은 곧 사람들 사이에 있기를 그치는 것이었다(to live means to be among men. To die means to cease to be among men.)고 말함으로써 간주관적 영역의 중요성을 강조한다. 이것은 간주관적 삶이 인간 조건임을 드러낸 것에 다름 아니다. 그러나 고대 폴리스의 간주관적 삶은 단순히 더불어 사는 삶을 의미하는 것은 아니다. 모여서 사는 것이 단순히 생명의 보존을 위한 것이라면 그것은 이미 여기서 말하는 간주관적 삶은 아니다. 그것은 도리어 사적 삶이다. 오히려 폴리스는 명분을 위해 생명을 바치는 자들에게만 허용되는 영역이다. 그런고로 고대 그리스인들에게 있어 사적

---

167) 사적 영역에 대한 하버마스의 비판은 개체형성의 맥락 밖에서도 활발하게 전개된다. 그에게 생활의 사적 전유(privatization)는 곧 탈정치화(depoliticization)를 의미하기도 한다. 하버마스에게 있어서 고도로 조직화된 선진자본주의의 모순은 간주관적 부富의 사적 전유와 연관되기는 하나 이것은 일반화될 관심(generalizable interests)을 특수로 다룸으로써 야기되는 억압의 문제로 제시된다. 이것은 마르크스가 말하는 경제위기론에 대비하여 그의 정당성 위기론이 대두되는 근거이기도 하다. 그에 의하면 근대과학의 발달과 산업기술의 성과 그리고 행정의 합리화와 국가개입 정책 등에 의해 경제영역에서의 위기는 실재하지 않게 되었으며, 오히려 그 과정에서 이루어지는 정치제도에 대한 경제제도의 보상 "recoupling the economic to the political" (Habermas, *Legitimation Crisis* (Boston: Beacon Press, 1975, 35쪽)에 의해 파생되는 간주관적 영역의 위기가 문제로 등장한다. 정치 영역에는 형식적 민주주의가 있을 뿐이고 구성원들은 자신들의 직업, 여가, 소비 등의 문제에 집착하여 이를 충족시켜 주는 한 정치엔 무관심하게 (political abstinence) 되는 '구조적 탈정치화(structurally depoliticization) 현상이 자리 잡게 된다. 소위 소시민적 사적 자유주의(civil privatism)'의 확산이 나타난 것이다. 이 체제 안에서는 가족을 중심으로 하는 구성원들의 돈과 여가와 생활안정에 대한 요구와 소투자 다소득 지향 등 증폭된 기대가 복지국가 프로그램에 의해 보상된다. 이와 같이 실천적 문제들에 대한 간주관적 담론이 부재한 채 기술관료 체제에 의한 정당화가 있을 뿐인 사회를 간주관적 영역의 구조적 탈정치화라 할 수 있고 이는 곧 정치제도에서의 공영역의 사적 전유를 의미하며, 이것이 바로 위기인 것이다. 필자는 이러한 논의에 이의를 달려는 것은 아니다. 다만 도처에 산재하는 하버마스의 사적 영역에 대한 일괄적 부정의 태도를 읽기 위한 목적이 있을 뿐이다.

삶이란 생존을 위한 필요물의 해결에 매달려 '좋은 삶'을 추구할 관심도 여가도 없는 삶을 의미한다. 그러나 하버마스에게 있어서 합리화를 추구하는 경제-행정체제나 경제행위가 문제일 리 없는 것처럼 삶의 필요물을 해결하는 일 자체가 문제 되지 않는다. 오히려 '노동(labor)'과 '노작(work)'은 간주관적 영역을 위한 필요조건인 것이다. 그런고로 폴리스는 베버(M. Weber)의 표현대로 생산이나 제조 업무를 마친 근로자들의 소비자 연금조합(pension polis) 같은 것으로서 단순한 삶을 위한 삶이 아니라, '좋은 삶'을 위한 삶을 지향한다. 필요물 해결에 종사하는 사적 영역이 문제인 것은 그 관심이 삶의 전 영역을 지배하여 간주관적 가치의 실현을 불가능하게 하는 때일 것이다.

아렌트는 고대 폴리스의 삶에서 '정치-행위적 삶(vita activa)'과 '명상적 삶(vita contemplativa)'을 확인하고[168] 전자를 다시 '노동(Labor)', '노작(work)', '행위(action)'로 구분하면서 이들은 궁극적으로는 간주관적-정치적 일에 헌신하는 삶(a life devoted to public-political matters)[169]이었다고 주장한다. 그러나 그녀에 의하면 이와 동시에 폴리스에는 궁극적으로 삶의 필요물을 해결하는 노동과 일은 논외로 밀려나고 필요에서 자유로운 인간의 활동 즉 명상적 삶(vita contemplativa)만이 강조되는 삶의 양식이 있었다고 한다(폴리스 몰락 후에는 삶의 필요물로부터의 자유뿐만 아니라, 정치적 활동으로부터의 자유까지를 요구하는 극단에까지 이르렀지만.). 아무튼 이 세계는 명상을 위하여 행위적 삶(vita activa)을 포함한 이성, 언어의 모든 활동의 정지를 요구하는 사적 세계였다. 그러나 아렌트

---

168) Hannah Arendt, *The Human Condition* (Chicago: The University of Chicago Press, 1958). 이하 *HC*로 약칭함.

169) 같은 책, 12쪽.

에 의하면, 양자는 행위의 인간과 명상의 인간이 지향하는 삶의 양식으로
서 인간사 자체가 이 양 영역에 연관되어 있게 마련이며, 서로는 각기 관
심이 다를 뿐 상호 간에 어느 편이 열등하지도 우수하지도 않다고 한
다.[170] 서로는 다른 편을 대체할 수도 없고, 상호 조응하는 것도 갖지 않
는 각기 고유한 영역이다. 전자가 생물학적 생명 복제의 수준을 넘어 정
치적 삶(bios politikos)으로서의 영웅적 행위와, 불멸의 작품과, 명예를 통
한 불멸성(immortality)을 추구하는 반면, 후자는 소크라테스(Socrates)가 발
견하고 철학자들이 경험한 생명과 우주를 초월한 영원성(eternity)에 관심
갖는 영역이다. 하버마스 자신도 오늘날 자연과학의 발달과 함께 기술공
학 기술적 규제(technical regulation), 과학적 이론(scientific theory)으로 각
각 그 의미가 변해 버린 poiesis(techne)의 세계, phronesis(praxis)의 세계,
episteme(theoria)의 세계를 인용하고 있듯이[171] 폴리스에서의 관심은 정치
적 간주관적 영역에서의 phronesis와 함께 사적 영역에서의 episteme를 얻
는 데 있었다.

그리하여 아렌트는 사적 영역의 2가지 차원을 논한 셈이다. 그리고 그
부정적 측면과 긍정적 측면을 동시에 인정하고 있다. 타인에게 알려지고 보
이고 들리는 간주관적 세계에 대해, 타인으로부터 숨겨지는 세계에만 허
락되는 내밀한 풍요의 의미를 인정한다. 공영역에는 자유, 불멸성, 명예가
있으나, 사영역에는 필연, 하찮은 무익성과, 부끄러움이 있을 뿐이라는 도
식은 옳지 않다고 말한다. 왜냐하면 이런 부정적인 것들은 간주관적 영역
에도 있는 것이니까.[172] 반드시 공론화되고 드러나는 것만이 궁극적인 의

---

170) 같은 책, 17쪽.

171) Habermas, *Theory and Practice* (Boston: Beacon Press, 1973), 43쪽, 263쪽. 그러나 여기서도 역시
  하버마스는 실증주의의 영향으로 인한 인식과 행위 간의 단절을 지적하고 있을 뿐 고대 그리
  스인들의 사적 영역에 대한 개념은 간과하고 있다.

미에서 좋은 것은 아니다. 아렌트는 선善과 지혜를 예로 든다. 이것들은 공영역에 드러나는 즉시 스스로 폐기된다. 특히 선이나 신성한 것을 드러냄은 이미 그 자체로 위선(Schein - heiligkeit, 겉으로 드러난 성스러움)이다. 선행은 수행되는 순간 타인과 자신으로부터 잊혀야 한다.[173] 그러나 만일 전술한 하버마스의 말대로, 인습후기적 개체형성이 루소나 키르케고르가 그들의 기도의 형태로 나타나는 신과의 대화를 참회록이라는 형태를 빌려 후세대와의 대화에 투사하는 방식으로 달성되는 것이라면, 즉 'I'를 통해 자발적으로 보편적 기대규범을 지니는 청자(신)를 투사하고 'Me'를 통해(미래의 세대를 포함한 타인들과의) 영합적 합의를 이루는 데서 가능해진다면, 이것은 신과의 관계에서 인간적 관계로의 범주의 전환을 의미하는 것이 되며, 그때는 개별 인간의 구원(획득)이 더 많은 참회록 독자들의 동의에 의해 이루어짐을 의미하게 된다. 그러나 이런 식으로 얻어진 진리(또는 진실성)는 적어도 아렌트가 말하는 vita contemplativa의 세계에서도, 참된 의미의 종교적 세계에서도 설 자리가 없다. 왜냐하면 이들 세계에서는 인간의 눈을 의식한 행위나, 인간의 인정을 받기 위해 하는 행위는 그 즉시 비진리로 전락하기 때문이다. 오른손이 한 일을 왼손이 모르게 해야 하는 것이다. 적어도 이런 의미에서 참회록을 쓴 것이라면 루소나 키르케고르는 참종교인도, vita contemplativa의 세계에 있는 사람도 아닐 것이다. 아렌트는 마키아벨리를 인용하면서 악과 선은 숨어 있어야 한다고 주장한다. 양자는 밖으로 나오면 공영역을 해치는 고로! 결국 사私가 문제인 것은 공公의 영역으로 잠월하는 때이다. 후자를 간섭하고 후자를 전유하려는 것이 문제인 것이다. 아렌트는 삶을 위한 필수물 확보의 논리가

---

172) Arendt, 같은 책, 73쪽.
173) Arendt, 같은 책, 76쪽.

공영역에 잠월한 경우가 현대사회와 그것이 동반하고 있는 관료주의의 병리이듯이, vita contemplativa의 논리가 공영역으로 잠월한 것이 중세 기독교의 정치지배로 나타난 것이라고 주장하면서 공영역과 사영역은 각각 그 고유의 자리를 인정받아야 한다고 말한다. 다만 어느 한쪽의 기형적 비대로 인한 타 영역에로의 침탈을 경계해야 할 뿐인 것이다. 이것은 마치 하버마스가 노작(work)의 영역을 인정하고, 기술적 합리성 그 자체를 인정하되 그것의 실천적 영역에로의 침탈과 일반화를 비판하는 논리와 같다 하겠다. 우리는 간주관적 영역에 대해서도 같은 논리를 펼 수 있을 것이다. 간주관적 영역은 필요하다 그러나 그것이 인간의 모든 것을 언어와 이성의 차원으로 끌어내릴 수 있다고 강변할 때, 그리고 초월의 세계를 보편적 미래의 청자들로 환원할 때 Theoria의 세계는 차단될 것이다.

하버마스가 사적 영역을 병리시하는 것은 저자의 자기 기만성을 표출하는 소위 텍스트의 불완전성(faulty text)에 대한 비판적 해석학의 관심 때문일 것이다. 그러나 딜타이(Dilthey)로 시작되는 일반해석학이 주관적 무의식의 의도적 구조를 궁극적 경험의 기초로 삼는 것에 유의할 필요가 있을 것이다. 상호주관성에 기초한 이론 정립의 틀 안에만 서면, 그 이론 틀 밖에서 나를 구성하는 많은 귀한 요소들을 놓치고 말 것이다. 간주관적 영역으로 환원될 수 없는 사적 영역 고유의 기능은 신비적 시원을 지닌 실재에 다가갈 가용한, 한 접근이 될는지도 모른다.

3-3. 하버마스의 탈형이상학의 문제점

현대에서의 형이상학의 진로(또는 성격)에 관하여 하버마스와 디터 헨리히(Dieter Henrich) 간에 벌인 논쟁은 우리의 논의에 근본적인 디딤돌을 제공할 듯하다. 이 논쟁은 헨리히의 '탈주(Fluchtlinien)'[174]에 관한 하버마스의 비판, "형이상학에로의 복귀인가?"[175]에서 시작된다. 이 논문에서 하버마스는 헨리히의 주장을 이렇게 요약한다. 형이상학에로의 단도직입적인 복귀를 위해, 헨리히는 근대적 의식상황에서 출발하며 우주론이 아닌 자기의식이론을 전개한다. 이로써 그는 칸트와 헤겔을 통일시키고, 플라톤적 사유의 보편성을 소생시키고자 한다. 이러한 작업의 목적은 이전의 위대한 종교처럼 교양을 전제하지 않고도 거리감 없이 동화될 수 있는 삶에 대한 해석을 얻으려는 데에 있다.[176] 헨리히는 이러한 의식철학의 모형으로서 주체의 자기관계를 주장한다. 즉 인식주체가 자신에 관계한다면, 그는 자신이 경험세계에 뿌리박고 있는 개별 존재이자, 그 세계 내에 있는 모든 것의 총체적 관련을 의미하는 통일부여적 주체임을[177] 발견하게 된다는 것이다. 이러한 헨리히의 형이상학은 과학을 극복하는 철학으로서 플라톤의 보편이론적 성격을 띠게 되고 그리하여 철학은 교의로서 참된 것으로 간주되고, 교의의 가르침에서 위임된 것[178]이어야 한다. 철학은

---

174) Dieter Henrich, *Fluchtlinien* (Frankfurt: Suhrkamp, 1982).

175) Habermas, "Rueckkehr zur Metaphysik – Eine Tendenz in der deutchen Philosophie?", in *Merkur* 10 / 1985, 898쪽 이하. 본 논문의 한국어 번역은 임석진 편, *헤겔연구* 3, 박성수 역(중원문화사, 1986), 162 – 173쪽 이하 *형복*으로 표기함.

176) Habermas, *형복*, 166쪽.

177) 같은 책, 167쪽.

178) Henrich, Fluchtlinien, Habermas, *형복*, 168쪽에서 재인용.

의식적 삶이 이룰 수 있는 최고의 가능성으로서의 이론적 삶(Bios theoretikos)
이자, 이념 안에서의 삶이요, 이성적 자기관계이다. 이로써 구원을 지고의
목표로 하는 종교가 그 후계자인 철학에 의해 대체되는 것이다.

이러한 헨리히의 주장에 대해 하버마스는 "다시 주술에 묶이려는가?"
라고 일갈하며, 과학의 가류성可謬性을 종교형식의 무오류적 지식을 빌
려 보완하려는 난센스라고 비판한다. 이러한 형이상학은 삶의 형식 전체
를 위계적으로 정리하여 규범적으로 객관화하는 위험에 빠진다는 것이다.
그러나 형이상학은 하나의 실존해명의 형식이며 다양한 삶의 한 해석일
뿐인 것으로, 이러한 사변적 주제들이 확신되려면 과학에 의해 그 타당성
이 검증되어야 하며, 그런 한 그것은 의식이론에 근거한 형이상학보다는
언어적 상호주관성에 의존할 수밖에 없다는 결론을 내린다.[179]

이에 대응하여 헨리히는 "무엇이 형이상학이고 무엇이 현대적인가? -
하버마스에 대한 12테제"[180]에서 형이상학은 의식적 삶이 자신을 이해할
수 있는 궁극적 포괄적 사상을 형성하려는 시도이며,[181] 이론적 정식화를
이루기 전의 인간의 자발적 사고와 삶에 의해 형성되는 학문이라고 선언
하면서,[182] 칸트에게 있어 형이상학이 모든 문제를 총괄시키는 질문 "너
는 도대체 무엇이며… 자신에 대해 어떻게 사고하는가?"에서 출발하고
있음을 상기시킨다. 이에 비해 하버마스의 사회화를 통한 개체형성론, 상
호작용의 담화자로서의 인간론 등 의사소통이론은 인간을 웃고, 사고하는

---

179) 같은 책, 170 - 172쪽.

180) Dieter Henrich, "Was ist Metaphysik - was Moderne? Thesen gegen Jürgen Habermas", in his
 Konzepte (Frankfurt, 1987), 11 - 43쪽. 한국어 번역은 본 논문이 독일어로 출판되기 1년 전(원
 문을 저자로부터 입수하여) 임석진 편, *헤겔연구 3*, 양운덕 역(중원문화사, 1986), 174 - 208쪽
 에 게재됨.

181) 같은 책, 190쪽.

182) 같은 책, 178쪽.

동물이라든가, 도구 제작하는 동물이라든가, 사회적 동물 또는 Mitmensch 라든가 하는 특정 이론적 관점에 묶이어 종합적 자기기술이 불가능한 진부한 대답의 하나일 뿐, 결코 형이상학이 문제 삼고 있는 질문에 답할 수 있는 것이 아니라고 비판한다. 헨리히에 의하면 인간의 자기이해가 자기기술들 간의 갈등을 확인하며, 삶과 삶 간의 충돌의 해소를 상정하는 것은 당연하다. 그러나 그것은 담론의 합의를 통해서가 아니라, 삶의 영위시 그 사람 안에서 작용하는 지고한 이유 때문이다. 그러나 이러한 이유에 대한 사고가 과학적 이론으로 명확하게 지지되어야 할 의무를 가질 필요는 없는 것이다. 형이상학은 과학과는 다른 정당성 기준에 정초하기 때문이다. 왜냐하면 무엇이라고 특정한 표제가 붙여질 것을 거부하는 이 무표제의 학문(형이상학)은 철학과 과학 자체를 위하여, 삶을 규정하는 궁극적 사상에 이르는 방법을 해석할 뿐 어떤 해결을 보증하는 것은 아니기 때문이다. 헨리히는 이성의 의미에 대한 통일성은 처음부터 성공가망성이 없는 것일는지도 모른다고 말한다. 물론 명상적 사유의 결과물에 대한 언어적 해명이 불가능한 것은 아니나, 언어행위에 대한 분석 자체는 삶에 대한 어떤 관점이나 해명을 열어 주는 것도 아니며, 삶을 규정하는 궁극적 사상이나 삶의 근본사실에 대해 아무것도 말해 주지 못한 채, 고작 선이론적 삶에 대한 자기기술이 언어적 행위 분석 속에서 조화롭게 공존한다는 견해를 손쉽게 선택할 뿐인 회피적 태도를 취한다고 비판한다. 하버마스가 언어행위의 출발점으로, 조화를 이룬 총체성으로 파악하고 있는 생활세계(Lebenswelt)야말로 그 좋은 예라는 것이다. 하버마스는 이 개념을 도입할 뿐, 아무런 정당화 작업도 없이 의사소통적 공동체의 궁극적 척도로 삼고 있다는 것이다. 자기의식이야말로 이성사용의 최종적 정착지이며, 그의 규범적 수신처(목적지)이고, 그 타당성의 보증이라고 주장하는 헨리히에 대해 제기될 하버마스 측의 예견되는 반문은 "그러나 그 자기의식이 상호작용에로 전환됨이 없이 어떻게 제대로 기술될 수 있는가?"일 것이다. 이에 대해 헨리히는 의식적 삶은 그 자체가 이미 안정적인 자기기술을 획득하게 되어 있다고 응수한다. 예를 들어 그는 자기의식과 주관성을 언어에서 제시될 수 있는 1인칭 단수의 사용방식이나 상호주관을 위한 잠정적 규정으로 삼는 대신, 자기의식적인 것을 전제로 하는 지시어와 양상의 의미이론 그리고 대상관계론을 주장하는 카스타네다(H. N. Castaneda), 페리(John Perry), 루이스(David Lewis), 슈메이커(Sidney Shoemaker) 등의 연구에서 그 가능성을 본다.[183]

결론적으로 헨리히는 자기관계에 대한 언어적 상호작용우위론이, 후자에 의한 전자의 완전한 규정이 불가능함에도 불구하고, 현대철학사에 지속적으로 등장하며, 급기야 탈형이상학론이 등장하게 된 것은 근대의 개별화와 소외의 경험으로 몰락한 실존들을 보호할 수 있는 공동체에 대한 소망과 이를 자처하고 나타난 일련의 구체적인 해방적 정치운동 증후군을 그 배경으로 한다고 본다. 이러한 상호주관성에 거는 희망은 각인의 삶을 공동체로 상대화하거나 또는 공동체 내에 지양함으로써 삶의 완성을 이룬다는 신앙에 근거를 둔다. 그러나 헨리히에 의하면 이처럼 선행하는 목표규정이 있는 한, 어떠한 이론적 하자도 하찮은 것으로 치부되고 만다는 것이며, 더구나 하버마스의 상호작용이론에 담긴 정치 공동체는 헤겔이나, 야코비, 부버 등의 친근성 있는 공동체를 지향하지도 않아 이 운동 원래의 목적에도 벗어나 있다.

이 논쟁은 앞서 우리가 다룬 하버마스의 탈형이상학적 사유의 2장과 3

---

183) 같은 책, 196쪽.

장에로 이어진다. 하버마스에 의하면 철학의 과제 중 하나는 생활세계적 실천의 계몽적 역할을 분절하는 것이다. 그런데 이 문제는 인류사의 종교적 유산과 관련되어 왔고 (따라서) 그 직관적 지知의 적합성과 타당성이 문제시되어 왔다. 그에 의하면 처음에는 생활세계의 통일성은 신화적 설화, 종교적 교의, 형이상학적 해명의 총체적 통일 속에 간직되어 있었고, 그 속에서 의미를 획득했었다.[184] 그러나 근대의 도래와 함께 생활세계는 근대 자체의 해석체계라는 대체물 속에 편입되어 버리고 정당성의 옛 연관은 풀어져 흩어지고 말았다. 따라서 생활세계의 원초적 의미 또한 실종되고 말았다는 것이다. 그런고로 철학이 이 생활세계의 보호자 역을 담당하고 그것을 조명함으로써 생활세계가 문화객관화에 의한 소외로부터 자신을 방어하고, 자신을 하나의 통일로 보게 하여야 한다는 것이다.[185] 이와 같은 논지를 전개하는 중에 하버마스는 헨리히의 주장의 근저에 심/신, 관념론/유물론, 형이상학/자연주의의 2원론이 존재한다고 비판한다. 하버마스가 종교나 형이상학 등은 생활세계의 통일성을 반영하는 것일 뿐이라고 주장할 때, 그는 선험적 의식은 행위, 언어, 신체 속에 구체화되어 있고, 이성은 사회와 역사 속에 구체화되어 있다는 일원론적 신념을 전제하고 있다. 그런데 자연주의도 형이상학도 이 점을 놓치고 있다는 것이다. 이들은 자체의 편중된 시각으로부터 자유롭지 않아 생활세계와의 직관적 연계를 회복하는 일을 등한히 함으로써, 일면적 과학문화에 의한 소외로부터 벗어날 수 없다는 것이다.

　헨리히가 주장하는 자기관계와 의식에 대하여, 하버마스는 맘속에서 대상을 자신에게 표상시키는 주관의 작업은 결국 발화된 문장으로 나타나

---

184) Habermas, *ND*, 25쪽(17).

185) 같은 책, 24 – 5쪽(16 – 7).

게 되고, 이것에 대한 이해는 화자 - 청자 간의 역할관계와 문법적 표현에 대한 이해 없이는 불가능하다고 주장한다. 그에 의하면 결국 상호작용이 자기관계를 위한 무대를 마련해 주며, 이때 후자는 선행하는 의식으로서의 자신에 대한 화행주체의 고독한 성찰을 전제로 하지는 않는다. 이러한 주장의 배후에는 다음과 같은 논거가 있다. '자기관계' 시 관계된 대상으로서의 자아는 기원에 있어서 본래적이지도, 즉자적이지도 않다. 이것은 무언가에 의해서 도출된 것이다. 인식적으로 자신을 자신에 관련지을 때, 자아는 자신을 자발적 자기관계의 주체로서이거나 기원적으로 본래적인 존재로서가 아니라, 이미(무엇으로부터) 도출된 어떤 것 즉 대상으로서 파악한다.[186] 키르케고르의 사색을 따라, 하버마스는 입증이 불가능한 자아 자신에 의해 상정되는 자기관계를 말하는 것보다 타자에 의해서 상정되는 '자기관계'를 말하는 편이 더 의미 있는 것이라고 주장하면서, 키르케고르에게 있어 자아의식의 자아에 선행하는 이 타자는 기독교적 신일 터이고, 헨리히에게 있어서 이 타자는 의식적 삶의 '친숙한 선반성적 익명자(das präreflexiv vertraute Anonym eines bewussten Lebens)'를 의미할 터이며, 후자의 경우에 대해서는 불교적 해석이든 플라톤적 해석이든 가능할 것이라고 주장한다. 어떤 경우이든 이것은 자아가 화행 수행 시 청자의 관점을 취함으로써 성립되는 자기관계를 의미할 뿐이며, 이때의 자아는 이 관계의 부분일 뿐인 것이다. 결국 하버마스에게 있어 언어적 간주관의 구조를 통해 상정되는 자기관계에 선행하는 선언어적 주관성이란 불필요한 것이다. 주관성이라는 이름이 붙여질 수 있는 것은 그것이 아무리 원초적인 것일지라도, 언어적 형성과정이 지니고 있는 개체형성력에

---

186) 같은 책, 32쪽(24).

의한 것이기 때문이라는 것이다.

　이상의 주장에서 하버마스가 키르케고르의 추론을 좇아 자기관계를 상정할 타자의 존재를 주장하는 것이나, 또 그것이 기독교적 신이거나 형이상학적 해석의 맥락에서나 가능할 익명자일 것이라는 추정에 이의를 달 까닭이 없다. 그러나 그 이후 하버마스가 슬그머니 끼워 넣은 간주관적 영역 내에로 진입할 채비를 차린 익명의 '미래세대의 청자들'이 함의하는 바는 무엇인가? 익명자의 실명화 내지 구체화를 통한 '합리적 합의'가 아닌가? 이는 다시금 하버마스의 의사소통에서의 언어행위에 대한 분석 자체가 삶에 대한 어떤 관점이나 해명을 열어 주는 것일 수 없으며, 삶을 규정하는 궁극적 사상이나 삶의 근본사실에 대해 아무것도 말해 주지 못한다고 한 헨리히의 주장을 더욱 강하게 떠올리게 한다. 이에 더하여 하버마스가 주관의 자기이해와 문법적 상호 이해 간의 갈등을 원천적으로 해소해 버리기 위해 들고 나온 의사소통의 선재성, 더 나아가 담론의 우위론은 공론화되는 순간 비진리화하고 마는 '명상적 삶(vita contemplativa)'에서의 진리(또는 자아)이해 방식에 정면으로 배치된다.[187] 우리는 헨리히와 함께 형이상학과 종교가 생활세계의 반영이었다는 하버마스의 주장의 근거에 대해서도 만족하기 어렵거니와, 생활세계에 의해서 지칭되든 종교와 형이상학에 의해서 지칭되든, 상정되는 선언어적 포괄적 진리가 간주관적 공간에서 벌어지는 논쟁적 담론(discourse)의 의사소통으로 완전히 환원될 수 있는가에 대해서는 더욱 의구심을 떨치기 어렵다. 후자에 의한 일반화는 오히려 전자의 고유한 세계를 식민지화해 버림으로 진리를 가로막고 있는 것은 아닐까? 그리하여 하버마스의 의사소통론은 처음부터 "너

---

187) 전술한 바와 같이 한나 아렌트에 의하면 선善과 성聖은 공론화되는 순간 위선이 된다.

는 도대체 무엇이며… 자신에 대해 어떻게 사고하는가?, 삶을 영위할 때 우리 안에서 작용하는 지고한 이유는 무엇인가?” 등과 같은 이론적 정식화 이전의 인간의 삶이 스스로 삶에 대해 묻는 물음에 대해 “그것은 간주관적인 형식의 틀로 설명할 수 있는 무엇일 것이다.”라는 이론적 틀[188] 이외에 더 이상 아무것도 말하여 줄 수 없도록 되어 있는 것은 아닐까?

결론적으로 우리는, 의사소통적 입론 중에 하버마스는 ‘I’의 개념규정에서 무의식적 부분의 자격박탈로 인해 사실상 ‘I’ 개념의 공소화空疎化를 초래하고, 그의 이론체계로부터 자아의 사적 영역을 사실상 축출해 버림으로써 결국 그의 탈형이상학이 전통적 형이상학의 방법론을 거부하게 한 반면, 헨리히는 삶의 궁극적 이유에 대한 해답을 주는 자기관계를 상정하는 존재에 관한 형이상학적 성찰이 필요함을 주장하는 한편 하버마스의 의사소통적 입론은 그런 가능성을 갖고 있지 못함을 보여 주었다. 그럼에도 헨리히의 ‘주관의 자기관계론’은 스스로 제기한 이 문제와 관련하여 주관의 사적 삶에 관한 구체적 내용을 보여 주지 못하고 있다. 양자간의 이 논쟁으로부터 얻는 우리의 통찰은 분명하다. 비록 미래세대의 청자론으로 가기 위한 가상의 이론적 징검다리일 뿐이긴 하나, 미드의 ‘I’에서 신과의 관계라는 비판적 단계를 상정하는 하버마스의 이론적 상상력이 지닌 간주관적 진리는 형이상학이 가야할 방향을 제시하는 데 있어서는 옳은 것으로 보인다. 그럼에도 불구하고 하버마스는 자기관계의 내용들 간의 관계의 역동성을 담아내는 형이상학적 성찰을 하지 못한 채 이를 단지 정태적인 투사현상으로 보고 있는 것이 문제일 뿐이다. 하버마스가 언급하고 있는 ‘신’이 칸트가 필연적으로 상정할 수밖에 없었던 ‘실천

---

188) 필자는 이 이론적 틀 자체에는 진리가 담겨 있다고 믿는다. 이에 대한 논의는 제8장에서 다루기로 하겠다.

적’ 이성의 신 같은 것이라 하더라도 그것은 여전히 신성성의 ‘이념’일 뿐, 결코 영적 삶의 상호주관적 관계를 이루는 실재로서의 신 자체는 아니며 따라서 그와의 관계에서 어떤 역동적이고 구체적인 상호주관적 관계가 이루어질 수조차 없는 것이다. 그의 의사소통론 내에서조차 이념은 의사소통할 대상은 아니기 때문이다. 비록 하버마스가 상호주관성을 들어 칸트류의 주관철학을 비판하고 있다 할지라도, 다음 장에서 다룰 에브너의 논리를 따라 말하자면, 그 역시 ‘나’에 관한 한 칸트와 마찬가지로 ‘나 홀로’의 장벽에 갇혀 있다 하겠다.[189] 이런 의미에서 하버마스나 헨리히 양자 모두 자아의 자기관계와 삶의 궁극적 사실에 관한 구체적인 모습을 해명할 적극적인 형이상학적 이론체계의 제시에까지는 이르지 못하고 있는 것이다. 우리는 다음 장에서 그 가능한 형이상학적 예시를 에브너 (Ebner)를 통해 보게 될 것이다.

이제까지 하버마스의 개체형성론을 주제로 탈형이상학론을 비판하며 자아의 사적(무의식적) 요소를 옹호한 필자는 에이어(A. J. Ayer)와 형이상학의 가능성을 두고 논쟁을 벌인 것으로 유명한 철학사가 코플스톤(F. Copleston)의 말을 떠올리며 졸고를 끝내고자 한다. 그는 서양철학사를 일별하면서, 고대 그리스 도시국가의 붕괴 이후 뒤이어 등장한 로마의 세계제국주의는, 스토아학파와 에피큐리아학파의 주도하에, 정치적 윤리적 실천적 요구에 부응하는 일에 전력할 뿐 자생적인 형이상학적 사색을 등한히 한

---

189) 다음 장에서 다룰 에브너에 의하면 영적 실재에서의 ‘당신’과의 구체적 관계가 부재하는, 칸트를 포함한, 모든 관념론은 병리적 카테고리에 속한다. 에브너는 *말과 영적 실재*에서 이렇게 말한다. “칸트가 윤리적 이유를 들며 신의 존재가 필연적으로 요청된다고 주장했던 ‘실천적’ 이성 내에서도 인간은 여전히 나–홀로성에서 빠져나오지 못한 채로 있다. 실천이성에 의해 상정된 신은 신성성의 ‘이념’일 뿐 영적 삶의 ‘실재’이신 신 자신은 아니기 때문이다.” Ferdinand Ebner, *Das Wort und die Geistigen Realïaeten* (Regensburg: Verlag Friedrich Pustet, 1921), 88쪽.

결과, 결국 자신의 정치 – 윤리학마저도 근원적 기반의 결핍으로 인해 붕괴되고 만 역사적 사실을 회고한다.[190] 이러한 형이상학과 정치사회이론의 관계에서 전자의 후자로의 환원을 시도하는 하버마스는 무엇을 읽을 것인가, 그리고 무의식과 의식적 담론의 관계에서 사실상 전자의 독립적 진리성을 부인한 채 후자 측에로의 흡수를 주장하는 하버마스는 라캉의 목소리를 어두운 밤의 소리로 치부해 버리고만 말 것인가?[191]

참고문헌

임석진 편, *헤겔연구 3*, 양운덕 역(중원문화사, 1986).

Dieter Henrich, "Was ist Metaphysik-was Moderne? Thesen gegen Jürgen Habermas", in his *Konzepte*(Frankfurt, 1987).

Ferdinand Ebner, *Das Wort und die Geistigen Realiïaeten*(Regensburg: Verlag Friedrich Pustet, 1921).

Frederick Copleston, *A History of Philosophy Vol.* 1(New York: Doubleday, 1993).

Hannah Arendt, *The Human Condition*(Chicago: The University of Chicago Press, 1958).

Herbert. Mead, *The Philosophy of the Act*, ed.by Charles W. Morris(Chicago:

---

190) Frederick Copleston, *A History of Philosophy Vol. 1*(New York: Doubleday, 1993), 380쪽.

191) 여기에서 필자는 초험성이라는 유사성을 지니고 나타난다는 점에서 '형이상학'이라는 카테고리에 종교까지를 잠정적으로 포함시키고 있음을 밝혀 둔다. 그러나 실제에 있어 양자는 본질에 있어 상이한 근원을 지니고 있다. 제8장에서 이들을 구분하여 상론하기로 하자. 그리고 형이상학과 무의식을 함께 옹호하는 것이 양자 간의 필연적 관계를 전제하고 있는 것도 아니다. 그러나 양자가 전혀 무관해 보이지도 않는다. 이 문제에 대해서 논하는 것은 본 연구의 한계 밖에 있으며 차후의 일로 보인다. 그러나 E. Fromm 등이 수행한 *Psychoanalysis and Zen Buddhism* 은 이러한 주제에 관련되는 연구의 한 예시가 될 수 있을 것이다.

Univ. of Chicago, 1938).

Jürgen Habermas, *Nachmetaphysisches Denken*(Frankfurt/M: Suhrkamp Verlag, 1988).

______________, *Postmetaphysical Thinking*(Massachusetts: The MIT Press, 1992).

______________, *Theorie des kommunikativen Handelns* Band 2: Zur Kritik der funktionalistischen Vernunft(Frankfurt/M: Suhrkamp Verlag, 1981).

______________, *The Theory of Communicative Action* Vol 2(Boston: Beacon Press, 1987).

______________, "Toward a Theory of Communicative Competence", in *Recent Sociology* Vol 2, ed. by H. Dreitzel(New York: Basic Books, 1974).

1. 다양한 개념의 간주관적 영역과 사적 영역

본서를 끝맺는 이 장의 목적은, 통상적 의미의 사적 삶과는 의미를 달리하는 종교적 형식의 삶에서나 표출되는 '제3의 사적' 영역을 확인하고 이것이 이제까지 우리의 관심 주제였던 상호주관적 영역의 삶에 대하여 가지는 근원적 관계를 궁구하는 데 있다.

소위 '사적 삶'의 영역은 강조하는 관심에 따라 다양하게 표현되는, '국가(state)'와 '사회(society)', '정치'와 '사회', '정치'와 '경제', '억압'과 '자유', '공공(public)'과 '가정(domestic, household, family)', 심지어는 '문화'

---

192) 본 연구는 범한철학 19집에 실렸던 것을 수정 보완한 것이다. '반反 철학적' 성격이 농후한 본 연구를 철학회지에 게재할 수 있도록 허락하신 동 학회지 관계자에게 경의를 표한다. 에브너의 말대로 "철학을 조롱하는 것이 참된 철학하기(se moquer de la philosophie, c'est vraiment philosopher)"일지도 모른다. 아울러 본 연구는 앞 장에서 다룬 Habermas의 '개체형성'론에 대한 분석과 비판이었던 "개체형성과 탈형이상학"(*하버마스의 비판적 사회이론*, 이진우 편집, 문예출판사, 1996)에 이은 연구임을 밝혀 둔다.

와 '자연' 그리고 '국가'와 '개인', 또는 '사회'와 '가정', '가정'과 '개인' 등 '간주관적 공적公的 영역'에 대응하는 성격의 사적 영역들이었다. 그런 까닭에 우리는 이제 전술한 문제의 '제3의 사적 삶'이 이들과 어떻게 다르며 이들과 어떤 관계에 있는지를 명확히 하기 위하여 소위 사적 삶으로 경험되는 몇 가지 현실적 사례들을 기억에 떠올리는 것으로부터 이야기를 시작하는 것이 좋을 듯하다.

우리는 심심치 않게 주변에서나 신문 방송을 통해서 우리를 놀라게 하는 '튀는' 삶을 접하게 된다. 그들의 삶은 때로 시체時體용어 '왕따'라는 부정적 이미지 속에 파묻혀 버리기도 하고 세간의 칭송의 대상이 되기도 한다. 시간만 나면 홀로 컴퓨터 앞에 앉아 있곤 하더니 고교를 졸업하는 즉시 컴퓨터 프로그램 사업에 뛰어들어 세인을 놀라게 하는 사업적 성공을 거두었다거나, 기라성 같은 어른들을 젖히고 "신춘문예 문학평론"에 당선한 고교생이 있다는 둥, 이 같은 '성공'한 일화들을 들을 때, 우리는 그러한 성취를 가능케 한, 범상한 일상적 삶과는 다른 그들의 삶의 방식에 관심을 갖지 않을 수 없게 된다. 오늘 그들의 성취가 제도교육의 직접적 성과는 아닌 것이 분명하고 보면, 얼른 떠올릴 수 있는 한 가지 잠정적인 결론은 이들이 한 일이 고독한 개별적 삶을 통해 성취되었으리라는 점이다. 제도적 폭력, 이데올로기에 의한 인간성 왜곡, 간주관적 제도 일반에서 연원하는 사회적 아노미, 그리고 삶의 과정에서 불안해진 연약한 인간들이 자진하여 막강한 위력을 지닌 제도의 품으로 투항하여 맹목적 충성을 바치는 '권위주의적 성격' 등, 뒤틀린 인간의 모습을 양산하는 간주관적 제도들의 병리적 측면까지를 감안한다고 하면, 이들이 이룩한 성취는 일단은(예의 소년평론가의 말처럼) '암울한 탁류 같은' 현실적 상황의 '강물 위에 뜬 파란 하늘의 흰 구름' 같은 것이다. (그리고 이들이 들려 주는 말의 행간에서 읽을 수 있듯이), 그들은 제도적 공적 현실에 발을 붙이고 있었음에도, 언제나 자신만의 시간 속에서 사색의 유희에 몰입했을 것임에 틀림없다. 현실에 살되 그것에 몰입되어 자신을 잃지 않고 자기의 세계를 확장해 온 결과일 것이며, 제도에 매몰되지 않는 자신의 '사적 영역'을 확보하는 데 성공한 때문일 것이다.

사실상 이러한 '사私' 개념은 정치적 억압과 사회적 기대에서 오는 강압으로부터의 개인적 자유를 주장했던 루소에서도 이미 확인되었던 개념이다. 이러한 자유주의 사상은, '공'과 '사'를 '정치'와 (가정까지를 포함하는) '사회'로 구분하여 왔던 고대 그리스적 사고에 맞서 후자 즉 가정이나 사회로부터의 '은둔(retreat)'과 '초탈(detachment)'까지를 의미하는 개인적 사적 공간을 주장했다. 자기개발과, 자기표현, 그리고 예술적 창조를 가능케 하는 것이 바로 이러한 사적 삶의 영역이라는 것이 이러한 영역을 주장하는 이유였음은 물론이다. 자유주의자들은 국가나 정치는 물론 사회나 가정도 그만큼이나 개인을 괴롭히는 존재일 수 있다는 생각에서 개인의 우정이나 사랑관계를 제외한 – 그러나 가정관계를 포함한 – 모든 타인과의 관계로부터 이탈할 수 있는 권리를 주장하였다. 이러한 '사적' 영역은 제도적 강압과 제도의 획일성에서 벗어남으로써 개인의 감춰진 잠재성을 개발할 수 있게 한다는 점에서 긍정적인 측면을 갖고 있음에 틀림없다.

이 개념은 여성운동 분야에서 일었던 활발한 논쟁의 중심개념이기도 했다. 이것은 1920년대로부터 존재해 왔던 '사생활권(the right to privacy)'에 관한 미국 대법원 판결을 둘러싸고 벌어진 것이었다. 이것에 의하면 개인적 '사생활'이란 가정단위에 근거한 것(family – based privacy)이었다. 여성운동가들의 불만은 일단 결혼에 들어간 사람, 특히 여성은, 가정 내의 남성우월적 힘의 역학구조에 의해 내려진 '가정의 결정'을 자신의 자율적 결정인 양 받아들여야 한다는 데 있었다. 이러한 상황인식은 개인의 '사적' 영역은 가정과 동일시될 수 없다는 주장을 낳기에 족한 것이었다. 개인적 자율성의 희생을 강요하는 이러한 가정중심적 '사私' 개념은 '사생활권' 전체에 모순될 뿐 아니라, '사私의 보다 깊은 의미'[193]를 흐리게 하는 중대한 오류에 빠져들고 있다는 것이다.

그런데 이러한 개념을 주장해 온 사람들의 사고의 밑바닥에는, 개인이 타인들의 판단과 비판에 매인다는 것을 부담스러워하여, 급기야 타인의 존재를 성가시고 불편한 것으로 여기는 정서가 내재해 있었던 듯하다. 학문적 또는 예술적 창조를 위해 자신만의 세계 속으로 침잠해 살았던 인사들이 흔히 취하는 생활 방식이다.[194] 그러나 우리는 그들의 놀라운 학문적 예술적 업적 뒤에 숨겨진 '인간'의 신음을 듣게 된다.[195] 천재적 사상가나 예술가들의 삶에서 흔히 목도되는 이 같은 '고독한(einsam)' '사적

---

193) Eichbaum(1979) 368쪽. *Contemporary Political Philosophy: An introduction*, 260쪽 그리고 *Justice in Political Philosophy* II, 499쪽에서 재인용. 이보다 깊은 의미의 사적 삶의 구체적 내용과 그 구조는 바로 본 연구의 중심주제이기도 하다. 그 밖에 사회학적 관점에서 간주관적, 사적 삶을 다양하게 다루고 있는 *Public and Private in Social Life*, ed. S. i. Benn and G. F. Gaus(New York: St. Martin's Press, 1983)를 참조하시라.

194) Paul Strathern, *Kant in 90 Minutes* (Jacintha Alexander Associates, 1997)(한국어 번역판으로, *쾨니히스베르그의 조용한 혁명*, 칸트(편앤런스, 1997), 91 - 101쪽 참조.). 한 예로 루소를 열심히 읽었던 것으로 알려진 임마누엘 칸트는 일생을 통해 철저히 자신의 고독한 삶의 영역에 집착하며 그로 인해 엄청난 창조적 학문이론들을 쏟아내었다. 그는 학문적 토론을 제외하고는 철저히 '사적'인 생활 속에 몰입했던 것으로 알려져 있다. 어떤 연구에 의하면 말년에 편집증에 시달린 것이 분명한 그는 자신의 이론에서 자신이 그토록 소중하게 주장했던 '자유'를, 학문적 사색을 위한 '사적' 영역 속에 묻어 버렸던 것이 아닌가 하는 생각마저 든다. 스트래턴은 "칸트는 사변의 노예가 되어 우울증 편집증에 시달렸다."고 기록하고 있다.

195) 에브너는 *순수이성비판*을 쓴 칸트와 *죽음에 이르는 병*을 쓴 키르케고르를 비교하며, 독자들은 후자에서와는 달리 전자로부터는 칸트의 사유와 작품에 대한 이해를 얻을 수 있을 뿐, 칸트 자신의 삶과 실존은 전혀 알 수 없게 된다고 주장한다. 그 까닭은 "구체적 '나'"가 중심이 되는(사적 삶으로 표현될 수 있는) 영적 실재를 간과한 때문이라는 것이다. Ferdinand Ebner, *Das Wort und die Geistigen Realitaeten* (Regensburg: Verlag Friedrich Pustet, 1921), 40쪽.

삶’ 이외에도 우리는 자폐증 같은 특정한 병리적 케이스에서 ‘사적 삶’의 부정적 성격을 극명하게 보게 된다. 이는 특정 세계 - 그것이 관념의 세계이든 구체적 물질세계이든 - 에 갇혀 말과 언어를 상실하고 그리하여 관계 자체에서 소외된 부정적 ‘사적 삶’의 전형이다. 필자가 장황하게 이러한 구체적 사례를 든 것은, 우리에게는 학문적, 또는 예술적 업적으로 가려져 버리거나 희생되어 버릴 수 없는 또 다른 형태의 ‘사적’ 영역의 삶, ‘간주관적’ 영역의 삶과 조화가 가능한 형태의 ‘사적’ 삶은 존재할 수 없을까 하는 의문 때문이었다. 필자는 간주관적인 삶에 근원적인 근거를 제공하는 ‘제3의 사적’ 영역의 삶이 가능하리라고 믿는다. 이러한 필자의 주장을 지지하는 목소리가 에브너에게서 들려온다. 앞서 소개한 사적 삶들은 물론 모든 관념론적 철학자들까지도 후자와 다르다는 차원을 넘어 병리적 차원의 범주에 속한다는 벽력같은 에브너의 주장은 우리를 잠시 얼어붙게 한다. 그러나 이러한 그의 주장을 듣기에 앞서 우리는 앞 장에서 소개한 바 있었던 미드와 아렌트의 자아와 인간에 관한 탁월한 분석적 성과들을 다시 떠올릴 필요가 있어 보인다.

2. ‘제3의 사적 영역’의 가능성을 찾아서: 미드와 아렌트의 개념화

‘간주관적’ 삶과 ‘사적’ 삶의 보다 완전한 개념정립과 앞 장에서 언급한 ‘제3의 사적’ 영역의 가능성을 향한 좀 더 구체적인 이론 구성의 암시를 얻기 위해, 그리고 최종적으로 이제까지 논의해 온 사적 삶의 포괄적인 개념도를 그려 보기 위하여 우리는 이제까지 이 논의에 도움을 준 이론들을 최종적으로 정리해 보기로 하자. 우선 사회심리학자 허버트 미드(Herbert Mead)의 주장을 시각을 달리하여 음미하는 일로부터 출발하기로 하자. 왜냐하면 아무래도 '사적' 삶의 중심에는 나(자아)가 자리하고 있을 터이기 때문이다. 앞 장에서 본 미드의 주장을 요약해 보자.[196] 그에 의하면 우리의 나(자아, Self)는 'I'라는 계기와 'Me'라는 계기로 되어 있고, 누군가에 의해 불리거나 지칭되는 상황에서 자신이 자신을 가리켜 하는 말이기도 한 'Me'는 집단 속에서 타인을 매개로 해서 확인되는 나의 존재인 것이었다. 따라서 (타인) 의존적이며, 경험적이며, 객관적인 나의 계기이다. 미드는 이 나만이 지식과 경험의 대상이 될 수 있다고 하였다. 이처럼 오직 다른 사람을 통해서 본 나란 결국 집단의 태도를 내 속에 받아들이고 그것에 영합하는, 이른바 '일반화된 타인'으로서의 나여서 사회적 통제에 기여하는 이것이 없이는 사회적, 또는 간주관적 삶이란 처음부터 불가능해지고 말 것이 분명하다. 다른 한편 미드가 말하고 있는 자아 즉 'I'는 이러한 'Me'의 제약 내에서도 자기를 선언하는 자이며, 타인의 태도에 대한 나의 나 된 반응이었다. 그런고로 이 'I'는 'Me'와는 달리 자유적이며, 잠재적이며, 주관적인 나의 계기라고 하였다. 기존의 것들에 영합하기보다는 숨겨 있는 내 특이성의 발산을 통해 변화를 추구하고 창조를 지향하는 자아의 계기였다. 미드는 양자의 관계를 간주관적 객관적 'Me'는 항상 이 'I'에 대한 '시각 속에' 있어 늘 이 가상적 'I'에 대한 반응과정을 거쳐 행동한다고 설명한 바 있다. 'I' 없이 'Me'를 생각할 수 없는 것이다. 미드의 이상과 같은 주장들이 옳다면, 우리는 결국 나(자아)는 'I'라는 사적 계기와 'Me'라는 간주관적 계기를 그 성립조건으로 하되,

---

196) G. H. Mead, *Mind, Self, and Society* (Chicago: The University of Chicago Press, 1962).

'사적' 영역을 전제로 한 '간주관적' 영역 속에서 성장해 간다는 결론을 지닌 채 본 장의 주제 속으로 들어가 보자.

그런데 이 경험할 수 없고 인식될 수 없는 초험적 'I', 이것이 자신의 모습을 드러내는 - 그것이 가능하다면 - 삶의 영역은 어디일까?[197] 이 질문은 아렌트가 제기한 '인간조건'의 문제와 긴밀한 연관을 가질 것임에 틀림없는 것이어서 우리는 다시 한 번 전술했던 그리스 도시국가적 삶, 즉 '정치 - 행위적 삶(vita activa)'과 '명상적(또는 사변적) 삶(vita contemplativa)'[198]에 관한 아렌트의 말을 떠올리게 된다. 이 두 형식의 삶은 본 장에서의 우리의 질문에 한 가지 통찰을 제공할 것으로 보인다. 아렌트의 말을 다시 요약해 보자. 우리는 그녀가 '공적 영역'과 '사적 영역'의 관계와 '정치 - 행위적 삶'과 '명상적 삶'의 관계를 분리해서 다루는 중에서도 특히 '사적 영역'과 '명상적 삶'을 구별하고 있음을 보았다. 우리는 아렌트가 이들을 개념화하는 과정을 추적함으로써 이것이 이들에 대한 비판적 진영의 개념화 작업과 어떻게 다른가를 살펴보며, 이것이 미드가 말하고 있는 'I'와 어떤 관계를 가지는지 살펴볼 필요가 있다.

아렌트에 의하면 '정치 - 행위적 삶'이라는 용어는 아리스토텔레스의 '정치적 삶(bios politikos)'에 대한 중세 철학적 번역인 '협상하는 삶(vita actuosa 혹은 negotiosa)'에서 연원하는 것으로서 공적 - 정치적 일에 몰두하는 삶을 지칭하는 말이다. 이처럼 이 용어가 중세적 어원을 가지고 있기는 하

---

197) 물론 우리는 미드가 말하는 'Me'의 영역을 별도로 계속해서 추구해 나갈 수도 있다. 그렇게 할 경우 우리는 하버마스가 수행한 것과 유사한 결론에 도달할 것이다. 즉 이 사회적 삶은 전략적 행위와 상호주관적 행위로 분절되어 설명될 수 있을 것이며, 후자를 다시 부버(Martin Buber)가 수행한 방식으로 분절하자면 나와 당신의 관계로 발전시킬 수가 있을 것이다. 그러나 이것은 본 연구의 후반에서 사적 삶과의 전체적 연관성을 보이기 위한 도식의 일부분으로만 다루어질 것이다.

198) Hannah Arendt, *The Human Condition* (Chicago: The University of Chicago Press, 1958).

나, 고대 그리스어 본래의 '정치적 삶'이 명시적으로 의미했던 것은 인간 고유의 생활형식인 자유의 삶이었다. 예를 들면 전제군주의 지배를 받는 삶이 아니라 시민들이 자유로이 선택하고 구성한 정치제도하의 삶, 즉 폴리스의 삶과 같은 것이었다. 전제군주제하의 삶도 그것이 인간의 삶인 한, 지배하는 측이나 지배당하는 측이나 생활의 '필요(necessity)'에 근거한다는 공통점을 가진다. 전제군주는 '필요'에 의해 지배하고 노예는 생명 유지를 위해 '노동(labor)'에 매이게 된다.

아리스토텔레스에 의하면 인간은 이러한 필요의 해결을 위해 노예적 노동에 매이거나, 장인匠人과 상인처럼 '유용성'의 창출을 위해 '노작(work)'에 매이는 한, 자유부재의 상태에 있게 되고 '아름다운 것' 또는 '멋진 것'에 관심을 가질 수 없게 된다. '아름다운 것'을 즐기는 일과 그것을 창조하는 일, 또는 '영원한 아름다움'을 탐구하는 일에 관심을 갖는 것, 즉 쾌락의 삶, 영웅적 공훈을 지향하는 폴리스의 삶, 철학자적 명상의 삶 등 소위 '아름다운 것'에 몰입하는 삶이 가능해지는 것은 인간이 '필요한 것'이나 '단지 유용한 것'에 관심을 두는 '사적'[199] 삶에서 자유로울 때이다. 그러나 우리는 필요와 결핍에 매이는 노동과 노작으로부터 자유로운 고대 그리스인들의 이 '자유인의 삶' 속에서 전술한 결핍으로서의 '사적' 삶과는 질적으로 상이한 형식인 철학자의 '사적' '명상적 삶'의 형식을 확인할 수 있다. 철학자의 '명상적 삶'에서 도출되는 정치이념은 때로 실제의 공적인 폴리스적 '정치적 삶'과 대립되는 경우도 상상할 수 있을 것이다.[200] 아렌트에 의하면 '정치 – 행위적 삶'은 공적 – 정치적 일에

---

199) 아렌트는 이들을 '사적 삶'이라고 불렀다. 이것은 필자의 '사적 삶'과는 전혀 다른 개념인 것은 물론이다. 저자가 '제3의 사적 삶'이라는 용어로 개념화하고 있는 것은 오히려 그녀가 말하고 있는 '명상적 삶'과 유사한 것이라고 해야 할 것이다.

200) I. F. Stone, *The Trial of Socrates* (Esthe m Stone JJS c/o Aitken, Stone & Wylie Ltd, 1988), 한국

몰두하는 삶인 반면에, '명상적 삶'은 삶의 필요물을 해결하는 일은 물론이거니와 자유와 같은 위대한 명분을 위해 목숨을 거는 정치적 삶에 관련된 일에서도 벗어난 삶이었다. 전자가 단순히 생명의 보존만을 위한 경제적 협력에 머물기를 거부하는 공적 영역인 것처럼, 후자는 심지어 이성, '언어',[201] 또는 여타 심신활동의 영역에 머물기를 거부하는 영역의 삶을 의미했다. 양자는, 아렌트에 의하면, 시초에는 상호 간에 어느 쪽이 더 우위에 서는 것도, 열등한 영역으로 여겨지는 것도 아니었다.

그러나 아렌트에 의하면, 고대 폴리스의 몰락과 함께 '정치 – 행위적 삶'이 '멋진(beautiful)' 공훈의 추구에 바쳐졌던 자유의 성격을 상실하면서 정치 영역의 '행위'에도 삶의 필요물을 얻는 임무가 부여된다. 따라서 '자유적 삶'의 범주에는 영원한 미의 탐구를 위해 몰입하는 '명상'만이 유일하게 남겨지게 되었다. 이름 하여 '관조의 삶(bios theoretikos)'이요, 전술한 바와 같이 중세적 언어로 다시 번역된 '명상적 삶(vita contemplativa)'이다. 이러한 개념은, 인간들의 힘에 의해 이루었던 정치제도의 몰락을 본 이후 고대 그리스인들과 특히 플라톤과 아리스토텔레스와 같은 당시의 철학자들에 의해 폴리스 재건이라는 이념 속에 개념화되기 시작했었던 것으로, 삶의 필요물과 억압으로부터의 자유뿐만 아니라 변고 성쇠하는 인위적 정치 활동으로부터의 자유까지를 의미하는 새로운 의미의 자유적 삶이 개념

어 번역판 *소크라테스의 비밀*, 편상범 외 번역(자작아카데미, 1996)을 참조할 것. 스톤은 당시 폴리스의 민주적 정치 행위로는 절대적 진리를 실현할 수 없다는 신념 때문에 이에 동조하지 않았던 것이 소크라테스가 고소된 진정한 사유였다고 주장한다.

201) 곧이어 소개될 에브너의 용어를 빌려 표현해도 괜찮다면, 다시 말해서 예를 들어 소크라테스의 경우처럼 삶의 중심에 신 개념이 작용하는 이 '명상적 삶'이라면 넓은 의미에서 에브너가 개념화하고 있는 '나' – '너' 관계의 삶에 포괄될 수 있을 것이며, 이때 언어는 '인간적 언어'에 해당하는 것이 아닐까 생각된다. 그러나 이때 '명상의 삶'이 플라톤 등이 개념화하고 있는 사물 종의 형상으로서의 이데아를 응시하는 것에 그친다면 이는 에브너가 말하는 '너' – '너' 관계도, 필자가 말하는 '제3의 사적' 영역과도 거리가 먼 것이다. 각주 218을 참조할 것.

화되기 시작한 것이다. '아름다운 것' 영원한 것은 인간의 손으로 만들어질 수 없음에 대한 자각이었다. 이리하여 노동과 노작은 물론 정치적 활동을 포함한 '고요부재(askholia)'의 잡다한 활동으로부터 떠난 '절대 고요(skhole)'의 삶, 더 나아가서는 모든 신체적 운동은 물론 모든 사유활동과 언어활동 마저 중단되는 절대 고요의 삶이 주장되기 시작한다. '전쟁이 평화를 위하여 일어나듯이, 심지어 사유과정을 포함한 모든 활동은 명상의 절대 고요점에 도달해 멈추어지지 않으면 안 된다.'202) 때로, 역설적으로 들리지만, '정치 – 행위적 삶'에 적극적으로 참여하는 것이 권장되기도 했던 것은 오히려 내적 욕망과 정열을 고갈시키고 절대 고요에 도달하기 위한 방편이었기 때문이기도 했다. 하여튼 그들은 참된 진리는 인간의 이러한 절대 고요에서만 스스로 그 모습을 나타낼 것이라고 믿음으로써 무언의 경이와 개인의 경험을 특징으로 하는 '사적 삶의' 명상적 삶을 추구했다.203)

이처럼 정치 – 행위영역을 포함한 모든 공적 삶 영역과 '사적' 명상적 삶과의 구별은, 전술한 역사적 생성 동기와 관련하여, 단순한 구별을 넘어 전자에 대한 후자의 우월성을 의미하게 되었다. 이는 다음과 같은 확신에 근거하고 있다. 이는 인간의 손에 의해 이루어진 것들(nomo)은 즉자적으로 존재하는 것들(physei)과 다분히 다를 뿐만 아니라, 아름다움에 있어서나 진리에 있어서나, 후자에 필적하지 못한다는 확신이었다. 왜냐하면 후자는 인간의 도움이나 방해에서 독립적으로 존재하여 본질적으로 불변의 영원에로 이행하기 때문이다. 소크라테스에서부터 연원하는 것으로 알려진 테오리아, 즉 관조는 분명히 사유나 추론과는 다른 인간의 정신 기능임이 틀림없다. 관조의 삶은 정치 – 행위 영역을 포함한 여타의 인

---

202) 아렌트, 81 – 82쪽.
203) 아렌트, 303쪽.

간조건들로 분절되거나 완벽히 설명되지 않는 전혀 다른 영역이어서 중세에 이르러서는 스스로 국가의 시민이기를 거부하고 우주의 시민임을 선언하는 스토아 철인들이 나타날 정도였다.

아렌트는 정치-행위의 삶과 관조의 삶 간의 차이를 극명하게 드러내는 것으로 불멸성(immortality)과 영원성(eternity) 간의 차이를 들고 있다. 불멸성은 시간 내의 지속성이요 지상이라는 공간 위의 죽음 없는 삶을 의미한다. 그러나 이것은 개인으로서의 인간에게는 주어지지 않는 삶이다. 그리하여 사람들은 이제까지 추구하던, 개인 자신을 위해 사람들로부터 인정받는 공적 영역에서의 영웅적 행위와 '불멸적' 명예를 추구하는 삶 그 이상의 것, 즉 생명과 우주를 초월한 '영원성'에 관심을 가지게 된다. 타인에게 알려지고 보이고 그럼으로써만 의미를 갖는 간주관적 세계가 있는가 하면, 타인에게 숨겨지고 그럼으로써만 내밀한 풍요가 영그는 그런 세계가 있는 것이다. 왜냐하면 삶에는 반드시 공론화됨으로써만 의미를 가지는 것만 존재하는 것은 아니기 때문이다. 예를 들어 앞 장에서 논한 바와 같이 선善이나 성스러움은 공적으로 드러나는 순간 '위선'이 되기 때문이다. 요컨대 삶에는 '언어'나 인간적 이성을 의미하는 로고스(Logos)의 세계를 추구하는 계기가 있는가 하면, 그 내용이 '언어'로는 표현될 수 없는 신적 이성(Nous)의 세계를 추구하는 계기도 있으며 이들 역시 인간을 인간 되게 하는 인간조건인 것이다. 이야기가 여기에 이르면 미드가 말하는 경험에서 숨겨지고 타인들과의 관계로부터 독립적인 초험적 가상적 나 'I'가 숨 쉴수 있는 삶의 영역이 있다면 그것은 이 '명상적 삶'의 영역일 가능성이 높다는 생각을 가지게 된다. 이제 우리는 이를 가리켜 '제3의 사적' 영역이라 부르기로 하고 이것의 실재와 구조를 가늠해 보기 위해 에브너의 말에 귀 기울여 보기로 하자. 에브너가 말하고 있는

'나(das Ich)'는 앞 장에서 다룬 헨리히의 한계를 넘어설 뿐 아니라 미드와 하버마스가 제기하고 있는 공공 영역 내의 상호주관적 진리를 사적 영역에서까지 실현시키는 계기를 마련해 줄 것으로 보인다.

3. '제3의 사적204) 영역'의 구조와 에브너의 '나(das Ich)'

앞서 미드와 함께 확인한 자아를 구성하는 두 가지 요소들은 비단 자아 개념에 관해서뿐만 아니라, 사적 영역의 포괄적인 개념도槪念圖를 그려 보는 일에서도 안성맞춤의 출발점이 될 듯하다. 전술한 바와 같이 미드가 말하고 있는 'Me'를 자아의 '간주관적 나'라고 할 수 있다면, 'I'는 분명히 '사적 나'라 할 만하다. 그런 의미에서 전자는 우리가 논하려고 하는 순수한 의미의 '사적' 영역이라 할 수 없을 것이다. 그것은 미드의 설명대로, 전적으로 내 외부의 경험적 타인들과의 관계에 의해 형성된 것이기 때문이다. 하버마스적 용어를 빌려 설명하자면 이것에는 자아의 전략적 인격이라 이름 붙일 수 있는 요소와 상호주관적 인격이라 할 요소가 포함될 것인데 이들 각각에는 전자에 아렌트가 말하는 '가정적' 또는

---

204) 앞에서 본 바와 같이 '간주관적' '사적' 영역을 개념 정의하는 기준은 각 영역이 추구하는 목적에 따라 다양하다. 저자가 여기에서 사용하고 있는 기준은 극히 단순한 것으로서, 사적 삶은 일단은 경험적 외적으로 드러나는 인간관계가 없는 주관의 삶을 지칭한다. 예를 들면 플라톤의 동굴 비유에 등장하는 동굴을 탈주하는 철인은 동굴 내의 감각적 경험적 인간관계 (plurality의 사슬)를 단절하는 '정치적 의미의 죽음'을 택하는 철저한 사적 삶(singularity)을 형상화한다(아렌트, 20쪽을 참조할 것.). 이는 소크라테스가, 영혼의 '완성'을 위해 폴리스의 정치적 삶을 멀리하라고 했던 삶의 형식과 괘를 같이한다(Plato, *Apology*, 29E(Loeb, 1:109)). 그러나 이것을 곧바로 저자가 개념화하는 제3의 '사적' 삶으로 보는 데에는 한 가지 단서가 전제되어야 할 것이다. 각주 201을 참조할 것.

'사회적' 삶과,[205] 하버마스의 '전략적 행위'가, 그리고 후자에 하버마스의 '의사소통적 행위' 또는 (마틴 부버(Martin Buber)로 인해 잘 알려진) '당신과 나'의 관계가 조응할 것이다. 반면에 미드가 정의하고 있는 'I'에는 이제부터 우리가 분석하려고 하는 에브너의 '나(das Ich)'가 조응할 수 있을 것으로 보인다. 에브너는 이 '나'를 문법적 영역, 심리학적 영역, 관념적 영역, 그리고 가상적 영역에서 파악하는 그릇된 추상적 개념과 이에 맞서는 구체적 '나'로 나누어 논하고 있다. 이 각각의 내용들을 음미해보기 전에 우리는 우선 이를 다음과 같이 도식화해 둘 수 있을 것이다.

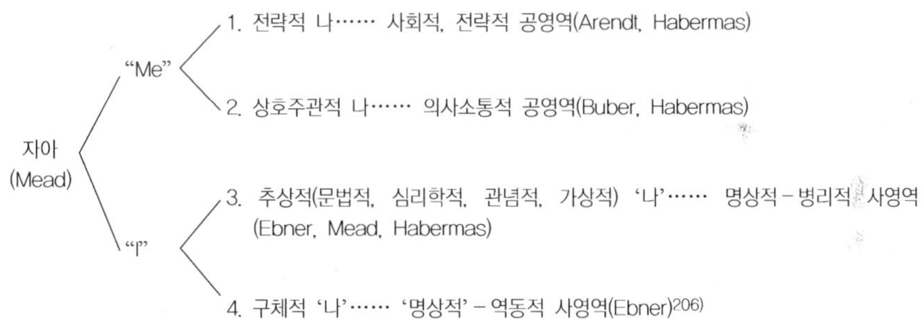

이처럼 재구성해 본 '나' 또는 자아의 전체적인 구조 속에서, 필자는 에브너와 함께 'I'에 속하는 상기의 두 영역을 통해 소위 '제3의 역동적

---

205) 아렌트에 의하면 '(인간은) 사회적 동물(social animal)'은 '정치적 동물'의 오역이며, 전자는 근본에 있어 생존의 필요물을 해결하기 위해 결사한 것에 불과한 '사적' 삶일 뿐이다.

206) 플라톤의 이데아(형상)를 중심으로 하는 '관념론'이 소크라테스의 절대적 정의定義론으로부터 발전했다고는 하나, 이들을 추구하는 방법에 있어 양자는 차이를 보인다. 전자가 이를 위해 무언의 명상의 방법을 택하고 있음에 비해(3), 후자는 인간과 인간 간의 부정의 변증법적 대화(2)를 택하고 있기 때문이다. 그런고로 소크라테스에게 있어 '명상의' 행위가 그 정의를 추구하기 위함이 아닌 또 다른 어떤 것, 즉 내면으로부터의 안내하는 영혼 즉 다이모니온과의 대화 같은 무엇을 의미한다는 전제하에서만 그것은 필자가 개념화하고 있는 '제3의 사적' 삶(4)에 해당하게 될 것이다.

사적' 영역(4)의 가능성을 진단하고 그것과 간주관적 영역(2)과의 관계를 밝히려 한다. 에브너가 중시되는 까닭은 그의 '나(das Ich)' 개념이 이제까지 우리가 논의해 온 미드와 하버마스가 언급하는 'I'는 물론이고 헨리히의 '자기관계'로서의 자아까지를 포함하여 이들이 지니고 있는 한계를 드러내어 보여 주고 있기 때문이다.

에브너는 '나'의 실재를 설명하기 위해 그것을 구체적 '나'와 추상적 '나'로 분절하고 있다. 그가 말하는 '나(das Ich)'는 무엇인가? 우선 상기 도표에서 필자는 그의 이 개념을 미드의 'I' 개념군의 구체적 '나'에 소속시켰다. 에브너가 '나'에게 부여하고 있는 유일성(또는 고유성)의 특성(das eigentliche Ich, das Einzige vor Gott)[207]과 초험적 성격은, 비록 미드의 'I'가(에브너에 의하면) 추상적인 병리적 요소를 내포할 수 있다는 점에서 전자와 정확히 일치하거나 동일한 것이라고는 말할 수 없을지라도, 미드가 'I'에 부여한 범주에 속한다는 점을 부인할 수 없다. 에브너는 일차적으로 이러한 '나' 자체가 허구일 것이라는 반론에 정면으로 대응한다. 그에 의하면 오히려 그에 비판적인 의견을 내놓는 측의 '나' 개념이 허구에 해당한다고 주장한다. 그리하여 그는 "'나'는 …이 아니다."라는 부정적 접근을 택한다.

'나'는 무엇인가? 이에 대한 에브너의 대답은 몹시 도전적이다.

이 질문은 전혀 정당하게 제기될 수 있는 질문이 못 된다. 마치 언어의 영, 즉 '나'라는 말을 창조한 영이 우리가 "'나'는 있다(Das Ich ist.)"라고 말할 때 그의 거부권을 행사하듯이, 그런 질문은 역설적이다. '나'는 '있지' 않고, 따라서 무이기도 하며, 적어도 당연히 '양극을 지닌 자기폐쇄적 완전 타원'이다. 독일의 철

---

207) 에브너, 15쪽, 24쪽.

학자들과 시인들은, 철학적으로 분망하나 영적 태만에 빠져, 무슨 생각들에 몰두하고 있는가! … '나'는 '있지' 않다. 그러나 나는 실존한다(das Ich 'ist' nicht, aber Ich bin.).208)

그의 대답이 이러함에도, 우리는 그럴수록 더욱 그가 개념화하고 있는 '나'의 정체가 궁금하다. '나'라고 하는 것은 존재(ist)하지 않음에도 나는 실존한다(bin)는 '모순'을 일으키고 있는 이 '나'는 무엇인가? '사적' 영역의 주체로 여겨지는 에브너의 이 "구체적 '나'"는 에브너에 의하면 철학적으로 접근할 수 없는, 따라서 종교적으로만 이해될 수 있는 '나'이다. 왜냐하면 에브너에 의하면 그것은 오직 신과의 관계 속에서 구체화되는 것이기 때문이다. 에브너에 의하면 '나'는 파스칼에 의해 논의된 경험적 심리학적 자아(Moi)로는 설명될 수 없는 '자기성찰적 자기폭로적(인간의) 영'으로서 기독교에 의해 최초로 파악된 종교적 개념이다. 이 고유한 참된 '나'는 그 누구의 눈에도 보이지 않는 영적인 것이다. 따라서 인식론적 원리나 윤리적 원리를 제공하는 것도 아니며 관념론에 의해서도 제대로 파악될 수 없는 개념이다. 또한 이 '나'는 심리적 과정을 기술해 내기 위한 보조물도, 객관화될 수 있는 사물도, 피히테류의 관념론이 산출해 낸 개념적 표상도 아닌, 하나의 '가장 비감각적인 말(das unsinnlichste Wort)'209)이다.

에브너는 자신의 *말과 영적 실재*들을 혹평한 어느 철학교수에게 답하는 형식을 빌려 '나'와 '영적 실재'를 스스로 이렇게 요약하고 있다. "인간의 존재가 자연의 부침 속에서도 소멸하지 않는 의미를 갖고 있다면, 그리고 이 의미가 사회적인 이유에서나210) 시적, 형이상학적 의도에 의해

---

208) 에브너, 110쪽. 필자의 번역임.

209) 에브너, 109쪽.

210) 바로 이 이유로 미드가 말하는 'Me'와 구별되는 '나'이다.

서 만들어진 허구가 아닌 어떤 영적인 것으로서 인간 안에 주어져 있다면, 이 영적인 것은 자신 밖의 또 다른 영적 존재와 관계를 갖도록 규정되어 있고 그를 통해서 존재하도록 되어 있을 것이다."211) 그의 이러한 가설은 인간은 '말하는' 자라는 객관적 사실에 근거한다. 즉 발화에 의해 '너'와 '나'의 관계라는 구체적 상황을 창출하는 말에는212) '실재의 본질 내용(Realitätsgehalt)과 말 자체의(영적, 필자의 주) 내용(inhalt)이 복사되어 (redupliziert) 있기 때문이다.'213) 내가 말하는 존재이고 나의 존재가 소멸되지 않는 의미체인 한, '나'라고 부를 수 있는 그것은 자신 밖의 영적 존재(즉 신)를 '너'로 하여 관계를 맺으며 그 관계를 자신의 근원적 처소로 할 것이다. 그런고로 오직 '나'의 존재만을 주장하는 것 또한 허구이다. 이런 점에서 앞 장에서 소개한 헨리히의 주장은 한계를 지닌다. 만일 '말하는 자'로서의 인간의 특성을 긍정하면서 '너'에 독립적으로 존재하

---

211) 에브너, 서문.

212) 이때의 말은 복수형 Worte를 갖는 말이다. 복수형 Wörter가 상호 연관이 없는 개개의 말들인 반면에, 전자는 사상 감정의 표현으로서의 연관을 갖는 문장이나 언설 등을 의미한다.

213) 에브너, 13쪽. 이 대목은 발터 벤야민의 언어개념을 상기시키기에 족하다. 벤야민과 에브너 양자는 창조주 절대자로부터의 영적, 정신적 근원을 생각함이 없이는 언어를 생각할 수 없어 보인다. 이제까지 우리는 상이한 언어이론들을 다루었다. 제기될 수 있는 질문중의 하나는 언어에 대한 상이한, 때로는 상반되어 보이기까지 하는, 여러 입장들에 관련하여 본서의 입장이 무엇인가 하는 것일 것이다. 예를 들어 제인스의 경우 언어는 "의식"을 낳고, 그 의식은 "양원성"을 억압한다. 베르그송의 경우 역시 지성과 언어는 그 공간지향성으로 인해 지속으로서의 실재를 왜곡한다. 그러나 제 6장에서 암시하고 있는 바와 같이 이들은 하부구조의 형상계(phenomena) 에 관여할 뿐 결코 상부구조의 예지계(noumena)적 차원에는 관여하지 못한다. 제인스와 베르그송 양인의 언어관에서의 언어는 초월적 현상에 관한 한 부정적일 수밖에 없다. 전술한 바와 같이 양인에 있어 언어는 각각 "의식"과 "지성" 같은 인식기능과 연관 되어 있고 이들은 양원적 정신기능이나 직관을 방해한다고 주장한다. 정신구조에 관한 제인스의 주장이나 언어에 관한 발터 벤야민과 에브너의 주장을 대비하여 읽는 과정에서 우리는 하버마스의 언어관을 포함하는 전자 그룹이 다루는 언어들이란 고작 "양원적 정신구조"의 상실과정이나 "원언어"의 상실과정과 같은 모종의 역사적 과정을 거쳐 원래의 모습에서 현재의 모습으로 고착된 결과일 것이라는 유추가 가능하리라고 생각한다. 언어의 이러한 쇠퇴과정이나 그 본질에로의 회복 방략에 대해서는 또 다른 본격적인 연구가 필요할 것이다. 본서는 발터 벤야민(제 6장)과 에브너(제 8장)의 언어관을 예시하는 것으로 만족하고자 한다.

는 오직 '나'만 있을 뿐이라고 주장한다면, 스스로 모순에 빠진다. 인간의 언어적 관계를 부정할 수 없어 상정된 '너'는 문법적 우연에 불과한 것이 될 것이고(당연히 신은 한낱 관념론적 허구로 전락하고 말 것이며) 따라서 그 허구적 '너'와의 관계를 조건으로 존재하는 '나' 역시 허구가 되어버릴 것이다. 하버마스가 'I' 개념 속에 삽입시키는 '신'은 바로 이런 점에서 공허한 것일 수밖에 없다. 에브너에 의하면 이러한 '나'는 "'나' 홀로(Icheinsamkeit)"라는 병리적 고독에 갇힌 존재의 망상일 뿐이다.

에브너에 의하면 사적 영역의 주체인 '나'는, '나는 실존한다(ich bin.)'는 사실과 이것을 말할 수 있다는 사실에 의해서 표현된다. '나'는 모든 선언의 근원이 되는 '나는 실존한다.'라는 원천적 문장상의 '나'라는 인격적 존재가 말로 선언됨으로써만 구체화된다. '나는 실존한다.'는 문장에는 '나'의 유일성(das Einzige)과 인격성(Person)을 함의하는 인간 존재의 "'나'됨(Ichhaftigkeit)"이 선언되어 있다. 이것은 '나는 있다(Ich ist.)'로는 표현될 수 없는 것이다. 또한 "'나'는 있다(Das Ich ist.)"라는 문장형식으로도 표현될 수 없다. 그것은 아무것도 말한 게 없기 때문이다. 제3인칭에 사용되는 시제의 동사(Zeitwort) 'ist'는 시간적 존속을 뜻할 뿐이나, '나는 실존한다.'에는 시간 속의 자연적 부침에 독립적으로 영원히 존속할 영적인 유일한 '나'가 선언되기 때문이다. 일찍이 쇼펜하우어(Schopenhauer)도 인지하고 있던 이 'bin'과 'ist'가 의미하는 존재의 상이성에 근거하여, 우리는 '나'에 대하여 'ist'적 존재를 부인하며 'bin'적 존재를 주장하는 '모순'을 두려워할 필요가 없게 된다.[214] 이처럼 '나'는 사물처럼 '있는(ist)'

---

214) 에브너, 108–109쪽. 에브너는 우리는 "사람은 하나의 '나'를 '갖고' 있다(Der Mensch 'habe' ein Ich.)"고도 말할 수 없다고 주장한다. '나'를 'habe'할 수 있는 것은 '나'뿐이기도 하지만 '나'는 소유할 수 있는 사물이 아니기 때문이다.

게 아니라 영적으로 실존한다. 그러나 그것은 오직 말 속에 객관적으로
존재한다. "이 '나'는 내 자신 속에 그리고 언젠가는 아마도 이 뜻을 읽
을 '너' 안에 있다. … 아니 정반대로, '나'는 또한 내 안에 있지(ist) 않다.
왜냐하면 '나(das Ich)'는 결국 '있는(ist)' 것이 아니며, '나는 그것이기(Ich
bin es)' 때문이다. 오히려 유일한 '너'가 있을(es gibt) 뿐이며, 그가 바로
신이다."215) 그 신이 인간에게 "내가 존재하매 나를 통해 네가 실존한다
(Ich bin und durch mich bist Du.)"216)고 '말'을 걸어 옴으로써 인간은 창
조되는 것이다. 신이 이처럼 말을 통해 말 못 하는 벙어리와 같은 자연
속에 '나'를 창조한 것은 자신과 관계 맺을 대상을 갖기 위한 것이지만,
인간은 이러한 신과의 관계를 통해 자신의 '나' 됨과 자기의식을 가지게
된다.217) 그러나 에브너에 의하면 이러한 '말'은 근원적으로 '태초로부터
신과 함께 있었던'218) 것이며, 또한 무릇 말은 그 발화된다는 특성에 있
어 '너'가 전제되므로 '나'와 '너'는 언제나 피차간의 관계에 있어서만 존
재한다. "절대적인 의미에서 '너' 없는 '나'를 생각하는 것은 '나' 없는
'너'를 생각하는 것만큼이나 있을 수 없는 일이다."219) '나'와 '너' 양자
간의 발화와 피수화의 관계가 곧 언어라고 할 때, 양자의 존재 자체는 언
어를 통해 객관적으로 '정립된다(gesetzt)'고 할 수 있다. 에브너는 이 같

---

215) 에브너, 24쪽.

216) 에브너, 26쪽. 에브너에 의하면 독일어 Gott는 '신들이 말을 걸다.'는 뜻의 산스크리트어 휘
 h^u를 어원으로 한다고 한다. 이처럼 창조는 '너'와의 관계 속에 창조된 '나'를 인간 속에 정
 치시키는 행위라고 할 수 있다.

217) 반면에 선언할 이러한 내용을 가지지 않는 동물은 당연히 말도 갖고 있지 않으며 따라서 '나'
 도 영성도 자기의식도 갖고 있지 않다.

218) 에브너에게 있어 "한 처음 천지가 창조되기 전부터 말씀이 계셨다. 말씀은 하나님과 함께 계
 셨고 하나님과 똑같은 분이셨다. 말씀은 처음 천지가 창조되기 전부터 하나님과 함께 계셨
 다."로 시작되는 사도 요한의 통찰은 자신의 모든 철학적 사유의 근원이며 화두다.

219) 에브너, 18쪽.

은 단순한 논리적인 추론을 넘어, 종교적 차원으로 진입하고 있음은 물론이다. 그에 의하면 인간에게는 "객관적으로 언어에 대한 갈구와 함께, 주관적으로는 '말 걸려는 욕구'가 있으며… 자신 내의 영적인 것, 즉 '말하는 인격'인 '나'가 자신이 말 걸 수 있는 자신 밖의 영적인 것, 즉 '너'와 관계를 맺고자 하는 충동"[220]을 가지고 있다고 주장하며 이 '너'가 일차적으로 그리고 근원적으로 신神임을 강조한다. 그리하여 인간에게 이 충동이 주어져 있다는 사실 자체가 영적으로나 설명될 수 있는 것이며, 따라서 이 '나'와 '너'의 '사적'인 관계가 실현된 곳에서만 인간은 그의 참된 영적 삶을 갖게 된다. 이를 달리 표현하면 사적 영역을 구성하는 내 안의 영적인 것 '나'와 자신 밖의 영적 존재인 신, 즉 '너'는 곧 언어의 영적 기원이기도 하다. 이런 의미에서 에브너는 인간이 자신 밖의 영적 존재인 신으로부터 독립적으로 존재함으로써 영적 삶을 실현하지 못하고 귀먹은 벙어리 같은 동물적 고독에 빠진 것이 바로 인격의 상실이요, '죄'요, '타락'이라고 정의한다.[221]

에브너는 '너'를 전제로 하지 않는 추상적 '나'는 병리적이라고 단정한다. 그는 파격적으로 과학자와 철학자(특히 관념론자)와 광인이 모두 이러한 부류에 속한다고 주장한다. '나'는 '있지(ist)' 않다고 주장하는 한 과학자들의 말은 옳다. 에브너에 의하면 관념론도 '나'를 허구로 보는 무릇 태도들보다는 나아 보인다. '나'를 인정하는 일에 있어서 관념론은 적극

---

220) 에브너, 19쪽. 1) 물론 이 충동들이 생득적 유전적 '자연적'이어서 인간이 학습할 필요가 없다는 뜻은 아니다. 왜냐하면 에브너에 의하면 말과 그것에 대한 충동이 주어져 있다는 것은 영적으로나 설명될 수 있는 것이기 때문이다.
2) 모두에서 병리적 사적 삶의 예로 언급했던 자폐증은 바로 이 근원적인 충동이 차단되는 데서 시작되는지도 모른다.
221) 에브너, 21쪽.

적이기 때문이다. 그러나 관념론을 포함하여 추상적인 '나' 개념에 사로잡힌 이들 모두의 오류는 말에 대한 그릇된 생각과 그 '나'가 오직 말 속에서만 객관적으로 존재할 수 있다는 사실에 대해 무지하다는 데에 있다. 말은 우리들이 흔히 생각해 온 것처럼 나의 내적 사유를 명료화하거나, 상대방에게 영향을 행사하기 위해 뭔가를 지시하는 역할이 전부가 아니다. 에브너에 의하면 말은 전술한 바와 같이 자신의 의미와 내용을 '복사'함으로써 '나'로 하여금 '나' 자신을 표현하고 그 존재를 주장하게 한다.222) 그런데 에브너에 의하면 "말의 궁극적 의미는 자신 앞에 마주 서 있는 '너'를 향한 '나'의 열림이며 그 상태의 지속이다."223) 내 안의 영적인 것과 밖의 영적인 것과의 관계가 말의 근원적 의미이자 내용이라는 뜻이 된다. 이리하여 우리가 '혼자 말'을 하는 경우조차도 신이 듣고 있다는 - 그럴 때일수록 신은 더욱더 듣고 있으며, 그런 뜻에서 신은 우리가 내뱉은 모든 말에 대해 언젠가는 석명을 요구한다고 하는 복음서의 말이 의미 있다고 에브너는 주장한다. - 사상 속에는 사유의 "'나' 홀로성"에 대한 철저한 부정이 담겨 있다. 관념론적 형이상학의 근저를 이루고 있는 '관념'이라는 개념에는 이 '너'를 거부하고 따라서 세계를 자신의 투사로 보며 스스로 입법자가 되는 오만이 깔려 있다. 관념은 개별자와 '인간종 (Menschheit)'을 연결할 뿐, '나'와 '너' 그리고 인간과 신을 잇는 영적 유대가 아니다. 관념론은 주관적인 것을 지향하고는 있으나 그 지향이 영적 삶의 실재에 당도하지 못하므로 결국 '영의 소모적 질병'224)이 되고 마는

---

222) 에브너, 108쪽.

223) 에브너, 43쪽.

224) 에브너, 114쪽. 이런 의미에서 미드의 'I'가 도두 에브너의 구체적 '나'에 조응하지 않듯이, 소크라테스적 모델의 '명상적 삶'이 아닌 한, '명상적 삶'이라는 개념 역시 모두가 필자가 말하는 제3의 구체적 '사적 삶'에 조응하는 것은 아니다. 각주 197을 참조할 것.

것이다. 에브너는 '너'와의 관계에 대한 필요를 깨닫지 못하는 이것을 '영적 겸허(Demut des Geistes)'의 부재 상태라고 진단한다. 이러한 "절대적 '나'"는 곧 '나'의 죽음이자 영의 죽음으로서 지복의 근거가 되는 '마음이 가난한(Armut im Geiste)' 상태로부터는 멀리 떨어져 있다는 말이 된다. '나'는 늘 '너'와의 관계를 필요로 하며, 구체적 '나'의 관심은 늘 그 관계 속에 거하는 것이다. 거기에 오직 자신의 구원이 있기 때문이다.

'나'는 그것이 '생각한다(cogito)'는 의미에서가 아니라 그것이 자신을 '표현한다'는 의미에서, 말을 떠나서는 존재하지 않는다. 달리 말하자면 '나'는 자신의 존재에 대해서 '꿈꾸듯' 사색하는 것을 통해서가 아니라, 이 고독에서부터 '너'를 향해 걸어 나오는 '운동(Bewegung)'을 통해서 자신의 내적 실재를 획득한다. 이 운동을 에브너는 '말'과 '사랑'이라는 두 단어로 요약한다.225) 에브너는 '말'을 두 가지로 분류한다. 인간적 말과 신적 기원을 가진 말이 그것이다. 전자가 인간이 신으로부터 일탈한 후 스스로 안출해 낸 말로서 과학의 대상이요 역사를 구성하는 말인 반면, 후자는 '나'와 '너'의 관계를 통해 '나'를 창조한 영적 삶을 가진 신성한 기원의 말이며 전자의 전제가 된다.226) 이 후자, 즉 신과 인간을 연결한 이

---

225) 포이에르바하가 도달한 결론이기도 하다. 흥미롭게도 한쪽이 무신론적 유물론에서 도달한 이 결론을 에브너는 그 반대편에서 접근하고 있다. 양 주장이 동일한 것인지 본질에 있어 다른 것인지, 따라서 둘 중 어느 쪽이 진리를 담고 있는지에 대한 논의는 다음 기회로 미룬다.

226) 에브너, 23쪽. 이 '올바른 말'과 '인간적 말'은 기독교적 전통을 구성하고 있는 두 가지 '말' 즉 '방언'과 '예언'으로 비교해 볼 수 있을 것이다. 구약성서에 의하면 인류는 애초에는 하나의 통일된 언어를 사용하고 있었던 것으로 되어 있다. 그러나 인간들이 하늘에 대항하려는 불순한 의도로 바벨탑을 건설하다가 신의 진노를 사게 되어 오늘과 같은 각가지 언어들로 갈라지는 대혼란을 겪게 되었다고 한다. 그러던 중 신약에 이르러 예수의 제자들이 성령의 강림에 의해 자신들도 모르는 외국말을 하게 되는 소위 '방언(方言, glossolalia)' 현상이 발생하였다. 이는 신적 개입에 의해 이루어졌던 바벨탑사건에 대한 신적 개입에 의한 회복의 언어현상으로서 신과 인간 개인 간의 언어라 할 수 있다. 그러나 이와 더불어 구약시대로부터 유대사회에는 주로 공적 - 정치적 인간사에 대해 경고를 발했던 '예언'이 있어 왔다. 그리고 공적 영역에서 이루어지는 이 후자는 근원적으로 전자와 같은 신과 선지자 개인 간의 '사적' 의사소통

신성한 '말'은 곧 인간을 구원하려는 신의 사랑으로 육화(Gottes Menschwer-
dung)되어 나타난다.227) 그리하여 후자의 이 '올바른 말'은 언제나 사랑
을 말하는 말이며 삶의 뭇 불행에 대한 참된 위안이 된다. "인간은 말과
사랑을 통해 자기존재의 '나' 홀로에서, 그리고 자기 영적 삶의 '죽음에
이르는 병'에서 구원받게 된다."228) 그러나 상기의 두 종류의 말은 소위
'근거와 결과(Antecedent or ground and consequent)'229)의 관계에 있을지
언정 동일한 것은 아닌 것이다. 왜냐하면 사랑이 없는 세상의 말은 이미
신성한 말의 인간적 오용이기 때문이다. 이상의 에브너의 주장을 다른 말
로 바꾸어 요약해 보면, 내 안의 영적인 것을 의미하는 '나'와 신을 의미
하는 '너'와의 관계는 '신성한 기원을 가진 말'에 의해 매개되고, 나와 타
인 간의 관계는 '인간적' 말에 의해 매개된다는 것이 된다. 그리고 전자
의 관계는 후자의 관계의 전제가 된다는 것이다. 여기에서 우리는 쉽사리
전자가 필자가 개념화하고 있는 '사적' 영역을, 그리고 후자는 '간주관적'
영역을 함의하고 있음을 발견하게 되며, 따라서 이 '사적' 영역과 '간주관

을 전제로 해서 가능한 것이었다. 또한 에브너의 이런 언어관은 제6장에서 다루었던 발터 벤
야민의 언어관을 보다 세분하여 다루고 있다 하겠다. 전술한 바와 같이 벤야민은 인간의 언어
는 여전히 신적 언어의 진리를 회복할 수 있는 유일한 통로로 남아 있어서 이 언어의 단어들
을 수집함으로써 원어의 감추어진 의미를 회복시킬 수 있는 것으로 보고 있을 뿐 인간 언어들
을 세분하여 분절하지는 못하고 있다.

227) 에브너, 53쪽 그리고 116쪽. 여기에서 에브너는 신이 인간의 구원을 위하여 예수의 인간적 삶
속으로 육화함으로 인간 속에 내주하게 되는 것이야말로 신성한 말과 사랑의 통일체요 인간
적 관계의 영적 전형으로 본다. 인간 사회의 '나-너' 관계가 '말과 사랑'으로 연결되어 있다
고는 하나 사실상 그 말은 내실에 있어 얼마나 공허한 것이었던가? 에브너는 세상에 육화한
신 즉 예수의 삶과 죽음을 말과 사랑의 원형으로 규정하고, 이에 근거한 '나'-'너'의 관계로
세상적 '나-너' 관계의 이념을 삼으려 했던 듯하다.

228) 에브너, 117쪽.

229) Friedrich W. J. von Schelling이 *Philosophical inquiries into the Nature of Human Freedom*과 그 후의
저작들에서 신과 세계의 관계를 논할 때 즐겨 사용하던 개념이다. 그러나 그에게 있어 양자는
동일적인 것이 된다.

적' 영역 간의 관계에 대한 암시를 얻게 된다.

에브너에 있어 이러한 신성한 기원의 말은 육화된 신, 즉 예수로 나타
난다. 그리고 이 예수의 삶은 필자가 개념화하고 있는 제3의 '사적' 삶의
전형이기도 하다. 그러나 예수의 삶이란 신과의 관계 그 자체였으며 그에
게 그것을 떠나 있는 그 어떤 것도 '의미' 없는 것이었고, 그러한 그가
던져 주는 대답들은 일상적인 삶을 살고 있던 보통 사람들에게는 동문서
답이었던 것을 생각할 때, 그의 이 '사적' 삶은 모두에서 언급했던 병리
적 자폐징후와 다를 바가 없어 보일 수도 있다. 그러나 "'나' 홀로"에 몰
입함으로 끝나는 후자의 삶과는 달리 전자는 자신의 이 '사적' 원리, 즉
'나'-'너' 간의 '올바른 말'과 참된 사랑의 원리에 의해 세상의 인간적
'나-너' 관계에로 돌아간다. 이는 야스퍼스 등이 지적한 바와 같이 소크
라테스의 삶에서도 확인되는 현상이기도 하다.230) 신비한 기원의 말이 인
간적 말의 전제가 되는 까닭은 "영의 요구에 의해 내가 타인과 참된 영
적 관계를 맺을 때, 하인리히 안에 있는 '너'는 요제프나 루드비히 안의
'너'와 전혀 다르지 않고 늘 하나요 동일하다. 존재하는 유일의 '너'인 것
이다."231)라는 에브너의 말에서 입증된다. 이처럼 타인에게서 '나'의 보편
적 유일한 '너'를 가질 때에야 인간은 타인과 참된 의미의 영적 관계를
가지는 것이다. 그렇지 못하여 그에게서 그의 '나'만을 볼 뿐이라면 그것
은 '만리장성' 안에 갇힌 '나'를 경험하는 것이어서 나 자신도 그에게 문
을 걸어 잠근 채 각기 "'나' 홀로"의 수인囚人이 된다.232) 이러한 주장의

---

230) Karl Jaspers, *Socrates, Buddha, Confucius, Jesus* (Harcourt: Brace & World, inc., 1962)(한국어 번역
　　　판 소크라테스, 불타, 공자, 예수, 모하메드, 황필호 역(종로서적, 1993), 157-158쪽.).

231) 에브너, 24쪽.

232) 같은 곳.

근원은 신의 실재가 청자로서의 인간과 행위자로서의 인간에서 입증된다는 것, 즉 신에 의해 주어진 말과 신에 의해 요구되는 사랑을 삶에 실천함에서 신의 실재는 입증된다는 것이다. 이것은 곧바로 '나'와 '너'의 영적 관계로 요약되는 '사적' 삶의 궁극적 의미가, 바로 그 자신의 구조적 성격에 의해서, 즉 나와 타인 간에 형성되는 '간주관적' 영역이라는 실천의 장에서 실현된다고 할 수 있을 것이다. '사적 삶'은 간주관적 삶의 전제이며 후자는 전자의 원리가 실천되는 장이다.

이제까지의 논의를 정리하면, 외양적으로는 동일하게 보이는 '사적' 삶들일지라도 구조적으로 상반된 내적 실재들을 지니고 있을 수 있다는 것과, 앞서의 도식으로부터 유추될 수 있는 바와 같이 '나' 홀로의 '추상적 사私'영역(3)이 있으며, 내적으로 '나'–'너'의 역동적인 관계가 작용하고 있는 또 다른 '구체적 사私'영역(4)이 있다는 것과, 그리고 후자는 그 내적 필연에 의해 다시 나–너의 상호적 간주관의 영역으로 이행하지 않을 수 없게 된다는 것, 그리고 이렇게 볼 때 현상적으로 상호주관적 삶(2)과 구체적 사적 삶(4) 간의 구별은 외양적 구별일 뿐 실재에 있어 둘은 하나로 연장되는 것이며, 이로써 관념론에 의해서는 실질적으로 평행선을 달릴 뿐인 상호주관적 공영역과 사영역이 에브너의 통찰을 통해서 양자 간에 필연적 연관성을 확보하게 된다는 것으로 요약된다. 상호주관성의 참된 실현은 기이하게도, 일단 그 영역에서 벗어나는 듯이 보이는, '사적' 영역에로의 은둔이 요구된다 하겠다. 신과의 관계가 이루어지는 그곳에서 오직 유일한 '나' 자신에게만 요구되는 신으로부터의 사명을 자각한다고나 할까? 종교적 삶이 무의미한 일상의 삶을 떠나 제의적祭儀的 죽음을 체험하고 다시금 의미를 지닌 채 일상의 삶으로 회귀하는 것이듯이, '나'의 비의적秘儀的 사적 세계를 올바로 체득해 지니고 있는 사람들이 반드시 간주관적 영역의 삶으로 다시 내려와 흔연히 삶을 산다는 것은 전혀 이상한 일이 아니게 된다. 진정한 의미에서 '사적' 삶에서만 의미를 갖게 되는 '성스러움'이나 '선'의 의미가 간주관적 삶의 터전으로 회귀하는 것은 '사적' 영역의 영적 구조에서 오는 내적 필연에 의해 실천의 장을 찾아 나서는 것이며 그들의 존재에 대한 간주관적 입증이 된다. 천재적 예술가나 사상가들이 자신만의 사적 영역에 은거하여 창조적인, 또는 이론적인 무언가를 성취한다면, 그것은 바람직한 일임에 틀림없다. 그러나 그것이 '역동적인 제3의 사적' 삶의 성스러운 본질을(관념적으로가 아니라) '구체적'으로 체득하는 것으로 이어지지 않는다면, 우리는 왜곡된 사적 공간 속의 추상적 '나'의 영원한 미아가 될는지도 모른다. 그럴 경우 우리에게서 '사적' 영역의 체험적 통찰을 지닌 채 간주관적 공적 영역의 이웃에게 다가가는 일은 일어나지 않을 것이다. 이 '사적-간주관적' 영역의 관계가 종교적 형태의 삶으로 번역될 때 우리는 하늘과의 대화에서 얻은 하늘의 평화와 사랑을 들고 지상의 빈민굴을 찾아 나서는 테레사 수녀를 만나게 될 것이다. 마치 플라톤의 동굴 속에서 인간들 간의 사슬을 끊고 '공적 죽음'의 탈주를 감행했던 철인이 동굴 속의 동료들을 위해 다시 동굴로 돌아오듯이! 그러나 전술한 바와 같이 이러한 행위의 가치가 이로써 타인들의 인정에 의해서, 또는 논쟁적 담론(Discourse)에 의해서 입증되는 것은 아니며, 더구나 후자로 환원될 수 있는 것은 더욱 아니다. 왜냐하면 '사적' 영역의 고유한 가치는 간주관적 영역에 일방적으로 실천되어 스스로 실현될 뿐, 간주관적 영역으로부터 그 존재를 인정받거나 간주관적 영역으로부터의 반대급부를 필요로 하는 것은 아니기 때문이다.

*   *

   II부의 주제였던 상호주관성의 기초에 관하여 우리는 다음과 같은 체계도를 그려볼수 있을 것이다. 이렇게 함으로써 하버마스의 의사소통적 간주관성은 그 자신이 간과하고 있는 다음과 같은 하부구조 단계들을 전제하고 있음도 알 수 있게 된다.

<table>
<tr><td>1) 의사소통에 근거한 상호주관성 —————————— 하버마스
1) 외적 법정의 내면화로서의 상호주관적 자아 —————— 미드</td></tr>
<tr><td>2) 신체적, 청각적 상호성에 각인된 상호주관성 ————————— 레빈, 메를로퐁티</td></tr>
<tr><td>3) 원언어와 '나(das Ich)'에 구조화된 상호주관성 ——————— 벤야민, 에브너</td></tr>
</table>

   레빈과 함께 우리는, 데카르트와 칸트의 전통에 묶여 ego적 시각을 벗어나지 못한 콜버그의 도덕발달론에, 간주관적 self관에 근거한 의사소통적 단계를 얹는 하버마스의 통찰 저변에는 메를로퐁티의 '신체적 상호성'이 하부구조로 전제되어 있음을 알게 되었다. 신체는 이미 사회적 존재였던 것이다. 다른 한편, 우리는 발터 벤야민이나 에브너와 함께 하버마스의 의사소통이 근거로 하고 있는 언어에는 이미 간주관적 구조를 지닌 '제3의 사적 영역'이 전제되어 있음 또한 알게 되었다. 그리하여 하버마스의 합리적 의사소통론이 함의하고 있는 간주관성은 간주관적 영역과 '사적 영역' 특히 '제3의 사적영역'과 관계하는 종교적 영역간의 그릇된 전제하에 출발하고 있다는 점에서 제한적인 것이 될 수밖에 없다.

   이제 우리의 긴 이야기를 마칠 때가 된 듯하다. 실재와 청각성의 관계를 주제로 한 1부는 현대문명의 병리를 시간성이 공간성으로, 청각적 영역이 시각적 영역으로 일반화 되어진 곳에 서식하는 것으로 규정하였다. 이때 시각성은 로고스중심적 사유체계를, 이에 반하는 청각성은 탈 로고스중심주의적 대안을 상징했다. 이것은 과학과 테크놀로지 문명의 이름으로 식민지화 되어버린 실재의 또 다른 측면 즉 종교적 세계의 복권을 의미하며 필자는 베르그송의 기독교적 세계관을 통해 이를 예시하고자 하였다. 다른 한편 제 Ⅱ부의 주제는 상호주관성이었다. 그리고 상호주관성의 세계를 배타적인 합리적 의사소통이론으로 분절하고 있는 하버마스를 비판하는 일에 초점이 맞추어졌었다. 필자는 그러한 합리적 의사소통론이 파악할 수 없는 '제3의 사적 영역'에 관한 논의를 통해서만 상호주관적 세계가 참된 단초를 얻을 수 있을 것임을 보이려 하였다. 필자에게 있어 그것은 에브너의 '나(Das Ich)' 개념에 담긴 기독교적 세계였다.

그리하여 각각 Ⅰ부와 Ⅱ부의 결론부를 장식하고 있는 양인(베르그송과 에브너)의 기독교적 세계관은 본서의 지향점을 제시하고 있다고 할 수 있겠다.

Ⅰ부와 Ⅱ부의 논의를 끝내면서 우리는 다음과 같은 결론적 명제들에 이르게 된다. 시각에 호소하는 문자 언어가 소리에 근거하는 구술 언어의 신비에로 완전히 침투해 들어갈 수 없으며 따라서 후자를 전자로 환원하는 것 또한 불가능하듯이, 사적 영역의 삶에 담긴 신비는 합리적 공공영역으로 완전히 번역되지도 환원되지도 않는다. 소리에 관련한 전반부의 명제는 제Ⅰ부의 주제요, 사적 영역에 관련한 후반부의 명제는 제Ⅱ부의 주제였다. 근원적으로 시각성에서 연원하고 있는 고대 그리스철학에서의 이성은 현대에 와서도 소위 '의사소통적 합리성'의 근간을 이루며 면면히 흐르고 있다는 점에서 제Ⅰ부와 제Ⅱ부는 동일한 관심을 공유한다. 청각성에

간직된 신비는 사적 영역과 함께 일종의 '종교적 형이상학'을 요구한다. 제Ⅰ부에서 레빈이 청각성의 발달단계들을 논하는 과정에서 소리의 형이상학에 대한 가능성을 보여 주었듯이, 제Ⅱ부에서는 발터 벤야민과 에브너가 각각 사적 영역 내에서나 직관적으로 감지될 수 있는 언어의 본질을 논하는 과정에서 '종교적 형이상학'의 가능성을 보여 주었다. 필자는, 제Ⅰ부와 제Ⅱ부에서 사적 삶의 실재에 관련하여 선보인 이들 형이상학적 시도들이 역설적이게도 간주관적 영역을 향해 시선을 모으고 있음을 밝힘으로써 간주관적 영역의 시원은 '제3의 사적 삶'이 지니고 있는 역동성임을 강조하였다. 하버마스 등이 생각하는 것처럼 사적 삶은 간주관적으로 환원됨으로써만 의미를 지니는 것이 아니라, 오히려 간주관적 영역의 진리는 사적 삶의 역동적 구조 그 자체로부터 추동된다. 이것이 망각될 때, 베르그송의 지적처럼, 이 근원이 없는 간주관적 영역의 사랑은 공허하다 못해 차갑게까지 된다.

줄리안 제인스가 말하는 '의식'이 그렇듯이, 과학 역시 모든 것을 시각화하고 공간화하는 일로부터 시작한다. 그 과학에 근거한 현대문명 역시 동일한 기질을 드러내는바, 그 결과는 청각적 진리와 이에서 연원하는 상호주관적 삶 모두의 파괴이다. 그러나 전자는 존재의 진리인 시간성을 그리고 후자는 존재의 궁극적 원인자를 고지하고 있다. 불행히도 형색과 공간성의 논리가 일반화되고 있는 현대사회와 이에 근거하는 합리적 공적 삶은 결코 이들로 환원될 수 없는 청각적 영역과 '제3의 사적 영역'이 지닌 진리를 간과하고 있다. 공간성, 시각성, 이성에 대비되는 시간성, 청각성, 신비, 또는 합리적 상호주관성에 대비되는 '제3의 사적 영역'은 아렌트에 있어 '정치 – 행위영역(vita activa)'과 '명상적 영역(vita contemplativa)' 간의 관계처럼, 또는 아도르노에 있어 '역사'와 '자연'의 관계처럼, 상호 규제적 이념들이다. 양자는 서로 어느 한쪽으로 환원될 수 없는 고유의 영역들이어서 이 이념적 쌍의 한쪽이 다른 쪽을 배제한 채로는 허위적 이데올로기에 빠질 위험에 봉착하고 말 것이다. 그리하여 양 항의 올바른 관계정립은 '실재'의 올바른 분절을 위해 필수적이며, 청각성과 시간성의 논리 그리고 '제3의 사적 삶'의 진리를 따르는 직관이 현대사회의 이데올로기적 병리의 치료를 위해 필수적으로 요구된다 하겠다.

참고문헌

Ferdinand Ebner, *Das Wort und die Geistigen Realitäten*, (Regensburg: Verlag Friedrich Pustet, 1921).

Hannah Arendt, *The Human Condition*(Chicago: The University of Chicago Press, 1958).

Herbert. Mead, *Mind, Self, and Society*(Chicago: The University of Chicago Press, 1962).

I. F. Stone, *The Trial of Socrates*(Esthe m Stone JJS c/o Aitken, Stone & Wylie Ltd, 1988).

________, *소크라테스의 비밀*, 편상범 외 번역(자작아카데미, 1996).

Karl Jaspers, *Socrates, Buddha, Confucius, Jesus*(Harcourt: Brace & World, inc., 1962).

________, *소크라테스, 불타, 공자, 예수, 모하메드*, 황필호 역(종로서적, 1997).

Public and Private in Social Life, ed. S.i. Benn and G.F. Gaus(New York: St. Martin's Press, 1983).

부 록

1. 음향학에서 광학으로: 아리스토텔레스의 시학에 나타난 형이상학성의 발흥과 선율성의 사멸

P. 크리스토퍼 스미스

이것(디오니소스적 기원)을 이해하기 위해서 우리는, 말하자면, 아폴로적 예술의 건축물로부터 하나씩 둘씩 돌들을 허물어 내지 않으면 안 된다. 그 것이 기초해 있는 근거를 발견할 때까지.
————프리드리히 니체, *음악정신에서 태어난 비극의 탄생*233)

---

233) "이것(디오니소스적 기원)을 이해하기 위해서 우리는, 말하자면, 아폴로적 예술의 건축물로부터 하나씩 둘씩 돌들을 허물어 내지 않으면 안 된다. 그 것이 기초해 있는 근거를 발견할 때까지"(음악정신에서 태어난 비극의 탄생(Kroener, Stuttgart, 1976), ss3, 57쪽, 이후 GT로 표기함)(본 장에 나타나는 그리스어와 독일어 번역은 필자가 한 것임.) 니체가 사용한 이러한 해석적 전략은 Martin Heidegger의 "Destruktion"과 Jacques Derrida의 "deconstruction"을 위한 길을 놓았으며 양자는 필자의 아리스토텔레스 시학 독해에서도 나타날 것이다. 하이데거의 "근원적 존재론"을 따라 저자는 본 작품에 나타나는 후기 플라톤적 형이상학적 층 저변에로 침투하여 "근원에 더 근접하는 초기의 근원적(einanfaenglicheres, urspruenglicheres Denken)" 사유의 층에 도달하고자 한다 *형이상학*의 서두에 등장하는 아리스토텔레스의 충격적인 양가병존적 태도에 대하여 우리의 주의를 환기시킨 사람은 젊은 시절의 하이데거였음도 아울러 첨언하고자 하는데, 이는 일차적 형태의 지각 또는 aisthesis로서의 듣기와 보기와 관련된다. 아리스토텔레스의 글은 이런 주장으로 말문을 열고 있다. 우리 모두로 하여금 지식을 갖게 하고 우리들에게 사물들의 차이를 펼쳐 보여주는 것은 보는 것(horan)이다. 놀랍게도 그가 이어서 한 말은 배울 수 있는(manthanein) 동물과 배울 수 없는 동물을 구별 짓는 것은 듣기(akouein)라는 것이었다(Metahp. 980a22f: Heidegger, Platon, *Sophistes*, Gesamtausgabe 19(Frankfurt: Klostermanna, 1992), 70쪽.). 그러나 이 시기(1925)의 하이데거의 일차적 관심은 세계가 어떻게 보이는가에 관한 현상학적 명료화작업에 있었기 때문에 그는 즉시 이 작품에서 아리스토텔레스가 남겨놓은 초기의 청각적 경험의 족적을 놓치고 만다. 그런고로 나의 아리스토텔레스 시학의 독해에서 나는 니체의 단선적 통찰 즉 초기의 사유방식은 음악적 기원을 가지고 있었고 일차적으로 청각적이었다는 주장에 더 의존하고 있다. 특별히 쉴러에 관하여, 그리고 음악적 분위기(in einer musikalischen Stimmung)에 나오는 시적 언어의 기원에 관하여 말하고 있는 GT ss6, 67f 쪽을 참조하시라(하이데거는 이 텍스트로부터 분위기라는 단어를 얻어낼 수 있는 것인가 ?). 데리다와 함께 나는 아리스토텔레스가 유일하게 명료한 일관성을 보이는 비극 분석이 범하고 있는 모순을 지적해 보이려 노력하겠다. 이 모순은 그가 자기주장의 변두리와 틈새기에 처박아 두고 있는 비극적 요소들이 조명 받게 될 때 드러나게 된다.

지나친 감이 없진 않으나 역시 뛰어난 글이었던 니체의 *음악의 정신에서 태어난 비극의 탄생(The Birth of Tragedy Out of the Spirit of Music)* 덕분에 우리는 디오니소스적 의식儀式에 나타난 그리스 비극의 기원에 대하여 관심을 갖게 되었음을 고백하지 않을 수 없다. 오직 니체만이 그의 당당한 비판정신에 의해 그리스 비극이 지니고 있는 시각적 지성적 껍질을 긁어내리는 데 성공했으며, 우리에게 그 하부의 음향학적 기초를 드러내 보일 수 있었다. 이는 플라톤이 이 음향적 기초들을 영원히 말살하고, 나아가 이러한 노력에 의해 비극을 말살하는 일에까지 거의 성공할 뻔했던 그 때 이후로부터 2천년이 흐른 지금에 와서야 이루어진 일이었다. 내가 주장하려는 것은 이 니체의 파괴적 전략이 아리스토텔레스의 *시학(Poetics)*에 등장했던 비극론에 까지 연장될 수 있으며 이로써 놀라운 결과를 얻을 수 있을 것이라는 점이다. 니체 이후 우리는 이 *시학*을 일관성을 지닌 비극론으로 보지 않고 오히려 비극에 대한 플라톤 이전의 의식적儀式的 이해와 플라톤 이후의 지성적 이해 간의 발전적 비일관성을 지닌 팽팽한 꼬임으로 볼 수 있게 되었다. 이를 달리 표현하자면 우리는 *시학* 자체의 아폴론적 상부구조를 벗겨내고 그 아래에 숨어 있는 디오니소스적 의식적 기초가 드러나게 할 수 있게 된 것이다. 우리는 비극을, 멀리서 바라보는 관객들(theoretes)을 위한 표상(representation)으로 보는 아리스토텔레스의 궁극적 개념 저변으로 파고들어, *시학* 속에 여전히 건재하는 초기의 비극 이해, 즉 듣는 소리의 박자와 리듬에 사로잡혀 있는 청중들(akouontes)을 위한 의식적 재공연(reenactment)으로 볼 수 있게 된 것이다. 이것은 물론 *시학*이 음향적인 것에서 벗어나 시각적인 것을 향했던 실제의 방향과는 정 반대의 것이다.

전기 플라톤의 이해에 겹쳐 쓰인 후기 플라톤의 이해로 이루어진 시학

양피지는 아리스토텔레스가 사용했던 기본적인 용어에 이르기까지 식별이 가능하게 되었다. 따라서 비록 아리스토텔레스 자신은, 예를 들어 초기에 의식적 재공연을 의미했던 미메시스와 나중에 덧씌운 것이었던 사물 고유의 모습을 재 표상하거나 교육적으로 묘사하는 것으로서의 미메시스를 구별하지 않고 있음에도, 우리가 시학의 저변에 접근하고자 한다면 이러한 구별을 하지 않으면 안 된다. 그리고 같은 방식으로, 비록 아리스토텔레스는 그렇게 하지 않았음에도 불구하고, 우리는 우리의 잘못에 대한 의식적 보상으로서의 카타르시스(katharsis)와 잠재적으로 동요를 부추기는 격정들을 명확히 하거나 인식적으로 정화하는 일로서의 카타르시스를 구별하지 않으면 안 된다. 다시 말해서 아리스토텔레스가 비극에 대한 자신의 해설에서 청각적으로 겪은 의식적 경험의 잔재를 억눌러 버린 듯이 보이고, 그가 그러한 청각적 경험을 이론적 통찰로 대체해버리곤 했다 할지라도, 니체와 함께 우리는 무모순의 원리를 정지시키고 기왕에 억압되고 대체되어 버린 것들을 이에 모순되는 것들 곁으로 다시 복원시키는 일을 우리의 임무로 삼지 않으면 안 된다.[234]

그리하여 나는 무엇보다도 시각적, 이론적, 형이상학적인 것으로의 결정적, 운명적 전환의 배후에 여전히 나타나고 있는 *시학*의 시원적인 청각적 경험을 드러내려는 것이다. 특히 *시학*과 관련하여 내가 주장하려는 것은 아리스토텔레스의 사상이 대체적으로 시각적임에는 틀림없으나 부분적으

---

[234] A.O. 로티의 *아리스토텔레스의 시학 연구* 모음집(Princeton: Princeton University Press, 1992)이 무언가 보여주고 있는 것은, 바로 현대의 아리스토텔레스 분석들이 아리스토텔레스에 내재해 있는 자기모순성에 대한 통찰을 결하고 있다는 점이다. 하이데거의 "Destruktion"이나 데리다의 "deconstruction"이 우리에게 가르쳐주는 것에도 불구하고, 그리고 로티의 책 속에 실린 여러 해석들 간의 명백한 화해불가성에도 불구하고 아리스토텔레스를 해석하는데 있어 주도적 원리는 모든 텍스트는 저마다 논리적으로 자신에 일관성을 지니는 하나의 통일된 전체라는 점이다. 여기서 내가 보이고자 하는 것은 이 무모순의 원리를 버릴 때 어떤 진보가 있을 수 있을까 하는 것이다.

로는 여전히 괄목할 만한 청각적 성격도 지니고 있다는 것이다. 그런고로 이 문서에로 돌아가는 중에 우리는 서구 형이상학적 사유의 발달과정에 있어 한 결정적인 순간에 당도하게 되는 바, 그것은 시각적인 것이 대세를 이루게 되었을지라도 대체되어 버렸던 "초기" 청각적 경험이 흔적으로 남아 있다는 사실이다. 왜냐하면 시학에서는 언제나 이미 "성스러운" 무감동의 관조(apathes theoria)에로의 퇴각이 이루어졌다할 지라도, "세상 속"에서의 우리의 근본적인 실존이 전적으로 억압되어진 것은 아니기 때문이다. 타인들과 더불어 그들 속에서. 그들과의 구술적 청각적 상호작용 속에서 우리는 우리에게 일어난 일들과 우리가 느낀 것들(pathemata and pathe)을 경험하고 서로 의사소통하고 있는 것이다. *시학* 속에서 우리는 순수 테오리아를 추구하며 갈망하는 "무감동의 감동자(unmoved mover)" 또는 더 이상의 어떤 것도 감수하지 않는 순수 무감동의 피동인(被動人, patients)은 아닌 것이다(En X, 1177a12f,. Metaph. Xii, 1072b15ff와 비교하시라.). 우리는 단지 멀리서 바라보기만 할 뿐, 우리를 음악적 운율과 리듬 속으로 끌어들이는 연극의 소리(phonai)를 듣지 못하는, 구경꾼이 아닌 것이다. 우리 앞에 이러한 청각적이고 음악적인 기초가 명백하게 깔리고 나면, 나는 이제 비극에 대한 아리스토텔레스의 시각적 형이상학적 이해를 정확히 있는 그대로 재구성할 수 있게 될 것이다. 그것은 비극의 청각적 음학적 토대로부터의 자기 모순적 전환인바, 이 전환은 자기모순에도 불구하고 후속하는 서구적 사고의 전 과정을 규정해 왔던 것이다.

1.

아리스토텔레스는 자신의 주장을 다음과 같이 간략하게 요약하고 있다.

"비극이란 어떤 존경할 만한 완벽한 행동에 대한 모방(mimesis praxeos)
이다. 그것은 제한적 규모로 이루어지며 극의 부분마다 제각각 사용되는
각각의 흥겨운 연설 형식을 지니게 된다. 그것은 보고에 의한 모방이 아
니라 무언가를 행하는 사람들에 대한 모방으로서 이처럼 생성된 흥분(ton
toiouton pathematon)을 동정과 공포를 통해 배출해버리게 된다. 내가 흥
겨운 연설이라고 한 것은 리듬과, 높고 낮은 음과 멜로디를 지닌 연설을
말하며, 반면에 "제각각 사용되는 (연설)형식"이라고 말한 것은 어떤 [비
극적 효과들은] 보격에 의해서, 다른 효과들은 멜로디에 의해서 얻게 되
는 것을 의미한다."(*시학*, 1449b24-32)

*시학*의 전기 플라톤적 차원과 전기 형이상학적 차원간의 연속성을 두
고 볼 때, 가장 놀라운 것은 *국가론(Republic)*에서 플라톤이 모방에 대해
폄하적 비판을 가했음에도 불구하고, 아리스토텔레스가 음성과 춤으로 이
루어지는 극적 재공연, 즉 모방의 복권을 자신의 비극 시에 관한 설명의
기초로 삼고 있다는 점(또한 1447a13f도 참고 하시라)이다. *국가론*에서
핵심적인 문장 한 두어 개만을 훑어보아도 이 점에 있어 아리스토텔레스
가 얼마나 극명하게 플라톤과 단절하고 있는지 그리고 아리스토텔레스가
얼마나 보수적이며 복고적인 자세로 전통적인 미메시스를 자신의 것으로
전용하고 있는지를 알 수 있다. *국가론*의 주제가 Book X의 서두에서 재
언급되고 있는 바, 비극적 연행의 모방은, 어떤 심리적 이점들을 가져오

기는커녕, "그것을 듣는 이들의 사고를… 황폐시킬 수 있다는 것이다. 심리적 효과들이 그 모방된 일들이 실제로 어떻게 일어나는 지에 대한 통찰을 줌으로써 사고의 황폐를 치료하지 못한다면 이러한 일이 가능하다"(595B)는 것이다. 적어도 아리스토텔레스의 *詩學*에서는 멜로디, 보격, 리듬, 음의 고저가 감정발산의 효과를 얻는 데 중요하다고 말하고 있는 반면, *國家論*에서는 시적 모방의 이러한 청각적 , 음악적 요소들은 일단 껍질이 벗겨지면 단지 모방자 자신의 통찰의 결여를 덮는 겉치장에 불과한 것임이 드러나게 될 것이라고 말한다(601A). 실로 비극적 모방이 지니고 있는 청각적 음악적 요소들은, 플라톤이 사용한 다소 어색한 도전적 유비를 사용하자면, 어떤 사람이 말 재갈의 그림에 색칠한 뒤에 그 그림을 진짜 말 재갈이라고 우겨대거나 더 심하게는 실제의 말 재갈이 어떻게 생긴 것인지에 대한 그의 통찰을 입증하는 것이라고 우겨댈 때의 색깔들에 비유될 수 있다. 사실 색채는 단지 그 밑에 아무런 실제의 것도 지니지 않고 있으면서 단지 우리를 즐겁게 하는 치장에 불과한 것이다. 마찬가지로 청각적 예술가들이 사용하는 "보격, 리듬, 어조의 높낮이" 등 역시 그러한 것이다.

그러나 이러한 강력한 유비적 주장 역시 플라톤에게는 충분한 것이 되지 못한다. 왜냐하면 그것은 그것만으로는 플라톤이 우리에게 가리키고 있는 우리 눈앞에 닥친 위험으로부터 빗나가게 할 것이기 때문이다. 플라톤이 진정으로 말하려는 것은 우리가 듣고 있는 보격이나 리듬이나 음의 고저 등을 통해서 나타나는 청각적 모방들은 우리가 보고 있는 색채들이 할 수 있는 것보다 훨씬 더 파괴적으로 왜곡시키고 있다는 것이다. 결국 시각적인 것이 아니라, 청각적인 것이 우리가 겪고 있는 감정이나 파토스적인 것을 전달하고 공유하는 초기 수단이 되며, 따라서 청각적인 것은

"무언가에 대한 우리의 궁구(窮究, thinking something through)"에, 즉 우리의 사유(dianoia)에, 시각적인 것이 할 수 없는 방식으로 영향을 끼친다. 왜냐하면 우리가 무언가의 해결에 대한 모색을 시작할 때마다, 무언가에 대하여 고심하고 계획을 세울 때마다(604c), 우리 내부에서는 최선의 것과 최악의 것 간에. 이성적인 것과 비이성적인 것 간에. 우리가 적극적으로 행하는 이성(logos)과 단 수동적으로 겪는 감정(pathe) 간에 격렬한 싸움 즉 아곤(agon)이 형성된다. 플라톤이 전하는 소크라테스에 의하면, 우리의 이성적 측면은 "자신과 늘 일치되어 있는" 항상적 기질을 드러낸다. 그러나 우리 감정들의 복합과 같은 비이성적 측면은 다양하고 다변적 성격을 띤다. 그런고로 활동성과 수동성간의 이 아곤은 궁극적으로, 우리를 하나의 통일된 인성으로 지탱해주는 것과 우리를 산만하게 만들어 해체시키고 조각나게 하는 것 간의 갈등인 것이다(604e). 안정된 사람에게 있어서는 "법과 이성"이 감정을 지배하고 이러한 분해를 방지해 준다(604b). 그러나 이러한 파토스에 대한 로고스의 우위는 정확히 보격, 리듬, 음의 고저 등으로 나타나는 음성에 의한 시의 모방이 지니고 있는 청각적 성격에 의해 방해 받는다(603b). 시각적인 것과 달리, 음악적 청각적인 것은 직접 감정에 전달되며 그러한 감정들이 우리를 지배하도록 도울 뿐이다. 이어서 소크라테스는 이렇게 말한다. "모방적 시인은 본성상 영혼의 (이성적) 부분을 겨냥하지 않으며, …소요상태에 빠져 있거나 불안정한 상태의 영혼 부분에 관심을 쏟는다. 왜냐하면 이런 부분이 모방하기 쉽기 때문이다."(605a) 그는 바로 이러한 모방과 미메시스에 의해서 영혼에 "파멸"을 도입하게 된다.

플라톤의 이러한 급진적인 주장의 배경에 반하여, 아리스토텔레스가 우리의 수동적으로 경험하는 일들의 카타르시스에 대해서, 연민이나 공포와 같은 느낌이나 감정(pathe)에 빠져들도록 내버려둠으로써 얻어지는 카타르시스 즉 느낀 것에 관해서 언급하고 있는 것은 놀랍도록 전통적이다. 사실상 연행적 미메시스에 대한 플라톤의 가차 없는 비판에 대한 아리스토텔레스의 반응은 미메시스를 단지 서사시나 비극 희극시에 대한 자신의 적극적 분석을 위한 유일한 기초로 삼을 뿐만 아니라, 미메시스를 인간만이 지닌 학습과정의 본질적이고도 독특한 요소라고 칭송하는 것으로 나타난다(1448b6-19). 우린 어떻게 이것이 가능한지를 묻지 않을 수 없다.

연행적 미메시스를 회복시키려는 아리스토텔레스의 한 가지 방법은 이해(manthanein)에 대한 초기 비극적 이해나, 애쉬루스의 pathei mathos에 표현된 학습, 또는 "체험을 통한 학습"235)을 영속화해 버리는 것이다. 중요한 점은 미메시스를 통한 학습과정에서 우리는 플라톤의 수학적 패러다임을 따라 즉 어떤 것이 보이는 대로 바라봄으로써 배워온 것이 아니라, 말하자면 그것을 우리의 몸으로 직접 느낌으로써 배워왔다는 점이다. 우리는 우리에게 그리고 우리와 함께 경험적으로 발생하는 것을 체험함으로써 배워왔던 것이다. 여기에서 학습은 이론적인 것이 아니다. 앞에 전개된 것을 바라볼 뿐인 어떤 무감동의 인사에게 일어나는 학습이 아니다. 그것은 행위의 모방에 의한 학습 또는 행위를 통해 열심히 개입하는 학습이다. 아리스토텔레스에 의하면 "인간에게 있어 모방은 본유적이어서 어릴 적부터 존재한다. 인간은 가장 모방적이며 모방에 의해서 최초의 학습을 수행한다는 점에서 다른 동물들과 다르다(tas matheseis poietai dia mimeseos tas protas(1448b5-9)). 시와 비극에서는 이러한 모방적 학습이

---

235) 가다머는 애쉬루스에서 따온 이 말을 자신의 Erfahrung으로서의 경험이론을 위해 원용하면서 이 말이 지닌 심오한 함의를 우리에게 경고하고 있다. Gadamer, *Wahrheit und Methode* (Tübingen: J. C. B. Mohr, 1965), p. 339, 그리고 나의 *Hermeneutics and Human Finitude* (Bronx, New York: fordam University Press, 1991), pp.175n9, 190, 274.를 참조하시라.

재 연행에 의해 이루어지는 것이다.

물론 아리스토텔레스가 이미 청각적이고 (행동)개입적인 어떤 것에서부터 시각적이고 초연한 어떤 것으로 학습과 모방의 의미를 옮겨가기 시작했다는 점을 간과해서는 안 된다. 바로 이어지는 행들(1448b10ff)은 바라봄에 의해서 사물의 일반적 특성들을 배우는 것(horan, theoroun) 즉 그 사물의 그려진 표상에 대해서 언급한다. 이런 것에서 우리는 아리스토텔레스의 한 양가적 태도에 직면하게 된다. 이점에 대해서는 나중에 다루기로 하자. 그러나 그렇다고 해서 그가 육체적 재 연행으로서의 미메시스에 의한 학습이라는 초기의 이해를 버린 적이 없다는 것, 그리고 그가 학습에 대한 애쉬루스의 비극적 개념 즉 "체험함으로써 학습된다"는 개념을 완전히 잃어버린 적도 없다는 것은 그가 비극을 정의하면서 옛 개념의 카타르시스를 제의적 재 연행에 의해서 영속화시켜 버리는 것을 보면 분명해진다(위의 1449b24f 인용문을 참조하시라). 다시 말해서 아리스토텔레스의 마음 한 구석에는 학습을 단지 인식(cognition)의 일로 보지 않고 느낌에서 일어나는 변화의 체험을 의미하는 깨달음(recognition, anagnorisis)로서의 학습 개념이 있다. 아리스토텔레스에게 있어 학습은 우리의 잘못에 대한 카타르시스이자 보상이다. 학습은 단지 애쉬루스의 파테이 마토스(pathei mathos)의 이해가 암시하고 있는 발산방출이다. "체험함으로써 배우는" 학습이다. 여기에서 카타르시스는 soteria dia tes katharseos(카타르시스를 통한 구원)에서 아리스토텔레스가 말하고 있는 해방과 구원을 의미하는 소테리아(soteria)와 관계가 있다. 그가 유리피데스(Euripides)의 아우리스의 이피게니아(iphigenia at Aulis, 1163)와 관련하여 언급하던 "카타르시스를 통한 구원"과 관계 있는 것이다.

내가 아리스토텔레스의 이 의미심장한 구절에 관심을 가지게 된 것은 남다른 설명력을 지니고 있는 아리에 코스만(Aryeh Kosman)의 논문 "연기: 실천적 미메시스로서의 연극(Acting: Drama as the Mimesis of Praxis)" 때문이었다.[236] (이후에서 이들의 정당성을 살펴보겠지만) 마르타 누스바움(Martha Nussbaum), 조나단 리어(Jonathan Lear), 그리고 그 밖의 다른 사람들과 같은 "인식론자들(cognitivist)"의 글에 나타나는 카타르시스에 대한 설득력 있는 해석에 반대하여, 코스만은 시학을, 예측할 수 없고 예방할 수 없는 인간적 실수 영역으로 *윤리학(Ethics)*을 확장한 것이라고 보아야 한다며 전자에 못지않게 설득력 있는 주장을 내놓고 있다. 그의 주장에 따르면 우리는 격정에 대한 의식적이고 체계적인 억제 방법과 올바르고 선하고 품위 있는 것에 대한 신중한 선택을 위한 의식적이고 체계적인 지침을 *윤리학*으로부터 배우게 되며, *시학*으로부터는 인식과 추론의 한계들을 배우게 된다. 우리는 또한 이러한 한계들로부터 발생하는 옳고 선하고 품위 있는 것들을 우리가 부지불식간에 불가피하게 위반하지 않을 수 없음에 대해서도 배우게 된다. 콜로누스(Colonus)의 오이디푸스나 오레스테스(Orestes)와 함께, 비극의 청중들인 우리는 이러한 위반에 대한 징벌을 체험한다는 것이 무엇인지, 그리고 이러한 징벌에서 벗어나는 경험 즉 카타르시스의 체험이 어떤 것인지를 우리 자신의 몸에 일어나는 바를 통해 배운다. 경험한 것 즉 비극의 영웅은 자신이 체험하고 있는 것 속에서 우리의 잘못들을 속량하며, 우리 자신은 이러한 파테마타와 그의 속량을

---

236) 특히 로티의 Essays(51-72) 중에서 67쪽을 보라. Kosman은 아리스토텔레스의 미메시스와 카타르시스가 가지고 있는 구원적 차원을 조명하고 있다. 이 글은 Martha Nussbaum이 "비극과 자기만족: 공포와 동정에 관한 플라톤과 아리스토텔레스의 생각"(261-290쪽)과 Jonathan Lear가 "카타르시스"(315-340쪽)가 훌륭하게 논증하고 있는 인식론적 설명들을 완벽히 피해 나가며 모순을 일으키고 있다. 만일 무모순의 원리가 지켜져야 한다면 코스만의 분석이거나 후자들의 분석 둘 중 하나가 폐기되어야 할 것이다. 그러나 나는 모순을 일으키는 양 진영을 유지하고 오히려 무모순의 원리를 폐기해야 한다고 생각한다.

재 연행하는 중에 해방을 경험하게 되는 것이다. 자신의 주장을 지지하는 예루살렘 시릴(Cyril of Jerusalem)의 말, "모방을 통해 그의 고난에 동참하는 중에 우리는 참된 구원을 얻게 된다(tei mimesei ton pathematon autou koinonesantes aletheiai ten soterian kerdesomen.)."를 인용하면서 코스만은 이와 똑 같은 재 연행을 통한 디오니소스적 제의적 카타르시스의 또 다른 흔적들이 성찬식과 세례의식에 대한 초기 기독교적 이해에서도 발견된다고 주장 한다.[237)

카타르시스와 소테리아에로 인도하는 이 재 연행으로서의 미메시스는 회화를 수단으로 해서는 결코 효과를 기대할 수 없고 단지 우리가 듣는 목소리(phone)를 통해서만 가능하다. 이 목소리는 분명히 플라톤이 즐겨하는 단조로운 단일 보격의 차분한 서술과는 정반대로 풍성한 리듬과 성조의 변화를 가지는 목소리이다. 혹 *시학*이 이에 해당되지 않는 다면, *정치학(Politics)*은 파테의 카타르시스에 대한 아리스토텔레스의 이해를 위한 locus classicus에서 바로 이점을 명명백백히 하고 있다:

> "우리는 [동정이나 공포와 같은]감정에 휩싸인 채 그런 감정을 이용하여 주신 제酒神祭에 빠진 영혼의 상태로 있으면서도, 성스런 음악의 도움을 받아, 치유와 카타르시스를 체험했었던 듯이 정상으로 돌아와 있는 이들을 본다. 그리고 동정을 느끼는 자, 공포를 느끼는 자, 그리고 이런 감정의 하나에 빠져 있는 것과 같은 방식으로 다른 격정들을 일반적으로 느끼고 있는 이들도 이와 똑같은 것을 체험할 것임에 틀림없다. 이 모든 것은 일종의 카타르시스와 고통이 완화되는 즐거움으로 여겨질 것임에 틀림없다. (1342a7-15)

---

237) Cyril of Jerusalem, *Mystagogical Catacheses* II.5. in St. Cyril of Jerusalem's Lectures on the Christian Sacraments, ed. F.L. Cross(Crestwood, New York: St. Vladamir, 1986) 로티의 Essays. 68쪽에서 재인용한 것임.

사실, 이 모든 논의는 음악이 단지 즐거운 장식물이 아니라는 사실에 도달한다. 우리는 음악으로부터 인격(character)을 배우는 것인바, 격정을 경험하게 되며 이로 인해 격정에 대응하는 적절한 기질을 획득하게 된다.

> 더 나아가 이 모방들을 듣고 있는 모든 이들은 [연설에 상관없이], 리듬이나 멜로디 자체를 [통하여] 똑같이 느낀 경험을 공유하게 된다(eti de akroomenoi ton mimeseon gignontai pantes summpatheis). 왜냐하면 리듬과 멜로디에는 분노와 유순함 더나가 용기나 절제와 유사한 것과, 이에 정반대되는 모든 것들이 포함되어 있으며, 뿐만 아니라 인격이 지니고 있는 모든 다른 기질, 즉 이 기질들의 참된 본성에 가장 긴밀히 조응하는 유사한 것들 또한 포함되어 있다. 이 모든 것은 [이 리듬이나 멜로디의] 작용에 의해서 명백해 진다. 왜냐하면 우리는 이것들을 들을 때 우리 영혼의 변화를 겪게 되기 때문이다.(1340a13-23) 이로부터 다음의 사실이 자명해 지는바, 음악은 우리의 영혼 안에 어떤 종류의 인격을 생산해 낼 수 있다.(1340b11-12)

아리스토텔레스는 적어도 다음의 중요한 사실을 지적하고 있는 바: 시각적 기술은 기껏해야 인물의 표식(semeia)에 불과할 뿐이어서 결코 인물의 모방이 될 수 없으나(1340a33) 멜로디는 그 자체가 인물의 모방이 된다는 점이다(1340a39-40). 그는 덧붙여 말하기를 우리는 타인의 재연행을 바라보기만 함으로써는 결코 그 인물이 될 수 없으며, (그러기 위해서는) "행동 속의 담화자(koinonei ton ergon)"(1340b24)가 되는 일에 참여하지 않으면 안 된다고 주장한다. 이점은 왜 도구적 미메시스가 일차적으로 청각적인지를 분명히 보여주고 있다. 소리와 마찬가지로, 그것은 제스처와 춤사위 속에서도 소리로서 전인격적인 심인적 존재를 통해 체험되고, 경험되고, 반응된다. 달리 말해서, 인물학습은 곧 누군가가 우리에게 말하는 것을 귀기우려 청취하는 것이며, 듣는 것이며, 신체적으로 되풀이 하는 기능을 의미한다.

　플라톤에 대한 이 명백한 도전들이야말로 아리스토텔레스가 시각에 대한 초기의 청각적 우선권을 영구화하려했던 가장 극적인 증거가 된다. 그럼에도 우리는 이 우선권을 보여주는 다소 희미한 흔적들에 대해서조차 간과해서는 안 된다. 예를 들어 시에서 아리스토텔레스는 플루트나, 칠현금(lyre)의 "목소리(voices)"와, 시에서의 인간의 목소리들은 멜로디를 구성하는 보격과 리듬과 음의 고저가 있다는 점에서 양자 간에는 전적으로 비 플라톤적인 연속성이 있음을 보여주고 있다는 것이다(1447a19f). 분명히 인간의 목소리는 이들 멜로디적 요소들로부터 유의미한 언설(logos)를 만들어 낸다는 점에서 악기의 "목소리들"과는 다르다. 그러나 그렇다 할지라도 이 유의미한 언설 역시 여전히 청각적 매체 속에 뿌리를 내리고 있으며, 예를 들어 우리가 플라톤의 형상을 의미할 때라든가 우리가 발하는 음성들이 우리가 전달하는 관념과 아무런 본질적인 관계도 갖지 않고 있을 때처럼, 후자(청각적 매체)로부터 분리되어 있지 않다.

　더구나 아리스토텔레스가 때때로, 마치 리듬과 보격을 따라 나오는 목소리는 궁극적으로 연설과는 구분되는 것이라고 말하려는 듯이, 산문이나 명료한 연설을 운문과 구별해서 말하고 있다 할지라도(1447a29) 이것이 — 높고 날카로운 소리이든, 낮고 무거운 소리이든 또는 그 중간 소리이든— 소리의 고저가 비본질적인 것이라고 말하고 있는 것은 전혀 아니다 (1456b32). 심지어 산문에서도 음정의 고저는, 예를 들어 발화(logos)가 "우리가 주다(didomen)"의 직설화법인지 아니면 "주기로 하자(dido＾men)"의 명령화법인지를 결정한다. 이런 관점에서 우리는 형식이나 "어투의 제스처 (sche＾mata te＾s lexeo＾s)" 즉 "명령, 청원, 서술, 협박, 질문, 대답"처럼 특히 극적, 화술적 재연 기술의 특별 주제로 여겨지고 있는 것들에 대한

1459b9f의 글귀와 prosodia나 억양에 관한 1461a25ff의 글귀를 주목하고자
한다. 어떤 것이 목소리로 발화될 때 어떻게 들리는가 하는 것은 비단 시
에 있어서만 아니라 평상적인 연설에서도 본질적인 문제임은 명백하다.

  아리스토텔레스는 종종, 음의 고저와는 별개로 리듬과 보격을 따라 내는
목소리에 관련하여, 이것은 시에서만 그런 게 아니라 우리가 말하는 것의
논리적 내용과도 자연적 본질적인 상관관계를 지니고 있는 듯이 말하고
있다. 그는 더 나아가 적어도 비극에서는 논리적 내용조차 음악적 근원을
지니고 있다는 듯이 말하고 있다. 예를 들어 아리스토텔레스는 비극은 플
루트 연주뿐 아니라 주신찬가酒神讚歌와도 1447a14-15, 디오니소스적 남
근숭배가와 예배행진과도 긴밀한 연관을 가지고 있다고 주장하는 바
(1449a10-11), 이는 니체도 완전히 동의하는 내용이기도 하다. 그는 또한
비극은 풍자극에서 비롯한 것이라고 주장하기도 한다(1449a23).238) 이러한
기원으로부터 출발하여 애쉬루스는 자신이 크기를 줄여놓은 합창에 근거
하는 비극으로부터 로고스나 주인공들의 논쟁이나 연설에 근거하는 비극
에로의 전환을 시작하고 있다는 점을 아리스토텔레스는 분명히 덧붙이고
있다. 그리하여 애쉬루스는 주인공의 숫자를 하나(단 한 번의 디오니소스
의 출현)에서 둘로 늘였다. 그리고 음악적인 것에서 대화적인 것에로 발전
해 가는 다음 단계로서 소포클레스는 제3의 주인공을 첨가하고 있다고 아
리스토텔레스는 주장한다(1449a16-18). 그러나 우리는 이러한 발전 자체가
논리적인 것이 자신의 음악적, 음조적, 보격적, 리듬적 고향으로부터 분리
를 의미하고 있지 않음을 주의해야 한다. 역으로 애쉬루스와 소포클레스에

---

238) 비극이 발생하는 토양(Boden)이자 근거인 풍자적 코러스에 대해서는 GT.#7, pp.79-87.를 참
    조할 것. 이곳에서 니체는 "비극은 이 토대에서 자라났고"(80) "주신찬가는 그리스 예술의 구
    원행위이다"(82)고 주장하고 있다.

있어서 강조점이 논리적인 것에로 이동한 것은 한 보격에서 다른 보격에로의 적절한 변화에 대한 요구인 것으로 알려지고 있다. 아리스토텔레스에 의하면, 비극과 그 어투가 덜 풍자적 희극적으로 되고 더욱 엄숙해짐에 따라 "보격이 [3보격]4보격에서 약강격으로 변화한다. 왜냐하면 처음엔 시가 풍자적으로 되고 더욱 춤에 유사한 것이었기 때문에 4보격이 사용되었었기 때문이었다. 그러나 일단 [주인공들의] 어투가 정해지면 자연적으로 적절한 보격이 선택되게 되어 있다."(1449a19-20) 이와 유사하게 우리는 다음의 사실도 알게 된다. "춤에는 4보격, 행동에는 약강격 등, 4보격이나 약강격이 가장 감동적인 반면, 영웅시에 쓰이는 보격이 가장 안정적이고 흔한 보격이다. …이 문제에 있어 어떤 것이 가장 적합한지를 결정하는 것은 자연의 가르침에 따르게 된다(1459b37-60a5).

이리하여 심지어 기초적인 논리적 어투도 여전히 음악적 청각적 기조에 머무는데 이에는 5보격 운문이 자연스럽게 쓰인다. 이 5보격은 아리스토텔레스 자신도 언급하고 있듯이. 순수히 논리적인 것이나, 청각적 감정적으로 중립적인 것과는 거리가 멀다. 5보격은 오히려 단적으로 청각적 "감정" 또는 그것에 대한 파토스를 지니고 있다. 사실 그것은 처음부터 사람들이 "서로 조롱할 때(iambizon allelous)" 쓰던 자연스런 보격이었다 (1448b33).

이처럼 지속적으로 음성적인 것에 논리적인 것을 끼워 넣으려는 노력에 관해서는 최종적으로 아리스토텔레스가 비단 주인공들의 어투에 관해서만 언급하고 있는 게 아니라 합창의 어투에 대해서도 언급하고 있다는 사실에 주목하지 않으면 안 된다. "풍자는 합창 전체의 첫 어투이다(lexis, chorou)."(1452b23) 합창의 어투에 관련하여 분명한 것은 논리적 내용은 그 청각적 기조나 기초와 분리시킬 수 없으며, 주인공들의 어투가 그들을 둘러싼 합창 속에서 생겨나는 한, 니체의 경우는 물론 아리스토텔레스에 있어도, 스스로 억양이 붙어나는 주인공들의 어투로부터 합창의 어휘적 억양에 이르기까지 양자 간에는 연속성이 존재한다. 사실 이러한 연속성을 유지하기 위해서 아리스토텔레스는 아가톤(Agathon)이나 그 밖의 다른 사람들이 합창을 단지 여기 저기 "아무렇게나 던져 넣는" 임의적인 것(embolima)으로 잘못 사용하고 있는 것에 대해 반대한다. 이런 점에서 애쉬루스나 소포클레스는 유리피데스보다는 낫다. 왜냐하면 합창은 "연기자들의 합창이며 전체의 한 부분이어야 하며 행동에 참여하지 않으면 안 되는 것으로 여겨지기 때문이다."(1456a25-33) 이러한 관찰에 이어서 (1452b19-23) 아리스토텔레스는 합창의 멜로디들에 조응하는 비극의 모든 부분들을 나열하고 있다. 서막은 합창이 등장하기 전에 나오는 것이며, 에피소드(삽화적 사건)는 합창의 멜로디 사이사이에 등장하는 것이며, 엑소더스(exodos)는 합창의 마지막 멜로디가 불린 후에 나오는 것이다. 이리하여 인간 경험에 대한 초기의 이해가 아리스토텔레스의 *詩學*에서는 로고스와 렉시스, 연설과 어투 등 발언된 것들이 연속적으로 삽입되는 중에, 그리고 합창단의 노래 속에 되풀이 되어 나타나고 있는 것이다.

여기에 드러난 *詩學*의 청각적 기초는 비극을 듣고 있는 관객들에게는 중요한 의미를 가지게 된다. 그들은, 오직 청중(akouontes)으로서만, 자신들이 느끼며 겪고 있는 것들에 사로잡히며 참여하게 된다. 오직 청중으로서만 그들은 위로부터의 어떤 시각적 지도 같은 것을 통한 해석 없이도 지금 일어나고 있는 일의 복판에 서 있게 된다. 사실상 청중들 간에 의사소통을 가능케 하는 유일한 수단이 음성이라는 사실은 경험한 것의 구조 자체로부터, 즉 비극적 영웅이 겪고 느끼며 동시에 청중들이 참여하고 있는 경험자체로부터 입증된다. 시각적 광경과 달리, 음성—그리고 음악(to melos)—은 언제나 체험되는 것이며 멀리 떨어져 바라보는 자에게는 체감되지 않는 것이기 때문이다. 멀찌감치 안전하게 앉아서도 바라볼 수 있는 시각적 광경과는 달리, 음성은 냉담한 청자들을 몸짓과 춤을 통한 신체적 의사소통의 장으로 끌어낸다. 마지막으로 "체험을 통해서 배우는" 다시 말해서, 멀리 떨어져 바라봄으로써가 아니라 들음으로써 배우는 청자는 지금 시인이 그에게 들려주고 노래해주며 합창단과 배우들이 재연해 보여주는 시적 사건에 참여하는 신체적 대화자들의 고리 안에 들어 있는 것이다. 그리하여 *시학*이 청각적 기초를 지니고 있는 만큼, 플라톤이 추방하려했던 바로 그것은, 다시 말해서 청중을 청각적 경험 속에서 그것에 다가가는 열정에 복종케 하는 일은 회복된다. 그러나 그것은 궁극적으로 묻히고 다시 실종되기로 회복될 뿐이다.

Ⅱ.

결국 아리스토텔레스는 체험에 의한 학습이라는 이 초기의 이해와 이것이 청각적 경험에 두는 우위성을 견지하기에는 너무나 플라톤적이었다. 이 점은 그가 *정치학*에서 그랬던 것처럼 음악적 카타르시스를 적극적으로 다루고 있을 때조차도 그러하다. 그곳에서 그는 이렇게 지적하고 있다: 카타르시스의 효과가 최고로 발휘되는 것은, 연설이 아닌 플루트의 목소리와 같이 목소리에 의한 것으로서, 순수히 청각적이어서 "심상적 (envisionable)" 사유나 논리에 의한 의사전달을 전적으로 배제하는 음악에 의해서 가능하다. 그리하여 심지어 수금과는 상반되게, 플루트를 가지고는 연주하면서 동시에 말한다는 것은 불가능하게 된다(1341a24-25). 실제

 형색과 소리

로 플루트는 "인물을 설정하기 위한 것이 아니다. 그것은 오히려 주신적酒神的인 것이어서" "관조(theoria)가 *학습(mathesis) 보다 카타르시스*의 효과를 거둘 수 있는 상황에" 쓰이게 되어 있다(1341a21-23). (저자에 의한 강조). 다시 말해서 플루트는 탁월하게 카타르시스적이지만 결코 교육적이지는 못한 것이어서 우리는 그것으로부터 인물이나 그 어떤 것을 배우지 못한다. 더구나 플루트는 유익한 카타르시스를 제공할 수 있기는 하지만, 그것은 그것을 연주하는 자나 그것의 소리에 사로잡혀 있는 자에게는 불가능하며 오직 단지 "관조"하고 있는 자에게만 가능한 것이다.

여기에 등장하고 있는 학습과 카타르시스 간의 차별은 화음과 보격의 적절한 사용에 관련하여 더욱 날카롭게 대립된다. 이들 중 어떤 것들은 "윤리적"인 것으로 여겨지며 인물 설정과정에 요긴한 것으로 여겨지며, 우리들 스스로 이것들에 참여하게 되어 있다. 우리는 이것들을 "학습적(manthanic)"이거나 교훈적이라고 말할 수 있을지 모른다. 그러나 다른 것들은 오직 카타르시스적인 것으로만 주장되며 구경꾼들이 "들을" 수 있는 것일 뿐, 말하자면, 결코 직접적으로 연행될 수 없는 것으로 주장되고 있다. 왜냐하면 그럴 경우 그것들이 우리의 영혼에 미칠 영향이 너무나 강렬할 것이기 때문이다(1342a1f). 사실 앞에서 들은 바와 같이 "성스런 멜로디"에 의한 카타르시스(*정치학*, 1342a7f)가 바로 이 위험스런 과잉의 범주에 해당한다.

이와 같은 학습(mathesis)과 음악적 카타르시스와의 분리, 그리고 멜로디 생산에 직접적으로 참여하는 것에 대한 동시적 금지를 생각할 때, 아리스토텔레스가 참여적 미메시스로서의 만타나인으로부터 이미 멀어지기 시작했거나, 적어도 그것을 엄격히 제한하기 시작했으리라는 것은 분명하다. 플루트의 melos와 프리기아식(Phrygian) 양식과 보격 특히 주신酒神찬

양합창과 관련하여, 우리는 더 이상 청각적으로 전수된 사건에 참여하며 그것을 모방적으로 재연하는 중에 느끼고 경험하는 방식을 통해 학습하게 되어있지 않은 것이다. 그렇게 하는 것은 우리 자신을 비속하게 만들며 자유인으로서의 지위를 대가로 지불하지 않으면 안 된다(1340b7af., 1349a9f). 아니나 다를까, 뒤이어 아리스토텔레스는 이렇게 말한다; 이야기 속의 아테네 여신은 플루트를 발견하자 그것을 집어 던져 버린다. "왜냐하면 플루트에 의한 교육은 뭔가를 숙고하는 데 아무것도 기여하지 못하지만, 우리는 아테네 여신의 덕으로 과학과 예술을 얻기 때문이다."(1341b6-8) 이처럼 청각적 경험을 체험하기보다 사유의 우위를 인정함으로써 아리스토텔레스는 플라톤과 맞서기보다 그의 편에 서는 편을 택한다.

사실 플라톤이 멸시했던 초기의 극적 미메시스를 복권시키려는 경향과 함께, 미메시스적 신체적 참여에 의한 학습으로부터 벗어나 초연한 자세의 정신적 심상에 의한 학습을 지향하는 이 모순된 플라톤적 경향이 *시학* 안에도 존재한다. 앞서 살펴본 바와 같이, 우리는 비극에 예시된 바를 따라 모방에 참여함으로써 학습한다고 하는 것은 일찍부터 언급되어 온 바다. "모방하기는 인간에게 태생적인 것이며, 어린 시절부터 줄곧 존재해 왔다. 인간은 가장 모방적이며 모방에 의해서 최초의 학습을 수행한다는 점에서 다른 동물들과 다른 것이다."(1148b5-9) 그러나 앞서 지적했던 바와 같이 이 구절에는 놀라운 양가성이 존재한다. 왜냐하면 혹 아리스토텔레스가 처음부터 누군가의 행동을 재연하는 미메시스를 통한 학습이라는 개념을 염두에 두고 있었더라도, 분명히 그는 또한 이미 사물의 본질적 특성에 대한 묘사 즉 표상의 미메시스라는 전혀 다른 것에 의한 학습으로 전환해 있었다. 그리고 이러한 학습은 결코 시간 속에서, 듣고, 발성하고, 구체적으로 행동을 재연함으로써 학습에 참여하는 우리의 방식에 의한 것은 아니며, 그려 놓은 상 같은 공간 안의 시각적 모방을 멀리 떨어져서 바라봄으로써 이루어지는 학습이다. 왜냐하면 아리스토텔레스는 자신의 주장을 설명하면서 다음과 같이 말하고 있기 때문이다. "우리는 괴상한 들짐승이나 시체처럼 비록 바라보는 것이 몹시 고통스러운 사물일지라도 그것들과 가장 정확하게 닮은 것을 바라보는 자로서 즐거움을 얻고 있다. 왜냐하면 사람들은 유사한 것을 바라보기를 즐거워하기 때문인 데, 이것은 그들이 유사성을 보는 중에 각각의 사물이 어떻게 생겼으며, 그것이 어떤 종류의 것인지를 배우며, 삼단 논법적인 추론을 하는 일이 발생하기 때문이다."(1448b10-17) 플라톤은 말갈기 그림에 관해 의도적으로 어색한 비유를 들고 나오며 시각적 모방을 심각하게 다루지 않고 있다 할지라도, 아리스토텔레스는 분명히 이 문제를 심각하게 다루고 있다. 실제로 아리스토텔레스에게 있어 미메시스는 재 표상을 의미하는 것으로서 이는 극적 재연이라는 본래의 의미가 상실되어 있다.

여기에서 중요한 것은 애쉬루스의 pathei mathos 즉 "체험에 의한 학습"이라는 정서적 차원이 배제되어 버린 새로운 종류의 이해와 학습에로 이동하고 있다는 점이다. 학습은 이제 더 이상 사물이 시간과정 안(in)의 "현장(there)"에서 우리에게 일어나는 대로의 경험에서 학습이 아니다. 이제 학습은 시간과 공간을 초월하는(above) 곳으로부터의 학습이며, 사물의 eidos에 대한 또는 사물이 "어떻게(ti)" "보이는가"에 대한 이성적 이해를 그 "목적"으로 삼는 학습인 것이다. 이러한 새로운 학습에서는 정신(psuche) 즉 인식과 파악의 중심이 더 이상 신체 안의 "내부에(there)" 있지 않으며, 더 이상 신체적 세계의 감각을 체험하는 중에 자리 잡히는 것도 아니며, 사건 안으로부터 스스로 모방을 수행하지도 않는다.[239] 그 정신은 멀리 떨어져서 자신 앞에 전개되고 있는 것을 관조하고 바라본다. 그것은 실로 듣고 있는 청중이 아니라 바라보고 있는 관중인 것이다. 요컨대 청각적인 것이 광학적인 것에 의해 대체되어 버린 것이다.

우리는 또한 이처럼 신체적 체험에 의한 경험으로부터의 프시케를 제거함으로써 생기는 언어의 필연적인 탈청각화 현상과 함께 초연한 관조자 입장에서의 언어의 재배치를 주목하지 않으면 안 된다 말은, 이름이나 onomata가 그렇듯이, 근본적으로 청각적 경험의 발성에 의한 의성어적 모방으로 취급되었다. 물론 *시학*에서 다루고 있는 연설과 어투에 대한 아리스토텔레스의 논의 속에는 여전히 언어의 음성적 기초의 분명한 흔적들이 존재한다. 그러나 우리가 본 바와 같이 이러한 흔적들은 대부분 묻혀버린 채로 있다.

프시케를 청각적 경험에서 제거함에 따라, 언어는 이 프시케가 지금 자신의 눈앞에서 "바라보는" 존재라는 새로운 실재를 표시하지 않으면 안 된다. 즉 이론적으로 관조되는 사물의 eidos나 "외양"에 대한 표시가 되는 것이다. 청각적 onomata나 의성어적 명칭 등 무엇보다도 사물의 소리를 흉내 내는 것으로 여겨지는 것들이 이제는 "2"나 "<"과 같은 semeia로, 다시 말해서 본질적으로 사물의 "외양"에 대한 가시적 무성 표식과 가시

---

239) 내 생각으로는, 한 예로 호머가 정보의 구술적 백과사전으로 읽혀 온 믿기지 않을 정도의 단순화에 대해 E. Havelock, *Preface to Plato* (Cambridge: Harvard University Press, 1963)가 책임이 있다. 이 책은 하이데거와 그 이전의 니체가 주장한 형이상학의 "파괴"를 확증하기도 하고 확증 받기도 한다. 특히 유용한 장은 제II장 "인식체와 피인식체의 분리 또는 정신(psyche)" (197-214)인데 이곳에서 Havelock은 구술적 청각적 문화로부터 문자적 시각적 문화로의 전환과 함께 정신(psuche)이라는 말은 그 의미가 신체 속의 "생명"이라는 뜻에서 몸으로부터 분리되거나 신체적 경험으로부터 분리된 도덕적 결정의 토대로서의 인성, 혼, 또는 자아를 의미하게 되었음을 설득력 있게 논하고 있다. 정신(psuche)에 관련하여 아리스토텔레스는 이전, 즉 플라톤 이전의 정신개념을 견지하는가 하면 동시에 (신체)일탈적 명상에 대한 플라톤의 심리학에 대해 상설하는 괄목할 만한 모순을 보이고 있다.

적 "eidos" 또는 형상이나 사물의 "외관"을 표시하는 가시적 표식으로 보이지 않으면 안 되었다. 그리하여 데리다 이후 오늘날, 우리는 graphein 즉 시각적 공간 위의 표식은 더 이상은 청각적 시간 속에서 이루어지는 말하기(legein)에 기초하지 않고 그 자신의 우선권을 부여받지 않으면 안 되게 되었다. *시학*에서 아리스토텔레스 자신조차도 언어를 일차적으로 구술적으로 볼 것인가 일차적으로 문자적으로 볼 것인가를 놓고 생각이 갈리어 있는 듯이 보인다.[240]

이러한 긴장은 비극의 언어적 요소 즉 lexis 또는 어투에 대한 아리스토텔레스의 설명에서 가장 극명하게 드러난다(1456b9f). 여기에서의 그의 설명은, lexis가 legein(말하다)에서 파생되는 것에서 보듯이 발화 연설을 출발점으로 삼고 있음에도 불구하고, 처음부터 발화되는 연설로부터 벗어나는 쪽으로 방향설정하고 있다. 무엇보다도 1456b3-8에서 그는 감정을 일으키는 어투의 역할에 대한 생각을 이미 *수사학*에로 강등시켜 버렸다. 왜냐하면, *시학*의 관심인 비극에서는 이 감정이 연설 이외의 것, 즉 극의 구성이나 배치(sustasis)에 의해서도 발생하기 때문이다. 본질적으로 이로 인해 다음의 사실이 분명해지는바, *시학*에서는 말한 내용의 음성적 부분이 이제 단지 지엽적 관심사가 될 뿐이라는 점이다. 왜냐하면 어투가 감

---

240) 데리다는 플라톤이 청각적인 것으로부터 시각적인 것으로 전환한 것이 고정적인 공간에 존재하는 시각적 문자 쓰기가 시간과 함께 사라지는 청각적 구술보다 궁극적으로 우위성을 지니는 것을 의미하는 것이라고 보지 않는다. 결국 (그는) 만일 "2"의 eidos나 "외양"이 마음의 눈으로 보는 어떤 것이라면, 이것에 대한 일차적인 신체적 기호는, 사실상, 분명히 신체적 눈에 보이는 것일 터이고, 우리가 "둘" 또는 "deux"라고 말할 때 나오는 음성적 소리는 우연적인 것일 뿐이라고 주장한다. 그렇다면 우리는 이렇게 질문할 수 있을 것이다. 플라톤의 "존재의 형이상학"이 시각적 기호로서의 언어라는 전통을 지지하지 않으면서 해체되고 인간적이자 도구적인, 청각적인 음악적 음성으로서의 원천적 언어로 되돌아갈 수 있겠는가? 이 문제에 관한 한, 니체가 그의 후학들보다 낫다. 그는 자신의 비극의 기원에 대한 비판에서 "그것은 이 '새로운 혼'을 노래로 불렀어야 했다. 말로 하지 않고!"라고 자탄한다.("자기 비평의 시도" GT #3, p.33)

정을 전달하는 방식은 음성임에 틀림없음에도, 적어도 *시학*에 있어서는 이 어투의 기능이 이제 부차적인 것이 되기 때문이다. 실제로 *시학*에서는 극적 웅변술은 어투로부터 분리되어 동작이나 위선적인(hupokrisis) 독립적 학문으로 강등되어 있는 데 후자는 아리스토텔레스에게 연구할 가치조차 없는 것으로 여겨지는 것이었음에 틀림없다(1456b9-10).

그런고로 아리스토텔레스가 여전히 음성으로 나타나는 말에 근거하여 어투에 대한 설명을 전개하고 있는 점은 더욱 놀라운 일이다. 어투의 기본 요소나 stoicheia는—이것을 기록되는 "문자"라고 부르는 것은 잘못된 일이다—모음, 반모음, 묵음, phoneen, hemiphonon, aphonon 등 발음된 소리들이다: "모음은 [입술이나, 목, 이, 혀 등의] 저항을 받지 않으면서 나오는 청각적 음성(akoustike phone)이며, s나 r 따위와 같은 반모음은 상기의 저항을 따라 나오는 청각적 음성이며, g나 d처럼 이러한 저항 자체인 묵음은 전혀 음성을 지니지 못하며 혹 청각적 음성을 얻게 된다 하더라도 이런 음성을 지니고 있는 요소들을 따라 음성을 획득하게 된다."(1456b22-31)

그러나 이러한 음성적 요소들로 구성된 말들(onomata)에도 불구하고 미메시스적 소리로부터 직관적 의미에로의 전환은 명백해지고 있다. 불가분적인 음절들은 분명히 의미 없는 음성, 즉 phone asemos에 불과하다고 일컬어진다(1456b35). 그러나 이들로 이루어진 말이나 발화는 "복합적 유의미 음성(compound significant voice, phone sunthete semantike)"이라고 일컬어진다(1457a12, 24). 이로써 청각적 억양은 그 중요성에 있어서 나타난 의미에 굴복하고, 우리가 듣고 체험하는 것은 우리가 보고 이해하는 것에게 자리를 양보하게 된다.

사실 아리스토텔레스는 처음부터 언제나 어투를 사유에게 종속시키고,

사물이 어떻게 들리는가의 문제를 "뭔가에 대해 추론"함으로써 발화자가 얻는 견해(has in view)에 종속시킨다. 이것 자체가 반드시, 청각적 의사소통이 순수한 개념화에 의해 대체되고, 소리 없는 문자기록에 의해 가장 잘 소통되는 직관적 논리가 음성을 통한 청각적 의사소통을 대체해 버렸다는 것을 의미하지는 않을 것이다. 왜냐하면 아리스토텔레스에 의하면 사유의 관심은 "그것이 언설(logos)에 관한 한 무엇을 제공하든 좋은 것이기 때문이다, 다시 말해서 *어떤 때는 뭔가를 입증하는 것일 수도 있고 논박하는 것일 수도 있으며, 때로는 동정심, 공포, 분노 따위처럼 체험된 감정일 수도 있기 때문이다.*"(1456a36b1 강조는 첨가된 것임) 그는 계속해서 말하기를 "어투의 탁월성은 그 명료성에 있는 것이지 (소리의) 낮음에 있지 않다."(1458a18)고 한다. 이 말은 물론 시인이 하는 말의 소리는 단순히 지나가는 사람들 위로 말이 들리게 하기 위해 구별되는 어떤 특색을 지니고 있어야 한다는 것을 뜻한다. 그러나 중요한 것은 우리가 이 말들이 어떻게 들리는가에 대해 생각하고 있다면 그때 우리는 이 소리의 고저(elevation)에만 관심을 쏟고 있다는 점이다. 이 말들이 음성으로 발화되는 방식에 의해 어떤 파토스가 전달되고 있는가는 관심 밖이다. 왜냐하면 일차적 업무는 말의 배후에 있는 사상 즉 사유를 맹백히(saphos) 전달하는 데 있기 때문이다. 일차적 업무는 "사물이 어떻게 그 (본질적) 모습으로 존재하고 있거나 또는 그렇지 않은가(ti hos estin e ouk estin)"를 명백히 전달하는 것이며(1450b12), 그 "보편적" 모습은 무엇인가(katholou)를 보여주는 것이다 (1450b28-29). 아리스토텔레스에 의하면, 실로 "어투는 말로 사물을 표현함으로써 이루어지는 부연설명(hermeneia)이다."(1450b13-14)

이처럼 비극적 어투를 명백한 부연설명으로 환원시킴으로써, 아리스토텔레스는 비극이란 "행위의 모방"이지 행위에 대한 "보고"가 아니라고 한 초기의 정의에 대해 모순을 범하고 있다(1449b24-27). 이제까지 줄곧 플라톤의 공격에 맞서 미메시스를 복원하였음에도 실은 그는 처음부터 이미 미메시스 보다 서술의 우위를 주장한 플라톤(리퍼블릭 392df.을 참조하시라)에게로 돌아갔었던 것이다.

아리스토텔레스가 지니고 있는 (생각)은 *시학*의 초두에서 만큼이나 *시학* 끝에서도 명백하다. 비극과 서사시의 상대적 장점들을 평가할 때에도 그는 자신의 전형적인 변증법적 형식을 사용하여, 비극보다는 서사시를 선호하는 반대 측 사람들에게 양보하며 출발하고 있다. 그는 종종 "비속한" 재연은 비극에 반하는 것임을 인정하며, 서사시는 무대 위의 배우들이 하는 모방이 아니라 보고하는 행위라는 바로 그 이유 때문에 이러한 비속성을 배제하고 있음을 인정한다(1449b12). 그럼에도 불구하고 그는 이렇게 말한다: "비극은 서사시가 그렇게 하듯이, (시체적) 동작 없이도 자신에 적합한 것을 할 수 있어야 한다. 왜냐하면 비극을 읽는 중에 그것이 어떤 종류의 것인지가 자명해지기 때문이다."(1462a17-18) 이어서 그는 다음과 같이 결론짓는다. 만일 어떤 금지된 동작이나 춤 형식이 허용되기로 한다면, 비극복장이나(1462a9) 피리 연주자들의 연속적인 회전—핀다(Pindar) 시인의 그런 것들까지도—따위는 단지 불필요할 뿐만 아니라 부당한 것이 되고 말 것이다(1461b30f). 사실 비극을 감동 없이, 참여하지 않은 채 읽는 것만으로도 아주 충분할 것이다. "(카타르시스적 효과를 이끌어 내는) 비극의 힘은 주인공이나 연기자들 없이도 존재한다."(1450ㅠ18-19) 그리고 "공포스러운 것이나 동정심은, 분명히, 가시적인 상연(opsis)으로부터 그리고 오직 행동을 지어내는 (작가의) 구성으로부터도 생겨날 수 있다(1453b1-3).

놀랄 것도 없이, 아리스토텔레스가 재연하지 않고 읽는 것만으로도 비

 형색과 소리

극적 효과를 달성할 수 있다는 상기의 말을 할 때 그는 다음의 사실들을 간과하고 있는 것이다. 상기의 낭독은 비록 연기가 아닐지라도, 역시 낭독자와 청중에 의해서 큰 목소리로 발화되고 들리고 있으며 이러한 청취는 신체적으로 느껴지고 체험되는 어떤 것이어서 결코 단지 지적으로 "어떤 상을 얻는 것(getting the picture)"만은 아니다. 그가 지금 강조하고 있는 것은 오직 배치 즉 논리적 구성일 뿐이다. 물론 그는 다음과 같은 말을 덧붙이고 있기는 하다. "이야기는 동작을 보지 않고 그것을 듣고만 있는 이에게 지금 전개되고 있는 사건에 대해 전율과 동정을 전달하도록 구성하는 것이 필수적이다. 오이디푸스 이야기를 듣고 있는 이가 그것을 (an pathoi) 체험하고 있듯이."(1453b4-7) 그러나 놀랍게도 아리스토텔레스는 자신이 말하고 있는 이것의 청각적 차원을 간과하고 있다. 그가 말하고 있는 요지는 우리는 위선과 opsis 즉 연기와 시각적 무대가 없어도 무방하며 우리는 여전히 작품의 논리를 볼 수 있다는 것이다.

이런 식으로 주장하기로 하면, *정치학*에서는 심지어 신성한 멜로디들에 의해 매료되는 일 따위에서 생겨난다고 언급되기도 했으며 또한 분명히 신체적 모방동작에서 체험되고 느껴지는 신체적 청각 경험이기도 한 공포나 동정의 비극적 카타르시스조차도 이제 지적 통찰의 일이 되어 버린다. 공포와 동정의 카타르시시는 타인의 대속적代贖的 고통들을 제례의식적으로 재연한 결과이기는커녕, 이제 본질적으로 누군가가 이들을 체험할 때 생겨나는 것에 대한 초연한 관찰에서 오게 된다. 카타르시스는 이 본질적인 것(고통)에 대한 감정을 바라보고 인지하는 것이 된다. 이는 정확히 방관자들의 바라봄이요 인식인 바, 혹 어떤 차원에서 대리적 감동을 받았다 할지라도, 궁극적으로 이들은 또 다른 차원에서는 실제에 있어 제거 당했거나 무감동의 상태에 있는 자들이다. 누군가가 불가항력적인 범죄의 부담에서 구원받기 위해 카타르시스의 구원적 경험 속에서 타인의 정열을 재연한다 할지라도, 카타르시스는 이제 인식 안에서의 자기 초월을 감각하는 데서 오게 된다.[241] 이때의 원리는 모방적 참여가 아니라 초연함이다.

아리스토텔레스의 비극개념에서 시간적 지속(mekos)을 공간적 크기(megathos)로 대체해버리는 특징은 당연히 시각의 주권적 자율을 찾아 청각적 경험의 정열을 버린 데서 연유한다. 왜냐하면 보격, 리듬, 템포 등에서 박자로 측정되는 시간은 청각성의 중요한 형식이며 음질, 음색, 음의 고저 등은 후자의 내용이기 때문이다. 그러나 높이, 넓이, 깊이로 측정되는 공간은 시각성의 적절한 차원으로서 색깔과 모양을 그 내용으로 하고 있다. 물론 아리스토텔레스는 비극이 시간적 지속성을 지니고 있다는 점을 부인하지는 않으며, 바로 이러한 관점에서 이것을 서사시와 비교하고 있다. 왜냐하면 비극이 지속성은 청중의 기억력을 초월할 수 없는 반면에 서사시는 무제한적 시간동안 계속될 수 있기 때문이다(1451a15f).

또한 아리스토텔레스는 주로 공간적, 시각적 용어들을 통해 비극을 개념화하고 있다. 잘 알려진 대로 그는 비극을 생물체에 비유하며 그 아름다움과 통일성은 그것을 구성하고 있는 부분들 상호간의 공간적 관계가 적당해야 하며—이때 구성과 구성 개념이 도입된다—동시에 그 생물체의 크기가 적당해야만 한다고 주장 한다:

> 왜냐하면 아름다움은 그 크기와 배열에 달려 있는바(en megathei kai taxei),
> 바로 이런 까닭에 모든 생물체 중에 가장 작은 것이나 가장 큰 것은 아름답지 않

---

241) 카타르시스에 대한 인식적 독해는 이처럼 정당화된다. 그러나 Kosman의 구원론적 독해 역시 정당화된다.(4번 각주를 참조할 것.)

은 것이다. 왜냐하면 가장 작은 경우 그것에 대한 우리의 관상(觀想, theo^ria)이 혼동을 일으켜 그 물체의 출현 시간을 거의 지각할 수 없게 되기 때문이다. 가장 큰 것일 경우 우리의 시각이 단번에 작용하지 못하여 관상觀想의 통일성과 전체성이 바라보는 대상을 놓치게 되기 때문이다(1450b36–1451a5).

여기에서 시간에 관한 언급이 있었다 할지라도, 아리스토텔레스가 비극의 공간적 크기에 대한 관상을 단지 은유적으로 말하고 있을 뿐이며 그가 일차적으로 강조하고 있는 것은 비극의 음향적 시간적 지속성이었다고 주장하는 것은 옳지 않다. 첫째, 상기 인용문에 되풀이 되는 관상이나 테오리아에 대한 언급은 그가 비극을 분석하는 동안 결코 포기하지 않고 계속해서 나타나고 있을 뿐 아니라 아주 단호하기까지 하다. 둘째 그런 까닭에 그는 계속해서 부분들과 그것들의 설정과 배치의 taxis and sustasis를 강조한다. 비록 은유적으로 받아들인다 할지라도 패러다임으로 삼는 것은 장소와 공간상의 위치였지 결코 시간적 연쇄가 아니었다. 여기에서의 관심사항은 비록 지적으로 하는 것이긴 하지만 우리가 "보는(see)" 사물이 어떻게 결합되어 있는가 하는 것이다. 내적으로는 그 사물의 부분들이 논리적으로 결합되어 있지 않으면 안 된다. 외적으로는 그 사물이 한계나 경계(*horos*)를 지녀야 하며, *horan*이나 "보기"의 어원이 암시하고 있듯이, 이것은 하나의 전체로서 이해될 수 있는 것이라고 말할 수 있는, "시야에 들어오는(in view)" 것을 의미한다(1451a6).

처음엔 비록 약간의 모호성이 있긴 하지만(1450b26-30), 아리스토텔레스에게 있어서는 잘 구성된 이야기의 시작, 중간, 종결이 궁극적으로 시간 속에서 음향적으로 경험되거나 체험되도록 되어 있지 않다. 이것들은 오히려 우리가 개관하고 있는 어떤 통일적 "생명체"의 부분들로서 이해될 뿐이다(1459a19-20). 이리하여 비극은 분명히 멜로디와 같이 과거의 어느 한 시점으로부터 침묵 가운데 생겨나 우리에게 다가와서는 교향악같이 교직되는 (symploke desis) 목소리들로 절정화시키고는 일을 다 한 듯이 불가청의 세계로 해체(lusis)되어 버리는 그런 것은 아니다. 아리스토텔레스는 말하기를 비극은 마치 "생명체"와 같이 단번에(hama) 그 전체가 눈앞에 현전하여 나타난다고 한다. 요컨대 우리는 더 이상 비극을 들을 수 없게 되었으며 단지 비극의 논리적 그림을 보게 된 것이다. 이는 마치 플라톤이 우리에게 나타나 멜로디들을 듣지 말며 그것들을 시간 속에서 체험하려하지도 말며 단지 그것들 너머에 있는 그들의 이데아를 *바라봄*으로써(apoblepein pros ten idean) 멜로디들을 관장하는 화음의 법칙에 담긴 항존적 고정 불변의 논리를 바라보라고 가르치기라도 하는 듯하다(국가, 531ab).

이것이 바로 아리스토텔레스가 시인이 "즐겁고 적절한 보격"을 써서 작품을 써야 한다할 지라도 결코 그 일이 시인의 일차적 임무일 수 없으며 "개연성이나 필연성에 의해 무엇이 가능한지를"(1451a39) 말해주는 일이 그의 임무라고 말하는 이유이다. 달리 말해서 시인이 지어내는 이야기는 그에 상당하는 논리나 구성을 지니고 있어야 한다. 왜냐하면 역사가에 의해서 다루어지는 과거나 특수는 우리가 그것들의 논리를 보지 못한다 할지라도 믿을만한 것이지만 시인이 다루는 가능한 것들과 보편적인 것들은 우리가 그것들의 논리를 볼 수 있을 때에만 믿을 수 있는 것이 되기 때문이다(1451a39-b8).

여기서 중요한 것은 "개연성에 의하여" "필연성에 의하여"라는 논리적 용어이다. 첫 번째 것은 "다르게 될 수 있는" 바에 대한 변증법적 논증이고 두 번째 것은 반드시 그렇게 되어야 하고 다르게는 될 수 없음을 입증하는 과학적 논증에 대한 말이다. 다시 말해서 우리는 여기서 비극의 유기적 통일이 이성적 추론을 따라야 하며 선행하는 것과 후속하는 것 간의 논리적 관계를 따르지 않으면 안 됨을 보게 된다. 아리스토텔레스에 의하면 끝은 "불가피하게" 또는 "대부분의 경우"(1450b30) 그러하듯이 시작과 중간으로부터 나와야 한다. 이때 "대부분의 경우"라는 말은 "개연성에 의하여"라는 말을 대신하여 쓰이고 있을 뿐임은 물론이다. 심지어 호머조차도 그가 논리적 일관성이 없는 사건들 다시 말해서 개연성도 없고(eikos) 필연성도 없는(anakaios) 사건, 즉 어떤 것의 논리적 귀결로서의 사건이 아닌 것은 제외해 버린 것 때문에 칭찬받는다(1451a24-29). 이리하여 궁극적으로 비극은 그리고 심지어 서사시까지도 지적으로 바라보아야 할 기록된 논증이며 결코 듣고 느끼고 체험될 음악적 사건이 아닌 것이다. 보격과 아마도 피치(음 높이)와 멜로디까지도 사실상 전적으로 부차적인 것이다.

앞서 들은 바와 같이 비극에 의해 카타르시스를 제공받기로 되어 있는 공포와 동정까지도 이야기의 논리적 구성에서 나올 것이지 결코 청중이 체험하는 어떤 경험에서 나오지는 않을 것이다. 이런 이유로 아리스토텔레스의 견지에서는 적절히 구성된 반전과 인지가 전개되는 논리적 일관성을 갖고 있지 않는 "묶기"와 "풀기"가 있을 뿐인 "단순한" 이야기 줄거리보다는 반전과 인지를 포함하는 "복잡한" 이야기 줄거리가 더 바람직하다.

이것은 놀라운 일이 아닐 수 없다. 왜냐하면 그는 지금 우리에게 반전과 인지란 그것들을 경험하고 있는 사람에게 그가 의도했던 결과가 자신이 예견하고 예상했던 것과는 정 반대의 것으로 전환되는 것을 의미한다고 말하고 있기 때문이다. 예를 들어 오이디푸스는 자신이 누구인지를 알려줄 소식에 의해 행복해질 것이라고 기대하였으며 자기 부인이 제거될 것에 대한 공포를 예견했었다 그러나 정반대의 것이 방생하고 말았다(1452a23-27). 그리하여 일어난 일은 오이디푸스에겐 자기 사고의 논리를 배반하는 것이었고 혼란에 빠뜨리는 것이었다. 그가 지금 체험하고 있는 것은 그

*에게*는 전혀 비논리적인 것이며 자신의 유한한 이해의 지평 너머로부터 침입해 오는 것이었다. 그러나 이것은 우리에게는 사실일 수 없다. 왜냐하면 우리는 더 이상 그가 경험하고 있는 감정과 느낀 것을 재공연하고 있는 대화자가 아니라, 위로부터 관조하고 있으며 그에게 청천벽력과 같이 느껴지고 있을 이일의 "개연성"과 "필연성"의 논리를 바라보고 있는 자이기 때문이다. 이전에 우리가 그가 겪는 공포에 연민을 느껴 그에 대한 동정을 경험하고 바로 이 동정에 의해 우리도 자신의 공포로부터 구출되는 것을 느꼈을지라도 지금 우리는 그 어떤 감정으로부터도 배제된 채로 있다. 이리하여 재공연에 의한 구세론적 속죄의 카타르시스는 이제 형이상학적 추상에 의한 플라톤식 정화의 카타르시스가 되어버린다.

이제 의심의 여지 없이 아리스토텔레스에게 있어 음악과 멜로디는 결국 단지 이차적인 "쾌락"을 일으키는 부차적 장식물에 지나지 않게 되며, 카타르시스를 낳는 "비극의 힘"은 "주연배우나 연기자들 없이도" 존재할 수 있는 것으로 일컬어지는 것이다(1450b18). *시학*은 *윤리학*을 인간의 유한성과 오류의 새 지평으로 끌고 간다는 코스만(Kosman)의 주장과는 상반되게, *시학*은 단지 윤리학에서 벌어지고 있는 일을 되풀이하고 있을 뿐이라고 말할 수 있으며, 결국 우리의 약속된 행동과 그 행동에 수반되어 불가피하게 오류에 개입하는 것은 형이상학적 테오리아와 냉정한 무감동의 관조라는 최고의 선에게 자리를 내어주고 만다(EN117a11f). 결국 아리스토텔레스도 플라톤처럼 자신에게 뭔가를 일으키게 할 가능성에서 도망치고 만다. 플라톤처럼 그도 멜로디처럼 닥쳐오는 시간의 흐름으로부터 물러나 피해버리고 만다. 유일하게 Autarkeia를 즉 완전한 평정과 독립을 보증한다고 하는 떨어진 곳에서의 관조로부터 안전을 찾기 위해…

2. The Auditory Basis of the Public Realm

Chapter 1. The loss of a public realm in contemporary society

The thesis of this paper is that the many diseases of contemporary society can be cured given the realization that sociality is the necessary condition of "individuality" (individuierung). In Japan, the general election of the House of Representatives was deemed "the Japanese political experiment oriented toward the 21st century". It ended marking the voting percentage below 60 percent of the nation. In response to this phenomenon Professor Gerald Curtis at Columbia University, who is an expert scholar on Japan, said in an interview: "These Phenomena are not due to the Japanese voters' longing for security, but rather because politics itself had lost attraction for the members of the society···. It is the crisis of Japanese democracy that the voting percentage fell below 60 percent, which is the lowest in Japanese political history."

Such a phenomenon is not limited to Japan. The same is the case in the Korean political arena. Recently, the voting percentage has been going down, especially among younger constituents in their twenties, because this is a politically indifferent group that is exclusively exposed to modern technological civilization. This is the Asian example of the phenomenon of "depoliticization", which Jürgen Habermas talks about. When we consider this problem of depoliticization in light of the further nuclear and environmental crises that we currently face, it becomes imperative that we need a political and ethical system which reflects the fact that man is a political animal ("Zoon Politikon") – i.e., one which reflects publicness.

Since Adam Smith's advocacy of rationality and voluntary self-control of the individual within the Laissez-faire system, a conflict between the pursuit of individual interest and the public good (or collective rationality) began to exist. The present crisis, which stems from the above conflict requires us to review the relevancy of existing theories about the causes and alternatives of the crisis.

In order to resolve this problem, we must recognize that these problems are inseparable from the disconnected mentality of individuals. We must see that the aforementioned problem is essentially related to our ignorance of the socially interactive condition of the individual, the destruction and distortion of the communicative principle, and our neglect of the truth of the metaphysical definition of human existence. Most of all, it seems to me that we must start a fundamentally interdisciplinary discussion, which aims to show that individuality itself depends on a process of socialization. The lack of concern for other people in the individual's consciousness, and the conflict between individual interest and the public good in a political or economic situation, always reveal an absence of awareness of the social condition of the "I."

The ideas offered above are related to the question of how individuals form themselves; what is the relationship between individuality and the process of socialization?; what is the human condition?; what is the metaphysical explanation of individuality?

Chapter 2. "I" and "We": the Social Condition of Individuality

Professor Park Jong Hong in one of his philosophical essays, "I and W e"[242], pursued the question of the origin of the self. He starts from the conclusion of subjective philosophy. Since it is I alone who feels sad and who feels pain, only I am real; all else is an illusion. However, the "I" cannot exist without the body. On the other hand, when we say "My body feels sick" or "My body feels tired", there must be an "I" or a soul, who is the owner or master of that feeling. However, when we say so-and-so "has a kind soul" or is "absent-minded" there must ultimately be an "I" or an indescribable subject, who has a kind soul or is absent-minded. However, these "I"s, including this ultimate subject, have been derived from language hence, they may be far from real. Hence, professor Park asks us to consider a non-language-derived, real situation which enables a real subject or "I" to exist. For instance, I have to breathe air, I have to eat food, I have to interact with the various non-"I"s, which may be called nature. It is only in relation to the non-"I" that I exist.

But when we look at the way in which we actually live, we acknowledge the fact that our interaction with nature has been formed historically and socially, because we learn how to deal with nature in society. Accordingly, Park reaches a conclusion that we cannot imagine an "I" without a "we". No "I" remains once we rid ourselves of human relations, such as "I" as a student, "I" as a teacher, "I" as an audience, or "I" as a father, etc. Even if we were to reconsider language, which we earlier disregarded as non-real, we can see that, as an intersubjective

---

242) Park Jong Hong, *Collected Essays of Park Jong Hong* vol. VI(Hyung Sul Press, 1982), p.287-296.

practice, it too requires a social setting. Hence, both language and the ultimately real subject or "I" presuppose social relations.

In order to provide additional support for Park's thesis, which may otherwise seem naïve, I would like to introduce Herbert Mead's theory of self, which Habermas uses as the basis for his paper, "Individuality through Socialization." According to Mead, someone becomes an "individual" when external "courts" for controlling behavior are internalized. Greatly inspired by this theory, Habermas says:

> "Individuation is pictured not as the self-realization of an independently acting subject, carried out in isolation and freedom, but as a linguistically mediated process of socialization and simultaneous constitution of a life-history that is conscious of itself. ⋯ Individuality forms itself in relations of intersubjective acknowledgement and intersubjectively mediated self-understanding." 243)

According to Mead, subjectivity or individuality occurs only through other people's interpretations about me. If we take outward behavior to be an expression of interpretation, then what this means is that it is possible to see myself in the behavior of other people. That is, other people's behavior, which is caused by my behavior, is an interpretation of my behavior. He argued this according to the following format, which is similar to the process of forming human thought.

According to Mead, who is a behaviorist psychologist, what we call a "mind" or "thought" is nothing but a symbol, which is expressed in behavior.

---

243) Jürgen Habermas, *Nach Metaphysisches Denken* (Frankfurt a/M., Suhrkamp Verlag, 1998), p.191. *Postmetaphysical Thinking* (Massachusetts: MIT Press, 1992), p.152.

"Thought" is the creation of the behavior, which I want to bring about in another, within myself.[244] And I can know the "meaning" of another person's behavior, when her response which is caused by my behavior, becomes a stimulus, which in turn controls my behavior.

Thus, anyone who uses language already takes on the attitude or behavior of the person, with whom he is having a conversation. This is because "language" is a stimulus, to which a certain set of responses is usually given.[245] Man internalizes a process of socialization, wherein we adopt each other's point of view through language. Since man adopts the point of view of others with the help of language, through the stimulus of language, my identity and the "meaning" of myself are formed by the constant set of responses I receive from others. However, my identity does not remain the same permanently. For being is an ongoing event or process, and self is nothing but a composition of evolutionary stages which develop through language.[246]

---

244) Herbert Mead, *Mind, Self, and Society* (Chicago: The University of Chicago Press, 1962), p.73.

245) Ibid., p.181.

246) Despite this argument, Mead argues two moments of self: "me" who accepts the organized attitude of a group within himself, and on the other hand "I" which is a hidden being with subjective and free character. The difference between Mead and Habermas on the relationship between "me" and "I", as well as the problems on the public realm and private realm of self were dealt with in my essay "Individuation and Post-metaphysics"

Chapter 3. Destruction of the Public Realm: From Polis to Technocratic Society

Modern society has made us seriously ask ourselves whether man is a "political animal" and has made us question the meaning of it. Hannah Arendt identifies "vita activa" in the ancient Greek *polis*, and defines it in terms of "labor", "work" and "action". To her, "labor", "work" and "action" are ultimately defined as acts of "dedication to a public-political life".[247] Among the three, "action" is the most uniquely human condition, because there could also be an animal *laboran* who "labors" and a Demiurge who "works." This is because only humans, through "action", create the condition of history by making and maintaining political organizations. For ancient Greek people, to "live" means to be among people, while to die means to cease to be in that social state. Therefore, the Greeks regard a "private" life as incomplete and lacking. Even though a slave lives with other people, his life is not considered a public life as long as he lives it only to survive. For a slave lives only to meet the bare conditions of survival, and is not concerned with living a "great life" or living for a great cause, such as freedom.

The basis of *polis* is established only when natural, "social" associations, such as home, blood relations, and tribal relations, which only exist to produce necessary goods for life, are overcome(aufhebened). Therefore, Hannah Arendt believes that translating "Zoon Politikon" as "animal socialis" or "animal rationale" is lethally wrong.[248] Neither Plato nor

---

247) Hannah Arendt, *The Human Condition* (Chicago: The University of Chicago Press, 1958), .12.

248) It refers to T. Aquinas' translation "man is by nature political, that is social." The Index Rerum

Aristotle regarded the forming of a "social" group as a characteristic of being human or *politikos*. What the *bios-politikos*, which forms conditions of ancient Greek peoples' existence, requires is *zoon logon ekhon*, which means rhetorical ability(*lexis*) and a great deed of zoon politikon(praxis). "Private life"(*idion*) is the life of slave, which lives only for its survival ,and obeys out of fear of violence. By contrast, "public life"(*koinon*) is one which risks its life for the sake of freedom, and a life that requires a rhetorical ability to convince others by moving words.

This life of a *polis* in ancient Greece illustrates publicness as a human condition. And it also strongly suggests that the cause of pathology in modern life, which is ruled by instrumental reason, is the loss of publicness, which is by contrast based on communicative capability(*lexis*), and the heroic *praxis* of freedom. Praxis, which signifies the political realm, must ultimately be tied to *theoria*, which provides the existential basis for ancient Greek life. However, it is questionable whether this *praxis* (public domain) is consistently related to *theoria* (private domain) in Ancient Greek life. I will deal with this problem in chapter 8.

When we combine Arendt's discussion of "action" with Habermas' theory of "interaction", we will have the means for better discussing solutions for the problem of a "depoliticized" and instrumental modern society. The destruction and distortion of the public realm goes back to the conflict between citizen and state. According to the liberal model of the public realm, the innate purpose of the public realm is originally to replace

---

to the Taurinian edition of Aquinas, 1922. quoted from Arendt, ibid. According to Arendt, translation of "Zoon Politikon" as "animal rationale" also makes us misunderstand the latter as a universal characteristic of human beings because, according to Aristotle, logos (speech) of the former cannot be replaced by nous of the latter.

authoritative domination with reason. Thus, the public realm is supposed to exercise the critical function of mediating civil society and state, which are fundamentally divided.[249] However, as Hegel points out, the basis of society, which this liberal model refers to, is doomed to destroy the liberal model itself. As Marx and Mill subsequently point out, this notion of publicness or the public good, which was believed to be good for humanity in general, turns out to be non-universal and subjective. For the public good was what benefited the middle class (petit-bourgeois), and this narrow conception of the public good brought about social conflict. This conflict reaches the highest point in the form of capitalism. However, according to Habermas, as modern science and technology appeared, the public realm in post-capitalistic society underwent a structural transformation and the loss of the public realm became more pathological. Habermas' earlier work, *Structural Transformation of the Public Realm*, describes the loss of the public realm and the depoliticization of a post-capitalistic society.

The public realm actually changed into a place where private interests compete; law is nothing but a compromise between conflicting private interests; and social organizations are combined with government in the form of political parties or public administration. Political organizations exercise power in the realm of both the commodity exchange and the social labor through the fusion of public and private realms. On the other hand, social power groups play a political function. These are the phenomena of the refeudalization of the public realm.[250]

---

249) Thomas McCarthy, *The Critical Theory of Jürgen Habermas* (Cambridge: MIT Press, 1981) p.382.

250) Jürgen Habermas, "The Public Sphere" *New German Critique* 3, 1974, p. 54. Translation is modified by myself.

Finally the political, discursive public realm, which pursues the highest ideal of universal reason and communicative consensus in social life, was replaced by compromises between economic interest groups. According to Habermas, the severe destruction of the political realm is due to the transformation of the practical problem(*praxis*) into the technical problem(*techne*).

The true seriousness of the pathology, which is called "technocratic ideology", lies, not in the domination of the proletarian class by the bourgeois class, but rather in the replacement of practical interest by technical interest in modern society.[251] According to Habermas, this new modern, technocratic ideology distorts basic interests, which are rooted in the two fundamental conditions of human existence revealed in our language.[252] One of the two conditions is "work," which controls objects with technical rules and methods in order to meet materialistic needs and be free from the oppression of nature. The other condition is "interaction," which aims to reach a mutual understanding between man and man in a norm-governed society. Both are fundamental conditions of human existence. The human being has a "technical interest" and a "practical interest" from the aforementioned two realms respectively.

However, together with the development of science and technology, the practical realm - i.e., the modern world, which has been invaded by science - has been "depoliticized", according to Habermas. Moreover, modern capitalism, elicited by the government, requires the depoliticization of its people in order to obtain its security. And the justification of the depoliticization by the technocratic consciousness makes the pathology more incurable.

---

251) Jürgen Habermas, *Toward a Rational Society* (Boston: Beacon Press, 1970), p.111.

252) Ibid., p. 112.

However, Habermas' discussion of the depoliticization of the public realm, which is based on the theory of interaction along with his theory of "individuality", fails to give us any ontological basis for publicness. Moreover, his "post-metaphysical thinking(nachmetaphysisches Denken)" seems to make this approach fundamentally impossible. I believe we can get at the heart of the problem of the dominance of instrumental reason, when we add the phenomenological-hermeneutic approach to the Habermasian, social-philosophical analysis.

Chapter 4. An auditory basis for the public realm: a phenomenological—hermeneutic approach

Through a phenomenological-hermeneutic approach which David Levin shows, I'd like to review the loss of the public realm in modern times, in relation to our auditory and corporeal faculties. In this chapter, I'd like to examine the possibility of a metaphysical basis for publicness. It is vision-centered thought and instrumental reason, rather than auditory-centered thought, that rule modern civilization. According to Levin, since we are addicted to ego-centric logic rather than self, and space-dominating thought rather than temporality, we are bound to "beings" rather than the truth of "Being(Sein)." Thus, the loss of publicness is a pathology which is related to the losses of auditory-centered thought, self, time, and Being.

A. Two kinds of self and intercorporeality

In his *The Listening Self* [253], David Levin distinguishes between false subjectivity and true subjectivity. He discusses the Cartesian or Kantian egological subject, who fails to respond properly to social domination and true human desire due to indulgence in narcissism and hedonism. On the other hand, he also discusses the true subject, who is based on sociality and responds to true human desire. (He shows this through a critique of narcissism and the four stages of aural ability, which I will discuss later.) According to Levin, the Kantian and Cartesian ego, which was subsequently developed by Piaget, Kohlberg, and Rawls, becomes so isolated, monadic, and rational that it fails to adequately treat history, tradition, aesthetics, and human desire and emotions. These theorists impose a fixed and universal essence on all egos, thereby ignoring any contextual specificity. For instance, in Kohlberg's discussion of Kant's theory of morality, the ego reaches its highest stage of maturity when it acquires the cognitive ability of reasoning from principles, rather than norms. As in Kant, the will of a voluntary actor is determined by the unconditional respect for the moral law, which pertains to an abstractly established general other.[254]

When Habermas criticized such cognitivism together with a depoliticized modern society, due to its lack of publicness in his "moral development and ego identity", he is right. As mentioned earlier, for Habermas, self is basically a social product of intersubjectivity. Since the aforementioned argument is also true of the moral self, in the context of a discursive structure, wherein one communicates with "concrete" others, the moral self also thinks and judges in order to reach a consensus of understanding. And

---

253) David M. Levin, *The Listening Self* (New York: Routledge), 1989.

254) Lawrence Kohlberg, *Essays on Moral Development, vol. 1: The Philosophy of Moral Development.* (New York, Harper & ow), 1981.

it goes on to practice reason in order to realize a utopia in social life. Accordingly, Habermas believes that Kohlberg's six stages of moral development would be complete only by adding his seventh "communicative stage of ethics." The self in this last stage is one that can participate in a "universalizable interpretation." It is the self that can reach a rational consensus concerning the good life and happiness, by means of unlimited, open, public discourse. Only by means of this "true self," who is in tune with the needs of concrete others as well as with herself, can we realize individuality and autonomous self-decision based on universal principles. According to Levin, this is the notion of self, which is distinguishable from the notion of ego (even though Habermas himself uses the terms indistinguishably). However, Levin states that Habermas' subjectivity fails to realize the basis of itself as "intercorporeality" and also ignores its ontological or metaphysical basis.

According to Merleau-Ponty, unlike the Cartesian soul, man is not so isolated a subject that he or she cannot reach other people's consciousness. Neither is man a self-sufficient being who has relationships with others through accidental, external conditions. For man is essentially and physically formed by social interaction. As confirmed by one's primary stage of narcissism, which is articulated by Freud, man in his infant period lives in fundamental confusion of undifferentiated symbiosis between subject and object.[255] We can find a perfect instance of the symbiotic relationship

---

255) According to Freud, since the libido of the *id* in the infant period retreats from the object to ego itself, the cathectic object is internalized as ego-ideal and it becomes super-ego. If this retreat continues for a long period, or reappears in adult period again, which prevents itself from returning to the cathectic object, then it becomes pathological. Unlike this pathological narcissism of Freud or Lacan, Levin introduces a positive concept of narcissism of Merleau-Ponty. See *Listening Self* chapter 5, part 4.

in the smiles and facial muscular movements given and taken between mother and infant long before a stable field of perception is established. Another example of this is shown in the way that a cry of a baby becomes contagious to other babies, who immediately start to cry as well. This intercorporeal synchronization is called "empathetic flow", a "symphony of choreographed movements duplicated in each other's experience", a "state of experience sharing", or an "interactive sense of feeling".[256] This intercorporeal synchronization between all men is already non-linguistically established as a primary basis of sociality. Our bodies are already social. Publicness or sociality manifests itself physically as "anonymous collectivity" or "initial community" way before the adaptability of ego is established. Only after this body is substantially formed in the corporeal collectivity is individuality realized.

Levin explains the mechanism of intercorporeality (motor mimicry) in terms of "echoing" and Lacan's notion of "mirroring".[257] Levin criticizes the concept of narcissism presupposed in Lacan's concept of mirroring, as it relies too heavily on the Freudian tradition and ignores the positive aspect of narcissism. According to Lacan, despite his "fragmented" state and inability to move well, an infant experiences himself as an omnipotent whole being by unidirectionally conforming to the image of his parents. However, unbeknownst to the infant, this reflected image is not an image of his true self but one of an isolated self. According to Lacan's theory, mirroring requires too much social conformity for the purpose of establishing the identity of self, and, as a result, makes it difficult to

---

256) Michael P. Coyle. "On Experiential Perspective on the Mother-Infant Relationship", Focusing Folio 6 (1) p. 5-6. Quoted from *The Listening Self,* p.151.

257) Levin, p. 153.

become a unified and concrete identity.

However, unlike Lacan's infant who unilaterally conforms to the mirrored image of his parents, Merleau-Ponty puts emphasis on mutually influential intercorporeal interaction. That is, according to Merleau-Ponty's theory of corporeal interaction, an infant, via the process of mirroring and echoing, sees himself as a reflection of other people's view towards him and hears himself as he is echoed in other people's sounds. Other people show him and allow him to listen to how he himself looks and sounds. Through mirroring and echoing, the parent's body enables the infant to feel his own physical function and his own subjective feeling. Through these two processes, the infant feels its body as a consistent whole and learns about love, accuracy, trust, and self-respect through corporeal imitation.

Merleau-Ponty's narcissism is not a cognitive egotism of the Cartesian ego, which pursues absolute assurance, but an experience intertwined with the body of others. This body is not something that is thought of by the mind, but rather the thing who senses and is sensed, a medium that forms subject and object, and a matrix in which subject and object mirror and echo each other continuously. I look at myself through the mirror of others and hear myself through the echo of others. I open myself through these relationships.

The core concepts of "reversibility" and "chiasm" of the body, which involve mirroring and echoing in the senses stated in the previous paragraphs, are used by Merleau-Ponty and provide a good basis for our topic. According to Merleau-Ponty, when our bodies perceive ourselves and the world during the second stage of narcissism, our action becomes passive like the painter who perceives an object, which looks back at him. When I look at the mountain hill, the hill looks back at me in the same way, as if it is returning my gaze. When my gaze emanates from me and lingers on the mountain hill, it is as if I am looking at myself from the hill.[258] According to Merleau-Ponty, the principles of "reversibility" and "chiasm" hold in the nature of our bodies, which makes it meaningless to ask "who sees?" and "who is seen?". "My field of perception is intertwined with that of others, so that my body is intertwined with the visible object and my life is intertwined with that of others⋯. Thus, my body finds that my intention is surprisingly extended in the bodies of others."[259] Reversibility is a schema which is inscribed in the body.

So in this context, when I am being looked at, I am not a mere object of perception. Instead, I leave myself and live within an other. I am open to myself. I "escape myself", and become "ignorant of oneself". Therefore, self ,in this case, exists by virtue of spreading out and revealing concealment(Unverborgenheit of the Verborgen).[260] All of this becomes possible because of the mediated experience, in which I return to myself with the otherness of my body. The returned self is not the same self anymore because it is self-transcendent, and sees itself as intertwined with others. Only this concept of self aligns itself with the ego perfectly. This identity of self is not an illusion, which infants create by unconsciously and unilaterally conforming to the foreign mirrored image. This is not an identity that society bestows, but is an encounter of myself while listening to others who originally exist within the communicability of the body. This

---

258) Martin Villon, "Merleau-Ponty and the Psychogenesis of the Self", Journal of Phenomenological Psychology 9 (1-2) Autumn 1978. Quoted from Levin LS. p.163.

259) Merleau-Ponty, *Phenomenology of Perception* (London: Routledge and Kegan Paul, 1962), p.354.

260) Merleau-Ponty, "The Working Note", *The Visible and the Invisible*, p.249. Quoted from Levin, LS. p. 159.

is an identity of self, which is possible by identifying idealities which are schematized and previewed in the nature of body.[261] However, from Merleau-Ponty's point of view, human sight is separated from a deep level and was historically used as a tool of instrumental reason. Moreover, compared with hearing, cognition and civilization, biased by the former, must be related to the loss of publicness in our modern scientific society.

B. Metaphysics of Listening

Professor Park Jong Hong, in his essay, "Seeing and Listening"[262] identifies two kinds of cultures: one is the culture of the eye and its man(Augenmenschen), which ranges from ancient Greece through the Italian Renaissance to modern France. The other is the culture of listening which includes Hebraic and oriental culture. (He includes German culture in the latter as well). In the former camp, the ideal is *Idea or Eidos*, which supposedly means "to see". Therefore, *Aletheia*, which means "truth", stands for the revealing of something hidden. On the other hand, *Dabar*, which means "dynamic activity which drives something from behind to the front", to the Hebrew-speaking people, is *Logos* which means word, instead of mere sound, *Gol*. "If we must put it into words, *Dabar* is an action-word(Tatwort) which means that word and action are synchronized." According to Park, word is supposed to be heard and listening to a word means that I will execute it and obey it, thus, affording it belongingness(Gehőren).[263] That is to say, it is an attitude of faith. The

---

261) Levin, LS. p.161.

262) Park Jong Hong, *Collected Papers of Park Jong Hong,* vol lll.(Seoul: Hyung Sul Press, 1982), p.545-553.

 형색과 소리

Oriental truth of integrity(聖) is a word that is realized into action. Since a word is meant to be heard, integrity means listening to a word as action. *Tao*(道), which is translated into *logos*, means obedience to reason, which is heaven's command. This *Tao* is one that is good enough for us to die in the evening, as far as we hear it in the morning(朝聞道夕死可矣). The aforementioned two thoughts are contrastive.

The Western academy tries to start something clear and distinct while the Oriental theorist tries to find the depths in something mysterious. The one is focused on the external world, while the other is focused on the internal one. The modern scientific academy is proud of its external precision, while existential philosophy is proud of its internal authenticity. Precision-oriented science brought us the unprecedented threat of the atom-bomb and H-bomb, while existentialism lamented over the unprecedented decadence of the human mind.[264]

The above discussion of professor Park seems to be based on

---

263) Ibid., p. 549. This kind of insight can be found in many places in the Bible. According to the Bible, man who is sinful is supposed to die when he or she sees God (Exodus 33:20). It is only those with a "pure heart" that received such a blessing as seeing God (Mathew 5:8). When God told Moses not to come close, Moses covered his eyes because he was afraid to see God, and just responded to the voice(Exodus 3:5-6) A similar thing happened to Paul in the New Testament. When Paul was on his way to Damascus, the Holy Spirit made him blind with a strong light, and addressed him (Acts 22:6-11) When the Pharisess asked Jesus when the kingdom of God would come, he answered, that the kingdom of God does not come in such a way as to be seen, because the kingdom of God is within you (Luke 17: 20-21). Actually, an underlying idea in the Bible seems to be that the sin that destroys us come to us through "sight". And on the other hand , faith that leads us to salvation comes from "listening". On the scene of man's fall, it was the human eye which had the crucial role of seeing the "good-looking" apple. It seems to be obvious that when Adam and Eve wanted to open their eyes, they wanted to open to reason. That latter made its appearance in building Babel Tower against God. Oh, how terrifying was Oedipus who took out his own eyes with his hands and disappeared into the desert!

264) Ibid., p. 551.

Heideggerian ontology, which criticized the traditional metaphysics that started from ancient Greek philosophy. Heidegger requires us to shift our concern from "beings" to "Being", in other words from our faculty of sight and the spatiality of the former to the temporality of the latter. For him, the latter seems to carry greater philosophical meaning because the sound we hear also lives in time.

Thus, Aristotle said, we value sight more than anything else because it is the fundamental source of knowledge and it differentiates one object from another.[265] Going against this traditional belief of philosophy, Levin combines Heidegger's ontology of Sein with the theory of listening, which is based on Merleau-Ponty's corporeal phenomenology. The latter presents auditory alternatives, with which to criticize the sight-centered, Western concept of reason. I hope we can articulate the corporeal (i.e., auditory) basis of publicness by reviewing his theory, which emphasizes listening rather than sight. Man started civilization by relying on listening, and viewing from an ontogenetical point of view. Infants develop auditory cognition first, not sight-centered cognition.

However, the historical conflict between sight and hearing concluded with the victory of sight, and sight gained holistic and general sovereignty. Accordingly, entire philosophical texts submitted to the visual paradigm. Since men can easily close their eyes, and turn away from anything they would prefer not to see, they, by abstracting objects from the situational assignment, could hold an isolated image as a "Vorhandensein(present at hand)". This enabled them to produce theoretical knowledge that controlled visual objects,[266] and encouraged them to privilege interested sight-based

---

265) Aristotle, *Metaphysics* (John Warrington, Dent, 1946). p.51. Quoted from Levin, LS. p.28.

episteme rather than *sophia*, which is wisdom that understands.[267] However, as Meister Eckhart points out, "since internal hearing does not exercise its control over what it hears, it could not but help admit the sound into its body. This saves us from making errors, which depart from wisdom. Listening brings more within, while seeing loses more by virtue of the activity of seeing. The power to listen to the eternal world is in me, while the power to see will leave me, because I become passive when hearing and become active when seeing."[268] Even though the German word "Vernunft", which corresponds to our word "reason", derives from the word "Vernehmen", which covers the area of perception and listening, reason exercises the unifying power of "synthesis" in the closed, sight-centered paradigm under the influence of the Enlightenment (which includes Kantian and Hegelian philosophy). Instead of a totalitarian metaphysics based on sight-centered reason, which is supposed to be superior to "Verstand" (understanding), Levin seeks to establish a new metaphysics based on communicative reason in the paradigm of listening. He talks about the paradigm of listening because the object (sound) is not controllable like light it can neither be possessed nor grasped. Instead, it is a non-substantial and non-eternal, in other words, temporal thing.[269] Heidegger also points out that "listening is *Dasein*'s existential way of being open in its being-with-others for others (Das existenziale Offenseindes Daseins als Mitsein für den Anderen)." That is to say, one could be open

---

266) Levin, p. 30.

267) Since epi means in front of, and sta means posited, episteme means an action of beholding an object in front.

268) Meister Eckhart, *Meister Eckhart*, Raymond B. Blankney ed.(New York: Harper & Rowe, 1969), p. 108. Quoted from Levin, LS. p. 33.

269) Levin, p. 32.

to a different way of life.[270]

As we mentioned earlier, the theory of reversibility, which is based on Merleau-Ponty's notion of mirroring, presented the conditions of subjectivity and identity. According to Levin, even though there is an aspect in Merleau-Ponty's theory (i.e., its sight-centered character in general), which makes it difficult to put forth a new theory of subjectivity, his idea about echoing and resounding is illuminating. "When I approach a speaker closely enough to listen to his breath and feel his excitement and tiredness, I can hear the mysterious noises occurring within him as if they were occurring within myself. As there is a reflection in the system of tactility and sight, there is also a reflection in the movement of uttering and listening. The latter has auditory inscriptions of itself and the noises raise a motor echo within myself."[271] Infants listen to themselves through motor echoing, which occurs in their mothers reflexively according to the size and sorts of sounds they make. When we apply this corporeal reversibility to the realm of listening, we reach a point, where "we cannot distinguish between who is talking and who is listening, because all of the perceptions double by overlapping with counterperceptions. It is an action with two faces."[272] I listen to myself as the sounds are reflected by the ears of another. Judgments about "good" or "bad" resonance, rhythm, timing, and echoing, which stem from the dialectical logic of reversibility, help to form one's self-identity. And these become the fundamental basis of establishing consensus in daily political discourse.[273]

---

270) Martin Heidegger, *Being and Time* (New York: Harper & Rowe, 1962), p. 206. [*Sein und Zeit,* (Tübingen: Max Neimeyer, 1963), p.163]

271) Merleau-Ponty, "The Intertwining and the Chiasm" p.144. Quoted from Levin. LS. p.171.

272) Merleau-Ponty, "Working Notes" p.264-5. Quoted from Levin. LS. p.164.

C. The Four Developmental Stages of Listening and the Metaphysical Basis for Publicness

In order to articulate human listening, which becomes the basis for publicness, Levin identifies four stages of developmental listening, which are crucial for the self-developmental process.[274] In the first stage of listening, which Levin defines in terms of a Heideggerian being-in-the-world (Zugehörigkeit), the infant has a pre-understanding of Being. The infant, who is not able to distinguish himself from the environment, belongs to the auditory field as a whole, which is "an utterly open, incommensurable matrix of sonorous energies."[275] At this point, Being makes its appearance premordially in the auditory organ of the infant. In other words, for an infant, "Zugehörigkeit" means the attainment of an ontological, pre-understanding of Being. All of this is possible through listening, "Hőrigkeit." The infant, who is in tune with the sonorous matrix, where the listener and auditory field are undifferentiated, is exposed to a sonorous level of Being by listening. However, this openness of listening and its "ecstasy" is abolished when the infant undergoes the process of socialization, which ironically is a necessary condition of maturation.

In the second stage of listening, an infant undergoes development in order to meet the needs of the environment and the norms of human relationships. In doing this, the sonorous situation becomes divided into subject and object. And the infant distinguishes sounds, mimics other sounds, and understands the meaning of the different tones of sounds.

---

273) Levin, LS. p. 171.

274) Ibid., p. 45-62.

275) Ibid., p. 45.

In the third stage of developmental listening, the infant, through self-trained musical and psychological interaction, overcomes its fixed, conforming, egoistic identity, and goes on to develop a creative, growing self. At this stage, he as a listener realizes that he has to respond to the publicness and interaction of all sonorous beings. The listening here is an instantiation of compassion. Listening at this stage enables him to make interaction, consensus and justice possible by understanding the dynamics of reversibility in all sonorous situations. According to Levin, communication as a condition for reaching understanding, as Habermas suggests, is possible at this stage.

Lastly, during the fourth stage of listening, the self learns to listen in a different way in the form of "hearkening(horchen)" or "letting be(Gelassenheit)". The self here is able to identify the double tonality of beings and Being in the field of hearing. This is a kind of "spiritual accomplishment"[276], which grasps the sonorous Being (of beings) by recovering the lost auditoriness. It is possible to "invite" a gathering of all sonorous, audible beings from all sonorous dimensions into "Gestalt." This entails "just listening" without getting entangled in the ego's stories and recovering the ontological pre-understanding lost in the egoistic preoccupations. This is a return to the ways of living before the emergence of the ego, and a recovery of the sense of ecstatic living and our deep sense of connectedness with the Being of all sonorous beings, which one used to enjoy before the arrival of the ego.

This last stage of listening is like the attitude of a Zen Master listening without attachment, listening without object, listening without purpose,

---

276) Ibid., p. 48.

and finally listening in silence.[277] Such listening and letting go is possible only when the dualistic structure of subject and object is nullified and both subject and object become fused. Such listening is possible when our listening lets the object go, and lets it return to the resonance of its innate Being. Such listening is possible when the subject opens himself to the field of sound as a whole. This listening is one, where we do not listen to a specific thing because we rid ourselves of object-orientedness. Following Heideggerian thought, we are returning our thought to the openness of Being as such by virtue of this openness.

If you want to listen to Being, i.e., listening as recovering the history of Being, we have to listen carefully to the fundamental, harmonious, all-inclusive level in which all beings make sounds. In other words, we have to respond to the invitation to the field of sonorous energy, which Being collects and displays. Thus, to listen means to become an organ of Being, which gathers and arranges. In other words, listening itself mimics Being by gathering and arranging. The listening understood as "letting go", by the homology between the mortal beings and Being, makes listening to the fundamental gathering possible. It creates a hidden treasure between the listening of man and blessing ("Es gibt") of Being to be heard. By recovering this pre-theoretical relation to Being and making contact with a sense of Zugehőrigkeit, we can hear the whole field of listening. When we gather to listen, all things that make sounds become open and become different. When we embrace all sound-making objects and when we keep silent and let the universe make a big echoing sound, we listen to the song of Being. This is the realization of ontological

---

277) Ibid., p. 227-8.

possibility.[278] In this final stage of listening, the metaphysical meaning of publicness as a human condition becomes clear.

The corporeal intersubjectivity, and the "intertwining between subject and object, based on reversibility in Merleau-Ponty's narcissism, strongly suggests that our moral community is also based on this universal flesh ."[279] Thus, the establishment of the moral community is possible only when, in a fundamental sense, I am me and not me at the same time. I am my body and an "interactive corporeal being" at the same time.[280] So for Merleau-Ponty, interaction is what goes on in an "ideal community of embodied subjects and interactive corporeal beings."[281] According to Levin, our auditory experience is also rooted in the reversibility of "universal flesh", which consists of my body and other bodies, which share a similar way of dealing with the world.

As Habermas suggests, there is actually no freedom in the ideal political world, without interpreting the needs of the inner nature of self. This is because the autonomous self cannot exist without the correct interpretation of inner desire. And this is because the ideal liberated society cannot exist without an autonomous self. However, when we think of Merleau-Ponty's theory of body, the image of the ideal self is already schematized in the auditory reversibility of the body. This "initial community", to which we belong, is based on corporeal reversibility. And it is the prior

---

278) Ibid. p. 251-257

279) Merleau-Ponty, "The Intertwining and Chiasm" p.137. According to Levin, our auditory experience is also rooted in the reversibility of "universal flesh" in which my body and other bodies share the similar intention in dealing with the world.

280) Ibid. p. 164

281) Merleau-Ponty, "Themes from the Lectures at the College De France" 1953-1960 Evanston: Northwistern University Press, 1970 p.82. Quoted from Levin, Ibid. p. 165

understanding of communicative interaction, which a just society requires. Thus Levin interprets Habermans' claim as meaning that the modern self, which suffers from a separation from inner nature, actually endures a separation from wisdom, which is embedded in "Zugehőrigkeit" and is hidden in the process of socialization.[282] Thus, it is important for us to reclaim the Zugehőrigkeit into which we are inherently cast. For there, we are not controlled by ego, which conforms to a socially given meaning and fails to escape from the ontological dualism between self and the other. We are asked to realize the "anonymous collectivity", which transcends subject/object in the auditory field, because the ideal body politics and utopian potential to liberate, which are woven in our cell structure since infancy, are schematized in the auditory field. Two made by Habermas were: (1) communication must be added to as a final stage to Kohlberg's account of moral development, and (2) communication is the solution to the problem of a depoliticized public. However his solution is possible only by presupposing the development of an auditory capacity. This is the limitation of Habermas' linguistic theory, which is the basis of his interactive social theory. And this is also a limitation of his theory of "postmetaphysical thinking".

---

282) Levin, Ibid. p. 172. Levin following Heidegger says that hearing is the root of sociation in which we are intertwined in the lives of others. There is a utopian emancipatory potential in this corporeal schematization

Bibliography

박종홍, *박종홍 전집* vol. III(형성출판사, 1982).

David M. Levin, *The ListeningSelf*(New York: Routledge, 1989).

Hannah Arendt, *The Human Condition*(Chicago: University of Chicago Press, 1958).

HerbertMead, *Mind, Self and Society*(Chicago: The University of Chicago: Press, 1962).

Jürgen Habermas, "The Public Sphere" *New German Critique* 3(1974).

_______________, *Communication and the Evolution of Society*(Boston: Beacon Press, 1979b).

_______________, *Toward a Rational Society*(Boston: Beacon Press, 1970).

_______________, *Nachmetaphysisches Denken*(Frankfurt/M: Suhrkamp,1988).

_______________, *Postmetaphysical Thinking*(Massachusetts: The MIT Press, 1992).

Lawrence Kohlberg, *Essays on Moral Development vol. 1: The Philosophy of Moral Development*(New York: Harper & Row, 1981).

Martin Dillon, "Merleau-Ponty and the psychogenesis of the self" Journal of Phenomenological Psychology 9(Autumn,1978).

Martin Heidegger, *Being and Time* (New York: Harper & Row, 1962). *Sein und Zeit* (Tübingen: Max Neimeyer, 1963).

Meister Eckhart, *Meister Eckhart* ed. Raymond B. Blankney(NewYork: Harper & Row, 1969).

Merleau-Ponty, *Phenomenology of Perception*(London: Routledge & Kegan Paul, 1962).

_______________, "The intertwining-the chiasm", *The Visible and the Invisible* (Evanston: Northwestern University Press, 1968).

Michael P. Coyle, "An Experiential Perspective on the Mother-infantRelationship", *Focusing Folio* 6 (1)

3. Sight and Sound

Chapter 1. Introduction

Sight and sound space and time are dialectical[283] categories of reality. The former resides in standstill, the latter in movement. The former looks outwards, while the latter inwards. Thus, the former is inscribed on stone tablets with letters, the latter is recorded in hearts with words. Sound lives only in time. As Walter Ong notes, even though we could posit standstill states of time, it would mean dead silence and nothing in terms of time. Sound exists only when it is about to disappear.[284] This is the way in which sound coexists with time. Thus the spatialization of sound signifies the death of sound. This phenomenon turns out to be that of literacy and orality when applied to language, that of "consciousness" and "bicamerality"[285] when applied to the mind, that of the Greek and Hebrew when applied to culture, and that of man and God when speaking practically. Each are antithetical[286] existing independently, yet mutually

---

283) The term, "dialectical" isn't necessarily used in Hegel's sense. In fact, what I have in mind is closer in spirit to the "negative dialectics" of Adorno, Benjamin etc., the content of which is to be made clearer in the subsequent pages.

284) Walter Ong, *Orality and Literacy*. trans. Kee Woo Lee et al.(Moon Yeh Publishing Co., 1995).

285) Julian Jaynes, The *Origin of Consciousness in the Breakdown of the Bicameral Mind* (Houghton Mifflin Co., 1976).

286) This terminology is similar to "the concept of contradiction" used in structural logic, but different in its meaning. In the case of the concept of contradiction used in structural logic, the positing of one of the conjuncts (or disjuncts) requires the negation of the other; that is, it is a relation where the two cannot coexist. However, in the case of negative dialectical logic it is not only the case that two contradictory concepts can coexist as mutually regulating terms, such

affecting the history and culture of man. Accordingly the generalization of one or the colonization of the other surely leads to a distortion of personality and pathology of culture. This is the assumption of this study.

Unfortunately the present era is an age of spatialization, of literacy, of "consciousness". and of technology, which finds the absence of orality, "bicamerality", and aura. It fails to know how to synthesize, only analyze. It is the age of pride, which has lost spirituality and life. We have practised the former under the auspice of "philosophy." And we have expelled the latter outside the boundaries of philosophy.[287] As we know, Western philosophy set out to distinguish itself not only from the Sophists, but also from rhetoric that is traditionally based on speech. As such, it was a science, which reorganized itself in terms of a new structure of thought based on writing.[288][289] Employing Julian Jaynes' term, this was a science which had developed within the limits of "consciousness", and therefore a philosophy of consciousness which denied the reality of anything outside of itself; it was a literacy-based philosophy. Surprisingly enough however, it was voices outside of philosophy that pointed out the fundamental

---

is the only principle under which an explanation of this relationship is possible. The relationship between nature and history is an example of just this.

287) Perhaps Kierkegaard remains the only voice within the confines of philosophy to speak of the aforementioned latter. Ferdinand Ebner notes this point in his book, *Das Wort und die Geistigen Realitäten: Pneumatologische Fragmente*, (Verlag Friedrich Pustet 1921) The majority of philosophers expel talk of such things outside of the realm of "experience" and "language".

288) Ong,, p. 167. Of course this tradition of rhetoric has thereafter reappeared in Renaissance Humanism etc. and recently in Communication Theory or Pragmatics etc. In Korea, a discussion of this can be found in Kang, Young Ahn "Modern Knowledge ideology and the Humanities" Philosophy 1998.

289) For the relationship between sight and Western Philosophy, see David M. Levin ed. Sites of Vision: The Discursive Construction of Sight in the History of Philosophy, (Cambridge, The MiT Press, 1997), especially ch.1 P. Christopher Smith, "From Acoustics to Optics: The Rise of the Metaphysical and Demise of the Melodic in Aristotle's Poetics"

pathology of the absence of orality. Walter Ong speaks of the absence of orality, Julian Jaynes of "bicamerality", Walter Benjamin of aura[290], and Ferdinand Ebner of God[291]. None of these items can be found on a typical "philosopher's" list. What I hope to do in this paper is to set out on an archaeological journey with these authors, and to pin down what present day "philosophy" misses.

I would like to begin my journey with a focus on the way in which sight and sound, sight and hearing, create distinctly differentiable cultural characteristics throughout the history of human civilization and culture. I will begin by reviewing Boman's work on two different cultures, a sight-based Greek culture from which Western philosophy stemmed on the one hand, and a listening-based culture, Hebraic culture from which Judaism developed on the other. What Boman seemed unable to account for as he worked out a comparative study between the two cultures however, was why such distinct cultures sometimes exhibited similarities; and what Boman seemed to fail to recognize was the dialectical relationship between sight and sound. By critiquing the problematic aspects of the works of Julian Jaynes, Walter Ong, and Walter Benjamin etc., I hope to diagnose the distortion of reality which is reflected by Western philosophy's pathological ideology.

---

290) Walter Benjamin, GS. ll. p.378.

291) Ferdinand Ebner, *Das Wort und die Geistige Realitäten: Pneumatologische Fragmente* (Verlag Friedrich Pustet, 1921).

Chapter 2. Sight and Sound, and Two Cultures

Sight and sound are outward-looking and inward-looking, respectively. As they move in time and space they are responsible for similar kinds of mental phenomena. Typically, light and sound are taken to reside in the external, objective world, while sight and hearing are taken to reside in an inner, subjective mind. But according to Ebner,[292] light and sound themselves are already present in our eyes and ears. What makes sight are our eyes. What makes sound are our ears. Before reaching our eyes, light was just material ether which had the property of solidity. Before reaching our ears, sounds were the physical waves of materials which had the property of solidity. Regarding this, Ebner borrows Goethe's expression and says: "if ether becomes light as it touches the eye, and the vibration of air becomes sound as it touches the ear, then the eye is like 'sonnenhaft', and the ear is the 'creator of sound'."[293] This is how art becomes possible. In this sense, these two senses must surely be the superior senses in that they are distinguishable from the senses of taste, smell, touch, which are confined at the level of material solidity. Furthermore, the more one thinks about it, one is struck with the thought that, among the senses, hearing is a most wondrous sense. Whereas one can close one's eyes or turn away, or distance one's tongue or hand from a given object, this is not so with the ear. One cannot block sound that one hears by turning away. It is the sensory organ for which it is most impossible to control the admittance of

---

292) Ebner makes this claim here despite the fact that he harshly criticizes Kant and all idealists. Ebner, ibid., ch. 6.

293) Ebner, p. 65.

stimuli. And this mandatoriness brings with it something meaning-laden, which we call "words".294) This is man's greatest achievement and God's blessing to us. Just as the physical air vibrations disappear with the hearing experience, sound disappears with the experience of words295). All that remains is the wondrous word.

At first, Ong too, stresses the importance of the auditory sense. No matter how much our world has become dominated by a writing and printing culture, as long as there is language, it, directly or indirectly, cannot acquire meaning without remaining connected to the source of language, which is the world of sound. The act of reading a text, whether it is out loud or in silence, is an act of translation into sound. The act of writing cannot occur without being given the voice and character of word s.296) Despite this, sight and sound, or sight and hearing, have throughout history had distinct relations to language by virtue of informing it of distinct ways of thought. They have (on the basis of that language) divided culture into a sight-based culture and a sound-based one. Paradigmatic examples of each are ancient Greek culture and Hebraic culture. The latter is a language whose alphabet consists only of consonants. The Jewish people read by contextually supplementing consonants with appropriate vowels. Given the fact that the Hebrew language essentially relies on visually unseeable factors, one might consider Hebrew as a paradigmatic example of a sound-based language.297) In contrast, ancient Greece is

---

294) While I fundamentally like Ebner's discussion of the religious meaning of "word", his claim that we ought to understand language solely in terms of sound, and hence activated word, is hard to accept. A detailed discussion of my grounds for this thought will follow in the conclusion.

295) Ibid., p.73.

296) Ong, pp.17-18.

297) Ibid., p.139.

known to have the world's first alphabet with vowels. This is the important first step in transforming language to a completely sight-based one. Of course the Greeks and the Western civilization that emerged thereafter were able to reap the intellectual benefits of this development.[298]

Thorleif Boman makes this point in his book, *Das hebraeische Denken im Vergleich mit dem griechischen*. I will now select and summarize those points, which are relevant to the present thesis. According to his study, which has as its subject of analysis the two cultures, the ancient Greeks concentrated on realistically describing the visual exterior of their subjects of beauty, and transformed all emotional or mobile objects into cerebral or mental ones via the medium of an image.[299] On the other hand, the Jews depicted their subjects in a way that would provide a perceptible and deep impression and emotional effect. Even God is depicted and expressed as a perceptible sound.

And in the case of the statues, featured in the Book of Daniel, the material and temporal features of the statue rather than the spatialized exterior of it are clearly emphasized.[300] Whereas the former focuses on visibility and stresses space, the latter emphasizes flow, rhythm, and the emotional perception of the movement of time. Whereas true existence is an eternally steadfast idea of goodness and logos signifies "calculation" or "thought"; in the case of the former, in the case of the latter genuine existence signifies a kind of action that is indistinguishable from words

---

298) Ibid., p.140. However whether these two languages are exclusively inclined toward either sight or sound is a genuine question. I will offer my opinion on this matter in the conclusion.

299) Thorleif Boman, *A Comparison of Jewish and Greek Thought*, trans. by Hyuk Huh, (Boondo Publishing Co, 1975), pp.100-3.

300) Ibid., p.90.

times observe similarities, not differences, between the two cultures. And his explanation of these similarities would suffer from weakness. Despite his fundamental position that the Greek language, which is visual, spatial, and static, is the basis of European thought, and the Hebrew language, which is aural, temporal, dynamic, is the basis of Eastern thought, Boman attempts an awkward reconciliation between the two cultures. For instance, he remarks that whether the cultures speak of existence as everlasting abeyance or speak of it as perpetual motion, it is nevertheless the case that existence is what both cultures take to be true reality; and this is an important point of intersection between the two.[309] To take no account of the dynamism inherent in each culture, and to speak only of the commonalities between the two with respect to concern or theme without any further explanation of the phenomenon, is inadequate. What about this commonality?[310] Boman who spoke of "unity" admits in an appendix, which he adds in a subsequent edition, that the ancient Greek notion of time, which was the basis of contemporary western civilization, is problematic. And he goes on to say that because we placed space above time in our thought, our representation of space created our representation of time, and partially distorted it.[311] The fundamental reason Boman could not but linger over a reconciliation between the two cultures stems from the fact that he overlooked the temporality of language; that is, he neglected the fact that each language culture transforms itself historically from an orality-based culture to a literacy-based one. And by virtue of living in a specific time of history, both cultures survive and develop

---

309) Ibid., p.69.

310) Ibid.

311) Ibid., p.280.

within the domain of influence of a literacy culture.I will further probe
into this issue now by discussing the research of Jaynes and Ong.

Chapter 3. The "Bicameral Structure" of Mind

A shocking reinterpretation of "consciousness", which was traditionally a
subject matter of philosophy, came from a Yale University psychologist
after Freud.This is what Julian Jaynes offers in his three-part book, *The
Origin of Consciousness in the Breakdown of the Bicameral Mind*. He denies
commonsensical views about consciousness. He claims that consciousness is
not necessary for learning, ideas, thought, or rationality. According to
Jaynes, consciousness is not a necessary product of the development of the
cerebral cortex, which had to appear in the history of mammals; nor is it
associated in any way with Descartes' pineal gland. It is something that
arrived later, after the development of language. In other words,
consciousness appeared in conjunction with the spatialized transformation of
aural language into written language.[312] According to Jaynes, this sort of
consciousness has a number of characteristics, one of which is its
"spatializing" character.

Consciousness spatializes time. For instance, just as television or
newspapers highlight and review newsworthy items of each year annually,
we recall events of the past century, year by year, chronologically and
"perhaps aligned from left to right." Time cannot be thought of
non-spatially it is via spatialization that its diachronic character changes

---

312) Jaynes, p.68.

into a synchronic one. Consciousness occupies no space in the real world of physics; even so, it creates its own so-called "metaphorical mind-space", and thereby constructs novel relations along the way.[313]

Jaynes claims that this sort of consciousness is not only unnecessary for learning or the revival of experience, it is ultimately undesirable.[314] For instance, if a particular piece of music is heard while we consume tasty foods, the next time we hear it we produce saliva, and we enjoy the music all the more. However we learn that the music is a signal of forthcoming pleasure without consciousness. If on the other hand we knew of the association between the music and pleasure beforehand, this sort of learning would not have even occurred. During a performance, a pianist or dancer ruins the piece she is performing the minute she becomes (self-)conscious of her fingers or body.[315] After such rumination, Jaynes concludes that prior to the advent of consciousness, "a civilization without consciousness must have been possible."[316] He makes the case for the existence of such a civilization with research about the history of human civilization and ancient history.

It is indubitable that there must have been something in lieu of consciousness in ancient civilization. Jaynes argues that this must have been the bicamerality of mind. Sight and sound enter into the picture of the development of language as polar opposites. Language plainly begins with

---

313) Ibid., p.60.

314) Ibid., p.26.

315) This may be true of practiced actors who, after much learning, are engrossed in the activity of self-expression, but it is questionable whether this is true of those in the beginning stages of their learning process.

316) Ibid., p.47.

hearing. Fundamentally, there is no room for sight in the formation of language. However, an orality based civilization, which depends exclusively on hearing, gets washed away and vanishes without a trace with the flow of time much like the fate of sound. In order to trace the remnants of such a civilization, we are left with no choice but to rely on records of the period in between the aural language culture and the visual language culture. Interestingly enough, though Jaynes seems not to have been familiar with Boman's research, he too chooses as examples (in addition to ancient Mesopotamian civilization) the ancient Greek *Iliad* and part of the Jewish peoples' Old Testament Bible. To him, the mentalities of these two cultures are instantiations of the bicamerality of mind.

Jaynes notes that the structure of mind shown in the language that is recorded in ancient times is different from that of today. In the former, narrative or spatialization was absent; these characteristics appear only in records of later times. And he points out that a paradigmatic example of this sort of culture of consciousness is Greek culture after the *Iliad*.[317] What is noteworthy above all is that between B.C. 1230 and B.C. 850 *the Iliad,* which is surmised to have been passed down orally, typically never mentions concepts relating to consciousness such as "mentality", "soul", or "will".All things mental get mentioned only in terms of specific substances, such as "thumos", which signifies action, or "phrenes", which signifies the senses of the body, or "noos" (later "nous") which means 'to see' etc. The warriors of the *Iliad* poured their "psyche", which signifies their blood, on the ground as they died.[318]

---

317) Ibid., p.82.

318) Ibid., pp.69-71.

 형색과 소리

The claim is that insofar as the warriors of the *Iliad* had their bodies, blood, breath, and throbbing hearts, there was no need to mention a will, or mind, or spirit that would direct their actions. What does this omission signify? Presumably the idea is that there existed something else that was acting in the place of their own wills, directing their actions. When the warriors find themselves experiencing internal conflict because they are unable to make a decision due to an encounter with sudden and unexpected difficulty, even before consciousness kicks in, they hear a voice that tells them what to do. This is not unlike an auditory hallucination.

In most cases, these few short words possess the distinctive characteristics of being slowly spoken, having rhythm and rhyme, or at times, being of a foreign language. The content of these words consist of warning, command, consolation, or in some instances, teasing. Despite the fact that one was unable to know the direction from which these words emanated, the words had prophetic powers, which were given to them by spirits, whether good or bad. Those who heard these words began to believe that they originated from people, gods, angels, demons, enemies, or relatives. This is because whenever one is faced with an impossibly demanding situation and is in desperate need of help from an absolute power, such a voice was heard without fail. Try as one might to bury one's head, to hide in a cave, to plug one's ears, one still heard the sound of the omnipresent voice of undeniable authority. Originally, "to hear" means "to suspend one's identity", and "hearing actually means to, in some sense, obey."[319] The word, "obey", originates from the Latin word, "obedire" (i.e., ob + audire), and hence means to stand in front of someone and listen. Those who

---

319) Ibid., p.97.

heard the voice in a moment of conflict, attributed to it divine authority and obeyed its every command. According to Jaynes, this type of phenomenon is readily observable in ancient Greece as well as in Jewish culture.

The word, "Hebrew", comes from the word, "Khabiru", the pronunciation of which is supposed to have been "softened in the desert air"[320] into "Hebrew". And it signifies, in the language of Babylonia, the vagrants of Akkad or their language. The Hebrew language is the language of a mixed people, which consists of the refugees of Thera, Assyria, or Hittite.[321] Among the books of the Old Testament, which is written in this language, Jaynes selects the book of Amos as a textual example that best exhibits the bicamerality of mind.

Amos was the first prophet of the Old Testament. Unlike the other prophets, he introduces himself as a shepherd. The entire book of Amos consists of the story of Amos (who lived in the land of Judah), who hears the voice of God and delivers to the Jews of Israel God's message that He is filled with wrath toward their indulgence in unjust riches. Jaynes claims that, for all we know, Amos may have been an illiterate shepherd; and as such, someone may have had to write down what he orally dictated. The book begins each paragraph with "This is what the Lord says". Expressions such as "I think...", "I feel...", or "I understand···", or vocabulary relevant to man's thoughts or mentality does not appear at all here.For all we know, Amos himself may personally not have felt wrath toward, nor even thought very much about, the injustices occurring in the foreign

---

320) Ibid., p.294.
321) Ibid., p.293.

area.Jaynes states this not because of Amos' presumed ignorance of, or indifference toward, foreign affairs, but rather because "he can't [think, feel, understand, or ponder anything in his heart]; he would not know what it meant."322) This is because Amos "was neither a prophet nor a prophet's son, but was a shepherd, and also took care of sycamore trees."323) He does not consciously think before he speaks as we do he merely spits out what he hears as a bicameral voice.324)

What is interesting here is Jaynes' claim concerning his research on ancient culture. According to Jaynes, the human brain is structured in such a way that makes it possible to aurally perceive such divine voices. In support of this claim, Jaynes presents the conclusions of some biological and anatomical research. Because a detailed introduction of the conclusions of the professional research would be outside the scope of the present investigation, I will merely summarize its key points.

What Jaynes is primarily interested in is why the function of language, which is absolutely necessary for human living, is spatially limited to the left hemisphere despite the fact that, because different functions of the human brain are typically performed by each hemisphere, a hemisphere that is damaged due to injury etc. can largely be compensated by the

---

322) Ibid., p.296.

323) Old Testament, Amos 7:14.

324) If the above claim is true, shouldn't we expect the warriors of the *jiliad* to automatically actualize into deeds what they had heard? One might naturally be puzzled about the exact meaning of the aforementioned "thumos", "phrenes", or "noos", if they are not actions performed out of obedience. This is Jaynes' question as well. According to him, if there were texts prior to the *iliad*, such terms certainly would not have appeared there. Such words are nothing but redundancies in a bicameral language culture where all there exist are words of commands and direct obedience. Jaynes argues that these terms are preconscious hypostases like "mind-words"; and as such, they appeared prior to the operation of consciousness. Ibid., p. 259.

other. What is further mysterious are the following facts. (i) In the case of ambidextrous people today, both hemispheres perform the function of language; thus under special circumstances, the right hemisphere (which is not associated with linguistic function, in the case of ordinary people) and the left hemisphere perform the same functions. And (ii), it is said that the neural structure required for language use exists in both left and right hemispheres so in the case of children, the Wernicke's area of the left hemisphere transmits all linguistic information to the right hemisphere. From this, Jaynes infers that some time ago in the history of mankind, a radical change of some sort must have occurred in the right hemisphere.[325) Jaynes's conclusion is inevitably correct. The right hemisphere is precisely where the warriors of the *Iliad* and Amos heard the divine voice. The words of gods were formulated in code in the "hearing area" of the right hemisphere. And via the anterior commissure, they were transmitted to the left hemisphere, where the words were "heard" and "spoken."[326) Both hemispheres communicate with, and understand, each other, but external expression takes place only in the left hemisphere.[327)

In the end, Jaynes concludes that the left hemisphere stresses the performance of functions relevant to humans, while the right hemisphere emphasizes the performance of those relevant to gods.[328) In day to day life, use of the left brain dominates, as it is the seminal location of language ability, analytical capability, and the ability to pay attention to detail and parts.On the other hand, the right brain specializes in spatial

---

325) Ibid., pp.102-3.

326) Ibid., pp.104-5.

327) Ibid., p.113.

328) Ibid., p.117.

construction, viewing parts in terms of the whole, and the ability to hear god's voice. But the Jaynes' idea is that this ability had been destroyed some time ago.

Chapter 4. The Demise of the Era of Hearing

According to Jaynes, in the case of higher-order mammals, one observes a great degree of flexibility and variability in the brain, in that the two centers of the brains mutually cooperate in such a way that the emotional functions of particular areas are represented, checked, and balanced by other neural systems. This flexibility and variability protects the organism from malfunction due to brain damage etc., and helps the organism to better adapt to the changing environment. As mentioned earlier, the brain's variability compensates for congenital defect or damaged brain structure. And in infancy, there exists a function and relationship of mutual check and balance. As such, during an era of bicamerality, the right brain's Wernicke area too performs its bicameral function.[329)] Through a long

---

329) Jaynes explains this in terms of evolution. Originally, a "hallucinated" voice was a derivative effect of language, and has since evolved. It was thought to give the effect of issuing the commands of the chiefs in the case of nomads, or the effect of being able to sustain concentration on one's task by retaining one's thoughts for long hours. As such, even if the chief or one's self does not speak, the sound itself was thought to think, "to solve problems", and "to talk". (J 140) However isn't a hallucinated solution or prediction, far from exhibiting real correctness or certainty, just a "hallucination"? I am not particularly interested in Jaynes' evolutionistic account of the question of whether the sound heard by earlier nomads was in fact a hallucinated reproduction, a command of a dignitary external to oneself, or a transcendental divine command. This is because his claims concerning these questions are just his conjectures which step beyond the bounds of experiential psychological proof. What I am interested in is rather his literary, experimental claims, and his hypotheses and the process of his proofs relevant to how these were destroyed.

period of psychological reorganization however, this function shrank and started to operate in another way. In a bicamerally minded society, where an authoritative hierarchy could not but be formed, the hierarchy could not be restored if, for whatever reason, it collapsed. Furthermore, in a bicamerally minded culture, where there is no grey but only black and white, a struggle would end in a battle of all or nothing if conflict were to occur. However, according to Jaynes, there was something that played a decisive role in toppling the authority of this society; this was the appearance of a writing culture based on vision.

With the introduction of a culture of recording, auditory authority became dispensable. Whenever one was in need of an auditory command originating from the right, bicameral hemisphere, one could now recall these at will by one's own efforts, by recording the command oneself rather than by relying each time on the imperatives heard. Now, the word of god was silent and written on dumb stone tablets.[330] According to Jaynes, this was the beginning of "consciousness".

According to Jaynes, the words we commonly use to describe our day to day lives are primarily visual. "We 'see' with the mind's 'eye' solutions which may be 'brilliant' or 'obscure.'"[331] The same is hardly said about hearing. Vision provides the most excellent sense of distance and space, and no other sense can approach its power. According to Jaynes, this is the basis for our consciousness. Thus, the start of an era of recording letters in space signifies the start of the "consciousness of mind."

Actually, the chief reason Jaynes employs the *iliad* and the Old

---

330) Ibid., p.208.

331) Ibid., p.269.

Testament as materials is to show us the process of transition from a bicameral structure of mind to a conscious structure of mind (or the transition from an auditory culture of orality to a visual culture of literacy, according to Ong). In actuality, the *Iliad*, which was written throughout a long period of time, exhibits a confusing mixture of both structures.

For instance, in the hand-to-hand combat the warriors of the *Iliad* were engaged in, what could be more important than "noos" or "what you can see (with eyes)"? Despite this fact however, important decisions never originated from "noos". In various scenes, "noos" is described as being in the hearts, not in the eyes of the warriors. This cannot signal anything other than a step toward consciousness. Jaynes admits that further research on the cause behind the internalization of the visual is necessary.[332]

In the case of the Old Testament, Jaynes presents an even clearer picture of this process of change. He undercovers a radical difference between the book of Amos, which was written 600 years earlier, and the book of Ecclesiastes, which was written around B.C. 250. While the former contains the sounds coming from the mouth of an illiterate shepherd, the latter consists of sentences recorded by pedantic "philosophers". Whereas the former merely delivers words that were heard, the latter consults the author's emotional mind-space and reaches the conclusion that something is "utterly meaningless! Everything is meaningless." The latter seeks to express conclusions, reached after exhaustive comparison and rigorous deliberation, in the form of eloquent and apt analogies. This must be the work of consciousness, which was unavailable to the former author.

Jaynes argues that even the description of the Fall of mankind, which is

---

332) Ibid., pp.269-70.

featured in the beginning of the Old Testament, is also related to the topic of consciousness.T he "cunningness" of the snake that deceived and tempted humans, and man's unfortunate ability to differentiate between good and evil are due to subjective consciousness. The fact that the narrator expresses this process of corruption in terms of the opening of the "the eyes of them both" shows that he sees our loss of the bicamerality of mind, which was God's gift to us, and our obtaining of "autoscopic vision" or "analog eyes within their metaphorical mind-space" as unfortunate events.[333] Thus, Jaynes claims that the creation story of the bible is an expression of consciously minded humans' "nostalgic anguish" concerning the loss of their bicameral structure of mind.[334] Due to suffering incurred by the "lost paradise", are humans going after an empty pursuit as Marx, Rousseau, and Freud did?[335]

Chapter 5. The Era of sight

Are people of the culture and philosophy of consciousness, which replaced a culture and philosophy of bicamerality based on hearing, suffering from "anguish", as Jaynes remarked? What kind of anguish is this? Jaynes calls this "nostalgic anguish", but says no more about it. If bicameral culture is an auditory oral culture, the culture of consciousness is a culture of visuality and literacy. Walter Ong who is trained in philosophy, literature, and theology, exhibits a strikingly diachronic and

---

333) Ibid., p.299.

334) Ibid., p.297.

335) Ibid., p.444.

interdisciplinary approach to these series of processes in his book, *Orality and Literacy: the Technologization of Words*. Ong begins with the task of describing the characteristics and advantages of an oral culture. He points out that orality is the fundamental basis of language and communication, and stresses the applicable wisdom of orality. He criticizes people for excessively fixating on written works, and for attaching no scholarly value to works created on the basis of orality. Even without the help of writing however, humans were able to fashion a modern grammar system. Without visually transforming the sounds of voices, they were able to present "powerful and beautiful linguistic performances with high artistic and humanistic worth."[336] This is also where a "mentality of the wild" resides. However, with the spread of writing these events never occurred again.

However if the visual variation of writing and printing had not been introduced to us during the history of mankind, "the consciousness of man would not have been able to actualize its potentiality to the fullest ... and in this sense, it was both necessary and fated that orality give birth to literacy."[337] Ong's conclusion is that writing re-structured human consciousness. By means of writing, humans escaped the clichéd, and well-worn patterns of orality, and achieved the liberating effects of mentality and creative and abstract thought. Records suspended words in space, and made meticulous analysis and anticipation of a situation possible. And they thereby raised the accuracy of our claims by means of repeated revisions. Only through writing do dialects evolve into a national language. Only through writing is a broad language system formed through the

---

336) Ong, p.27.
337) Ibid., pp.27-8.

creation of a distinct semantics and vocabulary, which originate from different word roots.

Above all, what revolutionized writing culture was the introduction of the printing press. As printing began, books were no longer the records of earlier source materials; they were instead identically reproducible, information-laden objects. As such, each book, unlike voices, became identical objects that were quickly transportable. The above is a summary of the content of Ong's claims.[338] A literacy culture, which includes a printing and electronic culture, inevitably has a pro-active aspect to it.One cannot but accept the fact that the "technologization of words" was "fated".

Walter Benjamin, unlike Frankfurt School theorists like Adorno etc., similarly does not view the camera and projector, i.e., paradigmatic props of a visual culture based on the technologization of language, only badly.[339] He bemoans the dispensability of "original language"(Ursprache), the destruction of aura, the elimination of ambiance, and the elimination of existing humanistic factors, which arrived with the fixation on accuracy, which in turn came with the advent of fast-speed cameras etc. However, according to him, in current times, we anticipate and expect shock-producing effects from the habitual actions of day-to-day life by means of things such as photo-shooting from near distances, etc. Tactility as such, which transcends visual distance by means of movies and advertisements etc., has become possible.[340]

As Ong remarks, with the advent of writing and reading, which are entirely egoistic tasks[341] in that a reader is isolated amidst a crowd, and

---

338) Ibid., ch.5.

339) Walter Benjamin, *Das Kunstwerk im Zeitalter seiner technischen Reproduzierbarkeit Gesammelte Schriften* (Frankfurt/M: Suhrkamp Verlag, Volume 1, 1936)

340) Norbert Boltz and Willem Van Reijen, ibid. ch.7.

the invention of printing, which makes speed-reading and silent reading possible, humans have lost their orality along with a precious way of public lifeassociated with the act of storytelling in a crowd.[342] The interactive quality of orality, due to sounds, is itself man's existential situation, which is nothing but the mixture of word and action.[343] In a life of orality, there exists a living, situational context between humans, which is beyond linguistic description. There is "life as a part of the present." This is because, unlike a world of literacy, a life of orality can only occur in a situation where both the speaker and listener are alive and present.[344] However, if we must, together with Janes and Ong, realize that language is, by nature, supposed to be visually actualized, and that the literacy of language itself cannot be secondary or even pathological,[345] how then is one to explain the pathology of today, which consists of the distortion of the nature of language by the generalization of the visual?

---

341) Ong, p.156.

342) David M. Levin, *The Listening Self: Personal Growth, Social Change, and the Closure of the Metaphysics*, (New York: Routledge, 1988) I refer the reader to my article, "Publicness as a Human Condition", *East-West Philosophical Research* 1997. I have no answer however to one who objects that it is a positive advancement that public storytelling events have been replaced by public discussions on paper(i.e., publications etc.).

343) Ong, p.156.

344) Ibid., pp.156-7.

345) However Ong And he notes that there is no language of children. Ong, p.174.

Chapter 6. Conclusion: Vision and Hearing in Language

When man first heard the words of God, this must have been a great moment, i.e., the dawn of truth and the spreading of the mystery of life. However, while God has been speaking to man since then, man has not been able to maintain the initial, solemn and impressive relationship. Despite living a life of distance from God's grace, man's fall may not have been a complete one as Reinhold Niebuhr maintained[346] because, luckily enough for man, there has remained an organ, which enables man to listen to Him. Perhaps the residual characteristics of such an organ still remain as traces in our linguistic life, structure of mind, and cultural life.

The focus of our discussion thus far has been the difference and relation between a hearing-based cognition and a vision-based one, and the cultural consequences of each. The primary concern of Jaynes was not with sight and sound, nor with vision and hearing. What Jaynes was primarily concerned with was the difference and relationship between man's mental structure before the *Iliad* and some Old Testament documents and man's cognitive structure after that, which I take to be an antithetical relationship between the "bicameral mind" and the "conscious mind".

This paper however, finds Boman's contrastive study between the space-based Greek culture and the time-based Hebrew culture inadequate in that Boman's study assumes a historically static or synchronic approach in his investigation, and hence ignores the historical changes inherent within the linguistic lives of both Greek and Hebraic culture. Jaynes starts out by assuming that both cultures surely underwent the same changes in

---

346) Ibid., p. 85.

the structure of the mind throughout history. What most piqued my interest was his assertion that it was with the advent of writing that bicameral culture ceased to be.[347] As such, by virtue of each culture passing through the golden era of a visual writing culture, Greek and Hebraic culture, which are inclined toward one or the other particular orientations of vision or hearing, could not but exhibit the similarities that are mentioned in Boman's research. At the same time, one cannot deny the fact that sight-based cultures and the listening-based cultures are antithetical and there still remains a fundamental distinction between the two.[348]

This is where we are able to recognize a new-found significance in Bomans' research. As it was uncovered in Ong's research, whether in the context of a synchronic or diachronic study, the antagonism between a hearing-based culture and a vision-based one, and that between an orality-based culture and a writing-based one, is deeply problematic. This, in turn, becomes a problematic antagonism between the visual mentality of ancient Greece, which grounds Western philosophy and contemporary Western culture on the one hand, and the aural mentality which grounds an "other" culture on the other hand. And this, in turn, goes on to become

---

347) Though this is reminiscent of Ong's discussion of orality, this was not a direct subject of Jaynes' interest. The term "orality" never even appears in Jaynes' book. Orality was the Ong's chief subject of interest, and Ong includes in this category the linguistic habits of those who, despite living in a printing culture, can neither read or write. As such, Ong's orality is hardly identical to Jaynes' bicamerality. It is merely that the latter is included in the former's extension. Further research is, of course, needed on the relation between the entire subjects of Ong's orality and the concept of bicamerality.

348) Though it is unclear whether the antagonism between vision and hearing is due to the antagonistic natures of these senses or whether it is due to their relations to time and space, based on the fact that the nature of the former cannot but be associated with the latter, there doesn't seem to be much point in distinguishing the two.

a problem of the antagonism between reason and religion.

While reading Ong and Jaynes thus far, I have presented the discussion with the implicit suggestion that hearing is the solution to the aforementioned problems. But in what form does this antagonism between hearing and vision exist actually? Even if we admit that language, whether ontogenetically or phylogenetically, began in the realm of hearing, it is questionable whether hearing is the sole basis of language. If we accept the fact that language is an important constituent of human nature, then it is certain that humans are validating and confirming this nature in their respective and varied ways. Even in the case of deaf and dumb people who have lost their ability to hear or talk due to a physical disability, it is without doubt that they too are exercising a kind of "linguistic life".The aforementioned claim that hearing is the sole basis of language overlooks the fact that the linguistic life of these people depends exclusively on vision. If we limit language to the realm of hearing, we will not be able to escape the criticism that we are failing to attribute humanity to particular disabled people. Here, we cannot but conclude, with Merleau-Ponty, that we must consider even hidden languages or so-called pre-linguistic "primary expressions"[349], which includes silence and visual gestures etc.

We have thus witnessed in a variety of areas the expansion of the respective realms of sight and sound, and vision and hearing, as they adhere to the principle of antagonism alongside time and space. It is my claim that these antithetical extremes can coexist compatibly as the ends of a magnet can. If we look toward the principle of antagonism in the attempt to explain reality, we discover that the principle is a mutually

---

349) Maurice Merleau-Ponty, *Signs* (Evanston: Northwestern University Press, 1964).

regulating ideology of reality.

For instance, in the case of linguistic reality, we can observe that visual literacy expresses its aural content by expressing the latter in terms of spatial substance. At the same time however, hearing and orality possess the mystery of innate structure, which is not yet made articulate by means of visual literacy because reason has not yet penetrated its realm. This is because the principles of hearing and vision constitute linguistic reality in the same way that nature and history do[350], and in the same way that religion and reason do. Failing to honor this relationship, by terminating one in favor of the other, is pathological, and any claim that supports this action is an ideology.

There is no longer a mystery of bicamerality, where the structure of a visual consciousness spatializes all. There is no longer a vivid life of public orality, where there is a totalized culture of printing. There is no longer any aura, where reproduction by means of technology is typical. And this is the tragedy of humanity. Traditionally, in a place where visual mentality, which grounds Western philosophy, scientific reason, and modern Western civilization, is typical, a culture of orality such as Hebraic culture, which is based on an auditory culture that stresses practicality, situationality, and the spirituality of human nature, disappears. In that case, only a culture that is far from the reality of life becomes typical. This is pathological. This is a distortion of reality.

The difficulty of this problem, however, consists in the fact that we cannot solve the problem by naively denying the dominant counterpart. The visual application of language itself is not a problem. On the contrary,

---

350) See the preface of Boltz and Reijen's *Walter Benjamin: Art, Religion, Philosophy of History* for a discussion of the antagonistic relationship between nature and history.

it rather aids our cognitive activities by giving precision to our memory, and by adding analysis to our scientific activities and linguistic life. But once the instrumentality of writing is introduced to our mental life, it by nature expands itself toward further efficacy, and finally becomes responsible for the loss of aurality.

Facing these phenomena, there could be two different positions to take. We might accept the loss with resignation and positively welcome the reality of the new situation. Or, we might seek to retrieve the lost culture by regarding its absence as serious pathology. Jaynes and Ong belong to the former camp. They do not fixate on the culture that has been lost, and they do not refuse the influx of technology and visual culture. Unlike early Frankfurt School members such as Horkheimer and Adorno, they accept these inventions positively.

For instance, Ong sees that the culture of printing begets electronic culture, which reorganizes the human mind in a positive way causing "the second orality". And in his "Anthropologischer Materialismus" Walter Benjamin thinks of technology, that is, reproducing devices such as movie cameras, as a system of "Kollektivleib'. Both Ong and Benjamin are right in that they do not refuse the development of technological civilization and sight-based culture itself. But even though the problem does not lie in the visual application of language itself, it is the dominating transgression or invasion of the one into the other realm of orality, which must be regarded as pathological. In this case, the rules of demand that they govern the auditory and oral domains, and the latter submit tothe former and accept the distorted reality with resignation, losing their original life.

According to the "negative dialectics"[351] of Critical Theorists, including Benjamin himself, the phenomenon of canceling one domain by virtue of

 형색과 소리

the other's generalization is considered as pathology. The disappearance of aura due to technical reproduction, bicamerality due to consciousness, publicness and practicality due to printing are outcomes of this pathology. Unfortunately Ong and Jaynes resign themselves to the pathology of the present times and fail to categorically analyze the nature of the problem we face. They seem to be in line with the tradition of Max Weber, which admits rationalized bureaucracy while recognizing an unfree humanity in it. When applying an antagonistic principle of reality to linguistic reality, Ong's acceptance of the influx of literacy, especially printing literacy, seems plausible at first. But he fails to explain why we must accept the generalization of a literacy-based culture as "fate." Furthermore, according to him, we must accept the loss of orality, which is based on hearing, and be satisfied with "the second orality", which might be a distorted form of orality.

This conclusion seems to be inevitable only insofar as he fails to categorically analyze the principle of sight and listening, which is innate in linguistic reality. By the same token, Jaynes who accepts "consciousness", which is based on spatiality, is correct up to this point. We must pay attention to what Jaynes says about the fact that, in the bicameral age, not only auditory illusions but also visual illusions were used. But he also lacks the proper analysis as Ong does, which makes him accept the loss of bicamerality as fate.

In a nutshell, both Ong and Jaynes ignore that both aurality and visuality exist organically but antithetically at the same time in linguistic reality.[352] Boman was basically right when he recognized two different

---

351) See Bolz and Reijen, ibid. and Susan Buck Morss, *The Origin of Negative Dialectics*(The Free Press, 1977)

cultures ,which were based on the antithetical categories of sight and listening, even though he failed to articulate this clearly.

As Ong notes, Plato in *the Republic* introduces an unchanging, visual world of ideas based on analytic, abstract, theoretical thought. Here he rejects poets (actually bards) in that they talk in a loquacious and tedious way. On the other hand, he in the *Phaidros* highly values orality, and disparages writing in that the latter is nothing but a copy of word with life and spirit it damages active "self-presence" through memory. Here, he seems to be at a loss concerning which to choose.

Why is it that Plato hesitates to make a decision between words and writing, orality and literacy? Living and studying in the age of letters, does he unconsciously remember the life of his great teacher, Socrates, who had philosophized without writing and had personally lived a life of truth? Surely the antithetical relation between the bicameral mind and the conscious mind in Jaynes's work, and between orality and literacy in Ong's work, reveals the true, dynamic nature of reality. However it is not only Plato, who is evasive in this regard; Jaynes and Ong are also. Jaynes and Ong do not seriously take the absence and disappearance of bicamerality, orality, and aura to be problematic. They simply resign themselves to it.

The dilemma they faced seems to be that they could not accept the dominance of one extreme nor could they completely reject it. I believe that all we can say is to let reality be. Thus, in a nutshell, what they should admit in this critical situation are:

1. Both extremes, though antithetical, are compatible.

2. Thus the colonized areas should not abandoned with resignation, but

---

352) When we look into their arguments carefully, we can easily find Hegelian dialectic scheme, that is auditory-visual-auditory/-visual.

rather recovered.

3. As far as Western philosophy is, due to its origin, inclined to commit itself to one side of the antithetical continuum, its legitimacy must be questioned.

4. Western Philosophy should seek the possibility of becoming a more extensive philosophy, which can dialogue with a philosophy of the other.

If our reality is one in which both extremes go their own ways by pushing the other in the opposite direction, the conscious mind, literacy and the technology of our time must not be on the right track. The oppressed realm must somehow be retrieved according to its principle. Further study is needed in order to know what we need to do more specifically. However, one thing we must notice at this time is that, as Ong also suggests, as far as language exists, the aural and oral components cannot be diminished completely. The tradition of rhetoric had died since Plato and had been revived during the humanistic period of the 18C Renaissance. These days, it survives in the form of a communicative theory, pragmatics, and speech act theory etc. Such movements should ultimately reach the realm of religion. And as it does, Western philosophy must continue to listen to it.

Bibliography

Thorleif Boman, *A Comparison of Jewish and Greek Thought*, trans. by Hyuk Huh(Boondo Publishing Co, 1975).

Nobert Boltz and Willem Van Reijen, *Walter Benjamin: Art, Religion, Philosophy of History*, trans., by Deukryong Kim(Suh Kwang Publishing Co., 2000).

Walter Ong, *Oral Culture and Letter Culture*, trans. Kee Woo Lee et al.(Moon Yeh Publishing Co., 1995).

Susan Buck Morss, *The Origin of Negative Dialectics*(The Free Press, 1977).

Ferdinand Ebner, *Das Wort und die Geistigen Realitaeten: Pneumatoligische Fragmente*(Verlag Friedrich Pustet, 1921).

Julian Jaynes, *The Origin of Consciousness in the Breakdown of the Bicameral Mind*(Houghton Mifflin Co., 1976).

David M. Levin, *The Listening Self: Personal Growth, Social Change and the Closure of Metaphysics*(Routledge, 1988).

___________, *Sites of Vision: The Discursive Construction of Sight in the History of Philosophy,* ed. Levin(The MIT Press, 1997).

4. A Comparative Study Between Bergson and Jaynes: Beyond Spatiality and Bicamerality

Chapter 1. Why Bergson and Jaynes?

This study originates from a criticism of Jaynes' uncritical and resigned acceptance of history and civilization, and the value-neutral conclusion of his book, *The Origin of Consciousness.* Despite the fact that Jaynes' research correctly depicts the evolution of human mental nature, via an extensive and radical argument regarding the occurrence of "consciousness" and his convincing interdisciplinary research concerning the bicameral world etc., he lacks a positive conviction about the worth of this bicameral mentality. Consequently, lacking thorough reflection or criticism of the pathological history of civilization associated with the "consciousness" that he articulates, and lacking the will to recuperate original human nature, he stops at a value-neutral, inferential, description of fact. He views bicameral mentality as a mere shadow of natural mentality, and sets it aside as an object of nostalgic longing. Is the loss of bicamerality that he speaks of really a kind of demystification for the sake of civilization? Or is it the loss of original human nature? Is the loss of bicamerality the distortion of nature due to scientific and analytical thought under the name of "consciousness", as the extension or generalization of one extreme mentality? Is bicamerality a gift of God, or is it an obstacle to the progress of history. As I write this now, I wonder why the problem of the philosophy of history, which Walter Benjamin must have carried with him to his self-afflicted death, and thoughts of humpbacked goblins and historical materialism keep recurring somewhere in the "right hemisphere" of my mind. I think of Henri Bergson at this juncture. As such the "consciousness" and "bicamerality" that appear in Jaynes' *The Origin of Consciousness*, the "intelligence" and "intuition" that appear in Henri Bergson's *Two Sources of Morality and Religion* etc., and the "dynamic religion" and "mysticism" etc. that result from these two sources overlap and contrast with each other. Of course, the sets of concepts relevant to each claim are posed antithetically.

Despite the fact that terms, such as "bicamerality", "mysticism", and "intuition", may sound foreign and nonsensical in the professional domains of philosophy and psychology, the philosopher Henri Bergson mentions reality as *vital impetus and duration*, while psychologist Julian Jaynes talks about bicameral mentality and the illusionary sound of God's voice. For the moment, I will bracket the question of the correctness and relevance of these thinkers' claims. But according to both, these concepts and experiences are not only incomprehensible to, but may actually be hindered by, our intelligence or consciousness, which is Presently considered to be our main mental faculty.

According to Bergson, life is the successful product of a creative power. In spite of that, because it lacks *vital impetus* it remains unstable and imperfect. But unfortunately we cannot recover the lost impetus by wading against the current, if we try to use our intelligence. Intelligence is distinctively fated and hence doomed to go in the opposite direction of this recovery, because "it enables us, at the most, to conceive possibilities, it does not attain any reality."[353] Hence, Bergson's alternative to intelligence

---

353) Henri Bergson, *The Two Sources of Morality and Religion*, tr. R. Ashley Audra et al(Indiana: University of Notre Dame Press, 1977), p.212. From now on will be noted as B. Morality.

is "intuition", and it lingers "all around intelligence··· vague and evanescent."354) This intuition looks with anxiety at our modern scientific, technological civilization, which is achieved by intelligence. I hence take intuition to be the topic of the present study.

On the other hand, Julian Jaynes ends the three volumed, *Origin of Consciousness,* with the conclusion that all human efforts, including scientific efforts, stem from man's nostalgia-filled attempt to bring back the gods that have vanished from the earth since the breakdown of bicamerality. However according to Jaynes, this consciousness that we are so convinced that is the basis of human mental function, ironically enough, stands opposed to bicameral mentally. That is, consciousness originates from "the breakdown of the bicameral mind".As a result, consciousness can never view, or experience, our inner mental reality, which includes bicamerality, with accuracy. Jaynes, who compares our doomed efforts to seek the lost world to King Arthur's search for the Holy Grail, remarks that the vestige of bicameral mentality exists in our right hemisphere today. This is highly reminiscent of Bergson's notion of intuition, which lingers in the vicinity of consciousness.

Here are two statements of similar grammatical structure: "There is a vestige of bicamerality in our life" (Jaynes), and "there is fringe of intuition in our intelligence." (Bergson) But underlying these statements are two different intentions and academic approaches, which are as different as the intentions and academic approaches in the two sentences, "There are 50 Hannam students in this class" and "There is a God in the universe." Belief in the former is achieved by "verification", while belief in the latter

---

354) Ibid.

is achieved by "faith".The former requires experience of sense perception, while the latter requires "experience" of a being which transcends sense perception.

According to Bergson, what we commonly call "experience" should include meaning of a being that transcends sense perception. As the terms, "vestige" and "fringe", might contrastively suggest the conceptual difference between a dead volcano and an inactive one, it seems that "bicamerality" and "intuition", which appear in an earlier quotation, reside in dimensions so different that travel between them would be impossible. This is despite the fact that the two share a characteristic of transcending intelligence, and despite the fact that they function as active volcanos in their respective fields. They are as different as Socrates and Jesus.[355]

I myself would not stop at a similarly antithetical treatment of the concepts, intelligence and intuition on the one hand, and consciousness and bicamerality on the other. For Jaynes and Bergson possess two fundamentally different internal attitudes, despite the parallel appearance of their contrast-pairs. According to Jaynes, we can enjoy mental activity without much difficulty despite the removal our right hemisphere. Despite Jaynes' painstaking research on the original function of the right hemisphere of the most superior of beings and his excellent articulation of the subject of bicamerality, Jaynes simply accepts the lost function of the right hemisphere in our modern civilization, which relies on a culture based on the left hemisphere of the brain. He offers no criticism of civilization, only resignation.

If Jaynes is an archeologist, who is content with saying that the

---

355) B, Morality, p.74(63).

bicameral voice of God, which came down to our ancestors of several thousand years ago, remains in man in modern times as a mere vestige, Bergson is a preacher, who positively asks us to experience the mystic world. According to Bergson, a noble soul who attaches oneself to, and intensifies, and consummates intuition in action, is entered by an immeasurably mighty being, and is changed into one that loves all mankind.[356)

By the way, where would Bergson's aforementioned intuition and mystic experience of dynamic intuition and religion occur in Jaynes' neurological model? If they have something to do with our right hemisphere (which it should, according to Jaynes), Bergson's mysticism would not linger at the level predicted by Jaynes, i.e., hypnosis, religious glossolalia, schizophrenia etc., all of which are the vestiges of bicamerality. Would Bergson's "mystics", who undergo a complete change of personality, arrive as an effect of an "education" based on a specific "collective imperative"?I doubt it. Has man's bicameral mentality completely broken down and collapsed, as Jaynes argues? Thus, I doubt Bergson's mystics are the mimicking shadows of old bicamerality, e.g., hypnosis, schizophrenia, and religious phenomena.

In a nutshell, psychologist Jaynes' theory can be summarized by means of two points. First, human beings had a bicameral mentality. Second, "consciousness" appeared at a point in history when the former collapsed.I cannot but wonder what answer philosophy could provide for this puzzle. It strikes me that Henri Bergson, who denies the separation between philosophy and psychology, would qualify as an appropriate commentator of

---

356) Ibid. p. 212 (230)

Jaynes. Bergson's response might be a positive development as well as a critical alternative to Jaynes' theory. So I will now begin my discussion of Jaynes' "consciousness".

Chapter 2. Spatial Thought

Jaynes and Bergson agree on two points. First, they agree that "consciousness" and "intelligence" hinder and weaken bicameral mentality and intuition, respectively. And second, they agree that the essence of "consciousness" and "intelligence," which are linguistically created, is analytical, spatial thought.

A. Jaynes' "Consciousness"

Jaynes' *Origin of Consciousness*, which aroused much controversy, denied existing definitions of consciousness, e.g., consciousness as a property of matter, as a property of protoplasm, as learning, as experience, as reasoning, as reticular activating system, and consciousness as non-existent. Book I, which deals with the human mind, intensifies the questions Jaynes raised in the introduction. In denying various preexisting definitions of consciousness, Jaynes takes on a challenging approach. Jaynes, who believes consciousness to be a state of mind that pays attention to something or other, rejects our common belief that we have consciousness as far as we are living. He goes further to say that our ancestors were able to live successfully and for a long time without consciousness, and that humans lived by an altogether different mental function. And we still do. We are able to go around obstacles in our path without consciousness as sleepwalkers do. Jaynes, who distinguishes consciousness from perception, reactivity, and cognition, asserts that reactivity rather than consciousness controls all stimuli, which cause our actions, while asserting that consciousness is less omnipresent. We are very rarely conscious of the things we respond to. To those who ask "Am I not conscious of you when I look at you?", he answers: "It is not I, but your argument that you are conscious of now." In saying "As far as I am concerned, you are not conscious", one is saying that the opponent's mental function toward oneself is not one of consciousness, but rather perception. Jaynes' point is that so far we cannot treat consciousness in the same way as we have dealt with those mental functions in behavioral scientific or neurological studies.

What then is the true essence of consciousness and its origin? His study of *The Iliad*, which he presents as a literary survey, or the "double brain theory", which he presents as a neurological study, are not intended to answer this question. The real purpose is to show that there had been a bicameral mentality. What Jaynes wanted to show in his study of *The Iliad* was that not a single word that had to do with consciousness was used in the description of the warriors, who had to make decisions in urgent settings. The theory of the "double brain", which was the neurological basis of the *Origin of Consciousness*, rejects any Cartesian suggestion, as well as any other attempts that try to find the location of that which is responsible for consciousness in our brain. The conclusion that he reaches is that we cannot be sure from our knowledge of the baian alone whether the brain contains consciousness.[357] But if so, where can we find the origin of consciousness?

According to Jaynes, consciousness is grounded in language."Consciousness is not all language, but it is generated by it and assessed by it."[358] The important point here is the metaphorical function of language. Here he coins four new terms, and constructs a more complex argument. He calls a simple association of *meta-phiers* "paraphier".And the objects of the *paraphier*, he calls "paraphrand". Here *paraphrand* is the association of the original *metaphrand*. *Paraphrand* creates new meaning in the process of associating the original "metaphrand". Language develops through these processes of metaphor. When it is difficult for us to answer precisely questions such as "What is that?" or "What does that mean?", we can answer that "That is something like⋯" This is when a new terminology is created. To explain things that are unfamiliar to them (whether abstract or not), e.g., God, U.F.O., a new city etc., people usually employ, as *metaphiers,* things that are familiar to them, e.g., their hands, body, trees, etc., and create new concepts corresponding to the unfamiliar object. Hence, to explain what role the resident of a company plays, one might call the president of one's company the "head of our company" etc.

How then are these new concepts (e.g., president) created? In order to create these new concepts, Jaynes says one must inevitably be able to "see" the yet unfamiliar objects in one's mind. This "seeing" with the mind's "eyes" must then be work of a metaphorical kind. Furthermore he argues that to see what we do with our mind's eyes, we must be able to "put" what we see somewhere. In other words, we require *space* in our mind to see. Jaynes takes this mental space, in which we can "introspect" etc., to

---

357) Julian Jaynes, *The Origin of Consciousness in the Breakdown of the Bicameral Mind* (Houghton Mifflin Co, 1976), p.18. From now on will be noted as J. OC.

358) Ibid., p.449.

be the most important feature and necessary substrate of consciousness.[359] Thus, alongside the creation of a mind-space, consciousness appears in the process of language development by means of our use of metaphor. To make this point, Jaynes speaks of an analogue "I" as a metaphor of the real "I", and goes onto introduce the concept of "narratization", an action which this analogue "I" performs.

According to Jaynes, the most essential feature of consciousness is the metaphorical spatialization of time. Without this spatialization, man cannot grasp time at all. Only by doing so, can we display the temporal events in space, which enables us to have a sense of past, present, future, and gives us the ability to narrate at all.[360] When we narrate, it is not the case that consciousness always remains fully focused; it too can be distracted, only to return again to the object of attention at a later time. Yet, despite this fact, and despite the fact that twenty times a second small changes take place in our eyes while we look upon an object, our consciousness tells us that the object of our attention remains unchanging. Jaynes compares this to an illusion of light. A flashlight, for instance, might believe that eight is everywhere because it sees eight wherever it turns. Likewise, consciousness does not perceive its own lapses, and gives us an illusion of "continuity". In actuality however, it is consciousness that mends together the pieces and bridges the gaps of attention. When connecting up the pieces of objects of attention, consciousness does not recollect and reconstruct what it sees and hears rather, it newly makes up a plausible narrative with the aid of the imagination. Through the *metaphier* of space, which consciousness looks into

---

359) J. p.261.

360) Ibid., p.250.

rather than actual time, and through the feeling and nuance that this space provides, consciousness creates a secondary meaning of reality, which is to be distinguished from the actual meaning of reality. And according to Jayne, this secondary meaning of reality is, to man, the solely accessible method with which man can grasp reality.

In a nutshell, "it [consciousness] is spun out of the concrete metaphiers of expression and their paraphiers, projecting paraphrands that exist only in the functional sense."[361] As far as we see the white snow with our eyes, we are not conscious of it; we just perceive it. But on the other hand, we may view the snow-covered earth as the earth stretching itself awake from sleep under a white blanket. Or we may view the earth as warm and snug under the blanket of snow by metaphier and paraphier. When we reconstruct the world in this way, consciousness is created. When we create high-level representation in our inner subjective mind-space, in order to grasp the real physical behavioral world, consciousness appears. Thus, Jaynes, like Wittgenstein, suggests that "the structure of that world is echoed - though with certain differences - in the structure of consciousness."[362]

We can summarize Jaynes' claim about the property of consciousness so far. First, "consciousness is always spatialization in which the diachronic is turned into the synchronic, in which what has happened in time is excerpted and seen in side-by-sideness."[363] Second, consciousness, like a flashlight, cannot 'see' the entirety of aspects because it pays attention only to parts that are frozen and excerpted in time.[364] Third, it is only in our

---

361) Ibid.,p.58.

362) Ibid., p.59.

363) Ibid., p.60.

364) Ibid., p.62.

consciousness that analogue "I" can act and have an autoscopic image of itself.[365] Fourth, consciousness is ever ready to narrate the behavior of the subject, as a thief explains that his act is due to poverty, a poet says his act is due to beauty, and a scientist says his is due to truth.[366] Fifth, consciousness reconstructs objects to conform to some previously learned schema, even though it is slightly different.[367] Sixth, just as we invent the world of numbers for the world of quantity, we create a spatial analog world in our consciousness in order to parallel the real world, which we observe objectively, for the behavioral and mental world. In short, consciousness is an invention based on language of an analogue world.[368]

In the process of searching for the origin of consciousness, Jaynes finds that man's original mentality is bicameral and that consciousness was not granted to man when he first emerged. He concludes rather that it appeared at a specific point in history when bicameral mentality disappeared. He tries to prove this claim by borrowing evidence from various fields, such as psychology, anthropology, philosophy, and literature.

B. Bergson's "intelligence"

As I mentioned earlier, our main concern is (i) the limitation of a spatial representation of consciousness, which Jaynes' consciousness and Bergson's mind share and (ii) a comparison of bicameral mentality and mystic religious experience, which are beyond the boundaries of consciousness and

---

365) Ibid., p.63.

366) Ibid., p.64.

367) Ibid.

368) Ibid., p.66

mind. It seems advisable to mention the concept of duration, which Bergson uses to explain reality before we review Bergson's explanation of consciousness in general, because the limitation of consciousness in general is related to this concept.[369]

Given Jaynes' description of the people who live with bicamerality, it strikes me that such people would have a better grasp of duration than we have. But since that is hard to conclude, I will refrain from asserting that. Moreover, that is not the main concern of this study. According to Bergson, the essence of reality is duration. And duration is primarily related to time. Duration has nothing to do with space[370] it also has nothing to do with homogeneity. Deluded by its simple look, if we regard time as something derived from space, or regard time as a homogeneous setting in which various states of consciousness develop, all of these views are "nothing but the ghost of space haunting the reflective consciousnes s"[371], which occur when the concept of space is introduced in the realm of pure consciousness. From this view, "homogeneous time" is nothing but space, in which consciousness externalizes and lines up the external states.

According to Bergson, this kind of time is detached from duration. Even if we were to connect all the shards of an explosion of time, we would have neither duration nor time. What is pure duration without the concept

---

369) Of course bicamerality and duration are quite different subject matters. While the former is used as a tool for the explanation of human mentality, the latter is used as a tool to explain inner and outer reality. Also we are not so sure whether people who live by a bicameral mentality could grasp duration more easily. According Jaynes' description of the people who live with bicamerality, it strikes me that they would have a better grasp of duration. But since that is hard to conclude, I'll not assert that. Moreover, that isn't the main concern of this study.

370) Henri Bergson, *Time and Free Will, an Essay on the Immediate Data of Consciousness* (New York: Dover Publications, Inc., 2001), p.91(87). From now on will be noted as B. Time.

371) Ibid., p.99.

of space? It is the form, which the flow of our conscious states assumes when our ego lets itself leave.[372] Duration is not the increase of quantity, but the variety of quality. It does not have any distinctive parts within itself, even though it is perfectly heterogeneous. Because the change of external objects occurs only in our consciousness, it appears externally as present and simultaneous.[373] Bergson takes up the example of sound, more specifically music, when he encounters trouble explaining duration. Thus, though the various parts of music sound one by one, these parts of the past and present meld into one another to form an organic whole when we hear it. This whole is a living being. Even though its various parts are discrete, they are mutually invading. Heard sounds, which constitute music, mutually and dynamically invade each other. As such, the sound comprises a whole, creating an endless change of quality.

How can we experience this duration? According to Bergson, whenever we stop conscious work that attempts to represent duration by signs, then we can obtain the image of pure duration.[374] Similarly, Jaynes says we can experience the vestiges of bicamerality when we dream, i.e., when "consciousness" is limited. Why is that? Let us take a look Bergson's argument for consciousness in general.

I take it that Bergson articulates a spatial analogue world in lieu of the real world, and articulates the work of consciousness, which creates a mental world in lieu of physical behavior. And his appreciation of this work of consciousness is different from Jaynes'. According to Jaynes, as we saw before, when we employ our consciousness, we need to create a

---

372) Ibid., p.100.

373) Ibid., p.266-7.

374) Ibid., B Time, p.105(96).

mind-space in advance. This work that takes place within the metaphorical space is the essence of conscious behavior. While Jaynes takes for granted the fact that consciousness operates in space, Bergson, in his doctorate dissertation, *Time and Free Will*, deals with this problem head-on.The introduction starts this way: "It may be asked whether the insurmountable difficulties presented by certain philosophical problems do not arise from our placing side by side in space phenomena which do not occupy space ."375) According to Bergson, we unfortunately try to place side by side things, which do not occupy space, such as inner phenomena, due to our language which requires discontinuity and clear-cut distinctions. In other words, when we introduce the concept of space into the concept of time or into the reality of duration, this hinders our intuition about duration. I hope the difference between Jaynes and Bergson will become apparent when we review Bergson's discussion of the limitation of consciousness in terms of space and language.

Jaynes' argument concerning the work of "consciousness", which is held in the mind-space by the analogue "I", might be acceptable to Bergson. This is because, according to Bergson, consciousness or mental life in general, which is to be distinguished from intuition, occurs in space. Bergson also says we can distinguish, count, abstract, and probably speak, due to the space that human intelligence grasps.376) However, Bergson points out an essential error caused by spatial thought in his discussion of sense, emotion, passion, and effort, which are considered to have great intensity. According to him, to talk about the intensity of these pure

---

375) Ibid., XiX

376) Ibid., p.97(91).

internal states is a mistake, which is caused by spatial thought. When we utter expressions like, "sadder" or "hotter", we are apt to compare the sizes of homogeneous senses or emotions. How might this mistake have happened?

In order to examine the relevance of the mental work and its philosophical effects, Bergson deals with the subject of the intensity of our psychological states. To him, the intensity of these inner states is caused by the expansion of muscle movement towards other parts of the body. For instance, when we press our lips together harder and harder we are under the impression that the same sensation becomes stronger and stronger. But according to Bergson, "this sensation remains identical, but ... certain muscles of the face and the head and then all of the rest of the body have taken part of the operation."[377] Because we think only of our pursed lips, we are deluded. The mental energy spent on that action by our lips themselves does not increase. It is simply that we feel the muscular tension, which increasingly extends to the other parts of the body as a result of the increase of sense from our lips.

When we produce a sound using our voice, we perceive the movement of upward air. And because we think we perceive low tones as resonating from our chest and acute high tones from our head, we call them "higher voices" and "lower voices" respectively, as if they were of one and the same kind, despite the fact that they are of radically distinct qualities.[378] Such delusion is supported by so-called scientific common sense. Bergson criticizes Alexander Bain and Wilhelm Max Wundt, who assert that our

---

377) Ibid., p.25(49).

378) B. Time, p.46.

consciousness perceives an outpouring of neurological power. According to Bain and Wundt, paralyzed patients think they feel the effort spent in their attempt to raise their legs, even though their legs remain motionless. Bergson thinks this example fails to prove what Bain and Wundt think it proves, because according to him, in fact these patients were exerting effort or force to move other parts of their body. Similarly, when asked to make a fist with one's paralyzed hand, patients make one with their good hand. Our already employed psychological power does not increase. These senses remain unchanged despite the fact that we may double our efforts. As we increase our efforts, we feel our muscular movements, which extend over other parts of our body, only as an increase of power or sense on specific parts of the body. And it is at this time that we fall into the delusion that we have exerted greater force. Because our sense of touch does not expand, our distinct senses of ticklishness, contact, pressure, pain etc. are not of different grades of the same kind of touch, but rather of different kinds of touch altogether. Deluded by various things, such as past experience, tension spreading through other parts of body, and the effort we exert, we think of our senses as if they were capable of being more or less. That is, we regard them as occupying different quantitative grades of a particular sense.[379] In short, if we do not introduce these alternate causes (e.g., past experience, tension spreading to other parts of body, exerted effort etc.) as an explanation of the felt force in a certain part of the body, our representations of intensity no longer become quantitative. If we mistake quality for quantity, it will invade or psychological states and

---

379) At times when we are assaulted by a great big sound like a cannonball firing, we perceive it as big "to the extent that we make every effort to escape from it and remain ourselves".B. Time, p. 40.

make us introduce space into the concept of duration, which will corrupt our sense about movement and external and internal change.[380)]

Bicameral mentality disappears with the introduction of language, which generates "consciousness", according to Jaynes. According to Bergson, language distorts an essential feature of reality. It is impossible for us to linguistically express duration, which is an endless vague movement. In order to linguistically articulate duration we have to fix movement and insert it into a common domain. We are apt to instinctively solidify our impressions and to express them using language. Despite the fact that our daily impressions change, we confuse our changing emotions with their corresponding external objects and their associated linguistic expression.[381)] We solidify these impressions by expressing them in language. The reflective function of consciousness is fond of distinguishing clearly by means of words. It is also fond of objects with clear-cut contours, which it perceives in space. Accordingly, a changing representation, qualitative change, and the complexity of change etc. are ignored and replaced by a solidified representation. The increase of complexity, which occurs in our inner feelings, can be perceived only vaguely, "but consciousness is accustomed to think in terms of space and translate its thoughts into words, will denote the feeling by a single word and will localize the effort at the exact point where it yields into a language."[382)] During this process,

---

380) According to Bergson, another reason that we perceive our effort, sense, and emotion quantitatively is due to our exclusive fixation with a particular (especially pleasurable) sense, which is done at the expense of attending to other seses. This is much like the way in which a point on a line cannot at the same time occupy another point on the line. This is an inevitable phenomenon of the spatial nature of consciousness.

381) B, Time, p.129-30(110).

382) Ibid., p.26.

deep-seated feelings are perceived as increasing in intensity. However, our feelings which survive change, lose their own natures and show their shadows as soon as they are analyzed and expressed in language. Insofar as we perceive in language, we lose the true picture of reality due to the hackneyed, stable, and common factors which are accumulated in our impression. Our immediate consciousness is thus destroyed by language. As such, Bergson advises to break away from the framework of language and to escape the obsession of space. He remarks that if we can grasp the concept, which changes in nature's state, then we can experience an awesome state.[383]

Both Jaynes and Bergson have the same view of numbers. As Jaynes defines number as a product of consciousness, which substitutes for a real object, Bergson takes numbers to be presupposed in order to deal with his concept of duration because numbers are a product of the mind, unlike intuition which grasps duration. When we count "fifty sheep", we ignore their individual differences and considering only their common features; we consider each sheep in space as the same. According to Bergson, it would be nonsense to deny that one displayed sheep in space because one repeatedly envisioned the image of a single sheep to make a series in duration. It would also be nonsense to count the moments of duration in time rather than the dots in space. Of course we might imagine moments of time independent of space. But as far as we add numbers up to fifty in duration, i.e., we add one moment to forty-nine more moments, we must fix one moment somewhere in space until it is transferred to the next moment, where it is to be added. "We involuntarily fix at a point in

---

383) Ibid., p.134(112).

space, each of the moments we count, and it is only on this condition that the abstract units come to form a sum."[384] First and foremost, since the moments of duration disappear, we need for the moments to leave a trace as they pass space, so that they can be added to the former moments. Accordingly, Bergson reaches the conclusion that "every clear idea of number implies a visual image in space."[385] The reason for this is that, as it was true of Jaynes' consciousness as well, our mental operation is an indivisible process, which pays attention to many parts of space consecutively. In this sense, mind and space are so inter-dependent that the mind cannot count numbers without space. "Space is, accordingly, the material with which the mind builds up number, the medium in which the mind places it."[386]

In this way, number is represented by being displaced in space. This is true of material objects, which occupy space. But what about auditory objects, which are neither visible nor touchable? And what about the pure states of the soul? According to Bergson, in order to count objects in space we need to presuppose their impermeability. This is because, if the objects are hollow and atoms of one object can enter into another object, we cannot distinguish, and hence, count the objects. However, our emotions, ideals, or the pure states of the soul, are so mutually invasive that they cannot be counted without making a representation of them in mental space. But such representation in space cannot but change the normal states of perception. So one might ask: Why can't we count sound? Bergson would answer that when we count the sounds of footsteps or the

---

384) Ibid., p.79(81).

385) Ibid.

386) Ibid., p.84(84).

sounds of the ringing bell, if the source of the sound could occupy space, i.e., if we could locate the source of sound at the man's foot or at the bell ringer, then we do not deal with sound in pure duration. If you count sound, you merely abstract quality from the sound which is duration, and count it by separating the homogeneous traces which sound leaves as it passes. Counting sounds or adding sounds is equivalent to separating sounds and fixing the gaps between the sounds in space in order to prevent their movement or flow. Sound, which exists in time, cannot, in principle, wait in order to be counted. All we can do is gather qualitative impressions of the auditory sense and let them form a collection of sounds, so that they may remind us of a rhythm or piece of music, which is, according to Bergson, quite different from counting numbers as empty homogeneous numbers.[387]

As far as Jaynes' "consciousness" and Bergson's "mind" share the feature of the spatialization of time, they inevitably distort both mental and external reality. Thus, Bergson argues that we can grasp reality only through a mental world outside the realm of consciousness, namely through intuition. Since the variety of reality has nothing to do with space or number, we cannot express it through language, however clearly we attempt to think of it. We can say the same about Jaynes' critique of "continuity".As I mentioned earlier, Jaynes is skeptical about so-called continuity as a firm ground of science, because, according to him, continuity is a product of "consciousness".It is consciousness that spatializes time, sews the gaps of time, and creates the illusion of continuity. However, is that to say that Bergson's philosophical starting point - i.e.,

---

387) Ibid., p.86(85).

 형색과 소리

duration - which cannot be unrelated to continuity, is also nothing but an illusion? The reason that Jaynes rejects continuity as a basic ground of science is that it is made by consciousness. On that count, he is right. However, could Jaynes say the same about Bergson's duration, which consciousness cannot grasp? Isn't the reason why Jaynes critiques continuity because he comprehends continuity by consciousness, and not by intuition? Even if Jaynes is right that consciousness ignores the gap between what it sees, from Bergson's perspective, the gaps in between continue to flow.

Hence, reality is duration-independent of what consciousness arbitrarily pays attention to. We cannot grasp these gaps of time insofar as we depend on consciousness. We cannot "see" continuous reality in terms of time. Bergson's claim is that for this we require another mental function, which is intuition. So far, Bergson's analysis of consciousness is reducible to one point, mobility, which is the basis of time and duration. Reality is related to motion, which is not size in space, not increased "senses" but expanded muscular tension, not an actually "higher" voice but our representation of the air passage, not the fitting of parts which is grasped in terms of space but duration. Sound, which reminds us of reality, is actually rhythm and melody, which are created by the physical movement of our body. This distortion of mobility is the deadly error committed by consciousness. Bergson's aforementioned statement about consciousness is equivalent to Jaynes' statement about the role of consciousness, which mistakes the partial bits and pieces of what it attends to for the whole picture. Jaynes and Bergson agree on another count. They acknowledge the limitations of consciousness and intelligence, and they positively recognize mysterious phenomena, which neither consciousness nor intelligence can approach. But their agreement stops here, because their approaches to the mysterious phenomena are quite different. Here Jaynes, who tries to explain mysterious phenomena in terms of his neurological model makes a good contrast to Bergson, who accounts for the phenomena in terms of his psychologico-philosophical model based on dualism. Nostalgia toward the loss of bicamerality, which is the ground of these mysterious phenomena, is the fundamental source of all academic pursuits, according to Jaynes. Despite this, his basic attitude toward mystic phenomena, including Bergson's mystics, appears sarcastic to me.[388] In comparison, Bergson's attitude toward that is quite contrastive. To Bergson, the mysterious phenomena of the mystics are never the vestiges of a collapsed mind. Bergson's mystics who stand among the phenomena, appear to possess the highest virtue or deepest purpose of life that humans can achieve or attain.

---

388) Since this point seems to be crucial in Jaynes's conclusion, Ji'd like to summarize it here. According to Jaynes, more serious reason that he is interested in religion is that so called "scientific" affair is fundamentally related with religion. The strong motive of scientific revolution was a continuous inquiry of the hidden divine. Scientific inquiry itself is a immediate result of the loss of bicameral mentality. The founding fathers of physics, biology, and psychology are the pious English protestants at the end of 17c. According to Jaynes, even modern sciences take religious forms. The so called scientism is a scientific mythology which becomes a religious dogma in order to fill the void left by the divorce of science and religion in our times. Modern science also take the same form of religion which it tried to replace; "a rational splendor that explains everything, a charismatic leader or succession of leaders who are highly visible and beyond criticism, a series of canonical texts which are somehow outside the usual arena of scientific criticism, certain gestures of idea and rituals of interpretation, and a requirement of total commitment. In return the adherent receives what the religions had once given him more universally: a world view, a hierarchy of importances, and an auguring place where he may find out what to do and think, in short, a total explanation of man."(ibid. 441) in short, science is basically similar to qasi-religion, even though it asserts its verification based on facts. On scientific activity including his own, Jaynes concludes "what was then an augury for direction of action among the ruins of an archaic mentality is now the search for an innocence of certainty among the mythologies of facts." (ibid. 446)

Chapter 3. Jaynes' Bicameral Mentality

Now we are ready to review Jaynes' main concept of bicameral mentality, which he presents in contrast with the notion of consciousness we have thus far discussed. Book 2 of Jaynes' *Origin of Consciousness* is mainly concerned with bicameral mentality and gods. According to Jaynes, human beings in the bicameral age could hear the voices of gods. During critical moments, they made decisions about how to act according to that voice. The Greek warriors in the *Iliad* did this as well, as did the Jewish prophets in the bible. Whereas earlier Jaynes tries to provide a neurological treatment of bicamerality through ancient literary texts, later he personally visits the sites of ancient civilization where bicamerally-minded people lived.

There, Jaynes searches over writings inscribed and painted on stone pillars, small figurines, ruined temples etc. in order to find traces of the gods. By and large, the gods came to the bicamerally-minded people in the form of a voice. The voices of these gods were heard by the right hemisphere of the brain, which is responsible for synthetic work such as putting Lego blocks together and making whole melodic patterns of music."Right hemisphere function, ..., was coded linguistically in the voices of gods."[389]

In the bicameral age, where this right hemisphere functions actively, the death of men of authority, like kings, did not signify their physical death. As long as their voices were continuously heard after their death, they were not considered dead; they lived with the living. Jaynes attempts to show many examples, which support these phenomena. If itis true that

---

389) J, p.240.

they believed their kings continued to live after their physical deaths, the way in which they built the tombs, where the dead "lived", should reflect this. And this was indeed reflected they buried the dead as if they were still alive. Jaynes found that this way of burial was common in all ancient cultures. Food, drinking water, facilities, furniture, which the dead would use, were buried together with the dead. These things were commonly discovered in the old tombs in Mesopotamia, Almac, Myia, ancient China, and Egypt. As far as a set of contents, which was to be given to the dead, was found, the dead were not considered dead to the bicamerally-minded people.

This custom could be observed universally in ancient days, because the dead authorities still commanded the living through illusions experienced by the living. The dead authorities, who commanded, were gods.[390] Rather than saying "he died", they said "he became a god". This concept seems to have been inherited by the people living in the subsequent age of consciousness, because even Plato in his *Republic* says that a hero after death becomes a god and commands people to do various things.[391] The origin of gods are the dead, and the latter become the ones who speak in illusionary voices. Since the voices of gods could not be heard anymore due to various reasons, people during that age began to perform various rituals, such as washing the mouth of the statues of gods with much effort in order to enable them to speak.

Natural disasters, such as floods and volcanic explosions, the increase of social complexity, the commercial trade between different peoples, and the

---

390) J, p.161.

391) Ibid., p.164.

introduction of writing loosened the relation between the gods and men.[392] Jaynes' claim is that during such a chaotic social situation, when people could not hear the gods' voices, which told them what to do, "consciousness" appeared an alternative to the gods' voices. Jaynes explains the causes of consciousness with historical evidence.

With the introduction of writing, the importance of listening decreases, and the control that the illusory voices have over people's actions is naturally tenuous. The voices of gods are not effective in an age of chaos and upheaval. Observing a huge communicative gap between themselves and their foreign invaders, people began to develop and apply their inner subjective motives. They developed the ability to narrate epics, learned to cheat and fool others, and natural selection began to apply. These were the causes of the appearance of "consciousness". These could have been the reasons why the voices of gods could not be heard.

Jaynes' view about man's inner self before the appearance of consciousness is interesting, as his opinion is quite different from the belief nowadays of religious people that the cause is man's sin, which prompted God to turn his back on man. We cannot find any such talk of sin in Jaynes' account. Contrastively, according to Jaynes, it is only after the disappearance of bicameral mentality and the inaudibility of the gods' voices that the political and ethical life of man became cruel. There was no such thing as private ambition, greed, conflict, and cruelty in the age of bicamerality, because people then had neither "inner space", where they could exist privately, nor an analogue "I", which resides in that space. Jaynes suggests that people in that age were more peaceful and kind than

---

392) Ibid., p.208.

we are in today.[393]

The third book of the *Origin of Consciousness* deals with the vestiges of bicamerality in modern times, such as schizophrenia, hypnosis, and religious phenomena. Jaynes complains that existing theories cannot explain these phenomena properly, and claims his theory of bicamerality has greater explanatory power. Underlying this confidence is his neurological theory of the "double-brain". He claims for instance that ancient people in the bicameral age and schizophrenic patients today share a similarity in that they hear illusionary voices. In saying this, he tries to show that bicamerality is an original trait of ours. Furthermore, he goes on to argue that schizophrenic patients use their right hemisphere when they hear illusory sounds. This is proved by the fact that there is more glucose uptake in the right temporal lobe when schizophrenic patients hear voice s.[394] It has been shown nowadays that bicameral mentality is related to specific mental conditions, in that both use the right hemisphere. Even though talk of right and left hemispheres does not completely explain bicameral mentality, it is what is currently used as today's neurological model.

Jaynes deals with the question of whether bicamerality and the experience of hearing religious voices have anything to do with mental diseases. In saying, "in no sense am I thinking here that there is innate sun-worship or innate gods in the nervous system that are released under the mental reorganization of psychosis,"[395] he rejects the connection between the two hemispheres even though they share a common phenomenon, i.e., illusory

---

393) Ibid., p.205.

394) Ibid., pp.455-6.

395) Ibid., p.416.

voices. The reason that hallucination takes its particular form is in part because of the physical nature of the world, but mostly it is because of education and familiarity with gods and religious history. According to him, there are "aptic structures" in the brain, which are the cause of hallucinations. These structures develop in civilized society and determine the general religious quality of the experience. The paradigms behind these aptic structures evolved into the brain. These aptic structures are released from their normal inhibition by abnormal biochemistry in the case of schizophrenia.[396]

Finally, Jaynes takes modern religious phenomena to be proof of bicameral mentality, and argues that the religious heritage we receive from ancient mentality is most important. Those scientifically-minded people, who are reluctant to accept this fact, must remember that humans have never given up the attempt to establish a relation to a greater and wholly other, "some mysterium tremendum with powers and intelligences beyond left-hemispheric categories".[397] Since this is not a left-hemispheric event or phenomenon, it is something that we cannot explain with a clear and conscious concept. Accordingly, this is something that we can only express in terms of emotive truth rather than with the language of the left-hemisphere.

---

396) Ibid., p.417.
397) Ibid., p.318.

Chapter 4. Bicameral Mentality, Static Religion, and Dynamic Religion

"Reason has never been set so high. At least that is what strikes us at first. But let us look closer. Socrates teaches because the oracle of Delphi has spoken, ··· He will write nothing, so that his thought shall be communicated, a living thing, to minds who shall convey it to other minds···. A 'daemon' accompanies hi, which makes its voice heard when a warning is necessary. He so thoroughly believes in this 'daemonic voice' that he dies rather than not follow it; if he refuses to defend himself before the popular tribunal, if he goes to meet his condemnation, it is because the 'deamon' has said nothing to dissuade him. In a word, his mission is of a religious and mystic order, in the present meanings of the words; his teaching, so perfectly rational hinges on something that seems to transcend pure reason."398)

Anyone who has read Jaynes may have mistaken he above quote as Jaynes', but it isn't. The above statement of Bergson is reminiscent of Jaynes' description of people in the bicameral age. This shows Bergson's deep interest in "bicamerally-minded" human beings. Though Socrates gave rise to the Stoics, Epicureans, Cynics, and all the Greek moralists, a "bicameral" attitude did not apply to any or them. Even Plato, who produced ingenious theories about the spirit of his teacher, Socrates, wrote nothing but an "explanatory program to a symphony"399) of his spirit. For

---

398) B, Morality, pp.61-2.
399) Ibid., p.62.

his writings did not possess Socrates' spirit, which presupposes an idea or notion. They may have possessed the spirit of Socrates through ideas, but they could not become the spirit itself. Thus according to Bergson, this is where the contribution of Socrates ends.

Bergson deals with Socrates within a dualistic framework, which gives rise to the two sources of morality -e.g., force vs, aspiration, man's instinctive habits vs. his intuitive emotion, intention of nature vs. intention of a genius, static morality vs. dynamic morality, closed society vs. open society, static religion vs. dynamic religion, etc. According to Bergson, there is an uncrossable chasm between the former and the latter, as there is one between the points in a line and movement. According to Bergson, Socartes, who unfortunately cannot be the spokesman of the latter, had not choice but to insist on the authority of reason in order to save Greece at the time, which had indulged in a morality of empiricism and an inconsistent democracy. In doing so, Socrates unfortunately had "thrust intuition and inspiration into the background, and ..., mastered in him the Oriental who sought to come into being."[400] Of course Socrates did at times express emotions similar to the latter group, which opened a new road for the human race, but he rarely did this. Even though Socrates possessed "bicameral mentality" together with the highest capacity to reason, ataraxia, and apatheia, and though his life corresponded to the ideal of Plato and Aristotle, Socrates unfortunately lacked mystic intuition, which is a decisive condition for "dynamic religion". According to Bergson,

---

400) Ibid., p.63. I take the Oriental here to be the spirit of Jesus in Christianity, because it was after Bergson said "it was Socrates against Jesus" that he asked the counterfactual question, "if he did not live in a Greek society, and did not have to emphasize the importance of reason, and did not have to oppress the Oriental, how would he have been?"

ancient Greek philosophers, who were engrossed in conceptual work, dissolved into intellectually representative ideas. The philosophers resided in the realm of intelligence, which lies between the aforementioned two groups and dominates a closed morality as it is unable to create an open one. The Greek philosophers, by combining and representing the former and the latter into an idea, hindered the original function of each group.

According to Bergson, just as nature has prepared a fringe of intelligence around instinct, this time it prepares an aura of "intuition" around intelligence. What then is this "intuition", a term which Bergson had reservations in using? According to Bergson, reality is genuine time. Reality is a durable being, whose non-homogeneous parts mutually invade each other creating a change which not permit severance. However, human intelligence, which is a self-satisfied reflective reason, due to its spatial nature cannot see the qualitative aspects of the movement of reality. Neither can it grasp the dynamic flow of life, which is the essence of reality, nor can it make it flow continuously. It also cannot realize that life is the result of a creative power that invades material. An organism is the product of the earth that is beneath the feet that briefly touches it when it runs. It cannot understand that there is an invisible life, in which infinity flows by an inner impulse, and that visible organisms pass above it for a brief period. It cannot know that the impetus of life overcomes the immobility of material and must last throughout the process of creative evolution. Intelligence can only "see" an organism as a perfected closed instrument, which appears when the creative function stops. Intelligence can only think of the potential to exhibit creativity through thought, which occurs between nature and genius, or instinctive habits and intuitive emotion; it cannot make contact with reality as an impetus. Thus, Bergson does not rely on intelligence; he places his hope in the "fringe of intuitio n"[401] around intelligence.

Now Bergson advises us to discard a world as cold as death, into which our sense and consciousness habitually leads us for the sake of convenience. However, Bergson here does not mention Kantian *noumena,* which lies outside the realm of senses and consciousness. He only talks about returning time and perception, which sense and consciousness grasp, to their source[402] because we will meet the object as such there. There, we can "perceive objects within the object" instead of perceiving it from within us.[403] Of course intelligence also concerns the material; furthermore it only concerns itself with non-organic materials in space. Thus, intelligence manufactures by revealing itself through technical activity and the language of science.

However, intuition is distinguished from intelligence in that it focuses on material while it at the same time concerns itself with the mind itself. "Mind must climb up the road of habit, which it falls into when it makes contact with material, if it wants to think of itself. We call this kind of habit an intellectual tendency. If so, should we not call this something other than intelligence? I call it "intuition".[404] In other words, intuition has nothing to do with anything that either grasps, according to signs and our perspective, material in spatialized time or circles around the borders of material. Intuition "provides certain contents and states of spirit to moving objects, it empathizes with those states, and ... puts itself into the states

---

401) B, Morality, p.268(249).

402) B, Thought and Movement, pp.154-5.(Korean translation)

403) Ibid., p.92.

404) Ibid., p.95.

by using imagination."405) It is a kind of cognitive function, which creates metaphysical knowledge that approaches the absolute by arriving at the duration of reality. By means of this, it comprehends the uniqueness and genuine aspects of objects from within the object. According to Bergson, intuition is like a simple and indivisible emotion which is given to us when we become one with the fleeting character of the novel.406) Knowledge gotten by empathy, given to us by intuition, is like the city itself, at which we look when walking around, rather than the pictures of the various towers, temples, streets etc. It is like life itself, rather than an articulation or explanation of it. It is then that we can suddenly have contact with the duration of objects. Intuition is not an "intuition of intelligence", which turns out to be pure contemplation by being separated from the creative source through abstraction. It is rather something which is obtained by experience and consummated in action. According to Bergson, a genius who has a mystical soul can enjoy mystic intuition and "it may thus realize the continuity of our inner life, deeper intensification might carry it to the roots of our being, and thus to the very principle of life in general."407) At the final stop of life, evolution produces beings beyond mortals, which are ingenious mystics.

Bergson, by introducing a "dynamic religion", which has as its nucleus intuition and "mystic experience", enters a realm beyond Jaynes' bicameral man. According to Bergson, humans are animals of consciousness, which allows them freedom of activity. Man is an animal with intelligence; he can manufacture tools by using inorganic materials. By contrast, social

---

405) Ibid., p.192

406) Ibid., p.193.

407) B. Morality, p.250.

insects exist in the same biological environment using only their bodies as tools. However, while this animal of intelligence is concerned with creating a social network in order to protect its life, it also drives itself toward the destruction of society due to its private desires. It has a limited love, and sometimes creates hatred, which positions him in a dilemma. Facing this crisis, nature strengthens social coherence and tries to save the individual by giving a metaphoric function to humans.[408] In this system, like the indistinguishable relationship between cell and organism, men believe they act for themselves when they sacrifice themselves for the sake of society. But this is life according to duty, which is derived from instinct. However, the ethics, which comes from nature and instinct, contain a cold love toward others, which is stored in intelligence and language. This love, due to its closed nature, remains limited to love for family and country. In contrast to that, love for humanity has no object and is "love as a movement itself". This love is a love that comes "from the contact with a generative principle of the human species that man has felt he drew the strength to love mankind".[409] Love toward one's family and country is nothing but the radiating result of one's love for mankind. The morality of the former is derived from a fundamental structure of society, while the latter is derived from a principle which explains the structure. The former depends on a force, which by nature is prepared to maintain society, while the latter is duty, which is derived from the aspiration achieved by a habituated *vital impetus*. Incidentally, the morality of the latter is not gradually achieved from its latent potentiality, but is created suddenly by

---

408) According to Bergson, this is a static religion, which includes totemism, augury, and myths.

409) B, Morality, p.54(65).

the intuition of a genius.[410] Such an emotion, which arouses a deep stirring like an incomplete representation by the spirit of a poet or a great work of art, is created and spread out at once by a genius or hero. Great religions are nothing but the popularization of this kind of mysticism of a few geniuses. Is not the Judaic religion aroused and spread by Abraham's faith in Jehovah as an active being?

Who are these geniuses and what experience of theirs arouses these kinds of emotions? As mentioned above, nature, which bestows intellectual ability to man, activates instinct so that man can manage destructive crises caused by human egoistic intelligence. And it goes on to make "static, such as animistic mythology, by means of a quasi-intellectual metaphoricalability." Such a religion, as in the case of Jaynes' bicameral society, links up society and the individual by lulling the people with mythology. However, as static religion focused only on the need for the preservation of life, it forged a perceptive phenomenon. However, according to Bergson, as long as human beings settle down in that religion, an active and dynamic source of life they falls into an inadequate situation as they lack a pathway to freely continue to get through. This is when we need mystic intuition. To the noble soul of a genius, who fastens onto an intuition regarding a creative source and consummates it into action, is given a love toward mankind by an absolute being.

"A soul strong enough, noble enough to make this effort would not stop to ask whether the principle with which it is now in touch is the transcendent cause of all things, or merely its earthly delegate. It would be content to feel itself pervaded, though retaining its own personality, by a

---

410) Ibid., p.84(73).

being immeasurably mightier than itself, just as an iron is pervaded by the fire which makes it glow."[411]

Now the genius experiences the love of God toward mankind and the abundance of life. Then he himself becomes the practitioner of this divine love. Thus, the creative spirit discovers its complement in the human organism, and through this, the living organism in turn reveals the creative spirit. Now man, as an outcome of this creative power, is no longer an ugly duckling swimming in the water, but is now a swan who folds his webbed feet of static religion and flies toward dynamic religion spreading his wings of mystic intuition. Thus, according to Bergson, if humans possess "bicameral mentality", it can neither be a vestige of a dead volcano nor an object of nostalgia. And if so, it is performing a function of static religion. But man, as an outcome of a great creative power, is not supposed to remain in that state because intuition, which is a fringe around intelligence that opens up the way toward dynamic religion, is waiting to be used by man. It is the mystic genius, who takes over this job. As in Jaynes' bicameral society, static religion mistakes the natural source of life for an obsession with life, and it fails to wean itself from worship of demons and the gods of the nation, which is performed for the sake of social coherence and victorious wars. This static religion is just a ritual, which does not reach the whole meaning of the source of nature. However, the speaking God (le Dier) that they think of is actually the only God common to all of humanity (un Dieu), who can dominate all war by his single appearance.[412] According to Bergson, these pagan gods,

---

411) Ibid., p.212.

including Greek gods (and perhaps even Jaynes' gods of the bicameral age), do not possess any religious mysteriousness in any real sense, for they are unable to provide anything more absolute than a public ritual."In our eyes, the ultimate end of mysticism is the establishment of a contact, consequently of a partial coincidence, with a creative effort which life itself manifests.:[413] As such, according to Bergson, perfect mysticism is neither a mystic experience occurring in Jaynes' bicameral age, nor that of Judaism. Rather, it is only that of the Christian mystics, who believe in a single God.[414] "They [mystics] are the imitators, and original but incomplete continuators, of what the Christ of the Gospels was completely."[415] Even though Jaynes and Bergson believed in evolution in dealing with mystic phenomena, the directions of their research were also different. Jaynes too deals with the mystic experience, which Bergson mentions, in his evolutionary theory, which continues from bicamerality to consciousness. But he considers it a mere vestige, and does so because he takes it to be within the category of bicamerality, which is supposed to disappear. On the other hand, for Bergson, while instinctive static religion (which may include religion in the bicameral age), intelligence, and dynamic religion coexist, he remarks that static religion is inferior to intelligence and that dynamic religion is superior to intelligence. Of course, dynamic religion, which stands at the summit of evolution, has as its nucleus love of humanity.

---

412) Ibid., p,215(233).

413) Ibid,. p.220(239).

414) Ibid., p.227(246).

415) Ibid., p,240(256). According to Bergson, Judaic religion remains a national religion which cannot, in coparison to Christianity, be a region of the world. Their Jehovah is a harsh judge, and since there isn't adequate inimacy between israelites and their God, in comparison to Christiaity, the Judaic religion cannot be a kind of mysticism in a true sense.

Thus, from Bergson's standpoint, Jayes cannot but see spiritual evolution as proceeding downward.

This innate limitation of Jaynes is predictable from the fact that his theory of bicameral mentality lacks epistemology. Of course, he was fundamentally right in his approach to the extent that he claimed that the main characteristic of bicamerality is the listening voice and that the coming of consciousness could be construed as a shift from an auditory mind to a visual mind[416]. Unfortunately he failed to articulate the phenomenon of bicamerality more actively, even if his epistemological inquiry about consciousness was rigorous. He spent his energy trying to prove that there used to be a bicameral mentality, but his efforts ended there. Even though "consciousness" is a historical result following the breakdown of bicamerality, there should be an epistemological or philosophical reason for why one replaced the other. There is no doubt that he failed to consider this; that is, he failed to understand that the spatial thought of consciousness, which he analyzed so thoroughly, became a counterpart of bicamerality, whose characteristic is the listening of voices in time. In contrast to that, Bergson, following his earlier work on the spatial feature of intelligence, persistently articulates the epistemological content of "intuition", which has as its core time and duration. He goes on to show in his later works how the latter is embodied in the cognition of the mystic genius and in his life. Bergson clearly proves the antithetical nature of intelligence and intuition throughout his academic work.

According to Jaynes and Bergson, bicameral thought and intuitive thought occur only when consciousness and intelligence are diminished or

---

416) J, O.C., p.269.

absent, respectively. Must we agree with his claim that we must accept truth in terms of a relationship with only one or the other? Is it not the case that these coexist antithetically in reality? This assertion should also be applied to the case of spatiality. As we saw in the above discussion, not only does "consciousness" function in space as the result of civilization, but according to Bergson, it is also true of the mind in general, which does not transcend true intuition. Reason, thought, memory, reasoning, which Jaynes distinguishes with consciousness, function in space. Thus, these kinds of spatial thought, as lon gas they did not involve intuitive thought, may have functioned in ordinary life even in the bicameral age when consciousness was not available. As far as spatiality is not generalized as a generalprinciple of mind itself, it would have antithetically coexisted in reality with bicamerality and intuition. Thus the problem does not lie in spatiality itself, nor in "consciousness" itself, but in the habitual generalization of language, which values most highly analytic clarity. The problem is the disappearance of bicamerality, and the resulting impossibility of intuition. It seems to me that Jaynes, who takes for granted the disappearance of bicamerality, more than Bergson, who longs for the mysticism of intuitive thought and dynamic religion, is in danger of having non-antithetical thought.

According to Bergson, hearing is basically voice production toward the internal, and voice production implies the movement of the entire body. Since there is a specific connection between the neurology of voice production and the neurology of listening, listening is equivalent to speaking to oneself. This principle is proved in the case of a neurotic patient who cannot listen without continuously moving his or her lips. According to Bergson, the ability to musically express oneself also leads us to the "original states" by repeating to our inner selves what we hear from outside. It is possible only when we are connected to the movements that sound transmits to our body.[417] Sound presupposes mobility. And mobility contains duration in time. According to his logic, as far as Jaynes' bicamerality emphasizes listening to god's voice, it can be better explained in terms of intuition, which grasps duration. Underlying Bergson's system of thought, which is based on this duration and mobility, and underlying his theory of dynamic religion, is the concept of Jehovah, whose fundamental essence is activity. Fundamentally, mobility stems from Jehovah according to Judaism. Thus it seems to me that Jaynes, who is fixated with the phenomenon of listening to god's voice which is explained in terms of his neurological model, cannot approach Bergson's thought, which grasps reality as duration under the presupposition that Jehovah is "word" and activity. Of course Jaynes deals with Jehovah, but it is only within the category of his concept of god, which is nothing but a voice of the dead who comes to the world of the living. Accordingly, whenever he quotes the words of Jehovah from the Bible, he deals with it in a way which conflicts with the way that Christianity does so.[418]

---

417) B, Time, p.44.

418) For instance, Jaynes quotes from the Old Testament two cases of massacre of the nabiim , one organized by Ezekiel and king Ahab and the other by Elijah. But he thinks they were killed because these "remaining bicamerality" were nothing but unwanted animal who had the same genetic basis of schizophrenia. However, the former were killed because they did not help king Ahab while the latter were killed according to the result of experiment which showed Jehovah is the ture divine not the pagan gods. Jaynes, ibid,. p.311.

Bibliography

Ferdinand Ebner, *Das Wort und die Geistigen Realitaeten*(Regensburg: Verlag Friedrich Pustet, 1921).

Hannah Arendt, *The Human Condition*(Chicago: The University of Chicago Press, 1958).

Herbert. Mead, *Mind, Self, and Society*(Chicago: The University ofChicago Press, 1962).

I. F. Stone, *The Trial of Socrates*(Esthe m Stone JJS c/o Aitken, Stone & Wylie Ltd, 1988)

__________, 소크라테스의 비밀, 편상범 외 번역(자작아카데미, 1996).

Karl Jaspers, *Socrates, Buddha, Confucius, Jesus*(Harcourt: Brace& World, inc., 1962).

__________, 소크라테스 불타, 공자, 예수, 모하메드, 황필호 역(종로서적, 1997).

Public and Private in Social Life ed. S.i. Benn and G.F. Gaus(New York: St. Martin's Press, 1983).

상호주관적 나　295
서사적　26, 30
성좌　99, 226
소리　18~20, 25, 29, 32, 40, 46~50,
　　56~58, 61, 63, 66, 70, 92~96,
　　98~100, 117, 120, 121, 124~126,
　　128~131, 145, 150, 151, 230,
　　281, 309, 310, 315, 317, 325,
　　326, 331, 334~337
소크라테스　19~21, 28, 30~34, 37,
　　43, 44, 46, 73, 108, 133~135,
　　146, 269, 291, 292, 294, 295,
　　302, 305, 311, 320, 442
숭고(미)　218
스미스　77, 314
시각성　34, 37, 40, 42, 43, 72, 75,
　　309, 310, 340
시각적 문화　50, 69, 334
시학　20, 37~39, 40, 42, 44,
　　314~319, 323, 324, 329, 330,
　　332, 334~36, 338, 344
신　18, 22, 24, 29~31, 34, 43, 47, 48,
　　50~52, 57, 60~62, 64, 67, 93,
　　105, 107, 108, 128~132,
　　140~142, 145, 146, 159, 160, 179,
　　181~185, 187, 189, 203, 220, 221,
　　228, 230~233, 263, 264, 270,
　　277~280, 291, 297~306
신비체험　105, 138, 142, 143
신체적 가역성　96
신학　27, 64, 105, 234, 235

아도르노　46, 66, 70, 71, 310
아렌트　81~83, 169, 242, 264, 266,

268~270, 278, 287~295, 307, 310
아리스토텔레스　119, 20, 37~42, 44,
　　81, 82, 135, 170, 289~291,
　　314~336, 338, 340~344
아리에티　260, 261, 263
아모스　58~60
아폴로　18, 23, 24, 25, 314
알레고리　228, 229, 230, 237
양원성　447, 48, 64, 68, 70, 72, 74,
　　104, 105, 107, 108, 109, 114,
　　115, 116, 118, 127, 128, 131,
　　132, 143, 144, 145, 298
양원적 정신구조　58, 62, 64, 109, 111,
　　128, 298
언어　22, 23, 27, 28, 35, 36, 47, 48,
　　50, 51, 53~56, 58~61, 65~74,
　　79, 80, 82, 84, 99, 110~112, 115,
　　119, 121~123, 125, 129, 133,
　　137, 139, 144, 195, 198, 201,
　　208, 210~212, 214, 215, 219,
　　220, 223, 224, 228~231, 233,
　　237, 238, 243, 245, 247~249,
　　255, 256, 259, 260, 263, 264,
　　266, 268, 271, 273~277, 287,
　　291, 293, 296, 298, 300, 301,
　　303, 304, 308, 309, 310, 314,
　　334, 335
언어게임　209~215, 218, 22~225, 238
언어놀이　154
에고논리　86, 98
에브너　48~50, 67, 280, 283, 286,
　　287, 291, 293~306, 308~310
역사주의　228, 236
영기　66, 70, 72, 74, 232, 233
예수　93, 108, 135, 142, 146, 236,
　　303, 304, 305, 311, 442

 형색과 소리

김득룡

한남대학교 영어영문학과를 졸업한 후, 미국 Columbia University에서 학위논문 "The Individual and the Intersubjective; Building on Mill and Habermas for a Conception of Education for Freedom"으로 Ph.D. 취득. 귀국 후 한남대학교 철학과 교수로 재직 중. 동서문화연구소장, 한남대학교 대학원장 역임.
주요 논문 "사회의식과 역사발전의 관계", "비판이론가들의 합리성개념화작업" 등과 함께 역서 『발터 벤야민: 예술, 종교, 역사철학』, 『의식의 기원』 등이 있다.

형색과 소리

초판인쇄 | 2009년 9월 28일
초판발행 | 2009년 9월 28일

지은이 | 김득룡
펴낸이 | 채종준
펴낸곳 | 한국학술정보㈜
주 소 | 경기도 파주시 교하읍 문발리 파주출판문화정보산업단지 513-5
전 화 | 031) 908-3181(대표)
팩 스 | 031) 908-3189
홈페이지 | http://www.kstudy.com
E-mail | 출판사업부 publish@kstudy.com
등 록 | 제일산-115호(2000. 6. 19)

ISBN   978-89-268-0409-4 93160 (Paper Book)
       978-89-268-0410-0 98160 (e-Book)

내일을여는지식 은 시대와 시대의 지식을 이어 갑니다.